D1745872

NACHHALTIGKEIT ALS ZUKUNFTSWEISENDES GESCHÄFTSMODELL IM GASTGEWERBE

Sandra Rochnowski (Hrsg.)

NACHHALTIGKEIT ALS ZUKUNFTSWEISENDES GESCHÄFTSMODELL IM GASTGEWERBE

Praxisnahe Beiträge zu Wachstumsförderung und Optimierungspotenzialen

BUSCHE

1. Auflage, 2023
ISBN

© 2023
Busche Verlagsgesellschaft mbH
Schleefstraße 1
D-44287 Dortmund
www.busche.de
BNR 12327

Herausgeberin: Sandra Rochnowski

Gesamtherstellung: DZS GRAFIK, d.o.o., Ljubljana (Slowenien)

Klimaneutral
Druckprodukt
ClimatePartner.com/13357-2301-1004

Personenbezogene Hauptwörter gelten im Sinne der Gleichbehandlung grundsätzlich für alle Geschlechter (m/w/d).

Das Werk einschließlich aller seiner Teile ist urheberrechtlich geschützt. Jede urheberrechtswidrige Verwertung ist unzulässig. Das gilt insbesondere für Vervielfältigungen, Übersetzungen, Nachahmungen, Mikroverfilmungen und die Einspeicherung und Verarbeitung in elektronischen Systemen.

Copyrights
Umschlag: © iStock.com/cnythzl (Icons), narawit/stock.adobe.com (Weltkarte),
Georg Sieslack (Porträt Rochnowski)
S. 294: © Maximilian Koydl

Vorwort

1972 ist politisch betrachtet der Beginn der internationalen Nachhaltigkeitsdebatte. Globales, unkontrolliertes Wachstum führt zu wirtschaftlichen, gesellschaftlichen und ökologischen Herausforderungen und Krisen. Die erste Weltumweltkonferenz (UNCHE, United Nations Conference on the Human Environment) der Vereinten Nationen in Stockholm 1972 gilt als Wegbereiterin der globalen Umweltpolitik für ein auf die Zukunft bezogenes, gemeinsames Handeln, welches Bestand für Generationen haben soll. Sie legte den Grundstein für wichtige internationale Abkommen und manifestierte 26 Prinzipien für Umwelt und Entwicklung, die bis heute die globale Umwelt- und Nachhaltigkeitspolitik prägen.

Die Studie zur Zukunft der Weltwirtschaft und Menschheit „Die Grenzen des Wachstums: Bericht des Club of Rome zur Lage der Menschheit" wird 1972 in Buchform durch die Autorinnen und Autoren Dennis L. Meadows, Donella Meadows, Jørgen Randers und William W. Behrens III veröffentlicht. Sie verdeutlicht eindringlich, dass eine Wirtschaftsweise, die stets auf globales Wachstum mit endlichen Ressourcen setzt, dauerhaft nicht tragfähig und damit nicht nachhaltig ist.

Die einleitenden Worte der Rede von Barack Obama im Vorfeld der Internationalen Klimakonferenz in Paris 2015 bringen die Dringlichkeit von nachhaltigem Handeln zum Ausdruck: „Wir sind die erste Generation, die den Klimawandel real erleben wird und die letzte, die etwas dagegen unternehmen kann (...)." (Ehem. US-Präsident Barack Obama). Dieser Konferenz wird eine besondere politische Bedeutung zugemessen, da eine neue internationale Klimaschutz-Vereinbarung in Nachfolge des Kyotoprotokolls von 1997 verabschiedet wurde: Das Pariser Klimaabkommen legt erstmals wissenschaftlich verbindliche Ziele zur Eindämmung der globalen Erderwärmung auf deutlich unter 2 Grad Celsius, möglichst 1,5 Grad Celsius im Vergleich zur vorindustriellen Zeit von 1990, fest.

Als „Weltzukunftsvertrag" werden heute die 17 Ziele für eine nachhaltige Entwicklung (Englisch: Sustainable Development Goals, kurz: SDGs) der Vereinten Nationen tituliert. Sie stehen inhaltlich, sowie mit den 17 Icons bildlich, für die „Transformation unserer Welt: Die Agenda 2030 für nachhaltige Entwicklung (kurz Agenda 2030)". Sie sind zentraler Wegweiser für den globalen, nachhaltigen Transformationsprozess von Organisationen, Unternehmen und Privatpersonen.

Ein Rückblick auf „50 Jahre Nachhaltigkeit" bringt zahlreiche politische Debatten, vielfältige Lösungsansätze und Szenarien für eine wirtschaftlich, gesellschaftlich und ökologisch verträgliche Wirtschaftsweise im Einklang mit den Belastungsgrenzen der Erde hervor – es fehlt jedoch häufig an Ernsthaftigkeit und Umsetzungswillen beteiligter Akteure. Es stellt sich die Frage: Wann wirtschaften wir endlich nachhaltig? Welche Rahmenbedingungen, Konzepte und Anreize sind für eine nachhaltig geprägte Handlungs- und Wirtschaftsweise in Politik, Gesellschaft und Wirtschaft zukünftig erforderlich?

Nachhaltigkeit ist heutzutage wesentlich komplexer ausgefächert in Begrifflichkeiten wie ESG (Environment, Social, Governance; zu deutsch: Umwelt, Soziales, Steuer- und Regelsystem der Unternehmensführung, die Ausdruck einer nachhaltigen Wirtschaftsweise sind) oder CSR (Corporate Social Responsibility; zu deutsch: Die gesellschaftliche Verantwortung von Unternehmen durch ihr nachhaltiges Wirtschaften) und entwickelt sich zu einem bedeutsamen Leitprinzip im Geschäftsalltag von Hotellerie und Gastronomie. Beschleunigt wird diese Entwicklung durch die regulative Nachhaltigkeit der EU-Nachhaltigkeitsberichterstattung, der Umsetzung des EU-Lieferkettengesetzes oder der ESG-Indikatoren und stellt Unternehmerinnen und Unternehmer vor neue Aufgaben und Herausforderungen. Zudem werden Geschäftsprozesse von Megatrends wie New Work, Neo-Ökologie, Mobilität oder Wissenskultur tiefgreifend flankiert.

Der Begriff „Zeitenwende" wurde 2022 von der Gesellschaft für deutsche Sprache zum Wort des Jahres ernannt und steht im Zusammenhang mit dem Angriffskrieg auf die Ukraine, ebenso für die Neuausrichtung der deutschen Wirtschafts- und Energiepolitik oder eine emotional geprägte Wende in der Bevölkerung. Er steht ferner für ein möglich gewordenes „umdenkbar" sowie für erforderliches Handeln durch Verstetigung der Nachhaltigkeitsprinzipien Suffizienz, Konsistenz und Effizienz in unternehmerische Prozesse und Handlungsweisen. Für eine gelungene grüne Transformation sind neue Konzepte, Innovationen und Handlungshilfen erforderlich, die dem Gastgewerbe und dessen Zulieferindustrie verständlich und praktikabel den Weg hin zu einer gelebten und ressourcenschonenden Wirtschaftsweise aufzeigen.

Das zweite Buch „Nachhaltigkeit als zukunftsweisendes Geschäftsmodell im Gastgewerbe" im Busche Verlag hat zum Ziel, den Brückenbau von angewandter Wissenschaft zu pragmatischer Praxis aufzuzeigen. Dabei ist es essenziell, die junge Generation, deren Sichtweise aus ihrer ersten Praxiserfahrung sowie ihren Blick auf Konzepte und Lösungsansätze von betrieblicher Nachhaltigkeit mit einzubeziehen. Die dual Studierenden im Studiengang Tourismusmanagement, Jahrgang 2020 der Hochschule für Wirtschaft und Recht Berlin, haben mit viel Eifer, Freude und Begeisterung recherchiert, sind mit Expertinnen und Experten ins Gespräch gekommen, um Lösungsansätze und Handlungsoptionen für Nachhaltigkeit im Gastgewerbe und der Zulieferindustrie aufzuzeigen.

Mit dem Zitat des Dichters Walt Whitman (1819-1982) „Nie war mehr Anfang als jetzt" möchte ich als Herausgeberin dieses Buches nicht enden, sondern Sie inspirieren und anregen, Nachhaltigkeit als gelebtes Konzept einer dauerhaft beständigen und erfolgreichen Wirtschaftsweise zu sehen und dieses gemeinschaftlich auf Augenhöhe im Betrieb umzusetzen.

Berlin, im Januar 2023   Prof. Dr. Sandra Rochnowski

Inhaltsverzeichnis

Vorwort
Prof. Dr. Sandra Rochnowski 5
Hochschule für Wirtschaft und Recht Berlin

Grußworte
Franziska Giffey 10
Regierende Bürgermeisterin von Berlin

Patrick Rothkopf 12
Präsident des DEHOGA Nordrhein-Westfalen
Vorsitzender des DEHOGA Bundesausschuss Umwelt, Energie und Nachhaltigkeit

Justus Schimmöller 16
Co-Founder avanera GmbH

Einführende Worte
Micaela Hasterok 19

Bedeutung, Relevanz und Chancen von nachhaltigem Wirtschaften für das Gastgewerbe
Sonja Rüdinger 20

Wie nachhaltig ist das Gastgewerbe (Hotellerie, Gastronomie) in Deutschland?
Hennes Cleven 36

Ökologische Nachhaltigkeit im Gastgewerbe
Vanessa Röhl 48

Nachhaltigkeit im Einkauf
Sophie Müller 60

Soziale Verantwortung von gastgewerblichen Betrieben und der Zulieferindustrie
Jonathan Specht 74

Nachhaltigkeit als integraler Bestandteil der Führungskultur
Nathalie Lubina 84

Neue Zeiten – neue Ansätze: Was sich Mitarbeitende von nachhaltigen Arbeitgebern wünschen
Sandra Rochnowski 96

Ökonomische Nachhaltigkeit – ist Nachhaltigkeit das Geschäftsmodell der Zukunft?
Sebastian Amin Salehi 108

Nachhaltiges Wirtschaften als Business-Case im Gastgewerbe
Josefa Ehrke 116

Wie implementiere ich Nachhaltigkeit im Gastgewerbe?
Emily Steiert 128

Trendfelder und -bewegungen sowie Innovationen für eine nachhaltigere Ausrichtung der Wertschöpfungskette des Gastgewerbes
Michaela Rabe 140

Food-Trends
Lilly Marie Radensleben 152

Zertifikate zur Operationalisierung von Nachhaltigkeit in der Hotellerie
Ann-Kathrin Jägle, Michaela Rabe und Nathalie Lubina 164

Der Forschungsstand zur nachhaltigen Hotellerie
Chiara Mahlmeister 174

Strategieansatz von Nachhaltigkeit
Anika Hüttemann 182

Der ökologische Fußabdruck und Klimaneutralität
Emely Fischer 194

Elektromobilität
Maximilian Koydl 206

Nachhaltigkeit im Veranstaltungsmanagement
Tristan Schulte-Limbeck 218

Die Nachhaltigkeitsberichterstattung
Sarah Derdula 230

Nachhaltige Kommunikation für das Gastgewerbe
Jan Kronenberger 240

Nachhaltigkeit und Reiseverhalten
Ann-Kathrin Jägle 252

Literatur- und Quellverzeichnis 266
Autorenverzeichnis 290

Nachhaltigkeit ist eine Grundprämisse im Bereich Tourismus

Nachhaltigkeit ist das zentrale Thema der Zeit. Ich freue mich sehr über die Veröffentlichung dieses Buches, das gemeinsam mit den Studierenden an der Hochschule für Wirtschaft und Recht Berlin entstanden ist. Es greift eine hochaktuelle Frage auf: Wie kann uns gemeinsam ein nachhaltiges Leben gelingen?

Nachhaltigkeit zu stärken heißt, eigene Denk- und Verhaltensweisen in Frage zu stellen. Das gilt für jede Einzelperson wie für die Gesellschaft mit all ihren Akteuren als Ganzes. Gerade Städte und Metropolen können gleichermaßen Treiber wie Vorreiter einer nachhaltigen Stadtentwicklung sein. Berlin hat sich vorgenommen, hier voranzugehen. Als Zukunftshauptstadt stehen wir für eine soziale, ökologische und nachhaltige Stadtpolitik, die gemeinsam mit den Bürgerinnen und Bürgern, wirtschaftlichen und sozialen Akteuren, Wissenschaft, Politik und Verwaltung vorangebracht wird.

Wir haben uns als Berliner Senat auf den Weg gemacht, unsere landesweite Nachhaltigkeitsstrategie in einem breiten Beteiligungsprozess zu entwickeln. Es ist uns wichtig, alle Blickwinkel in dieser wichtigen Strategie einzubinden. Denn wir müssen alle Bereiche des Lebens, Arbeitens, Wirtschaftens und Forschens mitdenken. Nachhaltigkeit ist eine Querschnittsaufgabe und muss sich in allen Politikfeldern wiederfinden.

In dem vorliegenden Buch wird vor allen Dingen der für Berlin wichtige Wirtschaftsbereich des Gastgewerbes thematisiert. Berlin ist ein hoch attraktiver Anziehungsort für Menschen aus aller Welt. Wir freuen uns, dass die Touristenzahlen nach der Pandemie wieder deutlich steigen und auch Gastronomie, Hotellerie und die Eventbranche wieder durchstarten können. Es war uns als Senat sehr wichtig, diesen Neustart mit unserem Neustartprogramm und weiteren Hilfen zu unterstützen. Und auch jetzt in der Energiekrise bieten wir vielfältige Hilfen an, um unsere Wirtschaft gut durch diese herausfordernde Zeit zu bringen.

Dabei ist uns wichtig, Krisenpolitik mit Zukunftspolitik zu verbinden. Wir wollen auch in Krisenzeiten alle Chancen auf unserem Weg zur klimafreundlichen und nachhaltigen Stadt nutzen. In Orientierung an den 17 Nachhaltigkeitszielen der Vereinten Nationen haben wir zahlreiche Projekte und Maßnahmen definiert, um Schritt für Schritt an unser Ziel zu gelangen.

Darunter befindet sich zum Beispiel die ressourcenschonende Kreislaufwirtschaft, zu der wir unter dem Leitbild „Zero Waste" ein Abfallwirtschaftskonzept bis 2030 beschlossen haben. An Zukunftsorten wie dem „CleanTech Business Park Marzahn" oder der „Urban Tech Republic" in Tegel bieten wir Gründerinnen und Gründern Raum für Innovation und Technologieentwicklung.

Nachhaltigkeit ist auch eine der Grundprämissen im Bereich Tourismus. Wir fördern das zum Beispiel ganz konkret mit dem Bau eines rein solar-elektrisch betriebenen Fahrgastschiffes oder über Förderinstrumente, aktuell beispielsweise beim Kongressfonds. Mit der „Sustainable Event Scorecard" ist hierbei eine zusätzliche Förderung besonders nachhaltiger Eventplanungen möglich. Mit unserem geförderten Zertifizierungsprogramm „Sustainable Meetings Berlin" setzen wir weitere Anreize, Kongresse und Meetings nachhaltig auszurichten. Diese wenigen Beispiele zeigen: Berlin hat den Weg hin zu einer nachhaltigen Stadt längst eingeschlagen und wird seinen Kurs konsequent fortsetzen.

Die Autorinnen und Autoren verschaffen einen vertieften Einblick in die Nachhaltigkeitsstrategien des Gastgewerbes. In den interessanten Beiträgen werden die Möglichkeiten beleuchtet, hier praxisnah Fortschritte zu erzielen. Diese gelungene Verbindung von Theorie und Praxis spiegelt sich auch in den dualen Studiengängen. Das duale Studium liegt dem Berliner Senat sehr am Herzen. Es ist ein wichtiges Instrument unserer Fachkräfteausbildung und Fachkräftegewinnung. Unser Ziel ist, das duale Studium über die Entwicklung der Marke „Duales Studium Berlin" für die Zukunft noch besser aufzustellen.

Ich gratuliere Prof. Dr. Rochnowski herzlich zu der Veröffentlichung dieses Buches und danke den Initiatorinnen und Initiatoren sowie den Studierenden ganz herzlich für diesen Beitrag zu einer nachhaltigeren Entwicklung. Den Leserinnen und Lesern wünsche ich eine interessante Lektüre.

Mit herzlichen Grüßen
Ihre

Franziska Giffey
Regierende Bürgermeisterin von Berlin

Darum wird Nachhaltigkeit im Gastgewerbe immer wichtiger

Im Wald ging alles los. Und das vor mehr als 300 Jahren. Damals formulierte Hans Carl von Carlowitz zum ersten Mal das Prinzip der forstwirtschaftlichen Nachhaltigkeit. Die von ihm aufgestellte Gleichung lautete in etwa: Es darf nicht mehr Holz aus dem Forst hinaus als nachwächst. Seitdem, und in den letzten Jahren besonders, hat der Begriff weit über Wald, Holz und Forst hinaus an Bedeutung gewonnen und sich als Schlagwort in vielen Bereichen unseres Lebens breitgemacht. Wer bei Google den Begriff „Nachhaltigkeit" eingibt, bekommt in 0,66 Sekunden 342.000.000 Einträge angezeigt. Zum Vergleich: Beim Suchwort „Fußball-WM" ist es ungefähr ein Viertel an Treffern. Auch wenn sicherlich nicht jeder der Einträge zum Thema Nachhaltigkeit nachhaltig und wertvoll ist, so zeigt doch die schiere Zahl die Bedeutung und Wichtigkeit dieses Transformationsprozesses.

Auch die Gastronomie und die Hotellerie stecken mitten in diesem Prozess. Der Umgang mit Nachhaltigkeitsthemen wird aus verschiedenen Gründen zur Notwendigkeit. Zum einen kann es nur im Interesse einer Branche wie dem Gastgewerbe liegen, dass unsere Lebensgrundlagen in einem lebenswerten Zustand erhalten bleiben, weil wir als wichtigster Leistungsträger des Tourismus auf eine intakte Umwelt angewiesen sind. Zum anderen steigt die Zahl betriebswirtschaftlicher Faktoren, die ein Umdenken nicht nur ökologisch, sondern eben auch wirtschaftlich sinnvoll machen. Die Aussage „Ökonomie und Ökologie sind kein Widerspruch" war noch nie so richtig wie heute. Viele Investitionen in eine moderne, nachhaltige und sparsamere Energieinfrastruktur im eigenen Betrieb werden sich angesichts der jetzigen und absehbar aufgerufenen hohen Preise für Energie schneller amortisieren als je zuvor. Wer heute seine Leuchtmittel von Halogen auf LED umstellt, wird nicht nur sein ökologisches Gewissen beruhigen, sondern auch seinen Geldbeutel schonen. Wer heute Strom selbst produziert, wird weniger abhängig von der Entwicklung auf internationalen Strommärkten sein.

Es gibt allerdings noch einen weiteren Punkt, der die nachgewiesene betriebliche Nachhaltigkeit immer mehr in den Mittelpunkt rückt. Manche unserer Angebote werden von bestimmten Gruppen künftig nicht mehr nachgefragt, wenn nicht der Nachweis erbracht werden kann, dass es sich um ein nachhaltiges Angebot handelt. Die Weiterentwicklung des Maßnahmenprogramms „Nachhaltigkeit" der Bundesregierung sieht vor, dass das Hotelverzeichnis des Bundes bis Ende 2023 sukzessiv auf zertifiziert nachhaltige Hotels umgestellt wird. Grundsätzlich bedeutet das: Mit Zertifizierung mehr, ohne Zertifizierung weniger Buchungen. Strengere Vorgaben bei Übernachtungen und Veranstaltungen macht aber nicht nur die öffentliche Hand, sondern auch die Privatwirtschaft.

Der DEHOGA setzt sich seit mehr als 15 Jahren mit der Energiekampagne Gastgewerbe für mehr Nachhaltigkeit und einen schonenden Umgang mit Ressourcen ein. Die Energieeffizienz-Kampagne beruht auf einer freiwilligen Klimaschutzvereinbarung zwischen dem Bundesumweltministerium und dem Deutschen Hotel- und Gaststättenverband (DEHOGA Bundesverband). Mit der Vereinbarung vom März 2006 will das Gastgewerbe die von ihm verursachten Treibhausgasemissionen mindern. Im Gegenzug verpflichtete sich das Ministerium, die Kampagne zu fördern. Die Klimaschutzvereinbarung ist das erste Abkommen zum aktiven Klimaschutz außerhalb des produzierenden Gewerbes. Der DEHOGA Umweltcheck ist Teil des DEHOGA Energie- und Umweltkonzeptes, das die Energiekampagne Gastgewerbe fortsetzt. In seiner Gold-Ausfertigung gehört er im Übrigen zu den Zertifizierungen, die eine Übernachtung eines Bundesbediensteten „erlauben".

Aber der Begriff der Nachhaltigkeit beschränkt sich nicht nur auf ökologische Aspekte. Seit der UN-Konferenz für Umwelt und Entwicklung im Jahr 1992 heißt Nachhaltigkeit, dass ökologische, ökonomische und soziale Ziele gleichrangig angestrebt werden sollen. Soziales Engagement kann gesellschaftliches bedeuten, bezieht sich aber auch auf die eigenen betrieblichen Strukturen – beispielsweise im Umgang mit Mitarbeiterinnen und Mitarbeitern. Wer gute Köche, Servicekräfte und Hotelfachleute beschäftigen möchte, muss sich wegen der vielen offenen Stellen über mehr als nur den Lohn Gedanken machen und ein passendes Gesamtpaket schnüren. Faire Bezahlung, gute Arbeitsbedingungen und attraktive Arbeitszeitmodelle werden heute häufig schlicht erwartet. Aber nachhaltig im sozialen Sinne bedeutet auch, den Blick zu weiten, wenn es um Beschäftigung an sich geht. Die Antwort auf die Frage: „Wie kann ich bis dato inaktive Menschen wie Ältere, Alleinerziehende, Geflüchtete oder Menschen mit Beeinträchtigungen, die gerne für das Gastgewerbe arbeiten möchten, fit dafür machen?", ist auch eine von sozialer Nachhaltigkeit.

Einen Gesichtspunkt sollten wir als Branche künftig noch mehr herausarbeiten: Unsere Angebote, ein temporäres zweites Zuhause, Wohnzimmer oder einfach nur Treffpunkt zu sein, sind per se sozial nachhaltig, weil wir die Räume anbieten, wo Austausch, Treffen, Kommunikation stattfinden. Wer sich gegen Vereinsamung in Städten stark macht und für mehr Geselligkeit eintritt, wird auch Lösungen im Gastgewerbe finden.

Nachhaltigkeit ist vielschichtig. Nachhaltig zu sein bedeutet mehr als Energie einzusparen. Nachhaltige Prozesse werden unsere Betriebe verändern, aber wir werden mit unseren nachhaltigen Angeboten auch Teil gesellschaftlicher Veränderungen sein können.

Ich freue mich auf diesen Prozess, obwohl er viel Arbeit, Umdenken und Veränderung bedeutet, aber gleichzeitig auch viele Chancen für das Gastgewerbe bereithält.

Patrick Rothkopf
Präsident des DEHOGA Nordrhein-Westfalen
Vorsitzender des DEHOGA Bundesausschuss
Umwelt, Energie und Nachhaltigkeit

Hochschule für
Wirtschaft und Recht Berlin
Berlin School of Economics and Law

Duales Studium an der HWR Berlin

- Staatliche Hochschule mit rund 11.500 Studierenden und mehr als 180 Partnerhochschulen weltweit.
- Mit über 2.000 Studierenden **die größte Anbieterin für duales Studium** in Berlin und Brandenburg.
- Studierende wechseln alle drei Monate zwischen Theoriephasen an der Hochschule und Praxisphasen in ihrem Unternehmen.

Studiengang BWL/ Tourismus

Studienabschluss	**Bachelor of Arts (B. A.)**
Studienform	**Dual**
Regelstudienzeit	**6 Semester (inkl. Praxisphasen)**
Studienbeginn	**Wintersemester (01.10.), ersten drei Wochen Betriebsphase**
Schwerpunkte	**Hotelmanagement / Destinationsmanagement / Reiseveranstalter**

www.hwr-berlin.de

Nachhaltigkeit wird zum Standard der Wirtschaft

Im Herbst 2019 habe ich (damals für mich noch) Prof. Dr. Sandra Rochnowski kennengelernt. Die Vorbereitungen zur Bachelorarbeit gingen gerade los und es musste für mich ein Thema sein, dass Nachhaltigkeit und Hotellerie zusammenbringt. Es war gewissermaßen das Zusammenführen zweier Themen, die mein Leben damals maßgeblich mitbestimmt haben: das private Interesse an einem nachhaltigen Leben und die leidenschaftliche Arbeit in der Hotellerie. Sandra war gerade neu an die Hochschule für Wirtschaft und Recht Berlin (HWR Berlin) berufen worden, und Nachhaltigkeit hatte im damaligen Studium noch nicht übermäßig Platz eingeräumt bekommen.

In unserem ersten Gespräch wurden zwei Sachen schnell klar: Sandra war die genau richtige Ansprechpartnerin, um diese beiden Themen zusammenzuführen. Und ich musste, wie so viele aus der Branche, erst einmal das Mantra aufgeben, dass Nachhaltigkeit und Wirtschaftlichkeit im Widerspruch zueinanderstehen. Es war genau der richtige Zeitpunkt, um die Zusammenarbeit zu beginnen – erst in der Betreuung zur Bachelorarbeit und später in stetem Austausch mit vielen tollen Ideen, wie man die Hotellerie und den Tourismus nachhaltiger gestalten könnte.

Eine dieser Ideen darf ich nun seit zwei Jahren mit einer eigenen Firma umsetzen. Vielen Dank an dieser Stelle, liebe Sandra, ohne dein Empowerment und deinen fachlichen Input wäre vieles davon nicht passiert.

‚Warum Nachhaltigkeit wichtig ist, muss ich zum Glück niemandem mehr erzählen.' Das erzähle ich eigentlich jedem, der mir begegnet, und mit dem ich über Nachhaltigkeit im Tourismus spreche. Muss man es wirklich niemandem mehr erzählen?

Wenn ich einmal zurückdenke an mein Studium an der HWR Berlin, dann erscheint mir das nicht mehr ganz so sicher. Erstaunlich viele Menschen aus dem Tourismus hatten das Thema maximal zu Greenwashing-Zwecken auf dem Schirm. ‚Nachhaltigkeit? Das ist doch das, wo man viel Geld ausgibt und am Ende ein Siegel bekommt, mit dem man seine Preise nach oben treiben kann."

Wenn man in den letzten Jahren auch nur kurz die Nachrichten aufmacht, ist man aber nicht mehr an der Thematik vorbeigekommen. Gut so, wo doch schon wertvolle Zeit verschwendet wurde. Tourismus ist an allen Enden betroffen. Wo Naturkatastrophen Natur und Infrastruktur zerstören, kann kein Tourismus stattfinden. Wo Menschen leiden, möchte kein Tourist mehr hinkommen. Und wo ein schlechtes Gewissen beim Reisen aufkommt, kann der Sinn der Reise oftmals nicht mehr erfüllt werden.

Und der globale Tourismus geht bislang auch selbst nicht als strahlendes Vorbild voran. Anreiseemissionen, Massentourismus und fragwürdiges Konsumverhalten macht Reisen zu einem Paradebeispiel für nicht nachhaltiges Verhalten.

Aber Schwarzmalerei bringt uns keinen Schritt weiter. Worum es nun geht, ist pragmatische Lösungen zu finden, mit denen der Tourismus den Wandel schaffen kann. Es ist schließlich eine ganz besondere Branche, die strukturell bedingt jedoch gar nicht so einfach zu verändern ist. Umso wichtiger, dass immer mehr Menschen mit Engagement, Begeisterung und Willen beginnen, am Status quo zu rütteln, und auch diese Branche auf einen zukunftsfähigen Weg bringen wollen.

Dass nun ein ganzer Studiengang gemeinsam ein Buch geschrieben hat und unzählige Stunden darein investiert hat, wie ein zukünftiger Tourismus mit dem Gastgewerbe aussehen kann und soll, stimmt mich unheimlich optimistisch. Der Veränderungswille ist angekommen und trägt sich Schritt für Schritt in die Praxis. Das ist die Richtung, die unsere Welt nun braucht.

Justus Schimmoller
Co-Founder avanera GmbH

Nachhaltigkeit bedeutet Umgang mit Bedacht

Die Herausforderung, um Nachhaltigkeit
mit Begeisterungsfähigkeit als große Chance zu erkennen
Verantwortungsrolle
Veränderung
Neues Sehen
Neues Denken
Neues Handeln
Nicht reden!
TUN!

= Taten und Neuerungen
Ideen und deren realistische Umsetzung
sind das Ziel zur Nachhaltigkeit
mit Nachhall
das ist Fortschritt
zum Nutzen ALLER

Micaela Hasterok

Bedeutung, Relevanz und Chancen von nachhaltigem Wirtschaften für das Gastgewerbe

von Sonja Rüdinger

1 Einleitung

Die jetzige Gesellschaft im 21. Jahrhundert hat als Aufgabe, die Welt für zukünftige Generationen attraktiv und lebenswert zu erhalten und zu gestalten, wofür natürliche, endliche Ressourcen, wie seltene Erden, Kohle und Erdöl als Rohstoffe, aber auch eine intakte Flora und Fauna, mit ihren vielfältigen Arten, benötigt werden (Holzbaur 2020a, S. V). Nicht jede Generation lebt und strebt nach denselben Werten, wie vorherige und nachfolgende es taten und tun. In der heutigen Zeit existiert eine Konsumgesellschaft, die nicht wie die vorherigen Generationen auf Sparsamkeit von Ressourcennutzung achtet und mit einem Gemeinschaftsdenken handelt, sondern ein eher egozentrisches Weltbild entwickelt hat. Ein nachhaltiges Verhalten soll nicht zu früheren

Verhaltensweisen führen, sondern soll eine verbesserte Qualität des Lebens und für die zukünftige Welt kreieren (Holzbaur 2020a, S. 43ff.).

2 Suffizienz, Effizienz und Konsistenz in der Nachhaltigkeit

Überlegungen für ein nachhaltigeres Verhalten werden oft getätigt, meist wird dabei erwähnt, dass eine andere Partei gleichermaßen in der Verantwortung steht, nachhaltig zu handeln. In manchen Situationen wird geschlussfolgert, dass aufgrund des Weglassens von nachhaltigen Maßnahmen die eigene Partei ebenfalls keine umweltbewussteren Maßnahmen durchführen muss (Holzbaur 2020a, S. 58). Beispiele für solche Situationen treten ständig auf. Person A möchte ihr Konsumverhalten nachhaltiger gestalten, fühlt sich jedoch durch das verschwenderische Konsumverhalten ihres Umfeldes machtlos einer Veränderung beitragen zu können. Für ein besseres Verständnis der Thematik Nachhaltigkeit wird in diesem Kapitel die Definition von Brundtland aus dem Jahr 1987 verwendet (BMUV 2017). Diese sagt aus, dass bei einer nachhaltigen Entwicklung der Fokus nicht auf eine Generation gelegt werden darf, sondern zukünftige Generationen mitberücksichtigt werden müssen. Dabei ist es wichtig, dass alle Generationen ihre eigenen Bedürfnisse und Lebensstile ausleben können und diese somit nicht gefährdet werden. („sustainability [means] ‚meeting the needs of the present without compromising the ability of future generations to meet their own needs'") (United Nations [UN] o.J.a). Nach dieser Definition stehen die heutigen Generationen in der Verantwortung, Maßnahmen zu treffen (Holzbaur 2020a, S. 17), die neben aktuellen Bedürfnissen auch zukünftige befriedigen. Hierfür müssen Systeme der Bildung für die Nutzung natürlicher Ressourcen und unter anderem für die Möglichkeit der Gestaltung des selbstbestimmten Lebens geschaffen werden (Holzbaur 2020a, S. 32). Das Risikopotenzial der einzelnen möglichen und durchgeführten Maßnahmen muss abgewogen werden, um zukünftigen Generationen eine lebenswerte Welt zu hinterlassen (Holzbaur 2020a, S. 17). Das Abwägen von Chancen und Risiken kann schwerfallen, da die Zukunft nicht voraussagbar ist (Holzbaur 2020a, S. 23). Das Konzept der Nachhaltigkeit baut auf den drei Säulen Ökonomie, Ökologie und Soziales auf. Die ökonomische Säule zielt auf eine Wertschöpfung von Bedürfnissen durch das Wirtschaftssystem und auf dessen Erhalt ab. Die ökologische Säule beinhaltet den bedachten

Umgang mit endlichen, natürlichen Ressourcen. Die dritte Säule betrifft die sozialen Aspekte, das heißt die Berücksichtigung und den Erhalt von Kulturen sowie politischen Entscheidungen und den politischen Umgang mit aktuellen Thematiken. Es ist anzumerken, dass eine Säule nicht allein das Grundgerüst der Nachhaltigkeit bildet, sondern die drei Säulen zusammen. Somit muss immer eine ganzheitliche Betrachtung durchgeführt werden (Holzbaur 2020a, S. 31f.). Das Zusammenspiel mit der Beachtung aller drei Säulen ist die Triple-Bottom-Line, die als zu erreichendes Ziel gilt (Freiberg/Bruckner 2022, S. 28). Die Gesellschaft ist die Gruppe, die durch ihren Konsum bestimmt, welches Angebot nachgefragt wird. Nach ihren Konsumentscheidungen richten sich die Unternehmen in ihrer Produktion von Gütern und Dienstleistungen. An diesem Punkt kann bemängelt werden, dass durch die vorhandene Nachfrage der Konsumierenden kein ausreichendes Verlangen nach Nachhaltigkeit besteht. Diese Logik kann allerdings ebenfalls auf die produzierenden Unternehmen angewandt werden. Die Wirtschaft kann das Angebot bestimmen und entscheiden, in welchem Maße Nachhaltigkeit auf dem Markt vertreten sein soll, denn eine Lenkung der Nachfrage kann durch das vorhandene Angebot stattfinden. Zusätzlich spielt der Staat eine tragende Rolle, da er die Verantwortung hat, durch Richtlinien und Vorgaben die Konsumierenden sowie die Unternehmen zu nachhaltigerem Handeln anzuregen bzw. sie entsprechend zu lenken. Alle Bereiche (Wirtschaft, Unternehmen und Konsumierende) beeinflussen sich gegenseitig und haben Auswirkungen aufeinander, somit steht jede und jeder in der Eigenverantwortung, das individuelle Handeln nachhaltig auszurichten (Holzbaur 2020a, S. 25). Eine nachhaltige Gestaltung kann durch das Umsetzen der WINN-Formel geschehen. Das Akronym ‚WINN' steht für ‚Weniger, Intelligent, Nahe und Natürlich'. Mit ‚Weniger' ist die Ressourcenminimierung gemeint, die zum einen durch weniger Konsum und zum anderen durch einen effizienteren Einsatz der Ressourcen erreicht werden kann. Die Informationsübermittlung an Konsumierende durch Beschreibungen von Produkten und Dienstleistungen wird in dieser Formel als ‚Intelligent' bezeichnet. ‚Natürlich' und ‚Nahe' meint, dass die genutzten Güter aus regionaler und fairer, umweltbewusster Produktion stammen sollen (Holzbaur 2020a, S. 234). Der langfristige Prozess der Implementierung von Nachhaltigkeit und die Lernprozesse aus dieser Zeit werden unter dem Begriff von ‚nachhaltiger Entwicklung' zusammengefasst (Holzbaur 2020a, S. 1). In diesem Prozess gibt es fünf grundlegende Prinzipien und drei Leitstrategien. Die Grundprinzipien sind die drei Nachhaltigkeitssäulen und die Permanenz von Maßnahmen, gepaart mit der Verantwortung aller, ein nachhaltiges Engagement zu zeigen, damit zukünftige Generationen nicht benachteiligt werden. Dabei ist zu beachten, dass alle (Gesellschaft, Wirtschaft und Politik) gleiche Ziele verfolgen, um die nachhaltige Entwicklung zu erreichen. Die drei Leitstrategien der Nachhaltigkeit sind Effizienz, Konsistenz und Suffizienz (Holzbaur 2020a, S. 35). Effizienz wird als ein Kriterium verwendet, mit dem bestimmt wird, ob eine Handlung besser geeignet ist als eine andere, um ein festgelegtes Ziel, wie eine höhere Wirtschaftlichkeit eines Unternehmens, zu erreichen (Feess et al. 2018). Damit ist gemeint, dass bei gleichbleibendem Input mit einer gleichen oder höheren Leistung weniger Ressourcen nutzbringender eingesetzt werden (Holzbaur 2020a, S. 195). Die zweite Leitstrategie wurde im Jahr 2004 präsentiert. Die Konsistenztheorie nach Grawe sagt aus, dass Menschen nach der Erfüllung ihrer Grundbedürfnisse zufrieden sind. Wenn diese Grundbedürfnisse über einen längeren Zeitraum nicht erfüllt werden, führt dies dazu, dass der Mensch psychisch negativ beeinträchtigt wird (Ghadiri 2018). Suffizienz als dritte Leitstrategie ist die Verringerung der Nachfrage durch Konsumierende, wodurch der Verbrauch der Ressourcen verlangsamt wird. Zusätzlich werden durch instand haltende Reparaturen Ressourcen langlebiger und nachhaltiger eingesetzt (Bocken 2020, S. 135). Diese bewusstere Ressourcennutzung führt zu weniger Fehlkäufen und es werden weniger redundante Einkäufe getätigt (Bocken 2020, S. 139).

Unterschiedliche Geschäftsmodelle beinhalten das Konzept der Suffizienz im Zusammenhang mit der Effektivität und dem Konsum. Geschäftsmodelle im Sinne der Suffizienz im Dienstleistungssektor können sein: „Förderung der Qualität vor der Quantität", „Konzentration auf Dienstleistungen; nicht auf Produkte", „Produkten ein zweites (und drittes, viertes usw.) Leben geben" sowie „Kostengünstigere Innovationen" (Bocken 2020, S. 140).

- „Förderung der Qualität vor der Quantität" (Bocken 2020, S. 141) thematisiert, dass Konsumierende dazu angeregt werden, preisintensivere Güter und dadurch langlebigere Produkte zu kaufen. Durch erlebte Eindrücke mit der Marke werden Stammkundinnen und -kunden generiert, die ihre Erinnerungen weitergeben und neue potenzielle Kundinnen und Kunden auf das Produkt aufmerksam machen (Bocken 2020, S. 141).

- „Konzentration auf Dienstleistungen; nicht auf Produkte" (Bocken 2020, S. 141) meint, dass den Konsumierenden die Unique Selling Points (USPs) des Unternehmens präsentiert werden und damit aufgezeigt wird, welche Vorzüge sie erwarten können, wenn sie die Dienstleistung annehmen und nutzen. Diese kann vom Unternehmen durch die Aufrechterhaltung und Anpassung an neue Umstände langfristig als Produkt verkauft werden (Bocken 2020, S. 141f.).

- „Produkten ein zweites (und drittes, viertes usw.) Leben geben" (Bocken 2020, S. 142) beschreibt, dass die einmalige bzw. kurzfristige Nutzung durch Instandhaltungsmaßnahmen und regelmäßige Überprüfungen des Produktes zu mehrmaliger und langfristiger Nutzung umgewandelt werden kann. Auch durch die Verwendung von gebrauchten Produkten kann eine mehrmalige Nutzung erreicht werden (Bocken 2020, S. 142).

- „Kostengünstigere Innovationen" (Bocken 2020, S. 143) bilden das Geschäftsmodell, in dem Konsumierende ein Produkt bzw. eine Dienstleistung bevorzugen, die die Eigenschaften „Erschwinglichkeit, Einfachheit, Qualität und Nachhaltigkeit" (Bocken 2020, S. 143) aufweist. Sie sind auf der Suche nach Produkten und Dienstleistungen, die sie erfüllen und ein gutes Preis-Leistungs-Verhältnis haben. Durch die Verringerung des Angebotes wird die Ressourcennutzung gemindert (Bocken 2020, S. 143).

Nur durch das Zusammenwirken der drei Leitstrategien wird Nachhaltigkeit in Prozessen und im Handeln bewirkt. Ein Beispiel für dieses Zusammenspiel ist, wie von Herrn Holzbaur beschrieben, Getränke zum Mitnehmen. Einwegbecher bilden keine effiziente Ressourcennutzung, eine Verbesserung wird durch Becher für die Mehrfachnutzung oder durch umweltfreundlichere Becher im Sinne der Entsorgung erlangt. Die Suffizienz kann in Verbindung mit der Effizienz erreicht werden, indem das Prinzip des To-go-Getränks abgelegt wird und nur noch Getränke für den Verzehr vor Ort angeboten werden. Die Konsistenz der Konsumierenden ist erreicht, sobald diese das Getränk erwerben und verzehren können (Holzbaur 2020a, S. 196).

Bei der Durchführung von neuen Prozessen ist es relevant, darauf zu achten, ob die Prozessschritte greifen und implementiert werden oder ob ein Rebound-Effekt entsteht. Dieser Effekt bedeutet, dass statt der gewünschten Veränderung eine Verstärkung des ursprünglichen Verhaltens eintritt. Jedoch darf die Möglichkeit eines Rebound-Effekts nicht als Argument gegen neue Maßnahmen betrachtet werden (Holzbaur 2020a, S. 199f.).

3 Corporate Social Responsibility vs. Nachhaltigkeitsmanagement

‚Corporate Social Responsibility' (CSR) ist der englische Begriff für die gesellschaftliche Verantwortung von Unternehmen für ihre getroffenen Entscheidungen und deren Auswirkungen auf Ökologie, Ökonomie und Soziales (Kleinfeld 2022, S. 38). Betriebe werden weltweit miteinander dahingehend verglichen, inwiefern sie für die Gesellschaft und die Umwelt tätig sind, weswegen sie sich gegenüber Dritten gut präsentieren müssen (Hövel 2022, S. 13). Dabei richtet sich das Augenmerk der Gesellschaft nicht nur auf das Unternehmen an sich, sondern auch auf seine Lieferanten und ihr Verhalten gegenüber der Einhaltung von Umwelt- und Arbeitsstandards (Lin-Hi 2021). Der erwartete Umfang der Verantwortung durch Organisationen ist abhängig von der Einschätzung des Unternehmens selbst sowie von der Einschätzung derer, die von dem Agieren des Betriebes betroffen sind (Kleinfeld 2022, S. 40). Um eine CSR zu kreieren, sind finanzielle Mittel nötig, die in Abwägung mit dem gewollten Output als vertretbar angesehen werden müssen. Teil der CSR können ausgewählte Sustainable Development Goals (SDGs) der Vereinten Nationen (United Nations o.J.a) sein, die in Kapitel 4.1. vorgestellt werden (Kleinfeld 2022, S. 46). Betriebe, die in der Vergangenheit eine egozentrische Betriebsweise präsentiert haben, haben Schwierigkeiten, ihre CSR von der Gesellschaft als positiv für das Gemeinwohl anerkennen zu lassen (Thurm 2022, S. 195). Eine langfristige Umsetzung einer CSR ist für ein Unternehmen von Vorteil. Obwohl meist kein direkter Zusammenhang zu Erfolgen ersichtlich wird, können durch die Analyse von Ursachen einer Wirkung, wie der Steigerung des finanziellen Erfolgs, Zusammenhänge mit der CSR erkannt werden (Lin-Hi 2021).

Das Nachhaltigkeitsmanagement ist eine Art der Führung, bei der Entscheidungsfindungen auf umweltbewussten Aspekten, wie den drei Säulen der Nachhaltigkeit, basieren (Kleinfeld 2022, S. 41). Die betriebsinternen Ziele, Werte und Normen verlangen, dass die Führungsebenen nach bestem Wissen und mit moralischem Handeln die für das Unternehmen adäquaten Entscheidungen treffen. Mit diesem Führungsstil als Vorgabe müssen Handlungsfelder für das gesamte Unternehmen erarbeitet und in ihrer Umsetzung sowie Anwendung kontrolliert werden (Auer et al. 2022, S. 29). Das nachhaltige Management kann als Stabsstelle oder entscheidungsfähige Abteilung in das Unternehmen integriert werden; bedeutsam ist, dass diese Abteilung, so weit oben wie möglich in der Hierarchie angesiedelt wird (Sadou 2022, S. 35f.). Die Abteilung hat als Ziel, die Tripple-Bottom-Line und somit eine Balance der drei Nachhaltigkeitssäulen zu erreichen (Auer et al. 2022, S. 27). Das Erreichen des Hauptzieles ist ein Prozess, der ständig analysiert und kontrolliert werden muss, und er soll für die Gesellschaft und den Betrieb selbst einen Zusatznutzen schaffen (Sadou 2022, S. 35f.).

Zusammenzufassen ist, dass das Nachhaltigkeitsmanagement ein Bereich im Betrieb ist, in dem Maßnahmen ausgearbeitet und in den einzelnen Bereichen eingebracht sowie auf ihre erfolgreiche Umsetzung kontrolliert werden, damit das Unternehmen umweltbewusster agieren kann (Auer et al. 2022, S. 29). Die CSR ist die Repräsentation des Unternehmens gegenüber Dritten und für die teilweise Kreierung des Unternehmensimages zuständig (Hövel 2022, S. 13).

4 Ansätze für Nachhaltigkeit

4.1 Sustainable Development Goals – Ansatz

Im Jahr 1992 wurde in Rio de Janeiro die Agenda 21 beschlossen, mit der die globale Zusammenarbeit für eine nachhaltige Entwicklung gefördert wurde. Darauf aufbauend wurden im Jahr 2000 die acht Millennium Development Goals (MDGs) beschlossen, die bis 2015 terminiert waren. Die Idee für die SDGs wurde 2012 auf der Rio+20-Konferenz der UN entwickelt, nachdem 2002 in Südafrika beschlossen worden war, ein stärkeres Augenmerk auf die nachhaltige Entwicklung der Welt zu legen. Somit wurde 2013 damit begonnen, die SDGs in Anlehnung an die MDGs und die Agenda 21 auszuarbeiten (United Nation o.J.c). Die Agenda 2030 wurde von der UN im Jahr 2015 bekannt gegeben und trat am 01. Januar 2016 in Kraft. Sie erfordert die Umsetzung durch Politik, Gesellschaft und Unternehmen auf lokaler als auch globaler Ebene gleichermaßen. Die Zielsetzung der Agenda ist es, durch die Stärkung von Freiheiten einen globalen Frieden zu schaffen. Über 15 Jahre sollen die Ziele der Agenda global von Industrie-, Schwellen- und Entwicklungsländern umgesetzt werden (United Nation o.J.b). Durch die Realisierung der Ziele der Agenda 2030 wird ein Grundstein für die Wirtschaft im Land gelegt. Dabei wird ein besonderes Augenmerk auf eine nachhaltige und inklusive Wirtschaft gerichtet (United Nation o.J.b). In der Agenda werden 17 Nachhaltigkeitsziele (SDGs) als Grundsteine und 169 Unterziele benannt, die durch die

Verlinkungen zwischen den Zielen zum erfolgreichen Realisieren der Agenda 2030 führen. Alle Ziele sind gleichwertig in der Dringlichkeit ihrer Umsetzung. Sie decken die drei Ebenen der Nachhaltigkeit (Ökologie, Ökonomie und Soziales) ab (United Nation o.J.b). Durch die SDGs werden die Länder und Gesellschaften der Erde dazu animiert, relevante Probleme für die Menschheit und den Planeten anzugehen (United Nation o.J.b). Jede Regierung kann individuell entscheiden, wie die Umsetzung der Ziele im Land mittels Strategien, Plänen und Richtlinien vonstattengehen soll (United Nation o.J.b).

Im Folgenden wird jedes der 17 Nachhaltigkeitsziele benannt und kurz erklärt:

SDG 1: Keine Armut
Als Unterziele für das erste SDG hat die UN angesetzt, dass bis 2030 die Armut um mindestens 50 % global gesenkt werden soll. Dabei werden die Zahlen von männlichen und weiblichen Personen individuell betrachtet. Um den Jo-Jo-Effekt umgehen zu können, muss allen eine Möglichkeit eröffnet werden, an der Wirtschaft teilzunehmen und eigenen Besitz zu erwerben. Zusätzlich ist für das Erreichen des Ziels ein Auffangsystem nötig (Die Bundesregierung o.J.a). Durch die Coronapandemie wurden vier Jahre des Kampfes gegen Armut zunichte gemacht. Beispielsweise befanden sich im Jahr 2020 im Vergleich zu 2019 weitere acht Millionen Erwerbstätige in Armut, was eine Steigerung von 0,5 % der globalen Erwerbsarmutsquote bedeutete (United Nation o.J.d).

SDG 2: Kein Hunger
Mit diesem Ziel soll eine gesunde, ausgewogene Ernährung als Unterziel erreicht werden. Die Kleinbäuerinnen und Kleinbauern, die Lebensmittel anbauen und verkaufen, sollen von den abnehmenden Betrieben einen größeren Anteil für ihr Gut erhalten. Ein weiteres Unterziel ist der Erhalt der Ressourcenvielfalt in der Landwirtschaft, auch durch Einsatz von finanziellen Mitteln (Die Bundesregierung o.J.a). Im Jahr 2020 hatte eine von drei Personen keinen regelmäßigen Zugang zu ausgewogenen Mahlzeiten (United Nation o.J.d).

SDG 3: „Gesundheit und Wohlergehen" (Die Bundesregierung o.J.a)
Für die Erfüllung dieses Ziels muss ein gesundheitliches System im Land implementiert sein, das allen die Möglichkeit zur medizinischen Versorgung bietet. Alle Länder zusammen sollen als weiteres Unterziel

erreichen, dass Krankheiten wie Malaria und Tuberkulose ausgerottet werden (Die Bundesregierung o.J.a). Die Covid-19-Pandemie unterbrach Ende 2021 in 92 % der Länder lebensnotwendige Gesundheitssysteme. Global gesehen sank die Anzahl von Personen mit Impfschutz. Im Vergleich zu 2019 wurden 19,5 % weniger Kinder im Jahr 2020 mit den Grundimpfungen versorgt (United Nation o.J.d).

SDG 4: „Hochwertige Bildung weltweit" (Die Bundesregierung o.J.a)
Es soll keine Unterschiede in der Bildung von weiblichen und männlichen Personen sowie für Personen mit Einschränkung geben. Ein weiteres Unterziel ist es, dass die Bildung für alle kostenlos zur Verfügung steht; dabei wird nicht nach Grundbildung in Schulen oder höherer Bildung in Universitäten und Hochschulen unterschieden (Die Bundesregierung o.J.a). Bereits vor dem Jahr 2020 gab es eine Bildungskrise, die jedoch mit der Coronapandemie verstärkt wurde (United Nation o.J.d).

SDG 5: Geschlechtergleichheit
Wie der Name des SDG verrät, sollen mit diesem Ziel die Ungleichheiten zwischen den Geschlechtern abgebaut werden. Unterziele in diesem Fall sind: Abbau von Diskriminierung, Verringerung bis Eliminierung von Gewalt gegen ein Geschlecht und Abbau von Hindernissen im Erreichen von beruflichen Positionen (Die Bundesregierung o.J.a). Im Jahr 2019 war das Beschäftigungsverhältnis der Geschlechter ausgewogen. Zu Zeiten der Pandemie verloren Personen beider Geschlechter ungefähr gleich oft ihren Beruf, Männer jedoch um 5 % mehr (United Nation o.J.d).

SDG 6: Sauberes Wasser und Sanitäreinrichtungen
Jeder Mensch soll Zugang zu sauberem Trinkwasser erhalten, das sich alle leisten können. Dabei soll die Ressource achtsam verwendet werden und deren Qualität soll gesteigert werden (Die Bundesregierung o.J.a). Zwischen 1720 und 2022 sind 85 % der auf der Welt befindlichen Feuchtgebiete ausgetrocknet (United Nation o.J.d).

SDG 7: „Bezahlbare und saubere Energie" (Die Bundesregierung o.J.a)
Bis 2030 soll der Anteil an regenerativen Energien stark erhöht werden. Durch finanzielle Unterstützung soll saubere Energie im Land produziert und eingesetzt werden (Die Bundesregierung o.J.a). In den Jahren 2010 bis 2019 stieg die Nutzung von erneuerbaren Energien um 25 %

an. Jedoch lag der Anteil von regenerativen Energien am Gesamtenergieverbrauch im Jahr 2019 bei 17,7 % (United Nation o.J.d).

SDG 8: „Menschenwürdige Arbeit und Wirtschaftswachstum"
(Die Bundesregierung o.J.a)
Der wirtschaftliche Wohlstand eines Landes ist essenziell. Jedem Menschen soll der Zugang zu der lokalen Wirtschaft ermöglicht werden, somit auch zum Arbeitsmarkt (Die Bundesregierung o.J.a). Das globale Wirtschaftssystem erholt sich nach dem Einbruch zu Beginn der Pandemie. Jedoch verlangsamen neue Covid-19-Varianten, eine steigende Inflation und Unterbrechungen in den Lieferketten diese Erholung. Die weltweite Arbeitslosenquote stieg mit Anfang der Pandemie im Jahr 2020 um 1,2 % auf 6,6 % und wird voraussichtlich erst 2023 auf das Vor-Pandemie-Level sinken (United Nation o.J.d).

SDG 9: „Industrie, Innovation und Infrastruktur"
(Die Bundesregierung o.J.a)
Zusammen mit der Förderung der Forschung und Industrie soll die lokale Infrastruktur ausgebaut werden. Hierbei muss auf eine achtsame Ressourcennutzung geachtet werden (Die Bundesregierung o.J.a). Manche Branchen erholen sich nur langsam von den Auswirkungen der Pandemie. Im Jahr 2021 wurde nur noch die Hälfte der Passagierzahlen, verglichen mit 2019, in der Luftfahrt befördert (United Nation o.J.d).

SDG 10: „Weniger Ungleichheit" (Die Bundesregierung o.J.a)
Durch dieses SDG sollen die inländischen Beziehungen und die Beziehungen mit anderen Ländern gestärkt und ausgebaut werden (Die Bundesregierung o.J.a). Aufgrund der Pandemie stiegen im Ländervergleich die Unterschiede der lokalen Einkommen stärker an. Es wurde prognostiziert, dass zwischen 2017 und 2022 die Ungleichheiten der Einkommen zwischen den Ländern um 1,2 % sinken werden, aufgrund der Pandemie stiegen die Ungleichheiten jedoch um 1,2 % an (United Nation o.J.d).

SDG 11: „Nachhaltige Städte und Gemeinden" (Die Bundesregierung o.J.a)
Als Unterziel für dieses SDG wurden durch die UN der Ausbau von öffentlichen Verkehrsmitteln und des Güterverkehrs mit geringem Energieverbrauch sowie die Schaffung und der Erhalt von bezahlbarem Wohnraum benannt (Die Bundesregierung o.J.a). Es atmen 99 % der Menschen, die in städtischen Regionen leben, täglich verschmutze Luft (United Nation o.J.d).

**SDG 12: „Nachhaltige/r Konsum und Produktion"
(Die Bundesregierung o.J.a)**
Mit diesem Ziel sollen Länder angeregt werden, ihre Ressourcennutzung und die der lokalen Unternehmen dahingehend zu analysieren, an welchen Stellen diese verändert und effizienter gestaltet werden können. Ein weiteres Unterziel ist es, die Konsumierenden in ihrem Konsumverhalten zu schulen und auf ein bedachteres Verhalten aufmerksam zu machen (Die Bundesregierung o.J.a). Durch verantwortungsloses Verhalten wird die Erwärmung der Erde vorangetrieben, die Umwelt verschmutzt und die Diversität der Flora und Fauna in Gefahr gebracht. Jeden Tag werden in jedem Land dieser Welt 17 % der Nahrung durch Konsumierende, Supermärkte, Haushalte und das Gastgewerbe verschwendet (United Nation o.J.d).

SDG 13: „Maßnahmen zum Klimaschutz" (Die Bundesregierung o.J.a)
Die Länder sollen stärker regenerative Energien ausbauen, sodass sie ein Drittel des Anteils an verwendeten Energien im Land bilden (Die Bundesregierung o.J.a). Seit 1960 besteht der Trend der steigenden globalen Temperatur. Durch Temperaturanstiege können Naturbereiche wie Korallenriffe stark beeinflusst werden. Durch eine Erwärmung um 1,5° Celsius werden 70 bis 90 % eines Riffes vernichtet und bei einem Anstieg um 2° Celsius werden keine Korallenriffe mehr existieren. Es wird prognostiziert, dass bis zum Jahr 2100 der Meeresspiegel um 30 bis 60 cm steigen wird. Dadurch werden touristische Gebiete überschwemmt und verschwinden (United Nation o.J.d).

SDG 14: „Leben unter Wasser schützen" (Die Bundesregierung o.J.a)
Bis zum Jahr 2025 sollen die Länder Maßnahmen ergriffen haben, die die Verschmutzung der Meere und die Überfischung verringern oder verhindern (Die Bundesregierung o.J.a). Im Jahr 2021 sind mehr als 17 Millionen Tonnen Plastik in das Meer gespült worden. Es wird davon ausgegangen, dass ausgehend vom Stand 2021 bis 2040 der Bestand von Plastik im Ozean verdoppelt oder verdreifacht wird (United Nation o.J.d).

SDG 15: „Leben an Land" (Die Bundesregierung o.J.a)
Mit diesem SDG sollen die Ökosysteme global geschützt und eine nachhaltige, ressourcenbedachte Nutzung soll integriert werden (Die Bundesregierung o.J.a). Fast die Hälfte der relevantesten globalen ländlichen Regionen sowie Süßwasser- und Bergregionen war im Jahr 2021 geschützt. Seit 2000 hat die Anzahl der geschützten Gebiete stetig zugenommen (United Nation o.J.d).

SDG 16: „Frieden, Gerechtigkeit und starke Institutionen"
(Die Bundesregierung o.J.a)
Mit diesem SDG positioniert sich die UN gegen Korruption und für „friedliche und inklusive Gesellschaften" (Die Bundesregierung o.J.a). Global fürchtet sich ein Drittel aller Menschen, meist Frauen, allein in der Dunkelheit unterwegs zu sein (United Nation o.J.d).

SDG 17: „Partnerschaften zur Erreichung der Ziele"
(Die Bundesregierung o.J.a)
Die Least Developed Countrys sollen mit diesem Ziel finanziell gestärkt und durch den Transfer von Wissen und Technologien in ihrer Entwicklung unterstützt werden (Die Bundesregierung o.J.a). Während der Pandemic stieg die Anzahl der Internetnutzenden zwischen 2019 und 2021 um 9 % (United Nation o.J.d).

4.2 Environmental, Social and Governance – Ansatz

Im Jahr 2005 wurde in einer Studie von Georg Kell, der der Gründungsdirektor der United Nations Global Compact (United Nations Global Compact o.J.) war, zum ersten Mal das Konzept des Ansatzes Environmental, Social and Governance (ESG) mit seinen drei Kriterien beschrieben (Thurm 2022, S. 195). Die UN GC ist ein Netzwerk, das die UN und Unternehmen aus der Wirtschaft inkludiert. Es strebt nach der Umsetzung von umweltbewussten und verantwortungsvollen Führungsstilen in teilnehmenden Organisationen (United Nations Global Compact o.J.). Im Jahr 2006 beschloss die UN, dass Unternehmen unter freiwilliger Selbstverpflichtung ESG-Faktoren in ihre Investmententscheidungen miteinbeziehen, damit nachhaltigere Kapitaleinlagen möglich werden. Ausgehend von den Investorinnen und Investoren werden Nachhaltigkeitsratings für Unternehmen erstellt. Dabei wird in ‚Negative Screenings' und ‚Positive Screenings' differenziert. Branchen wie die Tabak- und Alkoholindustrie sowie die Rüstungsindustrie werden als Negative Screenings kategorisiert, da sie den Werten des ESG-Ansatzes nicht gerecht werden. Die Positive Screenings bilden das Gegenteil dazu. Die Unternehmen aus diesen Branchen werden im Rating aufgeführt und verglichen, sodass Investorinnen und Investoren sich eine Meinung über ihre Geldanlagen bilden können (Haberstock 2019).

4.2.1 Kriterien

Das erste der drei Kriterien des ESG-Ansatzes ist die Umwelt. In diesem Bereich wird aufgegriffen, inwieweit ein Unternehmen die Umwelt belastet. Es werden die Auswirkungen auf das Klima, beispielsweise durch den Schadstoffausstoß eines Betriebs, sowie das effiziente Einsetzen und Nutzen von Ressourcen wie Wasser und Energie betrachtet. Zusätzlich werden Maßnahmen einbezogen, die die Artenvielfalt ermöglichen. Das zweite Kriterium sind die sozialen Aspekte. Hiermit werden Maßnahmen für die Sicherung der Gesundheit und des Arbeitsschutzes von angestellten Personen betrachtet. Auch die Maßnahmen der CSR werden inkludiert. Das letzte Kriterium ist die Governance. Mit diesem Aspekt wird die umweltbewusste Führung mit den gelebten Normen und Werten des Betriebs thematisiert. Dabei wird darauf geachtet, dass keine Korruption im Betrieb vorliegt und dass Strukturen für die Risikobewältigung vorhanden sind (Haberstock 2019).

4.2.2 Kennzahlsysteme

Eine Vielzahl von Agenturen bietet Nachhaltigkeitsratings an. Um die Menge an Daten vergleichbar zu machen, werden verschiedene Kennzahlensysteme verwendet (Haberstock 2019). In diesen Systemen werden die Zahlen beachtet, die für einen Vergleich von unterschiedlich großen Unternehmen sinnvoll sind. Durch Prozentsätze, Normalisierungsfaktoren und andere Mittel werden diese vergleichbaren Kennzahlen erhoben. Dabei werden die ökologischen wie auch die sozialen Aspekte gleichermaßen berücksichtigt.

Unternehmen sind verpflichtet, die Daten aus den vergangenen Jahren der Öffentlichkeit bereitzustellen. Durch diese Offenlegung und die daraus entstehenden Ratings ist es Investorinnen und Investoren möglich, eine fundierte Entscheidung darüber zu treffen, in welches Unternehmen sie investieren wollen. Die Kennzahlensysteme des ESG-Ansatzes sind noch in der Entwicklungsphase und müssen stetig verfeinert werden, um eine vollständige Vergleichbarkeit zu schaffen, das heißt jedoch nicht, dass momentan keine Vergleichbarkeit möglich ist (Steltgens 2021).

4.2.3 Relevanz für das Gastgewerbe

Das Gastgewerbe ist von seinen Kundinnen und Kunden abhängig, die zunehmend auf umweltbewusstere Produkte achten. In der Vergangenheit war es möglich, durch kleine Verweise auf nachhaltige Aspekte die Nutzerinnen und Nutzer von der Nachhaltigkeit des Unternehmens zu überzeugen. Heutzutage werden jedoch nachhaltige Angebote stärker von den Nutzerinnen und Nutzern hinterfragt. Die Unternehmen, die in nachhaltige Aspekte wie Projekte zum Energiesparen oder Bioprodukte mit umweltbewussten Lieferketten investieren und ein ganzes Produkt daraus kreieren, werden von potenziellen Nutzerinnen und Nutzern mehr beachtet. Dabei ist die Größe eines Unternehmens irrelevant, alle Unternehmen müssen, wenn sie neue Kundinnen und Kunden akquirieren wollen, einen ESG-Ansatz haben, mit dem sie Aufmerksamkeit gewinnen (Zimmer 2022).

4.2.4 Chancen und Risiken für das Gastgewerbe

Der Aufbau von ESG ist ein langfristiger Prozess, der finanzielle Mittel erfordert. Es ist von Bedeutung, dass Unternehmen klein anfangen und das Gesamtziel bei dem Ausbau des ESG-Ansatzes nicht aus den Augen verlieren. Besonders in der Kettenhotellerie wird versucht, ein System für alle Betriebe zu finden. Dies erweist sich als schwierig, da keine Uniformität in den Vorgaben der individuellen Länder vorliegt. Eine Chance des ESG-Ansatzes ist die Generierung von neuen Gästen, da eine umweltbewusste Ressourcennutzung, beispielsweise durch das Energiesparen, vermittelt werden kann. Durch die von angestellten Personen vermittelten Normen und Werte eines Unternehmens erhält der Gast die Möglichkeit, sich mit der Unternehmensphilosophie vertraut zu machen und zu vergleichen, ob die durch die CSR vermittelten Aspekte mit den eigenen Erfahrungen übereinstimmen. Nicht nur Neukundinnen und Neukunden können durch den ESG-Ansatz auf ein Unternehmen aufmerksam gemacht werden und an dieses gebunden werden. Auch neue Angestellte können durch Maßnahmen für die Arbeitssicherheit und die Sicherung der Gesundheit sowie durch die Möglichkeit der individuellen Identifikation mit den Unternehmenswerten und -normen gewonnen werden (Westermann 2022).

5 Notwendigkeit von nachhaltigem Wirtschaften im Gastgewerbe

Durch die in Kapitel 1 erläuterten Nachhaltigkeitssäulen wird ersichtlich, dass alle Bereiche (Gesellschaft, Wirtschaft und der Staat) nachhaltig handeln müssen. Eine Verweigerung durch eine Partei kann zu einem Stillstand in allen Bereichen führen, der dringend vermieden werden muss. Durch die Umsetzung von Maßnahmen werden Problematiken und Risiken aufgezeigt, wodurch Dritte inspiriert werden sollen, selbst tätig zu werden. Im Gastgewerbe kann das Geschäftsmodell „Produkten ein zweites (und drittes, viertes usw.) Leben geben" (Bocken 2020, S. 140) gut angewandt werden. Mittels der Wartung der Ausstattung kann diese langfristiger genutzt und bei Nichtgebrauch weiterverkauft werden.

Der Tourismus ist ein Konzept, das global Einfluss auf lokale Regionen hat. Durch seine umweltbewussten Maßnahmen und Aktionen kann das Bewusstsein der Menschen vor Ort und das der Reisenden geschärft werden. Aufgrund der Vorgaben des Staates ist das Gastgewerbe zumeist zu Maßnahmen gezwungen, die den Gast direkt betreffen. In der Regel ist dieser nicht erfreut über die nötigen Veränderungen, da sie seine Routine und Vorstellung beeinflussen. Das Gastgewerbe ist somit ein Vermittler, der versuchen muss, Gast und Regierung gleichermaßen zu befriedigen. Zuerst sollte nach Ansicht der Autorin damit begonnen werden, interne Prozesse umweltbewusster zu gestalten, bevor Veränderungen für den Gast auftreten. Des Weiteren ist es von Bedeutung, dass durch folgende Generationenwechsel nachhaltigere Maßnahmen offener angenommen werden, als die heutige Generation dies tut. Somit wird in Zukunft die Bedeutsamkeit von nachhaltigem Handeln stetig zunehmen. •

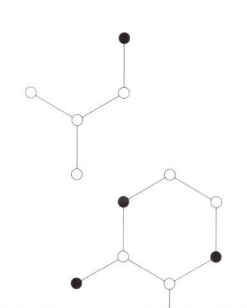

NACHHALTIGKEIT ALS ZUKUNFTSWEISENDES GESCHÄFTSMODELL IM GASTGEWERBE

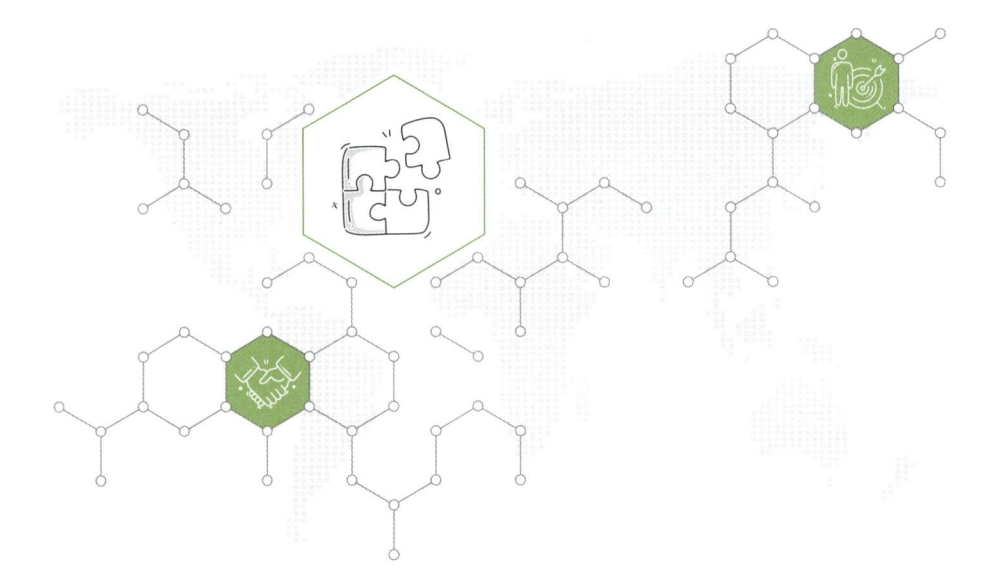

Wie nachhaltig ist das Gastgewerbe (Hotellerie, Gastronomie) in Deutschland?

Eine Bestandsanalyse
und kritische Betrachtung der Umsetzung

von Hennes Cleven

1 Einleitung

Vielen Menschen mit Freude am Reisen ist dieser Aufsteller schon aufgefallen. Die Rede ist von dem Hinweis: ‚Lassen Sie das Handtuch hängen, wenn Sie es länger verwenden wollen, legen Sie es auf den Boden für einen Ersatz.' Der Hinweis wird mit dem Argument kombiniert, dass das Waschen von Handtüchern deutlich zum Wasserverbrauch beiträgt sowie durch Chemikalien das Wasser verschmutzt und dass ein hoher Energieaufwand für die Reinigung betrieben werden muss (Haubner et al. 2012, S. 4). Der Unterschied solcher Einsparungen bezüglich Energieverbrauch und Wasserbelastung durch die Mehrfachnutzung von Handtüchern zeigt sich nicht nur bei Kosteneinsparungen für Unternehmen, sondern auch in den umweltökologischen Kennzahlen. Auch im Einzelhandel und beim Besuch der örtlichen Gastronomie fällt eine Entwicklung der Angebote in Richtung nachhaltiger, regionaler Produkte auf, die in Zeiten von günstig erwerbbaren Lebensmitteln noch nicht in den Gedanken der Konsumierenden angekommen war. Hier zeigt sich die Relevanz von Nachhaltigkeit, einem verringerten CO_2-Abdruck und den Herstellungsbedingungen von Produkten. Steigende Preise für Energie sorgen zunehmend für steigende Herstellungskosten von Produkten, die mit einer Preiserhöhung an die Endkonsumierenden weitergegeben werden. Dies sorgt zumindest psychologisch bei den Konsumierenden dafür, dass sie sich mit den Umständen bei der Herstellung eines Produkts auseinandersetzen und gegebenenfalls ihr Kauf- und Konsumverhalten anpassen.

Der Klimawandel zwingt alle Branchen zu einem Umdenken. Biodiversitätsverlust, Desertifikation, Wassermangel und Bodenverschlechterung belegen die Notwendigkeit einer nachhaltigen Entwicklung und lassen auch den Tourismus in Form von Hotellerie und Gastronomie nicht außen vor (Stomporowski/Laux 2019, S. 13). Dabei gilt nachhaltige Entwicklung als zukunftsfähige Änderung, die sowohl soziale und ökologische als auch ökonomische Aspekte gleichermaßen gewichtet und sich auf alle Bereiche des menschlichen Lebens und Wirtschaftens ausdehnt. Ein Prinzip der Forstwirtschaft aus dem 18. Jahrhundert besagt: ‚Schlage nur so viel Holz, wie auch nachwachsen kann'. Es stellt somit klar, dass keine Ressource der Welt unendlich für den menschlichen Verbrauch verfügbar ist (Haubner et al. 2012, S. 5). Ein Indikator für die schlechte ökologische Tendenz ist der Earth Overshoot Day, der Tag, an dem die natürlich abzuführenden Ressourcen, die pro Jahr produziert werden können, verbraucht wurden und auf Lagerbestände zurückgegriffen werden muss. Die Menschheit macht von Jahr zu Jahr somit mehr ‚Schulden' beim Planeten Erde und ist gezwungen, auf Kapazitäten zurückzugreifen, die nicht regeneriert werden können. War der Tag im Jahr 2010 erst am 8. August erreicht, wurde im Jahr 2022 ein neuer Negativrekord mit dem 28. Juli aufgestellt. Diese Tendenz ist seit 1971 vorherrschend und zeigt, einhergehend mit einer schnell wachsenden Weltbevölkerung, wie schnell die natürlichen Rohstoffe aufgebraucht sind (Earth Overshoot Day o.J.).

1.1 Tourismus und Nachhaltigkeit

Neben vielen positiven Effekten des Tourismus, z. B. dem sozialen Austausch, spannenden Erlebnissen und ökonomischen Aspekten, ist ebenfalls eine Reihe von negativen Tendenzen zu beobachten. Die Hotellerie und Gastronomie ist ein elementarer Bestandteil des Reisens und durch einen hohen Verbrauch an Ressourcen geprägt. Die Unterkunft ist direkt nach dem Transport zur Destination der zweitgrößte Verursacher von CO_2-Emissionen auf einer Urlaubsreise (Stomporowski/Laux 2019, S. 13).

Steigende Kaufkraft auf internationaler Ebene und vorherrschende Megatrends fördern das Verlangen vieler Haushalte, zu verreisen und Urlaub zu machen. Weltweit wächst der Tourismus somit immer weiter an. Zunehmend viele Wohnanlagen und touristische Einzugsgebiete sowie Attraktionen verlangen den bereits fragilen Ökosystemen immer mehr ab, belasten die Umwelt demzufolge stetig stärker. Die Frage ist nun nicht mehr, ob eine nachhaltige Entwicklung notwendig ist, sondern eher wie schnell (Umweltbundesamt 2019).

Oftmals überwiegen altmodische Handlungsweisen in touristischen Betrieben und diese versäumen somit den schnellen Einstieg in einen Wandel, der dringend notwendig und lohnend ist. „Nachhaltigkeit erweist sich zunehmend als Treiber für den Vertriebserfolg. Unternehmen mit einer glaubwürdigen Umsetzung ihrer Nachhaltigkeitsstrategie sind wirtschaftlich erfolgreicher, weil sie die Achtung sozialer und ökologischer Aspekte in den Einklang mit wirtschaftlichen Interessen bringen, ihr Image verbessern und somit auch Wettbewerbsvorteile erhalten, profitablere Produkte vermarkten, Einsparpotenziale generieren und zukunftsfähig sind" (Haubner et al. 2012, S. 5).

1.2 Bestandsaufnahme von nachhaltigem Tourismus in Deutschland

Das Jahr 2022 stellt die Weltbevölkerung vor bisher ungeahnte Herausforderungen. Zahlreiche geopolitische Ereignisse, die Inflation und die Zunahme von klimawandelbedingten Katastrophen lassen der Welt und Deutschland keine Ruhe. Eine umweltschonende Lebensweise ist notwendig, die Umsetzung läuft allerdings schleppend. Eine Studie der Instinctif Partners und ihrer Marktforschungstochter truth ergab unter 2000 Befragten in Deutschland folgendes Meinungsbild:

- Während 68 % der Befragten den Klimawandel als relevanteste Herausforderung der Zeit ansehen, vertrauen gerade mal 26 % den Unternehmen, dem Klimawandel effektiv entgegenzuwirken.

- Über 80 % wünschen sich eine glaubwürdigere Kommunikation und ehrlichere Produktbeschreibungen.

- Es glauben 47 % den Unternehmen zum Thema Nachhaltigkeit nicht und 53 % würden gerne nachhaltige Entscheidungen treffen, wissen aber nicht wie (Instinctif Partners 2022, S. 1).

Eine weitere Studie von Statista im Jahr 2021 bringt hervor, dass unter den befragten Personen nur 33 % schon heute unter den Gesichtspunkten der Nachhaltigkeit reisen. Die Maßnahmen dieses Teils der Befragten konzentrieren sich hauptsächlich darauf, Flugreisen zu vermeiden und mehrfach Inlandstourismus zu bevorzugen (Statistisches Bundesamt 2021, S. 56).

Obwohl Nachhaltigkeit zunehmend bedeutsamer erscheint, ist die Anzahl nachhaltig orientierter Betriebe gering. Stomporowski und Laux (2019) schätzen die Quote der nachhaltig zertifizierten Hotels auf gerade mal 2,5 % innerhalb von Deutschland. In ihren Ausführungen führen sie das zurückhaltende Engagement auf das Nachfrageverhalten der Gäste zurück. Obwohl die Nachfrage nach umweltorientierten Reisen wächst, sind Aspekte wie Lage und Preis aktuell noch bedeutsamer. Zusätzlich berücksichtigen Unternehmen noch seltener als Privatpersonen nachhaltige Aspekte bei Reisebuchungen. Insbesondere große Unternehmen verfügen über das notwendige Budget, Geschäftsreisen nachhaltig zu gestalten, und als positiver Nebeneffekt kann ein Imagegewinn verzeichnet werden. Allerdings wird dies von Hotels bisher nicht mit vollem Potenzial ausgenutzt (Stomporowski/Laux 2019, S. 31ff.).

2 Kriterien und Messbarkeit für die Umsetzung von Nachhaltigkeit

Um ein generalisiertes und einheitliches System nachhaltiger Kriterien zu schaffen, ist es notwendig, klare Grundbedingungen festzulegen und durchzusetzen. Der Global Sustainable Tourism Council (GSTC) ist ein US-amerikanisches Non-Profit-Unternehmen und legte bereits im Jahr 2008 die Grundsteine für die Entwicklung von Kriterien nachhaltiger touristischer Angelegenheiten. In Zusammenarbeit mit internationalen Expertinnen und Experten auf dem Gebiet erstellte der GSTC

Kriterien, um ein weltweites Verständnis von nachhaltigem Tourismus zu schaffen und ist damit international anerkannt.

Das Verhältnis des Tourismus zur Nachhaltigkeit und die besondere Bedeutung einer nachhaltigen Entwicklung werden „in erster Linie anhand der Wirkung von touristischen Aktivitäten deutlich" (Umweltbundesamt 2019, S. 19). Beispiele dafür sind touristische Strände nach dem Sommer oder überlaufene Skigebiete in den Bergen. Mit den kombinierten Indikatoren und Kriterien der GSTC wird evaluiert, welche Nutzungsaspekte die Umsetzung dieser Kriterien in der Hotellerie und im Gastgewerbe haben kann. Diese Grundlagen können vielfältig genutzt werden, sie dienen aber vor allem als Richtlinie. Unternehmen können damit gleichermaßen Nachhaltigkeit implementieren und Konsumierende sowie Journalistinnen und Journalisten können wirklich nachhaltige Programme identifizieren (Global Sustainable Tourism Council 2016, S. 1ff.).

2.1 Kriterien und Maßnahmen für nachhaltigen Tourismus

Die Kriterien der GSTC werden im Folgenden vorgestellt und anhand dessen wird ein Handlungsleitfaden formuliert. Eine Orientierung an den Kernaussagen kann als Selbsteinschätzung dahingehend dienen, wie Nachhaltigkeit im Unternehmen implementiert wurde und welche Handlungsfelder ausgebaut werden müssen.

2.1.1 Effektives Nachhaltigkeitsmanagement

Implementierung eines Nachhaltigkeits-Managementsystems

Das Unternehmen hat ein entsprechendes System implementiert, das zur Größe und zum Zweck der Unternehmung passt. Ökologische, soziale, kulturelle, ökonomische, gesundheitliche, Qualitäts-, Menschenrechts- und Sicherheitsaspekte werden einbezogen und kontinuierlich verbessert. Das System benötigt eine klare Dokumentation und schließt Risiko- sowie Krisenmanagement mit ein.

Einhaltung geltenden Rechts

Lokale, nationale und internationale Rechte und Regeln werden beachtet sowie gepflegt. Nachweise der Einhaltung der rechtlichen Rahmenbedingungen liegen vor und Anforderungen aller Länder werden verstanden und berücksichtigt. Eigentumsrechte sind legal und entsprechen den lokalen, kommunalen und einheimischen Rechten.

Das Einverständnis der Bevölkerung wurde eingeholt und eine unfreiwillige Umsiedlung ist ausgeschlossen.

Kommunikation und Reporting
Nachhaltigkeitsregeln und -maßnahmen werden offen gegenüber Leistungsträgern, Akteuren und Kundinnen und Kunden kommuniziert, um an Unterstützung und Verständnis zu gewinnen. Regelmäßige Berichte der Nachhaltigkeitsleistung begünstigen die Kundenbeziehung und laden zur aktiven Unterstützung ein (Global Sustainable Tourism Council 2016, S. 3).

Einbeziehung der Mitarbeitenden
Das Personal beteiligt sich an der Entwicklung und Implementierung des Nachhaltigkeits-Managementsystems und bekommt regelmäßiges Training bezüglich seiner Rolle und Verantwortung in der Ausführung des Systems. Anleitungsmaterialien sind notwendig, die Aufzeichnung derartiger Weiterbildungen ist möglich und Mitarbeitende erhalten Zertifikate in relevanten Disziplinen.

Kundenerlebnis
Die Kundenzufriedenheit wird überwacht und mit den Aspekten der Nachhaltigkeit werden Korrekturen, wenn nötig, umgesetzt. Ein Feedbacksystem liefert Aufschluss über die Ergebnisse und stetige Überwachung der Zufriedenheit sichert den Erfolg.

Wahrheitsgemäße Vermarktung
Marketing und Kommunikation sind transparent und präzise bezüglich der Organisation, Produkte und Dienstleistungen. Die Bilder zur Repräsentation entsprechen der Wirklichkeit und es werden keine Erlebnisse versprochen, die nicht garantiert werden können (Global Sustainable Tourism Council 2016, S. 4).

Gebäude und Infrastruktur
Die Ordnungsmäßigkeit der Anlage sowie das Bewusstsein, dass Standortwahl, Design und visuelle Attraktivität die Landschaft und das natürliche Erbe beeinflussen, werden stetig in Betracht gezogen und kulturelle Gepflogenheiten rücksichtsvoll behandelt. Die Kapazität und Integrität der natürlichen und kulturellen Umgebung darf nicht unter der Unternehmung leiden. Wo es praktisch ist, werden lokal übliche und verfügbare Materialien sowie Ressourcen

verwendet. Unabhängig von Exklusivität ist der Zugang für alle gegeben. Insbesondere Personen mit besonderen Bedürfnissen, neben Einheimischen und Touristinnen sowie Touristen, sollte ein Zugang ermöglicht werden.

Informationspflicht
Informationen über die natürliche Umgebung, bedeutende kulturelle Hinweise und Verhaltensweisen werden kommuniziert.

Kooperation und Dialog mit der Destination
Die Organisation ist in die Tourismusplanung und deren Management in der Destination involviert, soweit die Möglichkeit gegeben ist (Global Sustainable Tourism Council 2016, S. 5f.).

2.1.2 Stärkung sozialen und wirtschaftlichen Nutzens, Minimierung negativer Auswirkungen

Unterstützung der lokalen Gemeinschaft
Angestrebt ist eine aktive Unterstützung von Initiativen für die lokale Infrastruktur und die Gemeinschaftsentwicklung. Bevorzugung lokaler Anbieter für externe Dienstleistungen und Vorzug von Programmen, die sich mit lokalen Gemeinschaften auseinandersetzen und sie unterstützen steigern den sozialen Nutzen.

Lokale Beschäftigung und Gleichberechtigung
Bei Einwohnerinnen und Einwohnern werden die gleichen Einstellungsvoraussetzungen festgelegt und sie haben Anspruch auf Berufsentwicklung sowie Aufstieg, unabhängig von Geschlecht, Hautfarbe, Religion, Alter oder Handicap.

Lokaler Einkauf
Das Unternehmen zieht einheimische Produkte vor und unterstützt ortsansässige Produzenten von Produkten und Dienstleistungen, wenn solche vorhanden sind und die entsprechende Qualität aufweisen.

Angemessene Arbeit
Ein Fokus sollte auf die Einhaltung der Arbeitsrechte, Arbeitsschutz und einen mindestens existenzsichernden Lohn gelegt werden. Regelmäßige Weiterbildung, Feedback und Entwicklungsmöglichkeiten tragen zusätzlich zur Zufriedenheit der Mitarbeitenden im Unternehmen bei.

Grundversorgung und Existenzgrundlagen
Die Aktivitäten des Unternehmens dürfen nicht die Versorgung der Gemeinde gefährden und keinen negativen Effekt auf den lokalen Zugang zu möglichen Grundlagen des täglichen Lebens haben. Inbegriffen sind Ressourcen wie Land und Wasser, Wegerecht, Transport und Unterkunft (Global Sustainable Tourism Council 2016, S. 7f.).

2.1.3 Kulturelle Vielfalt nachhaltig nutzen
Kulturelle Interaktion und Schutz von kulturellem Erbe
Das Unternehmen folgt lokalen Verhaltensweisen und Normen, schützt und unterstützt historisch sensible Orte und sorgt sich um einen rücksichtsvollen Gästefluss. Aktive Formen von Unterstützung durch finanzielle Mittel bringen positive Resonanz in der Bevölkerung und stärken das Unternehmensimage.

Präsentation von Kultur und Kulturerbe
Ein sensibler Umgang mit kulturtypischen Merkmalen und Gepflogenheiten zeigt sich durch die Repräsentation im Betrieb. Das Design, die Dekoration und die Küche sind im Rahmen der vorherrschenden Kultur angepasst und respektvoll implementiert. Eine klare Kommunikation über das Verhalten in historisch wertvollen Orten ist hilfreich, um einen respektvollen Umgang der Gäste mit diesen zu gewährleisten.

Artefakte und Schutzgebiete
Archäologische Artefakte sind vom Handel und der Ausstellung ausgeschlossen, außer es existiert eine entsprechende Genehmigung. Ausstellungsstücke und kulturelle Attraktionen bedürfen einer genauen Kontrolle und Dokumentation, damit Schäden vorgebeugt wird (Global Sustainable Tourism Council 2016, S. 9).

2.1.4 Bewahrung von Ressourcen
Ökologisch orientierter Einkauf
Einen Vorrang von Anbietern nachhaltiger Produkte, z. B. Lebensmittelproduzenten, Lieferanten und Zulieferern von Betriebsstoffen, aber auch Bau- und Verbrauchsmaterialien, in den Einkaufsgrundsätzen zu verankern, stellt zwar ökonomisch eine Herausforderung dar, reduziert den eigenen CO_2-Abdruck jedoch deutlich.

Effizienter Einkauf
Notwendig ist die sorgfältige Regelung und Überwachung beim

Einkauf aller Verbrauchsmaterialien und Einwegartikel inklusive Lebensmittel, um übermäßig viele Abfälle zu vermeiden und ressourcenschonend zu arbeiten. Wiederverwendbarkeit und Umweltbelastung einzelner Artikel zu beachten und entsprechende Vergleiche zu ziehen, kann sich auch positiv auf den Unternehmenserfolg auswirken.

Energieüberwachung
Der Energiekonsum wird stetig überwacht und, wo es möglich ist, werden Einsparungen betrieben. Bemühungen, den Nutzen erneuerbarer Energien in den Betrieb zu integrieren, sind zukunftsorientiert und auf lange Sicht können formulierte Ziele Kosten sparen und die Effizienz erhöhen.

Wassereinsparung
Ressourcensparendes Wassermanagement ist im Betrieb implementiert, wird regelmäßig gemessen und geprüft. Die Zufuhr sollte keinen negativen Einfluss auf die Umwelt haben und in Zeiten von Knappheit ist regionale Kooperation vorhanden und der Verbrauch wird bewusst gesteuert (Global Sustainable Tourism Council 2016, S. 10).

2.1.5 Verschmutzung minimieren
CO_2-Emissionen
Zur Überwachung des ökologischen Fußabdrucks benötigt der Betrieb eine Aufstellung aller relevanten CO_2-Emissionen und die Identifizierung der entsprechenden Quellen. Wenn möglich, ist die Minimierung des Ausstoßes gewünscht und im Fall einer unumgänglich hohen Umweltbelastung vermag das Unternehmen Möglichkeiten der Kompensation zu nutzen.

Transport
Das Unternehmen versucht im Rahmen seiner Möglichkeiten, den Bedarf an Transporten zu minimieren und aktiv die Nutzung klimafreundlicher Alternativen zu ermutigen. Angestellte sowie Kundinnen und Kunden nachhaltig hinsichtlich des Themas zu sensibilisieren, kann weitreichende Effekte mit sich bringen, da Reisen mit dem Pkw gegenüber öffentlichen Verkehrsmitteln eine deutlich höhere Belastung der Umwelt zur Folge haben.

Abfallmanagement
Es werden Maßnahmen zur Minimierung von Abfällen und Essensresten getroffen, z. B. Recycling. Bei Buffets oder umfangreichen

Menüs ist es hilfreich, die Gäste direkt hinsichtlich verschwenderischen Konsums zu sensibilisieren. Ebenfalls sollte die Restmüllentsorgung des Betriebs keine negativen Auswirkungen auf die Anwohnerinnen sowie Anwohner und auf die Attraktivität des Orts haben. Eine klare Mülltrennung, auch in Hinblick auf Gefahrgut, ist notwendig.

Verschmutzung minimieren
Praktiken zu implementieren, die Lärm-, Licht-, Abfluss- und Erosionsverschmutzungen minimieren, ist ebenfalls von großer Bedeutung für das Ökosystem. Ozonabbauende Substanzen und kontaminierende Stoffe sollten gering eingesetzt und akribisch überwacht werden (Global Sustainable Tourism Council 2016, S. 12ff.).

2.1.6 Konservierung von Biodiversität, Ökosystemen und Landschaften
Konservierung von Biodiversität
Jeder Mensch und vor allem jedes Unternehmen muss einen Beitrag leisten, um Biodiversität zu erhalten und zu schonen. Naturschutzgebiete werden gefördert und respektvoll behandelt. Jegliche Störung von Ökosystemen wird minimiert oder bestenfalls vermieden. Bei Bedarf werden Ökosysteme rehabilitiert.

Invasive Arten
Die Einfuhr invasiver Arten wird vermieden und es werden aktiv Maßnahmen diesbezüglich ergriffen. Grundstücke des Unternehmens werden überwacht und präsenter Landschaftsbau bezieht den Nutzen heimischer Arten ein.

Besuche von Naturarealen und Interaktionen mit Wildtieren
Unternehmen folgen den Richtlinien zum Management und Vertrieb des Besuchs von Naturarealen, um negative Einflüsse auf die Umwelt zu minimieren. Interaktionen mit wilden Tieren werden verantwortungsvoll geregelt und überwacht, um natürliche Prozesse wie Brut- und Paarungszeiten nicht zu stören.

Tierfürsorge
Wilde Tiere bleiben von Handel, Züchtung und Gefangenschaft ausgeschlossen, außer die entsprechenden Maßnahmen zur Sicherstellung des Tierwohls und Qualifikationen sind gegeben und werden überwacht. Wenn Tiere einen Bestandteil des Angebots eines Unternehmens ausmachen, sind die höchsten Standards einzuhalten.

Flora und Fauna

Wilde Arten werden nicht geerntet, konsumiert oder gehandelt, außer derartige Aktivitäten sind klar geregelt und dokumentiert. Eine nachhaltige Verwendung sollte nachweisbar sein und sich an alle lokalen sowie internationalen Gesetze halten (Global Sustainable Tourism Council 2016, S. 13ff.). Schützenswerte Arten sind auch an unüblichen Stellen zu finden, weshalb Aufklärung ein bedeutender Faktor ist.

3 Fazit

Das deutsche Hotel- und Gastgewerbe ist durch seine Individualität geprägt. Größe, Ausrichtung, Lage und Zielgruppe gehen teilweise so stark auseinander, dass es schwierig ist, allgemeingültige Empfehlungen auszusprechen (Stomporowski/Laux 2019, S. 143). Um Nachhaltigkeit im Hotelbetrieb zu implementieren, bieten sich hauptsächlich zwei Instrumente an: klassische Managementinstrumente und Zertifizierungen. Erstere bezeichnen die Erstellung eines Systems, das Ziele, Richtlinien, Leitbild, Wissen und Umweltauswirkungen zu einem Tool bündelt und das mit Kennzahlen dargestellt wird. Die unter Punkt 2 zusammengetragenen Kriterien können diesbezüglich zur Entscheidung beitragen. Die Anzahl an Zertifizierungslabels nahm ab dem Jahr 2011 ebenfalls zu, allerdings ist deren Bedeutung vielen Konsumierenden noch nicht gänzlich klar und die Menge unterschiedlicher Labels wirkt zunächst überwältigend, außerdem sind die unterschiedlichen Ansprüche an die festgelegten Grundsätze häufig nicht transparent (Stomporowski/Laux 2019, S. 35ff.).

Der Tourismus ist Mitverursacher des Klimawandels und gleichzeitig von den Folgen betroffen. Eine nachhaltige Entwicklung ist notwendig und ermöglicht zugleich neue Chancen für Unternehmen, den steigenden Anteil von nachhaltig Reisenden als Kundinnen und Kunden zu gewinnen. Die Umstellung geht allerdings zu langsam voran, um sich aktuellen Klimazielen auch nur annähernd anzupassen. Jedoch fängt es, wie in vielen anderen Branchen, immer mit den Kundinnen und Kunden an. Touristinnen sowie Touristen müssen bezüglich nachhaltiger Strukturen und Handlungsweisen sensibilisiert werden und wenn die Mehrheit der Reisenden bereit ist, Veränderungen unter dem Aspekt der Nachhaltigkeit auf sich zu nehmen, wird sich auch der Tourismus wandeln. •

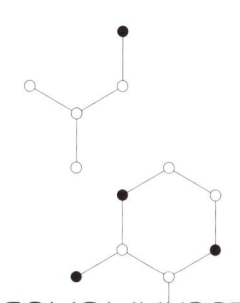

NACHHALTIGKEIT ALS ZUKUNFTSWEISENDES GESCHÄFTSMODELL IM GASTGEWERBE

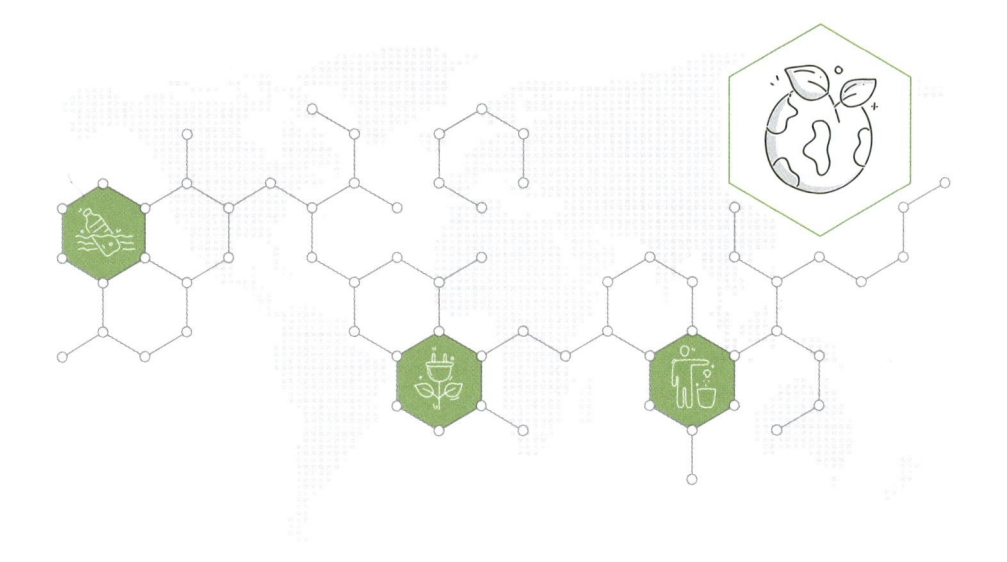

Ökologische Nachhaltigkeit im Gastgewerbe

Energiemanagement, Abfallmanagement und Wassermanagement

von Vanessa Röhl

1 Einleitung

Das Image des Gastgewerbes wurde im Zuge des steigenden Umweltbewusstseins von Umweltbelastungen, hohen CO_2-Emissionen, Energie- und Wasserverschwendung geprägt (World Wide Fund [WWF] 2016). In der Vergangenheit fand in der Gesellschaft ein Umdenken hinsichtlich der Verantwortung für Umweltschutz statt, wobei die ökologische Nachhaltigkeit im Gastgewerbe und in der Hotellerie immer mehr in den Vordergrund rückte (Umweltbundesamt 2022b). Heutzutage wird die Anpassungsfähigkeit eines Unternehmens und damit die Integration von Nachhaltigkeit im Unternehmen als einer der ausschlaggebenden Wettbewerbsvorteile angesehen, da Kundinnen und Kunden immer mehr Wert auf nachhaltige Hotelprodukte legen. Der Schwerpunkt für Optimierungen und Kosteneinsparpotenziale wird vor allem in den Bereichen des Energie-, Abfall- und Wassermanagements gesehen. Jedoch wird nicht nur aus Gründen der Nachhaltigkeit versucht, Ressourcen zu sparen, sondern auch aufgrund der Energie- und Wasserkosten (Dallmus 2021). Durch die aktuelle Energiekrise liegt das Einsparen von Energie und Wasser noch mehr im Fokus der Hotelbranche.

	An- und Abreise	Beherbergung	Gastronomie	Freizeit-aktivitäten	Reisevor- und -nachbereitung
Primärenergieverbrauch	+++	++	+	+	
Treibhauseffekt	+++	++	+	+	
Biodiversität	+	+	+	+++	
Flächenverbrauch	++	+++	+	+	
Abfallaufkommen		++	++		+
Wasserverbrauch		++	+	+	
Gewässerbelastung		++	+		

Abb. 1: Umweltauswirkungen touristischer Aktivitäten
Tabelle: Eigene Darstellung in Anlehnung an UBA 2021c.

Die vorangegangene Tabelle des UBA's aus dem Jahr 2021 stellt den Grad der Umweltbelastung für die touristischen Segmente dar. Der Tabelle ist zu entnehmen, dass Beherbergung und Gastronomie in allen Bereichen und insgesamt den größten Umweltschaden in Bezug auf die Unternehmensökologie verursachen. Ziel ist es, die Umweltauswirkungen des Tourismus zu spezifizieren und darauf aufbauend Maßnahmen zu ergreifen, die zur Reduzierung der Umweltbelastung beitragen. Durch die im ‚Green Deal' verabschiedeten Maßnahmen zum Erreichen der Klimaneutralität im Jahr 2045 für Deutschland stehen gerade Industrien und Gewerbe vor Herausforderungen. Um die Umsetzung der geplanten Klimaziele zu erreichen, gilt es, in Zukunft auf erneuerbare Energien zu setzen und auf fossilen Brennstoffen zu verzichten. Die anpassungsfähigsten Unternehmen sind nicht nur in Bezug auf die Klimaneutralität im Wettbewerbsvorteil, sondern auch im Hinblick auf die aktuelle Energiekrise, die gerade im Gastgewerbe einen hohen Kostenfaktor darstellt (Schierenbeck et al. 2022).

2 Abfallmanagement

Ein Unternehmen, das zu einer nachhaltigen Entwicklung im ökologischen Sinne beitragen soll, kommt an der Umsetzung eines transparenten und ressourcenschonenden Abfallmanagements nicht vorbei. Dieses umfasst vor allem die Teilbereiche Recycling, Müllreduzierung und -vermeidung sowie Wiederverwendung und Kompostierung. In der Gastronomie nehmen Speisereste und Verpackungsmaterialien rund 60 % des gesamten Abfalls ein (Deutscher Hotel- und Gaststättenverband o.J.a, S. 25ff.). Diese Zahl kann beispielsweise durch den Einkauf von Großgebinden und Mehrwegverpackungen oder durch den Verzicht auf Portionsverpackungen minimiert werden. Eine der relevantesten Maßnahmen ist die sachgerechte Abfalltrennung. Durch die Trennung von Papier, Plastik und Glas können nicht nur die ökologischen Ziele erreicht, sondern auch Kosten eingespart werden. Auch der Gast kann Teil des Prozesses werden, indem beispielsweise Mülltrennsysteme auf den Hotelzimmern bereitgestellt werden.

Food Waste

Das Gastgewerbe ist für erhebliche Abfallmengen verantwortlich. Mehr als ein Drittel hiervon sind Lebensmittelabfälle (Amicarelli et al. 2021, S. 153ff.). Zu den Auswirkungen dieser Verschwendung zählt nicht nur die Entstehung von Treibhausgasen, sondern auch der Verlust an Ressourcen wie Wasser, Boden und Energie (Too Good To Go o.J.). Infolgedessen wird die Dringlichkeit von Aufklärung und eines besseren Verständnisses für den nachhaltigen Umgang mit Lebensmitteln wichtig für die Zukunft. Unter anderem gilt es, die Schwächen der Gastronomie zu ermitteln und Möglichkeiten zur Minimierung von Lebensmittelabfällen aufzuzeigen. Der Fokus soll auf Entsorgungsmöglichkeiten, Ursachen und Techniken der Verwertung von Lebensmittelabfällen gelegt werden (Amicarelli et al. 2021, S. 153ff.).

In der Regel werden im Gastronomiebereich durch eine ungenaue Kalkulation der Gästeanzahl Lebensmittelrohstoffe in großen Mengen gekauft. Daher spielt der Lagerungsprozess von Lebensmitteln eine bedeutende Rolle für die Hotelbranche. Durch eine ordnungsgemäße Bestandsaufnahme kann verhindert werden, dass die Lebensmittel verderben. Außerdem kann der regelmäßige Austausch der genauen Zahlen an Registrierungen dabei helfen, dass nur so viele Speisen wie notwendig zubereitet werden. Auch in der Zubereitungsphase entstehen Lebensmittelabfälle, die hauptsächlich als ungenießbarer

Rest gelten, zum Beispiel Knochen, Kerne oder Kartoffelschalen. Statt die ungenießbaren Essensreste wegzuschmeißen, kann sich das Gastgewerbe für eine nachhaltige Speiserestentsorgung einsetzen. Das Unternehmen ReFood holt die gesammelten Speisereste ab und verwertet sie als Dünger oder Tierfutter weiter. Eine Kooperation mit lokalen Foodsharing-Plattformen und Organisationen wie ‚Too Good To Go' unterstützt ebenfalls die Reduzierung von Lebensmittelverschwendung. Im Rahmen der Initiative ‚Städte gegen Food Waste' werden Maßnahmen zur Vermeidung von Essensverschwendung und zum Schutz der Umwelt und des Klimas eingesetzt. Das Social-Impact-Unternehmen möchte mit seiner Vision, „eine Welt ohne Food Waste zu schaffen" (Too Good To Go o.J.), überproduzierte Lebensmittel in beispielsweise Cafés, Bäckereien, Restaurants, Hotels, Kantinen und Supermärkten einsparen. Bereits 3659 Hotels in 17 Ländern nutzen die App, um ihre täglich überschüssigen Lebensmittel an neue Kundinnen und Kunden zu verkaufen. Durch die benutzerfreundliche App werden die Lebensmittel innerhalb weniger Minuten für die Endkonsumierenden abholbereit. Das überschüssige Essen wird vom jeweiligen Betrieb in die App eingetragen, sodass die rund 65 000 000 Nutzerinnen und Nutzer das Angebot entdecken können. Dabei läuft die Bezahlung im Voraus über die App. Sobald die Kundinnen und Kunden ihre Überraschungstüte abgeholt haben, wird das Geld per App an den Betrieb überwiesen. Für die teilnehmenden Unternehmen bietet die Too-Good-To-Go-App den Vorteil, Lebensmittelüberschüsse zu reduzieren und Geld für Waren zu erhalten, die sonst weggeworfen worden wären. Die Endkonsumierenden profitieren, indem sie die Waren zu einem vergünstigten Preis erhalten und dabei die Umwelt schützen (Too Good To Go o.J.).

Zero Plastic
Im folgenden Abschnitt wird das Thema Zero Plastic in der Gastronomie aufgegriffen und es wird darüber aufgeklärt, welche Maßnahmen zur Müll- und Plastikvermeidung ergriffen werden können. So wird im Rahmen der Zero-Plastic-Initiative nicht nur die Umwelt geschont, sondern es werden auch Unternehmenskosten eingespart. Gerade für das Gastgewerbe stellt die Abfallvermeidung eine Herausforderung dar. Aufgrund dessen ist es von Bedeutung, als Unternehmen realistische Ziele zur Einsparung zu definieren. Den Großteil des Abfalls im Gastgewerbe bilden Verpackungen aus Kunststoff (Gastro-Marktplatz 2021a).

Maßnahme	Beschreibung	Output
Wiederverwendbare Alternativen finden	Statt Papiertischwäsche, Biermanschetten oder Einweg-Platzsets zu verwenden, sollen wiederverwendbare/waschbare Alternativen wie Servietten, Tischdecken und Platzdeckchen gefunden werden.	Einwegartikel werden nach Gebrauch weggeschmissen und produzieren hohe Abfallmengen. Durch den Einsatz von wiederverwendbaren Alternativen kann nicht nur die Abfallmenge reduziert werden, sondern es können auch Kosten eingespart werden.
Mehrwegkaffeebecher	Die Gäste können durch einen Aufsteller darauf hingewiesen werden, im Gastronomiebereich ihren eigenen Kaffeebecher zum Auffüllen mitzubringen.	Durch den eigenen Kaffeebecher muss kein überschüssiges Verpackungsmaterial verwendet werden, das schon nach kurzer Zeit entsorgt wird.
Leitungswasser	Den Hotelgästen wird kostenlos Leitungswasser angeboten.	Durch das Angebot einer Leitungswasserstation kann der Kauf von Plastikflaschen ausfallen.
Portionsverpackungen	An möglichen Stellen soll auf einzeln abgepackte Produkte wie Milch, Zucker und Gebäck verzichtet werden.	Der Zucker kann beispielsweise in einer Dose auf dem Tisch und die Milch kann in einem Milchkännchen angeboten werden. Durch den Verzicht auf Einzelverpackungen kann eine erhebliche Menge an Verpackungsmaterial eingespart werden.
Seifenspender	Die Toiletten des öffentlichen Bereichs sollen mit Seifenspendern und Stoffhandtüchern ausgestattet werden.	Der Seifenspender unterstützt den Verzicht auf Einwegverpackungen. Die Handtücher können nach dem Waschen beliebig wiederverwendet werden.
Strohhalme	Statt Plastikstrohhalmen sollen wiederverwendbare Glas- oder Metallstrohhalme angeboten werden.	Durch die Nutzung wiederverwendbarer Strohhalme wird zusätzlich Einweg-Verpackungsmaterial reduziert.

Abb. 2: Zero-Waste in der Gastronomie
Quelle: Eigene Darstellung in Anlehnung an Gastro-Marktplatz (2021a).

3 Energiemanagement

Die meisten Unternehmen bezogen ihre Energieversorgung bisher aus Erdgas, das von fossilen Brennstoffen wie Dieselkraftstoff abhängig ist. Diese Versorgung ist sowohl umweltschädlich als auch kritisch aufgrund des aktuellen Gasembargos. Umso bedeutsamer ist es, das Energiesystem nachhaltig zu optimieren und die Energie zukünftig aus erneuerbaren Energien wie Sonne und Wind zu beziehen. Im Folgenden werden vier Maßnahmen vorgestellt werden, die Unternehmen dabei unterstützen, ihre Energieversorgung umzustellen. Statt vom fossilen Weltmarkt und unberechenbaren Preisschwankungen abhängig zu bleiben, soll die Energieversorgung aus erneuerbaren Energien stammen. Damit einhergehend wird eine Klimastrategie für die nächsten Jahre entworfen, die dabei hilft, die ökologische Nachhaltigkeit zu sichern (Schierenbeck et al. 2022, S. 3).

Fotovoltaikanlagen

Durch die Installation einer Fotovoltaikanlage kann Sonnenenergie auf effizientem Weg genutzt und in Strom umgewandelt werden. Für gewöhnlich werden die Fotovoltaikanlagen großflächig auf freien Dachflächen gebaut. Sie dienen zur Eigenstromversorgung, die nicht nur günstiger ist als der Bezug aus einem öffentlichen Stromnetz, sondern auch das Risiko steigender Strompreise minimiert. Der aus Sonnenenergie generierte Strom kann entweder direkt genutzt oder zur Aufbewahrung gespeichert werden. Er kann dann beispielsweise für E-Ladesäulen oder zur Wärmeanwendung dienen (Schierenbeck et al. 2022, S. 3).

Wärmepumpen

Wärmepumpen gelten als eines der beliebtesten ökologischen Heizsysteme. Aus einer Quelle mit niedriger Temperatur wird mithilfe elektrischen Stroms Wärmeenergie entzogen und auf ein höheres Temperaturniveau gebracht. Dabei dient meist die Umweltwärme als Quelle für Wärmeenergie des Raum- und Wasserbedarfs. Durch die Wärmepumpen wird der Strom in Batterien gespeichert und kann auch zu einem späteren Zeitpunkt genutzt werden. Das heißt, die Verwendung von Wärmepumpen ist den konventionellen Heizungen gegenüber wirtschaftlicher, umweltfreundlicher und dementsprechend deutlich fortschrittlicher (Schierenbeck et al. 2022, S. 3).

Holzhackschnitzel

Die Holzhackschnitzelanlage gehört zu den Festbrennstoffheizungen und ist aufgrund ihrer Energieeffizienz sowohl in privaten Haushalten als auch für

Gewerbe und Industrie beliebt. Durch das Verheizen von Hackschnitzeln, also kleinen Holzstücken, entsteht Wärme, die ein ganzes Gebäude versorgen kann. Die Holzhackschnitzelanlage dient als Zentralheizung und erbringt nicht nur eine effiziente Leistung, sondern arbeitet auch ressourcensparend (Lohneis 2021). Des Weiteren sind Holzhackschnitzel verglichen mit Öl, Gas und Pellets günstig. Während eine Kilowattstunde Öl etwa 70 Cent kostet, fallen bei Hackschnitzeln nur etwa 30 Cent für dieselbe Energiemenge an (Deutscher Hotel- und Gaststättenverband o.J.a).

Blockheizkraftwerk

Blockheizkraftwerke (BHKW) sind kleine Kraftwerke zur Gewinnung von elektrischer Energie und Wärme. Die Anlage arbeitet nach dem Prinzip der Kraft-Wärme-Kopplung. Beim Erzeugen von Strom durch das Verfeuern von Brennstoffen entsteht in erster Linie Wärme. Dabei können nicht nur einzelne Gebäude, sondern auch ganze Komplexe beheizt werden. Dieser Strom kann entweder direkt genutzt werden oder gegen eine Vergütung ins öffentliche Stromnetz eingespeist werden. Unter der Verwendung von BHKW kann CO_2 eingespart und somit die Umwelt geschont werden. Die direkte Nutzung des Stroms ist in energetischer, ökologischer und finanzieller Hinsicht am vorteilhaftesten. Besonders wirtschaftlich ist der Einsatz von BHKW unter Vollauslastung und bei hohen Laufzeiten, also für Betriebe, in denen das ganze Jahr über ein hoher Wärmebedarf besteht, zum Beispiel Wellnesshotels (Schierenbeck et al. 2022, S. 15).

4 Wassermanagement

Der Wasserverbrauch stellt im Gastgewerbe neben dem Abfallaufkommen und der Energieverschwendung einen weiteren relevanten Kostenfaktor dar. Auch dieser Bereich wirkt sich negativ auf die Umwelt aus und sorgt für Wasserknappheit sowie Klimabelastung (Deutscher Hotel- und Gaststättenverband o.J.a, S. 21ff.).

Bereits im Jahr 2014 lag der Wasserverbrauch im Drei-Sterne-Segment pro Übernachtung im Durchschnitt bei 250 Liter, während er im Fünfsternesegment schon mehr als doppelt so hoch war. Rund 522 Liter Wasser wurden im Luxussegment pro Nacht verbraucht. Dies hängt vor allem damit zusammen, dass die Luxushotellerie meist mit einem Wellnessbereich ausgestattet ist, um dem gewünschten Standard gerecht zu

Kennzahl	Beherbergung				Gaststätten
	0-2 Sterne	3 Sterne	4 Sterne	5 Sterne	
Wasserbedarf pro Übernachtung (Ün) bzw. pro Gedeck (Gd)	347 Liter/ Ün	250 Liter/ Ün	308 Liter/ Ün	522 Liter/ Ün	55 Liter/ Gd

Abb. 3: Umweltkennzahlen im Überblick, Erhebung der DEHOGA Landesverbände
Quelle: In Anlehnung an Deutscher Hotel- und Gaststättenverband
(Deutscher Hotel- und Gaststättenverband o.J.a, S. 21)

werden. In der Zwischenzeit wurde im Bereich des Wassermanagements ein Nachhaltigkeitsansatz zum Einsparen entwickelt, jedoch sind die Zahlen des Wasserverbrauchs noch nicht auf ein Optimum gesunken (Deutscher Hotel- und Gaststättenverband o.J.a, S. 21). Aus diesem Grund werden nun sieben Schritte zur Reduzierung des Wasserbrauchs erläutert.

1. Optimierung der Badezimmerausstattung
Durch die Installation wassersparender Armaturen wie Perlatoren in den Badezimmern des Hotels soll sich der Wasserverbrauch erheblich reduzieren.

2. Wäscheservice
Da der Wäscheservice einen großen Einfluss auf den Gesamtwasserverbrauch des Hotels hat, können beispielsweise Handtücher und Bettwäsche nur auf Wunsch gewechselt werden. Auch die Ausstattung mit neuen Maschinen, die weniger Wasser verbrauchen, unterstützt beim Einsparen.

3. Personal-Schulungen
Zur Sicherstellung, dass alle Mitarbeitenden mit einem optimierten Wasserverbrauch vertraut sind, soll das Personal regelmäßig geschult und über alle Verbesserungen und Änderungen informiert werden.

4. Informationen für Gäste
Die Hotelgäste sollen in die Strategie der Wassereinsparung eingebunden werden. Dafür können beispielsweise Hinweise platziert werden, die dazu ermutigen, weniger Wasser zu verschwenden und die Wasserhähne zu schließen.

5. Aufbereitetes Wasser
Aufbereitetes Wasser, zum Beispiel Regenwasser, dient zum Waschen oder zur Bewässerung. Dadurch kann Wasser eingespart und die Betriebskosten können gesenkt werden.

6. Optimierung der Küche
Es können beispielsweise belüftete Wasserhähne installiert werden und effizientere Geschirrspülverfahren oder -maschinen können eingeführt werden (Unesco o.J.).

5 Auswirkungen der Energiekrise auf das Gastgewerbe

Die Hotellerie, die noch durch die Coronapandemie geschwächt sei, gelange diesen Winter aufgrund der steigenden Energiepreise und Engpässe in die nächste Krisensituation, sagte Michael Lidl, Chef des Beratungsunternehmens Treugast Solution Group im Interview mit Reise Vor 9. Die veranlassten Sanktionen zwischen Deutschland und Russland, verursacht durch den Ukrainekonflikt, konfrontierten das Gastgewerbe mit massiv steigenden Energiekosten. Die Strom- und Gaspreise seien von den Energieversorgern der Hotellerie in den meisten Fällen bereits um ca. 50 % und vereinzelt auch um 100 % erhöht worden. Das führt vor allem für den bevorstehenden Winter zu einer geringen Planbarkeit. So kann es beispielsweise zu einem kompletten Lieferausfall von Gas kommen, der die Notwendigkeit zum Umstieg auf erneuerbare Energien nur unterstützt.

Nicht alle Segmente des Gastgewerbes sind gleich wirtschaftlich aufgestellt. Anbieter im Pool-Service-Segment, beispielsweise Wellnesshotels und Badeeinrichtungen, sind aufgrund des hohen Energieverbrauchs und hoher Nachfrage in den Wintermonaten am stärksten betroffen. Wenn das Wellness-Segment, das gerade im Winter einen hohen Angebotsfaktor für den Tourismus darstellt, wegbricht, kann es im schlimmsten Fall im Winter 2022/2023 zu einer erneuten Schließung des Gastgewerbes kommen, da die Aufrechterhaltung des Betriebs aus wirtschaftlicher Sicht keinen Nutzen mehr schafft. Dies würde aufgrund der Instandhaltung außerdem hohe Folgekosten verursachen. Die vollen Auswirkungen auf die touristische Nachfrage sind weiterhin ungewiss, jedoch reagierten bereits viele Hotels, indem sie beispielsweise die Temperaturen und Nutzungszeiträume der Pools reduzierten. Ferienhäuser, Hostels und Campingplätze sind hingegen weniger stark betroffen als Wellness- oder Kongresshotels, da die Ausgaben in einen deutlich kleineren Umfang fallen.

6 Hotel Haffhus als Best Practice

Als Best Practice zur Energieeinsparung wird im Folgenden das Hotel Haffhus vorgestellt, das bereits im Jahr 2017 die Notwendigkeit zur Entwicklung eines nachhaltigen und effizienten Energiekonzepts sah. Durch die Erfüllung der grundlegenden Förderkriterien, wie des Nachweises zur CO_2-Einsparung, erhielt das Hotel Haffhus im Jahr 2017 die erste Finanzierung durch den Europäischen Fonds für regionale Entwicklung zur Qualitätsverbesserung (Klein 2022). Seitdem wird das Hotel Haffhus durch netzunabhängigen Strom in Eigenregie versorgt, nutzt regenerative Energie und arbeitet sowohl klimaneutral als auch stromautark. Zur Energiegewinnung werden ausschließlich erneuerbare Energiequellen, mithilfe von Fotovoltaikanlagen und Holzhackschnitzeln, statt fossiler Brennstoffe verwendet. Auch der Strom für die E-Ladesäulen der Elektroautos wird ausschließlich aus den erneuerbaren Energien gewonnen. Dabei bietet das Hotel für die Aufladung bei Sonnenlicht eine Vergünstigung für Endkonsumierende an, da so die Energienutzung deutlich effizienter erfolgt und somit die Umsetzung des Energiekonzepts unterstützt wird (Haffhus o.J.).

Durch die Erweiterung der Hotelanlage im Jahr 2016 und die damit verbundene Erweiterung des Spa-Bereichs beschäftigte sich das Hotel Haffhus intensiv mit der Energieeinsparung. Dabei wurde allein eine Million Euro für Energietechnik aufgebracht. Hierfür wurde unter anderem in eine Solaranlage mit 150 Kilowatt Leistung, in BHKWs, in eine Hackschnitzelheizung, in Batteriespeicher, in eine Wärmepumpe, in Wärme- und Kältespeicher sowie in Frischwasserstationen investiert. Alleine durch die Fotovoltaikanlage werden jährlich 90 Tonnen CO_2 eingespart (Haffhus o.J.). Die Implementierung einer Hardware für die entsprechende Automatisierung und die Überwachung des gesamten Energiebedarfs stellt einen weiteren essenziellen Aspekt des Energiemanagements dar. Das heißt, um effizient zu arbeiten, werden die Prozesse nicht nur automatisiert, sondern auch regelmäßig optimiert. Der Informationsfluss gelangt in alle Bereiche des Hotels, sodass alle Mitarbeitenden in das Energiekonzept eingebunden werden und bestenfalls die Werte und Normen von der Haustechnik bis zum Management gleichermaßen geteilt werden. Laut Aussage von Dirk Klein, Head of Sustainability & Digitalization im Hotel Haffhus, hätten die Hotelgäste zu 98 % kein Bewusstsein für das Energiekonzept und würden den nachhaltigen Fortschritt nicht als ausschlaggebendes Kriterium für die Buchung empfinden. Zwar könne das Hotel mittlerweile bei Booking.com unabhängig vom Label die eigene Nachhaltigkeitsstory platzieren, diese werde aber aufgrund der Nutzererfahrung einer App schnell überlesen.

Für die Zukunft seien bereits einige Projekte geplant. Unter anderem solle im Zusammenhang mit der Technischen Universität Wildau ein neues Produkt für den Spa-Bereich entwickelt werden. Die Feuchtigkeit eines Wellnessbereichs solle genutzt und verwertet werden. Dadurch könnten bestenfalls 50 % Energie eingespart werden. Des Weiteren solle die Biomasse, die durch die Holzhackschnitzel entsteht, nicht entsorgt werden, da sie wertvolles CO_2 in sich gespeichert hat, das zum Beispiel zur Produktion von Blumenerde dienen könne (Klein 2022).

7 Fazit

Die Auswirkungen des Klimawandels sind bereits zu spüren. Als einer der Mitverursacher dieser klimatischen Veränderungen sollte die direkt betroffene Hotelbranche handeln. Das Hotel Haffhus und viele weitere fanden bereits umweltfreundliche Lösungen und fördern so die Entwicklung zur ökologischen Nachhaltigkeit. Dabei wird in erster Linie versucht, den CO_2-Ausstoß und die Überlastung der natürlichen Ressourcen zu minimieren. Um also ökologische Nachhaltigkeit im Gastgewerbe zu implementieren, sollten vor allem Abfall, Wasser und Energie eingespart werden. Neben den klimaschonenden Aspekten können außerdem durch die Reduzierung des Wasser-, Abfall- und Energieverbrauchs auch Betriebskosten minimiert werden. Außerdem wirkt sich ökologisches Handeln positiv auf das Unternehmensimage aus. •

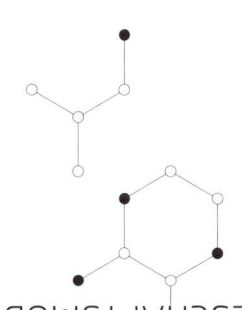

NACHHALTIGKEIT ALS ZUKUNFTSWEISENDES GESCHÄFTSMODELL IM GASTGEWERBE

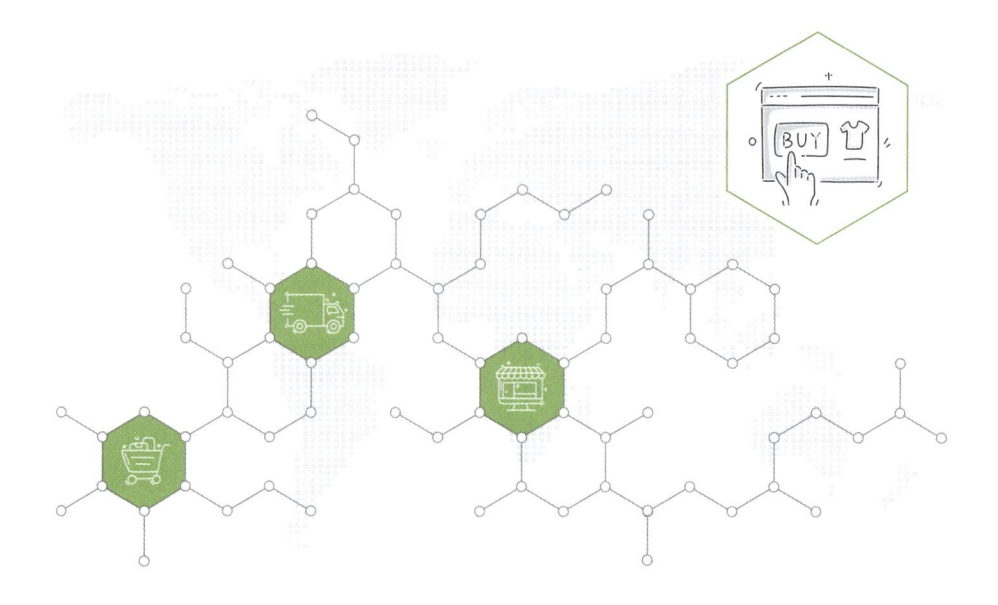

Nachhaltigkeit im Einkauf

Entwicklung eines Handlungsleitfadens
zur Umsetzung für die Unternehmenspraxis

von Sophie Müller

Nachhaltiges Konsumverhalten, ein Widerspruch in sich?

Lange schon gilt Nachhaltigkeit nicht mehr nur als Trend, sondern vielmehr als Lifestyle. Durch einen stärkeren Fokus soll das Thema ‚nachhaltiger Konsum' weiter aus der Nische in den Mainstream gerückt werden. Durch Konsum von Produkten und Dienstleistungen können Verbraucherinnen und Verbraucher Bedürfnisse wie Essen, Wohnen, Mobilität und Unterhaltung erfüllen sowie individuelle Lebensformen entfalten. Das Bundesministerium für Umwelt, Naturschutz, nukleare Sicherheit und Verbraucherschutz (BMUV) hat hierzu eine Grafik in Zusammenarbeit mit dem Kompetenzzentrum Nachhaltiger Konsum zum durchschnittlichen CO_2e-Fußabdruck pro Kopf in Deutschland veröffentlicht. Im Gegensatz zum gewöhnlichen CO_2-Fußabdruck bezieht der CO_2e-Fußabdruck zusätzlich zum klimawandelantreibenden Treibhausgas CO_2 andere CO_2-Äquivalente (CO_2e) wie Methan und Distickstoffoxid mit ein (BMUV 2022).

Der Grafik des BMUV ist zu entnehmen, dass sich der jährliche CO_2e-Fußabdruck von 10,8 Tonnen pro Person in verschiedene Kategorien gliedern lässt. Während jeweils 20 %, also 2,2 Tonnen CO_2e, auf das Wohnen und auf die Mobilität einer jeden Person zurückzuführen sind, kommen weitere 0,5 Tonnen CO_2e (5 %) für Strom und 1,7 Tonnen CO_2e (16 %) allein für die Ernährung zusammen. Es fallen 0,8 Tonnen CO_2e (8 %) aufgrund der öffentlichen Infrastruktur an, sodass immer noch 3,4 Tonnen CO_2e durch sonstigen Konsum von z. B. Kleidung oder Technik ausgestoßen werden. Das entspricht 31 % des gesamten CO_2e-Fußabdrucks. Das vereinbarte Klimaziel beschränkt sich auf einen Fußabdruck von unter einer Tonne CO_2e pro Person, also auf weniger als ein Zehntel von dem, was momentan pro Person in Deutschland verbraucht wird (BMUV 2022; Kompetenzzentrum Nachhaltiger Konsum 2022).

Weltweit wirkt sich der Konsum der privaten Haushalte auf die Ressourceninanspruchnahme und die Treibhausgasemissionen aus und ist für einen großen Teil davon verantwortlich. Dabei muss beachtet werden, dass sich der Konsum in Deutschland aufgrund globaler Produktionsprozesse und Lieferketten nicht nur national, sondern auch im Ausland auf die Umwelt und die Menschen auswirkt (Bundesministerium für Umwelt, Naturschutz, nukleare Sicherheit und Verbraucherschutz 2017). Um den notwendigen Strukturwandel in Richtung Nachhaltigkeit voranzutreiben, hat die Bundesregierung 2016 das ‚Nationale Programm für nachhaltigen Konsum' verabschiedet. Begleitet wird die Umsetzung des Programms durch das Kompetenzzentrum Nachhaltiger Konsum im UBA. Die Thematik der Implementierung von Nachhaltigkeit im täglichen Leben und Verhalten nahm ihren Ursprung allerdings bereits 1992 in Rio de Janeiro auf der Konferenz der Vereinten Nationen über Umwelt und Entwicklung. Der Begriff des ‚nachhaltigen Konsums' wurde hierbei als Idee in die politische Diskussion eingeführt (Bundesministerium für Umwelt, Naturschutz, nukleare Sicherheit und Verbraucherschutz 2022a). Es dauerte weitere zehn Jahre, bis es zu einem Beschluss über ein Zehnjahresrahmenprogramm zur Förderung und Verankerung nachhaltiger Konsummuster und Produktionsmuster (10 Year Framework of Programmes on Sustainable Consumption and Production, 10YFP) kam.

Im Juni 2003 wurden diese auf dem Weltgipfel im September 2002 in Johannesburg beschlossenen Ziele auf der internationalen Startkonferenz in Marrakesch konkretisiert (Aachener Stiftung Kathy Beys 2015b). Im Zentrum dieses Marrakesch-Prozesses steht ebendiese

Entwicklung von Strategien und Maßnahmen zur Stärkung nachhaltiger Konsum- und Produktionsmuster (Bundesministerium für Umwelt, Naturschutz, nukleare Sicherheit und Verbraucherschutz 2022a). Das Rahmenprogramm des 10YFP umfasst sechs Programme: nachhaltiges öffentliches Beschaffungswesen, Verbraucherinformation für verantwortungsvollen Konsum und Produktion (SCP)nachhaltiger Tourismus, nachhaltige Lebensstile und Bildung, nachhaltige Gebäude und nachhaltiges Bauwesen sowie nachhaltige Lebensmittelsysteme (The United Nations Environment Programme o.J.). Es wurde nach mehreren überarbeiteten Entwürfen seit 2002 auf dem Weltgipfel Rio+20 (Rio+20 UN Conference on Sustainable Development) im Jahr 2012 beschlossen (Aachener Stiftung Kathy Beys 2015b).

Auch in Deutschland wurde 2004 vor demselben Hintergrund der nationale Dialogprozess zu nachhaltigen Konsum- und Produktionsweisen vom Bundesumweltministerium und dem UBA initiiert (Kompetenzzentrum Nachhaltiger Konsum 2022). Auf der europäischen Ebene folgte im Jahr 2008 der Aktionsplan Nachhaltigkeit in Produktion und Verbrauch. Die Europäische Kommission präsentiert darin eine Reihe von Maßnahmen und Vorschlägen, mit denen nicht nur die Umweltverträglichkeit von Produkten verbessert, sondern auch die Akzeptanz nachhaltiger Produkte und Produktionstechnologien gefördert werden soll. Durch die Nutzung neuer Chancen und Innovationen soll die Industrie in der Europäischen Union sicherstellen, dass sie im Bereich der Umweltverträglichkeit führend bleibt. Darüber hinaus wird im Rahmen des Aktionsplans untersucht, wie Nachhaltigkeit in Produktion und Verbrauch auch auf internationaler Ebene gefördert werden kann (Europäische Kommission 2008).

Um dies herauszufinden, sind folgende Maßnahmen vorgesehen:

- Einführung von Anforderungen an die umweltgerechte Gestaltung für eine größere Zahl von Produkten

- bessere Kennzeichnung von Energieeffizienz und Umweltverträglichkeit

- Förderung besonders energiesparender bzw. umweltfreundlicher Produkte durch Anreizmaßnahmen und das öffentliche Beschaffungswesen

- umweltorientiertes öffentliches Beschaffungswesen

- kohärente Produktdaten und Methodik

- Einbeziehung des Einzelhandels sowie der Verbraucherinnen und Verbraucher

- Förderung der Ressourceneffizienz, der Ökoinnovation und des ökologischen Potenzials der Industrie

- Maßnahmen für mehr Nachhaltigkeit in Produktion und Verbrauch auf internationaler Ebene (Europäische Kommission 2008)

Diese Maßnahmen sind insgesamt ein relevanter Beitrag zur Umsetzung der Sustainable Development Goals der Agenda 2030, insbesondere des Nachhaltigkeitsziels SDG 12 ‚Nachhaltige Konsum- und Produktionsmuster' (Kompetenzzentrum Nachhaltiger Konsum 2022).

Lebensmitteleinkauf und Entsorgung im Tourismus

Um vor allem in Hinblick auf einen der größten Konsumteilhaber, den Tourismus, auch nachhaltiges Konsum- und Einkaufsverhalten voranzutreiben, muss zuerst analysiert werden, wo der größte Konsum in dieser Branche auftritt. Wie das BMUV sowie das Kompetenzzentrum Nachhaltiger Konsum bereits festgehalten haben, sind allein 28 % des CO_2e-Fußabdrucks der Deutschen auf Mobilität und die öffentliche Infrastruktur zurückzuführen. Besonders im Tourismus spielt zusätzlich die Ernährung eine große Rolle, und das schon bei der Anreise. Egal ob im Zug, im Flugzeug, im Hotel oder auf dem Kreuzfahrtschiff, laut Marquardt fließen allein rund 30 % der Ausgaben von Touristinnen und Touristen in Nahrungsmittel. Im Hotel- und Restaurantbereich besteht demnach großes Potenzial zur Steigerung nachhaltiger Beschaffung (Marquardt 2017, S. 169).

Eine mögliche Maßnahme zur Förderung wäre die Verteilung des Lebensmitteleinkaufs auf mehrere kleine Produzenten sowie die direkte Bezahlung von Lieferungen. Auch eine Beratung regionaler Bäuerinnen und Bauern in Bezug auf Qualität, Verpackung, Hygiene und Vermarktung wäre denkbar. Die Luxusresort-Kette ‚Sandals Hotels' gilt hierbei als Vorreiter. Neben einem Farmer-Projekt mit langfristigen Lieferbeziehungen zu Bäuerinnen und Bauern sowie Landwirtschaftskooperativen in Jamaika unterstützt sie ebenfalls das staatliche Earth-Check-Programm zur Verbesserung der

Qualität und Diversität lokal bezogener Lebensmittel (Sandals o.J.). Auch land- und betriebswirtschaftliche Beratung sowie Kredite für Kooperationspartnerinnen und -partner gehören dazu. Darüber hinaus verpflichtet sich Sandals dazu, die Produkte zu einem fairen Preis abzunehmen. Weitere mögliche Maßnahmen wären die Aufnahme lokaler Speisen und Getränke in Menüpläne, entsprechende Rezeptentwicklungen und ein lokaler sowie saisonaler Einkauf (Marquardt 2017, S. 169).

Bei der Erstellung eines nachhaltigen Speisenangebots wird klar, dass nicht jede Stufe dieser mehrstufig gegliederten Prozesskette direkt von touristischen Unternehmen beeinflusst werden kann. Lund-Durlacher et al. (2017) haben den Einfluss der wesentlichen Bereiche (Einkauf, Zubereitung, Präsentation und Konsum von Lebensmitteln) in Abbildung 1 prozessübergreifend dargestellt.

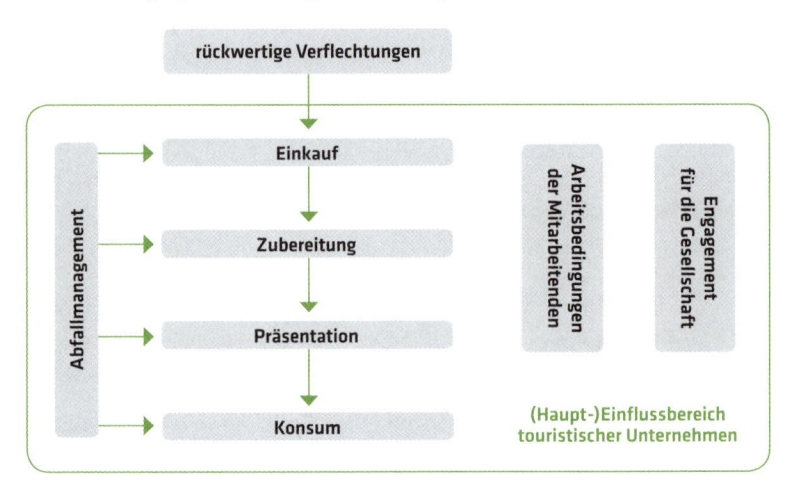

Abb. 1: Prozessstufen im Zusammenhang mit der Erstellung und Konsumation eines nachhaltigen Speisenangebots (Lund-Durlacher et al. 2017, S. 202).

Die vielfältigen Herausforderungen im Einkaufsbereich beginnen schon bei der Erfüllung von ökologischen Nachhaltigkeitsanforderungen bei eingekauften Produkten. Diese beziehen die Beachtung von Umweltauswirkungen, Aspekten des Artenschutzes und der Tiergesundheit mit ein. Besonders in der Tourismus- und Gastronomiebranche ist es von Bedeutung, dass die Qualität nicht unter der Berücksichtigung dieser Anforderungen leidet. Zum einen muss demnach eine ausreichende Menge an Lebensmitteln für Konsumierende bereitgestellt werden, die deren Präferenzen hinsichtlich Qualität, Sicherheit, Gesundheit und Genuss erfüllen. Zum anderen muss beim Einkauf sichergestellt werden, dass für Endkonsumierende sowie für Lieferanten akzeptable Preise erzielt werden können, sodass sowohl kulturelle als auch soziale Aspekte wie Lokalität oder Authentizität der angebotenen Speisen und die dahinterstehenden Arbeitsbedingungen in den Zuliefererbetrieben berücksichtigt werden (Lund-Durlacher et al. 2017, S. 202). Der Versuch, alle benötigten Produkte direkt vor Ort und vom Lieferanten zu kaufen, ist schwierig umzusetzen, denn örtliche Produzenten können häufig nicht die Waren in der geforderten Qualität oder Menge liefern. Hier muss dann eine Entwicklungshilfe mit konkreten Maßnahmen zur Weiterbildung der Produzenten ansetzen (Marquardt 2017, S. 162f.). Zur Sicherstellung, dass Anbieter soziale und ökologische Standards einhalten, können glaubwürdige Gütesiegel eine relevante Entscheidungshilfe bieten (Hamele 2017, S. 138).

Im nächsten Schritt geht es vor allem um Sicherheitsaspekte wie Hygiene bei der Zubereitung von Speisen und Getränken. Durch einen niedrigen Energieverbrauch und Ressourceneffizienz bei der Zubereitung kann hierbei ein Beitrag zur ökologischen Nachhaltigkeit geleistet werden (Holzbaur/Luppold 2017, S. 294). Auch die Präsentationsform im Umgang mit Lebensmitteln spielt eine bedeutende Rolle, denn sie ist wesentlich dafür verantwortlich, wie viele Lebensmittel entsorgt werden. Beispielsweise sind große Gebinde auf angerichteten Buffets zu nennen, die nicht der Präferenz der Gäste entsprechen und entsorgt werden müssen. Andererseits kann die richtige Präsentationsform durch Betrachtung regionaler und lokaler Traditionen aber auch eine hohe Achtung für Lebensmittel ausdrücken. Schlussendlich soll durch einen nachhaltigkeitsbewussten Konsum und die dadurch geprägte Wahl von Speisen und Getränken die Gesundheit und das Wohlbefinden gefördert werden. Die Vermeidung eines Übermaßes an Verschwendung orientiert sich an den Grundsätzen von Suffizienz und Mäßigung (Lund-Durlacher et al. 2017, S. 202).

Wie der oben aufgeführten Abbildung zu entnehmen ist, geht es nicht nur darum, wie und wo die Lebensmittel herkommen, sondern auch, wo überflüssige entsorgt werden, denn unabhängig davon, wie effizient der Einkauf abläuft, wird immer ein Minimum an Abfall aufkommen. Besonders die Querschnittsbereiche Abfallmanagement, Arbeitsbedingungen und Engagement für die Gesellschaft stehen bei Lund-Durlacher et al. (2017) im Fokus. Wenn übrig gebliebene Lebensmittel nicht an soziale Projekte im Lebensmittelbereich gespendet werden können, kann auch durch ein effektives Abfallmanagement entlang der gesamten Prozesskette Lebensmittel- und Verpackungsabfall minimiert und dieses Minimum kann recycelt werden (Lund-Durlacher et al. 2017, S. 203).

Vom Einkauf zur Wertschöpfungskette

Die Prozessstufen im Zusammenhang mit der Erstellung eines nachhaltigen Speisenangebots lassen sich auch für andere touristische Bereiche auf ein gefördertes Konzept übertragen: den Wertschöpfungskettenansatz. Im Rahmen der Entwicklungszusammenarbeit werden dabei Maßnahmen finanziert, die nicht nur die Gastronomie, sondern vor allem Hotelketten und Reiseveranstalter beim Aufbau von Geschäftsbeziehungen mit lokalen kleinsten, kleinen und mittleren Unternehmen (KKMU) fördern. In der Hotellerie ergeben sich hierbei vielfältige Anknüpfungspunkte im Bereich der Agrargüter, Textilien und Einrichtungen (Marquardt 2017, S. 168). Um tragfähige lokale Wirtschaftsbeziehungen aufzubauen, werden zu Beginn die bisherigen Wertschöpfungsketten im Tourismus untersucht. Genau wie im Bereich der Gastronomie erfolgt anschließend eine Analyse der lokalen Versorgungsstrukturen und möglicher Verknüpfungspunkte, um dann die Beschaffung der Unternehmen in eine regionale, KKMU-orientierte Richtung zu lenken (ISO 2017). Besonders in den Sektoren ‚Landwirtschaft' und ‚Kunsthandwerk' bietet sich großes Potenzial, auch ärmere Bevölkerungsgruppen in die Wertschöpfungskette zu integrieren (Marquardt 2017, S. 166f.).

Auch in der mobiliaren Ausstattung von Hotelzimmern und Kreuzfahrtschiffen können Unternehmen mit einfachen Maßnahmen regionale Geschäftsbeziehungen schaffen, Einrichtungs- und Dekorationsartikel in der Region kaufen und Touristinnen sowie Touristen zusätzlich zum Besuch lokaler Souvenirmärkte animieren. Der Kreis der Wertschöpfungskette schließt sich mit der zusätzlichen Verwendung von nachhaltigen Materialien (Marquardt 2017, S. 169). Ein Best-Practice-Beispiel ist das ‚Semiramis InterContinental' in Kairo. Für VIP-Gäste werden hier von Müllsammler-Familien nachhaltige Hotelgeschenke angefertigt, Frauen basteln beispielsweise aus Papierabfällen des Hotels einzigartige Geschenke. In Zusammenarbeit mit einer Nichtregierungsorganisation kann die produzierte Ware auch zu besonderen Anlässen direkt im Hotel verkauft werden und es kann Einkommen für 55 Frauen aus den Slums geschaffen werden (Marquardt 2017, S. 170).

Handlungsleitfaden erstellen

Um die vielen umfangreichen und relevanten Aspekte bei der Etablierung eines nachhaltigen Konzepts für das eigene Unternehmen nicht durcheinanderzubringen und die Vollständigkeit zu bewahren, können aus den gewonnenen und aufgearbeiteten Kenntnissen nun vorhandene Leitfäden und

Checklisten überarbeitet und ein Handlungsleitfaden für Unternehmen kann erstellt werden. Im Jahr 2021 hat Doergé einen Leitfaden zur umwelt- und sozialverträglichen Beschaffung in der Hotellerie veröffentlicht (Doergé 2021). Dieser Leitfaden wurde zuerst analysiert und dann anhand einer allgemeinen Checkliste zur Einführung einer nachhaltigen Beschaffung in Unternehmen von Jamal et al. (2019) sowie von der ISO 20400:2017 erweitert.

Tabelle 1: Leitfaden für ein umwelt- und sozialverträgliches Beschaffen in der Hotellerie (Doergé 2021)

Gewichtung	Kriterien
	Ökologische Kriterien
3	**Kann der Lieferant kurze Transportwege gewährleisten?** • regionaler Bezug der Produkte (< 100 km Entfernung zum Standort)
3	**Beachtet der Lieferant die Einhaltung von Nachhaltigkeitsstandards auch bei seinen Lieferanten?** • Werden die Erwartungen auch an die vorgelagerten Lieferanten kommuniziert und wird an Verbesserungen gearbeitet? • Kann der Lieferant bezüglich der Einhaltung der Standards seiner Lieferanten eine Überwachung gewährleisten? • Gibt es einen Code of Conduct für Lieferanten?
2	**Verfügt der Lieferant über Umweltauszeichnungen?** • Zeigt der Lieferant ökologisches Engagement?
2	**Wurde ein Nachhaltigkeitsbericht erstellt?** • Der Nachhaltigkeitsbericht basiert auf den Standards des UN Global Compact sowie des GRI Global Reporting und bietet einen Überblick über die Nachhaltigkeitsaktivitäten des Lieferanten
3	**Verfügt der Lieferant über eine Nachhaltigkeitsstrategie?** • Sind Nachhaltigkeitsthemen in der Unternehmensplanung verankert? • Sind klare Ziele für Nachhaltigkeit im Unternehmen gesetzt worden? • Strebt der Lieferant eine kontinuierliche Verbesserung an?
3	**Besitzt der Lieferant Zertifizierungen?** • Ist das Unternehmen durch die Implementierung von Managementsystemen wie ISO 14001, EMAS oder ISO 26000 zertifiziert?
2	**Stellt der Lieferant ein effektives und vorschriftskonformes Abfallmanagement sicher?** • Ist ein Umweltmanagementsystem nach ISO 14001 vorhanden? • Wurden Systeme eingerichtet, die die Sicherheit bei der Wiederverwertung sowie der Entsorgung von Abfällen und Abwässern gewährleisten? • Werden Maßnahmen beim Umgang mit Abfall wie folgt priorisiert? (1 = hohe Priorität) 1. Vermeidung 2. Minimierung 3. Wiederverwendung oder -verwertung 4. sichere und umweltgerechte Entsorgung

→

	Ökologische Kriterien
2	**Achtet der Lieferant auf Ressourcenschutz?** • Werden natürliche Ressourcen wie Energie und Wasser sparsam verwendet? Werden insbesondere der Strom- und Wasserverbrauch überwacht? • Sind die Produkte recycelbar? • Werden Maschinen mit geringem Energiebedarf genutzt?
2	**Ist Klimaschutz ein fester Bestandteil der Unternehmensplanung des Lieferanten?** • Wurde der CO_2-Fußabdruck des Lieferanten ermittelt? • Engagiert sich der Lieferant für die Entwicklung und den Einsatz klimafreundlicher Produkte und Verfahren zur Reduzierung von Stromverbrauch und Treibhausgasen? • Werden CO_2-Emissionen beim Transport und der Lagerung reduziert?
2	**Ermöglicht der Lieferant eine stetige und bestmögliche Transparenz?** • Bindet der Lieferant die Kundinnen und Kunden in die Prozesse ein? • Herrscht Transparenz bzgl. der Vorlieferanten?
2	**Hält der Lieferant allgemein anerkannte und vertraglich vereinbarte Qualitätsanforderungen ein?** • Erbringen die Produkte und Dienstleistungen die zugesicherte Leistung? • Sind die Produkte für den vorgesehenen Gebrauch sicher? • Stellt der Lieferant ebenfalls die Einhaltung hoher Qualitätsstandards seiner Vorlieferanten sowie Geschäftspartnerinnen und -partner sicher? • Sind die Produkte mit Gütesiegeln zertifiziert? (z. B. Biosiegel, Fairtrade oder Bioland für Lebensmittel, Grüner Knopf oder Blauer Engel für Textilien)
2	**Zusatz Food-and-Beverage-Lieferanten:** • Gibt es saisonale Angebote? • Legt der Lieferant auf artgerechten Tierschutz Wert?
2	**Zusatz Non-Food Lieferanten:** • Können die Produkte im Allgemeinen repariert werden? • Haben die Produkte eine lange Lebensdauer?

Zwischenbewertung

	Soziale Kriterien
3	**Bekennt sich der Lieferant zur Einhaltung von Sozial- und Umweltstandards? Sozial- und Umweltstandards beinhalten u. a.** • gesetzeskonforme Arbeitsweisen und die Einhaltung von allgemeinen Mindeststandards • Sicherheitsbedingungen und Gewährleistung von Gesundheit am Arbeitsplatz (z. B. in Form eines Betrieblichen Gesundheitsmanagements in Bezug auf eine Gefährdungsbeurteilung im Rahmen des Arbeitsschutzes) • Unterbindung von Kinder- und Zwangsarbeit • stetige Verbesserungen von Sozialstandards • Implementierung von Managementsystemen wie ISO 14001, EMAS, SA 8000 und ISO 26000
2	**Werden die Interessen der Mitarbeitenden des Lieferanten berücksichtigt?** • Werden Arbeitnehmerrechte, z. B. eine faire Vergütung durch Tarif- oder Mindestlöhne, wahrgenommen?

2	• Stimmen die Arbeitszeiten mit den gesetzlichen Bestimmungen und den branchenüblichen Standards überein? Wird den Mitarbeitenden die Vereinbarkeit von Familie und Beruf ermöglicht? • Werden Chancengleichheit, Inklusion und Vielfalt gefördert? • Gibt es Weiterbildungsangebote für Mitarbeitende?
2	**Hat der Lieferant Mitteilungswege geschaffen, über die unrechtmäßiges Verhalten gemeldet werden kann?** • Wurden Melde- und Informationskanäle eingerichtet, über die die Mitarbeitenden Verstöße melden können?
2	**Gibt es Richtlinien für integres Verhalten im Geschäftsverkehr?** • Bestehen wirksame Richtlinien, die den Umgang mit Korruption, Erpressung, Veruntreuung, Unterschlagung und Bestechungsgeldern umfassen?

Zwischenbewertung

	Ökonomische Kriterien
3	**Ist der Lieferant flexibel?** • Sind kurzfristige Nachbestellungen auch außerhalb der Liefertage möglich?
3	**Ist der Lieferant gut erreichbar?** • Gibt es feste Ansprechpersonen beim Lieferanten?
3	**Bietet das Unternehmen gute Lieferkonditionen?** • Ist der Angebotsumfang ausreichend? • Ist der Preis akzeptabel? • Ist die Lieferzeit angemessen? • Werden die Lieferzeiten strikt eingehalten?
2	**Ist das Unternehmen innovativ?** • Fördert und unterstützt der Lieferant Innovation bei seinen Produkten und Dienstleistungen?
3	**Können langfristige Verträge mit dem Lieferanten geschlossen werden?**
2	**Hat der Lieferant eine gute Bonitätsbewertung?** • z. B. über Creditreform oder Schufa
2	**Ist das Angebot transparent?** • Keine versteckten Kosten etc.

Zwischenbewertung

Gesamtbewertung

In der Weiterentwicklung dieses Leitfadens von Doegé und in Anlehnung an die Checkliste von Jamal et al. (2019) ging es vor allem darum, den Fokus auf die gesamte Tourismusbranche und den Einkauf in ebendieser zu lenken. Zur Ausarbeitung eines detaillierten und spezifizierten Handlungsleitfadens wurden zusätzlich zur ISO 20400:2017 (ISO 2017) die zuvor gesammelten Erkenntnisse einbezogen.

Tabelle 2: Handlungsleitfaden für nachhaltigen Einkauf in Unternehmen (eigene Darstellung, in Anlehnung an Doergé 2021 und Jamal et al. 2019)

Schritte	Beschreibung
1.	**Die Basis schaffen**
1.1	**Fordern Sie Unterstützung des Topmanagements bei der Einführung und Weiterentwicklung eines nachhaltigen Einkaufs im Bereich Mobiliar, F&B etc. an; argumentieren Sie mit** - aktuellen wissenschaftlichen Studien und Umfrageergebnissen von Kundinnen und Kunden, Lieferunternehmen sowie Mitarbeitenden - Vergleichen gegenüber Mitbewerberinnen und Mitbewerbern - Empfehlungen von Branchenverbänden
1.2	**Definieren Sie für Ihr Unternehmen nachhaltige Beschaffungsziele** - In welchem Bereich kann der nachhaltige Einkauf in Ihrem Unternehmen verbessert werden? Was versprechen Sie sich von diesen Veränderungen? - Nutzen Sie die Nachhaltigkeitsziele Ihres Unternehmens - Orientieren Sie sich bei der Erweiterung an den 17 Sustainable Development Goals der Vereinten Nationen
1.3	**Identifizieren Sie relevante Stakeholderinnen und Stakeholder** - Das könnten Mitarbeitende, Lieferunternehmen, Vereine, Verbände, Kooperationspartnerinnen und -partner, Medien etc. sein - Diese können Sie von Beginn an im Change-Management einbinden

1.4	**Chancen-Risiko-Analyse durchführen**
	- Welche Chancen ergeben sich für Ihr Unternehmen aus der nachhaltigen Beschaffung? Welche Vorteile werden Sie in Zukunft davon haben?
	  • z. B. mehr Gäste, die einen Fokus auf nachhaltiges Reisen legen, Kosteneinsparung, bessere Vermarktung
	- Welche Risiken und Nachteile könnten durch die Veränderung im Einkaufsverhalten auf Sie zukommen?
	  • z. B. größerer Zeitaufwand bei der Recherche der Beschaffung, Kostenaufwand

2.	**Beschaffungsprozesse um nachhaltige Aspekte erweitern**
2.1	**Nachhaltige Beschaffungsstrategie entwickeln** - Orientieren Sie sich hierzu an anderen nachhaltigen Strategieansätzen - Was können Sie aus bereits vorhandenen Strategien Ihres Unternehmens übernehmen?
2.2	**Definieren Sie anhand der Strategie nachhaltige Beschaffungsmaßnahmen** - Wie wollen Sie Ihre Ziele erreichen? Welche Maßnahmen müssen dafür ergriffen werden? - Berücksichtigen Sie hierbei ausreichend ökologische und soziale Aspekte
2.3	**Integrieren Sie die beschlossenen Maßnahmen in Ihre operativen Einkaufsprozesse**
2.4	**Handlungsleitfaden: Formulieren Sie ein Nachhaltigkeitsprogramm für die Beschaffung und den Einkauf anhand der zuvor ausgearbeiteten Strategie und der Maßnahmen** - Nutzen Sie hierfür zusätzlich Hilfestellungen durch Leitfäden und Managementsysteme - Kommunizieren Sie dieses Nachhaltigkeitsprogramm über Ihre möglichen Kanäle; im Idealfall nicht über Print

3.	**Aktive Einbindung der Lieferkette (ökologische, soziale und ökonomische Kriterien)**
3.1	**Implementieren Sie nachhaltige, transparente Kriterien für die Lieferantenauswahl**
	- Ist Klimaschutz ein fester Bestandteil der Unternehmensplanung des Lieferunternehmens?
	- Ermöglicht das Lieferunternehmen eine stetige und bestmögliche Transparenz?
	- Hält das Lieferunternehmen allgemein anerkannte und vertraglich vereinbarte Qualitätsanforderungen ein?
	- Gibt es saisonale Angebote im F&B-Bereich? Wird auf artgerechten Tierschutz geachtet? Wie sieht es im Non-Food-Bereich mit Reparaturmöglichkeiten von Produkten aus? Wie lang ist die Produktlebensdauer? Handelt es sich um eine lokale Produktion und wie weit ist die Entfernung ab Werk? Wird darauf geachtet, nachhaltige Materialien zu nutzen?
	- Wie steht es um die Flexibilität, die Erreichbarkeit und um die Lieferkonditionen des Lieferunternehmens?
3.2	**Bewerten Sie Ihre Lieferunternehmen nach diesen transparenten Nachhaltigkeitskriterien:**
	- Bekennt sich das Lieferunternehmen zur Einhaltung von Sozial- und Umweltstandards?
	- Verfügt das Lieferunternehmen über Umweltauszeichnungen?
	- Verfügt das Lieferunternehmen über eine Nachhaltigkeitsstrategie?
	- Besitzt das Lieferunternehmen Zertifizierungen?
	- Achtet das Lieferunternehmen auf Ressourcenschutz?
3.3	**Prüfen Sie, ob sich Ihre ausgewählten Lieferunternehmen aktiv nachhaltig weiterentwickeln**
	- z. B. durch Innovationspartnerschaften, Schulungskonzepte, Lieferunternehmen-Awards etc.
	- Ist das Unternehmen innovativ?
	- Können langfristige Verträge mit dem Lieferunternehmen geschlossen werden?
3.4	**Steigern Sie die Transparenz der gesamten Lieferkette**
	- Binden Sie hierzu auch Vorlieferanten aktiv mit ein
	- Beachtet das Lieferunternehmen die Einhaltung von Nachhaltigkeitsstandards auch bei seinen Lieferanten?
4.	**Erfolgskontrolle durchführen**
4.1	**Werten Sie Ihre Nachhaltigkeitskennzahlen aus**
	- Analysieren Sie diese, um Aussagen über die Wirksamkeit der Maßnahmen zu erhalten
	- Haben Sie Ihre Ziele erreicht? Welche nicht? Warum?
4.2	**Haben Sie Optimierungsmaßnahmen definiert, kommuniziert und eingeleitet?**
	- Bleiben Sie transparent
4.3	**Kommunizieren Sie Ihre nachhaltigen Beschaffungsaktivitäten und -ergebnisse transparent im Stakeholderdialog**
	- Binden Sie die Stakeholderinnen und Stakeholder in den Nachhaltigkeitsbericht Ihres Unternehmens ein

Abschließend lässt sich festhalten, dass es Möglichkeiten gibt, trotz Konsum Nachhaltigkeit zu leben. Ohne Konsum kann keine Branche in einem wirtschaftlichen Land überleben, doch die Art, wie konsumiert wird, kann optimiert werden. Die beschlossenen Maßnahmen der Regierung und von Nachhaltigkeitsorganisationen geben schon einen groben Rahmen vor, in dem sich nachhaltig einkaufende Unternehmen positionieren müssen, um auch als ‚nachhaltig' eingestuft werden zu können. Besonders durch die 2015 verabschiedeten Sustainable Development Goals der Vereinten Nationen lässt sich Nachhaltigkeit messen sowie vergleichen und greifbare Ziele können formuliert werden. Erweitert mit den erarbeiteten und aufgearbeiteten Checklisten soll es einem jeden Unternehmen der Tourismusbranche ermöglicht werden, den individuellen Zugang zum nachhaltigen Einkauf zu finden und zu nutzen. •

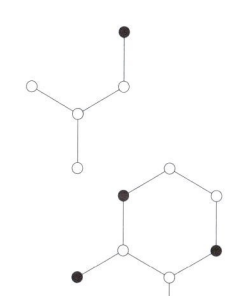

NACHHALTIGKEIT ALS ZUKUNFTSWEISENDES GESCHÄFTSMODELL IM GASTGEWERBE

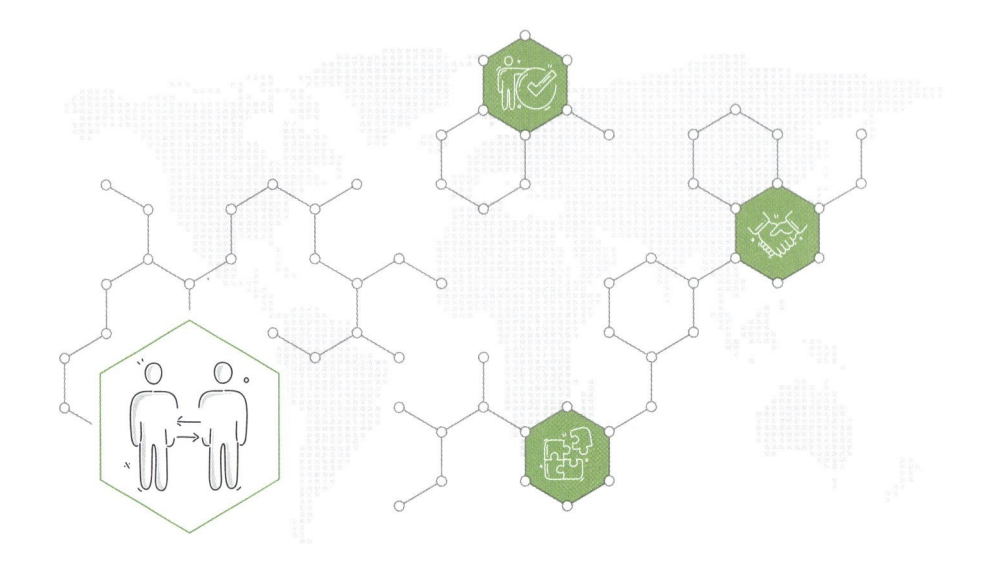

Soziale Verantwortung von gastgewerblichen Betrieben und der Zulieferindustrie

Nachhaltigkeit in der Personalverantwortung

von Jonathan Specht

1 Einleitung

„Ohne Mitarbeiter können Unternehmen nicht erfolgreich sein" (Huf 2020, S. 2). Der Fachkräftemangel (Zukunftsinstitut 2019) stellt die deutschen Unternehmen vor große Herausforderungen. In einigen Branchen sind die Auswirkungen von fehlenden Beschäftigten schon jetzt groß. Beispielsweise gaben 70 % der Betriebe im Gastgewerbe an, dass zukünftig der Fachkräftemangel das Hauptrisiko für die Geschäftsentwicklung sei (Zukunftsinstitut 2019). Diese Branche gilt als einer der Geschäftszweige mit dem höchsten Fluktuationskoeffizienten. Die Bundesagentur für Arbeit stellte fest, dass jener Wert im Gastgewerbe bei 68,1 liegt (Bundesagentur für Arbeit 2020). Dieser Wert gibt an, wie oft Arbeitsplätze durchschnittlich neu besetzt werden. Der Fluktuationskoeffizient ist ein Indikator für die Umschlagshäufigkeit von Beschäftigungsverhältnissen (Statistisches Bundesamt 2022a).

Neben dem Problem des Fachkräftemangels haben Unternehmen eine soziale Verantwortung ihrem Personal gegenüber. Die deutschen Unternehmen unterliegen nach Einschätzungen des Internationalen Gewerkschaftsbunds guten arbeitsrechtlichen Gesetzen. Die Organisation bewertete die Bundesrepublik mit der höchstmöglichen Note (Internationaler Gewerkschaftsbund 2022a). Die Unternehmen sind konkludent rechtlich verpflichtet, ihre Belegschaft bestmöglich zu schützen. Durch die Globalisierung endet die soziale Verantwortung von Unternehmen nicht im eigenen Land. Ein großer Teil von Importwaren stammt aus dem nicht europäischen Ausland (Statistisches Bundesamt 2022a). Diese Staaten gelten teilweise als die Länder mit den schlechtesten Arbeitsbedingungen der Welt. Dort werden zum Beispiel Gewerkschaften verboten und die Menschen unterliegen teils physischer Gewalt (Internationaler Gewerkschaftsbund 2022b, S. 5ff.).

Das Gastgewerbe in Deutschland ist gefragt, einen spezifischen Wert auf die soziale Gerechtigkeit zu legen. Dies gilt sowohl für die eigenen Beschäftigten in Deutschland als auch für die Menschen in den Herkunftsländern der verwendeten Waren. Die Einkäufe aus unkontrollierter Herkunft können die teilweise unzureichende Situation in den Herkunftsländern nicht verbessern. Konkludent dazu erfordert die soziale Verantwortung der Unternehmen eine enge Zusammenarbeit mit der Zulieferindustrie, sodass eine Verbesserung der Arbeitsbedingungen in den Herkunftsländern gefördert wird.

2 Soziale Verantwortung

In der Fachliteratur wird die soziale Verantwortung mit dem englischen Begriff ‚Corporate Social Responsibility' verbunden. Diese umfasst drei Teilbereiche: Ökologie, Ökonomie und Soziales. Somit ist das Wirkungsspektrum unternehmerischen Handelns vollständig abgedeckt. Die soziale Verantwortung prägt die generelle Werteorientierung eines Unternehmens. Sie umfasst vier Dimensionen: Gesellschaft, Arbeitsplatz, Markt und Umwelt. (Mory 2014, S. 30f.)

2.1 Soziale Verantwortung gegenüber der eigenen Belegschaft

Die soziale Verantwortung eines Unternehmens bezieht sich nicht auf die grundlegende Einführung von guten Arbeitsbedingungen. Weiterführend ist es im Sinne der Betriebe des Gastgewerbes, eine Verbesserung der branchenspezifischen Herausforderungen anzustreben. Darunter ist ein Themengebiet im Gastgewerbe besonders auffällig: Menschen, die im Gastgewerbe arbeiten, verdienen ein unterdurchschnittliches Gehalt. Das durchschnittliche Bruttogehalt aller Fachkräfte in Deutschland betrug im Jahr 2020 ca. 3166 Euro. Das Gastgewerbe bietet zwischen 1849 und 2496 Euro, je nach Fachbereich. Zusätzlich fallen die Gehaltssteigerungen in der Branche in Relation gering aus (Bundesagentur für Arbeit 2022a, S. 9f.). Das geringe und wenig steigende Gehalt der Branche steht einer starken Inflation sowie der deutlichen Zunahme von Miet- und Energiepreisen gegenüber (Statistisches Bundesamt 2022a).

Die Menschen, die in der Branche arbeiten, stehen vor der Gefahr, trotz Arbeit ihr Leben nicht ausreichend finanzieren zu können. Um eine weitere Fluktuation aus der Branche zu vermeiden, ist es im Sinne der Unternehmen, eine faire Bezahlung anzustreben. Die faire Bezahlung von Arbeitskräften ist eine Grundvoraussetzung für Mitarbeiterzufriedenheit (Sass 2019, S. 27).

Neben den monetären Herausforderungen gefährdet der demografische Wandel die Leistungsfähigkeit und die Gesundheit der immer älter werdenden arbeitenden Gesellschaft (Maurer 2020, S. 20ff.). Dies belastet alle Parteien der sozialen Marktwirtschaft. Die Krankenkassen verbuchen stetig steigende Krankentage von Versicherten (Ternès 2018, S. 2 ff.). Um den negativen Auswirkungen des demografischen Wandels, dem wachsenden psychischen Druck der Leistungsgesellschaft und den daraus folgenden Arbeitsausfällen entgegenzuwirken, wird in der Fachliteratur die Anwendung des betrieblichen Gesundheitsmanagements empfohlen (Maurer 2020, S. 23f.).

2.2 Soziale Verantwortung in der Zulieferindustrie

In vielen Ländern, insbesondere in denen außerhalb der Europäischen Union, bestehen Verletzungen der Arbeitnehmerrechte. Darunter zählen Morde von Gewerkschaftsmitgliedern, gewaltsame Angriffe auf Beschäftigte und fehlende Rechte auf den Zugang zur Justiz (Internationaler Gewerkschaftsbund 2022b, S. 8f.).

Blycolin bietet seit 50 Jahren umfassendes Wäschemanagement für die Hotellerie. Das Unternehmen kann bezüglich der Nachhaltigkeit und der sozialen Verantwortung als eines der Best-Practice-Beispiele der Zulieferindustrie im Gastgewerbe gesehen werden. Das Thema Nachhaltigkeit ist von Beginn an zentral in dem Unternehmen verwurzelt. Zum Thema der sozialen Verantwortung wurde mit dem Commercial Director von Blycolin, Herrn Marc Bayer, ein Interview geführt:

Die wichtigsten Regionen für den Anbau von Baumwolle für die Hoteltextilien von Blycolin seien Indien und Pakistan (Bayer 2022). Diese Länder werden von dem Internationalen Gewerkschaftsbund unter der zweitschlechtesten Kategorie ‚Rechte nicht garantiert' eingeordnet. Im Jahr 2022 wurde bei Protesten gewaltsam gegen die Streikenden vorgegangen. In Indien kam es sogar zu Toten (Internationaler Gewerkschaftsbund 2022b, S. 14ff.). Auch dem Unternehmen ist die teils prekäre Situation in diesen Ländern bekannt. Herr Bayer sagte, dass ihm Berichte von Chemieeinsätzen auf den Plantagen bekannt seien, auf denen die Angestellten teilweise wohnen und dadurch verseucht werden. Blycolin achte bei der Herstellerauswahl auf den Arbeitsschutz vor Ort und fördere soziale Projekte in den Herkunftsländern. Das Unternehmen sei darauf bedacht, dass so etwas nicht passiert, und wenn Chemie eingesetzt wird, dann müssten die notwendigen Sicherheitsmaßnahmen eingehalten werden. Blycolin fördere auch Projekte vor Ort, zum Beispiel Projekte zur Ermöglichung von Schulbesuchen. Weiterhin habe das Unternehmen in einem Dorf die Kinder mit Fahrrädern ausgestattet, damit diese die weiten Distanzen nicht zu Fuß gehen müssen. Auch verbiete Blycolin grundsätzlich jegliche Art der Kinderarbeit. Zusätzlich gebe es freiwillige Selbstverpflichtungen, die Baumwolle in den Herkunftsländern zu fairen Preisen zu handeln. Dies verbessere die monetäre Situation der Menschen vor Ort und biete die Möglichkeit, einen menschenwürdigen Lebensstandard zu erreichen. Durch die verbesserten Verkaufspreise sei es möglich, einen biologischen Anbau von Baumwolle zu finanzieren. Dies fördere die Bodenqualität nachhaltig und verhindere den Einsatz genmodifizierten Saatguts (Bayer 2022).

Die Zulieferindustrie stehe nicht nur vor humanitären Problemen im Ausland. Im Inland seien die Unternehmen ebenso vom Personalmangel betroffen wie andere Branchen. In den Wäschereien und spezifisch in der operativen Logistik sei der Fachkräftemangel zu einer Herausforderung geworden. Auf dem stetig wachsenden Logistikmarkt steige gleichermaßen die Nachfrage nach Fachkräften. Um eine Verbesserung der körperlich anstrengenden Arbeit zu erreichen, würden die Partnerunternehmen von Blycolin beispielsweise in gut ausgestattete Fahrzeuge investieren. Diese würden für das Personal einen besseren Komfort bieten und das Arbeiten erleichtern (Bayer 2022).

3 Nachhaltiges Personalmanagement

3.1 Nachhaltige Mitarbeitermotivation

Es existiert keine einheitliche Definition der Mitarbeiterzufriedenheit. Bei der Betrachtung der Mitarbeiterzufriedenheit werden grundsätzlich verschiedene Motivationstheorien einbezogen. Eine in der Fachliteratur anerkannte Theorie ist die Zwei-Faktoren-Theorie nach Herzberg. Diese beschreibt zwei Faktoren, die einerseits bei Eintreten zu Zufriedenheit, andererseits bei Nichterfüllung zu Unzufriedenheit führen. Die jeweiligen Faktoren sind aber nicht umkehrbar. Beispielsweise kann eine unfreundliche Führungskraft zu Unzufriedenheit führen. Im Umkehrschluss bedeutet dies nicht, dass eine freundliche Führungskraft für Zufriedenheit sorgt (Hans Böckler Stiftung 2002, S. 7f). In der Fachliteratur existieren viele Theorien im Zusammenhang mit dem Thema Motivation – mit großen inhaltlichen Unterschieden. Zusammenfassend zeigen die einzelnen Theorien und Modelle auf, an welchen Stellen die Unternehmen in der Personalpolitik ansetzen können, um die Angestellten nachhaltig zu motivieren (Stock-Homburg/Groß 2019, S. 77ff.).

In Dienstleistungsbranchen, wie dem Gastgewerbe, gilt die Mitarbeiterzufriedenheit als ein bedeutsamer Erfolgsfaktor. Sie ist die Voraussetzung für eine daraus entstehende Kundenzufriedenheit. In einigen Unternehmen werden die Angestellten als interne Kundinnen und Kunden behandelt. Mitarbeiterzufriedenheit führt neben Kundenzufriedenheit auch zu einer verminderten Fluktuation, einem gesteigerten Verkaufsumsatz und einer erhöhten Produktivität (Belsch 2015, S. 14ff.).

3.2 Resiliente Mitarbeiterbindung

Die Mitarbeiterbindung kann aus verschiedenen Blickwinkeln betrachtet werden. Einerseits existiert die juristische Sicht, unter der ein Arbeitsverhältnis durch einen Arbeitsvertrag gebunden ist. Dies ist eine objektive und durch Rechtsnormen geregelte Bindung. Demgegenüber steht die subjektiv empfundene Bindung eines Individuums an eine Organisation, die als ein psychologischer Zustand zu betrachten ist. Die empfundene Mitarbeiterbindung ist intraindividuell. Im Bereich des Personalmanagements wird die Mitarbeiterbindung als ein Resultat der Fluktuationsbeeinflussung betrachtet. Hierbei ist es das Ziel, die Fluktuation in eine vordefinierte Richtung zu steuern (Meifert 2005, S. 35).

Eine nachhaltige Mitarbeiterbindung bietet Vorteile für die Unternehmen: Die Wertschätzung der Mitarbeitenden kann so durch eine langfristige Bindung gesteigert werden. Des Weiteren wird die Bereitschaft der Angestellten erhöht, arbeitsintensive Phasen zu bewältigen und somit Resilienz zu erreichen. Überdies ist eine langfristige Mitarbeiterbindung eine Grundvoraussetzung, um eine nachhaltige Entwicklung der Mitarbeitenden zu erreichen. Im Resultat können diese für das Unternehmen ein relevantes Kompetenzfeld aufbauen. Die Rahmenbedingungen für die Bereitschaft einer langfristigen Bindung sind die Anreize des Unternehmens. Weiterführend beeinflussen externe Faktoren die Bereitschaft eines Menschen, sich langfristig an ein Unternehmen zu binden: Junge Menschen neigen zu einer geringeren Bereitschaft für eine langfristige Bindung. Gegensätzlich haben Menschen in der Familiengründungsphase und ältere Menschen eine hohe Affinität für eine langfristige Bindung (Sass 2019, S. 11).

Für eine gezielte Mitarbeiterbindung existiert ein eigener Managementbereich: das Retention-Management. Dieses zielt nicht auf eine generelle Bindung aller Mitarbeitenden ab, sondern beschränkt sich auf die Vermeidung einer ungewollten, dysfunktionalen Fluktuation. Bei der Mitarbeiterhaltung liegt der Fokus auf den Beschäftigten, die das Unternehmen explizit halten möchte (Huf 2020, S. 137). Um ein gezieltes Fluktuationsmanagement zu erreichen, ist das Verständnis der Istsituation eine Grundvoraussetzung. Hierbei ist eine Analyse notwendig, um herauszufinden, welche Individuen das Unternehmen verlassen, welche Gründe sie dafür haben und unter welchen Umständen sie dies tun. Dies ist der unumgängliche Beginn eines Retention-Managements (Rischke/Rischke 2021, S. 52).

3.3 Fluktuation

Jedes begonnene Arbeitsverhältnis hat unumgänglich ein Ende. Dieses kann beispielsweise durch die Auflösung des Arbeitsvertrags, durch den Eintritt in das Rentenalter, durch eine einseitige Kündigung oder durch das Ablaufen einer Befristung erreicht werden. Die Fluktuation beschreibt alle mitarbeiterinduzierten Personalabgänge in einem Betrachtungszeitraum. Dabei sind die freiwilligen Entscheidungen zu verfolgen (Huf 2020, S. 132). Weiterführend kann der Begriff als ganzheitlicher und wertungsfreier Prozess gesehen werden. Das Resultat der Fluktuation ist spezifisch und kann ausschließlich an einem praktischen Beispiel einer Unternehmens- oder Branchensituation eine Wertung erfahren. Eine spezifische Unternehmenssituation, wie eine neue Automation oder stark veränderte Prozesse, kann eine erhöhte Austrittsrate als wünschenswert auslösen. Differenziert dazu ist das betrachtete Gastgewerbe. Der Mangel an verfügbaren Arbeitskräften führt zu dem Ziel, einen Abgang von Personal zu vermeiden (Rischke/Rischke 2021, S. 20f.).

Als grundlegende Ursache für einen Großteil der Kündigungen von Arbeitsverhältnissen gilt eine mangelnde Mitarbeiterzufriedenheit. Unzufriedenes Personal verlässt ein Unternehmen, nach der Anreiz-Beitrags-Theorie, wenn sich eine attraktivere Stellenalternative bietet. Diese Theorie umfasst nicht alle Gründe einer Kündigung. Eine ergänzende Theorie ist das Pfadmodell. Dabei werden zu den Parametern ‚Unzufriedenheit' und ‚Alternative' die Aspekte ‚Schock' und ‚Pläne' betrachtet.

Parameter	Pfade				
	1	2	3	4	5
Schock	ja	ja	ja	nein	nein
Plan	ja	nein	nein	nein	nein
Arbeitsunzufriedenheit	nein	ja	ja	ja	ja
Alternative	nein	nein	ja	nein	ja
führt zu …	„schockinduzierte Planrealisierung"	„schockinduzierter Impuls"	„schockinduzierte Alternativenabwägung"	„unzufriedenheits induzierter Impuls"	„unzufriedenheits induzierte Alternativenabwägung"

Tabelle 1: Pfadmodell
Quelle: Eigene Darstellung in Anlehnung an Huf (2020, S. 134).

Ein ‚Schock' ist eine unerwartete Änderung in der aktuellen Arbeitssituation oder eine nicht erfüllte Erwartungshaltung. Ein ‚Plan' stellt eine langfristige Entscheidung dar, die das betrachtete Individuum schon über einen längeren Zeitraum interessiert, zum Beispiel eine Weiterbildung oder ein Studium (Huf 2020, S. 133f.).

3.4 Maßnahmen für ein nachhaltiges und resilientes Personalmanagement

Ein gutes Gehalt und die Einführung eines betrieblichen Gesundheitsmanagements allein reichen nicht aus, um den Fachkräftemangel zu bewältigen. Ein Ansatz für ein nachhaltiges Personalmanagement ist der Fokus auf die Mitarbeiterzufriedenheit. Diese wird grundlegend unter Bezugnahme auf Motivationstheorien betrachtet, zum Beispiel auf die bereits genannte Zwei-Faktoren-Theorie nach Herzberg (Hans Böckler Stiftung 2002, S. 7f.). In Studien wurde festgestellt, dass eine Kündigung in wenigen Fällen allein aus monetären Gründen entstanden ist. In der Praxis wird der Einfluss der Vergütung auf die Fluktuation überschätzt (Rischke/Rischke 2021, S. 221).

Nachhaltigere Mitarbeiterbindung kann konkludent nicht allein durch eine Gehaltsanpassung erreicht werden. Explizit monetäre Anreize bieten eine lediglich kurz anhaltende Wirkung auf die Mitarbeitenden (Rischke/Rischke 2021, S. 221). Resiliente und nachhaltige Personalsicherung kann durch eine Kombination aus mehreren Anreizen geschaffen werden. Beispielsweise richten sich Weiterbildungen und gute Karrierechancen besonders an jüngere Menschen, sodass diese an ein Unternehmen gebunden werden (Sass 2019, S. 40f.). Die jüngere Zielgruppe unterliegt einer hohen Fluktuation. In der Fachliteratur wird dieses Phänomen dadurch beschrieben, dass den jungen Mitarbeitenden häufig Karrierechancen versprochen werden, die durch bereits besetzte Stellen nicht gewährleistet werden können. Daraufhin verlassen diese Personen die Unternehmen nach wenigen Jahren wieder (Rischke/Rischke 2021, S. 238ff.).

Weitergehend haben auch die Führungskräfte in einem Unternehmen einen großen Einfluss auf die Mitarbeiterbindung. Die Mitarbeiterführung lässt sich im Unternehmen in zwei Teilbereiche untergliedern: die direkten Führungskräfte und die Führungskultur im Unternehmen (Rischke/Rischke 2021, S. 228f.). In der Fachliteratur wird beschrieben, dass die Führungskräfte das Arbeitsklima im Unternehmen maßgeblich gestalten. Des Weiteren haben diese einen Einfluss auf die Leistungsmotivation und die Arbeitgeberbindung (Sass 2019, S. 121f.). Ist das Arbeitsklima in einem Unternehmen durch Disharmonie geprägt, sind einzelne Teamevents oder Aktionen nicht mehr zielführend. Das Verhalten der Führungskräfte und des Top-Managements spiegelt sich in den Mitarbeitenden wider. Das Arbeitsklima wird intensiv durch die Führungskultur des Unternehmens geprägt (Belsch 2015, S. 38f.). Um eine ungewollte Fluktuation zu vermeiden, empfehlen die Autoren Rischke und Rischke eine regelmäßige Analyse der Situation und die Bereitstellung von Möglichkeiten der Ansprache von Missständen oder Problemen. Durch diese Maßnahme können Missstände rechtzeitig aufgedeckt werden und weitere Handlungsschritte können erfolgen. In der Praxis konnten Führungsleitbilder und Trainings für Führungskräfte zu einem ausgeglichenen Arbeitsklima führen. Zusätzlich resultiert ein Multiplikatoreffekt darin, dass eine einzelne weitergebildete Führungskraft einen positiven Einfluss auf viele Mitarbeitende hat (Rischke/Rischke 2021, S. 230f.). •

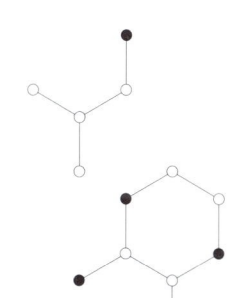

NACHHALTIGKEIT ALS ZUKUNFTSWEISENDES GESCHÄFTSMODELL IM GASTGEWERBE

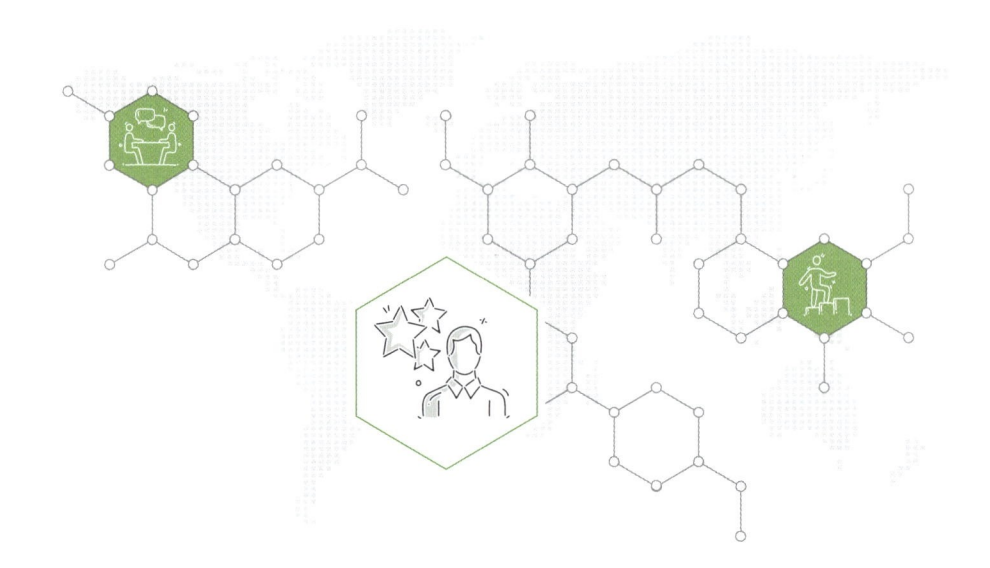

Nachhaltigkeit als integraler Bestandteil der Führungskultur

von Nathalie Lubina

1 Was ist nachhaltige Führung?

„Wir haben Arbeitskräfte gerufen und es sind Menschen gekommen."
(Max Frisch)

Die Anforderungen und Herausforderungen für Führungskräfte scheinen sich stetig zu verändern. Dies wird auch von Trends wie ‚New Work' durch eine neue Generation an Mitarbeitenden getragen (Lippold 2019, S. 1). Wenn vor wenigen Jahren noch davon ausgegangen wurde, dass Mitarbeitende eine stark vorgebende Führung von oben brauchen, um effizient zu arbeiten, liegen die Werte und Wünsche der nun nachfolgenden Generation weit von einer stark hierarchischen Führung entfernt (Hays 2022).

Neuere Führungsansätze berücksichtigen Leadership-Ansätze. Sie zeigen eine gewisse Freiheit in der Arbeit und setzen selbstständiges Handeln der Mitarbeitenden voraus, wodurch vorgegebene Ziele effizienter erreicht werden. Damit dies gelingt, beschäftigen sich neuere Führungsstile weniger mit dem Verhalten des Vorgesetzten, sondern ermöglichen einen weiteren Blickwinkel auf Führungsaufgaben, indem der Interaktionsprozess zwischen Mitarbeitenden und Führungskräften in den Mittelpunkt gestellt wird (Lippold 2019, S. 1).

Bei einer Betrachtung der Interaktionen von Mitarbeitenden und Führungskräften kann der Sustainable-Leadership-Ansatz herangezogen werden. Dieser setzt das Ziel, eine langfristige Balance und Sicherung zwischen den unterschiedlichen Vorstellungen von Unternehmen über sich selbst und den Mitarbeitenden als Teil der Gesellschaft zu erreichen. So geht es bei diesem Ansatz, der folgend ausgeführt wird, neben der Leistungsbereitschaft von Mitarbeitenden auch um deren Arbeitszufriedenheit (Hollmann 2013, S. 5).

Nachhaltige Führung ist gemäß der allgegenwärtigen Nachhaltigkeitsdefinition auf die drei Nachhaltigkeitsdimensionen Ökologie, Ökonomie und Soziales sowie auf deren Interdependenzen ausgerichtet. Relevant ist hierbei, dass Nachhaltigkeit nicht als eine eigene Unternehmensdisziplin gesehen wird, sondern aktiv in alle Prozesse des unternehmerischen Handelns einfließt (Stock-Homburg et al. 2014, S. 290f.)

Bei einer Betrachtung von Unternehmensführung meint Führung die zielorientierte Planung, Strukturierung und Kontrolle von ganzen Organisationen und lässt sich traditionell in institutionelle und funktionale Führung unterteilen. Zu beachten bleibt hier allerdings, dass das Führen von Mitarbeitenden zwar zu den klassischen Managementaufgaben des institutionellen Führens gehört, sich im Sinne des Sustainable-Leadership-Ansatzes allerdings auf die zielgerichtete Verhaltensbeeinflussung von Mitarbeitenden bezieht. Hierbei sind vor allem die Führungskräfte von Unternehmen gefordert (Schirmer/Woydt 2016, S. 1f.).

Führung wird nach Steinert und Buser (2018) auf vier Grundaufgaben zurückgeführt:

- Menschen und Ressourcen werden aktiv auf ein Ziel hin gesteuert.
- Es werden Voraussetzungen geschaffen, damit Menschen gute operative Ergebnisse erzielen können.
- Das kundenorientierte Wirtschaftlichkeitsprinzip wird verwirklicht und es werden ständig effektivere und effizientere Lösungen gesucht.

- Ethisch und moralisch nachhaltige Ausgleiche werden zwischen den Ansprüchen der Stakeholderinnen und Stakeholder, der Natur und der Gesellschaft geschaffen.

Vor allem in der letzten Aufgabe von Führung lässt sich ein Spannungsfeld nicht vermeiden, da die Interessen der unterschiedlichen Stakeholderinnen und Stakeholder eines Unternehmens meist konträr sind. Es lässt sich beispielsweise das Interesse einer hohen Rendite von Eigentümerinnen und Eigentümern selten mit dem Interesse einer hohen Entlohnung von Mitarbeitenden vereinen. Ebenso entsteht häufig ein Spannungsfeld zwischen der Ressourcenschonung und der unternehmerischen Tätigkeit. Vor allem Umweltschutz erfordert Geld, das sonst in die Renditen einfließen würde. Wie bereits erwähnt, nehmen an dieser Stelle die Führungskräfte eines Unternehmens eine zentrale Rolle ein, da diese im Mittelpunkt der Spannungsfelder stehen. Nachhaltigkeit in Bezug auf Führung bedeutet demnach, dass die oben genannten Grundaufgaben von Führung durch die Führungskräfte vereint werden (Steinert/Büser 2018, S. 6f.).

1.1 Funktionsbereiche nachhaltiger Führung

Nachhaltige Führung lässt sich in zwei Funktionsbereiche unterteilen: das Management und die Mitarbeiterführung. Unter dem Funktionsbereich Management finden sich die ökonomischen Aspekte von Führung. Das Management umfasst alle Führungsaufgaben eines Unternehmens, die nicht direkt mit Mitarbeiterführung assoziiert werden. Dazu zählen die Gewinnmaximierung, die Strategie- und Zielentwicklung, die Optimierung von Prozessen und Organisationsformen sowie der optimale Einsatz von Ressourcen. Ohne ein gutes Management ist es für Unternehmen schwierig, wirtschaftlich erfolgreich zu sein. Werden an dieser Stelle die bereits dargestellten Aufgaben von Führung betrachtet, fallen vor allem die ersten drei Aufgaben in den Funktionsbereich Management.

Dem Funktionsbereich Mitarbeiterführung lassen sich die Aufgaben 1 und 4 zuteilen. Vor allem die sozialen Aspekte von Nachhaltigkeit werden in diesem Funktionsbereich betrachtet und die menschlichen Beziehungsaspekte der Führung betont. Die Mitarbeiterführung beschäftigt sich demnach hauptsächlich mit der Gestaltung zwischenmenschlicher Beziehungen und der Steuerung sowie Zusammenarbeit mit Mitarbeitenden. Hierbei steht das Ziel der zufriedenen, leistungsbereiten und leistungsstarken Beschäftigten im Mittelpunkt.

Zusammenfassend lässt sich festhalten, dass der Funktionsbereich Management die ökonomischen Aspekte und der Funktionsbereich Mitarbeiterführung die sozialen Aspekte der allgemeinen Nachhaltigkeitsdefinition betrifft. Der ökologische Aspekt der Nachhaltigkeit lässt sich nicht explizit einem Funktionsbereich zuordnen, sondern kommt in beiden Funktionsbereichen vor (Steinert/Büser 2018, S. 7f.).

1.2 Nachhaltige Mitarbeiterführung

Wird die nachhaltige Mitarbeiterführung vertieft betrachtet, lässt sich diese als ein Prozess definieren, der die Einstellungen und Verhaltensweisen von Mitarbeitenden durch eine Führungskraft beeinflusst, um die nachhaltigkeitsorientierten Ziele eines Unternehmens zu erreichen. Hierbei ist es von Bedeutung, dass nachhaltige Mitarbeiterführung durch einen verantwortungsbewussten Umgang mit Mitarbeitenden geprägt ist und gleichzeitig das Verhalten der Mitarbeitenden im Sinne der Nachhaltigkeit beeinflusst wird (Stock-Homburg et al. 2014, S. 302).

Innerhalb einer detaillierter betrachteten nachhaltigen Mitarbeiterführung lässt sich zwischen der transaktionalen und der transformationalen Führung unterscheiden, wobei die transaktionale Führung in der Theorie bedeutet, dass Führungskräfte und Mitarbeitende lediglich nach der Maximierung des eigenen Nutzens streben. Im Sinne der Nachhaltigkeit bedeutet transaktionale Führung das gezielte Formulieren nachhaltiger Standards, gezielte Belohnungen für nachhaltigkeitsorientierte Verhaltensweisen und aktive regelmäßige Kommunikation der nachhaltigen Unternehmensziele. Durch die direkte Steuerung des Verhaltens von Beschäftigten stellt die transaktionale Führung die Basis nachhaltiger Mitarbeiterführung dar. Aufbauend auf dem strukturellen Orientierungsrahmen, der transnationalen Führung, lässt sich der ideelle Orientierungsrahmen, die transformationale Führung, nennen. Transformationale Führung hat das Ziel, charismatische Führungskräfte zu Vorbildern werden zu lassen, um Mitarbeitende zu inspirieren und neue Perspektiven zu betrachten. Im nachhaltigen Kontext bedeutet dies:

- Aktives Vorleben nachhaltigkeitsorientierter Werte durch die Führungskraft.
- Einbinden der Mitarbeitenden in relevante Entscheidungen.
- Ausrichtung der Ziele der Mitarbeitenden auf die Unternehmensziele.

- Fördern von nachhaltigkeitsorientierten Initiativen der Mitarbeitenden.

Werden beide Ebenen der Mitarbeiterführung wechselseitig in die Unternehmensprozesse aufgenommen, kann die Mitarbeitermotivation und -zufriedenheit langfristig gewährleistet und gesteigert werden, was zu einem wirtschaftlichen Erfolg führen kann (Stock-Homburg et al. 2014, S. 302ff.).

2 Umsetzung nachhaltiger Mitarbeiterführung

Dass nachhaltige Mitarbeiterführung ein elementarer Bestandteil der modernen Unternehmenswelt ist, geht aus den vorangegangenen Texten hervor. In diesem Beitrag werden unterschiedliche Aspekte aufgezeigt, die als zentrale Voraussetzung gelten, nachhaltige Mitarbeiterführung zu implementieren und somit wirtschaftlichen Erfolg des Unternehmens sicherzustellen. Hierfür werden die Aufgaben der Führungspositionen und deren Relevanz verdeutlicht und unterschiedliche Führungsstile werden kurz analysiert sowie im Sinne der nachhaltigen Aspekte bewertet.

Nachhaltig Führen ist nur dann möglich, wenn die Führungskraft es schafft, dass die Mitarbeitenden zu einer Gemeinschaft werden, die die Führungskraft aktiv unterstützt, anerkennt und akzeptiert. Hierbei ist es von Bedeutung, dass die Führungskräfte die Erwartungen der Mitarbeitenden erfüllen und sich authentisch sowie aktiv mit den einzelnen Menschen auseinandersetzen. Mit Anerkennung der Mitarbeitenden, Respekt und Vertrauen wird aus einem bzw. einer Vorgesetzten eine Führungskraft und die hierarchische Position verschiebt sich. Bleibt das nötige Vertrauen aus, bestehen Führungskräfte nur kurzfristig und halten sich lediglich durch die Unterstützung einer höheren Instanz im Unternehmen, wodurch effektive Führung verloren geht (Steinert/Büser 2018, S. 19f.). Sprenger schrieb 2012 bereits: „Es ist lächerlich, wenn Sie glauben, Sie könnten führen, ohne dass Ihnen die Leute folgen" (Sprenger 2012, S. 34). Um die Erwartungen von Mitarbeitenden zu erfüllen, ist es von essenzieller Bedeutung, die Bedürfnisse der Beschäftigten zu erkennen und sich mit ihren Ängsten, Sorgen und Nöten auseinanderzusetzen, also eine Ansprechpartnerin bzw. ein Ansprechpartner zu sein.

Damit Führung nachhaltig ist, ist es von Relevanz, die bereits oben beschriebenen Funktionsbereiche Management und Mitarbeiterführung in Balance zu bringen und so die Wettbewerbsfähigkeit eines Unternehmens langfristig zu steigern. Wird der Ausgleich nicht berücksichtigt, kann eine zu stark bedürfnisorientierte Führung darin resultieren, dass Mitarbeitende ihre Leistungsfähigkeit nicht voll abrufen und dadurch die Produktivität und Qualität der Arbeit sinkt. Im Gegensatz dazu kann eine zu stark ökonomisch ausgerichtete Führung, bei der die zwischenmenschlichen Aspekte zu wenig berücksichtigt werden, zu Unzufriedenheit bei den Mitarbeitenden führen und beispielsweise deren innere Kündigung zur Folge haben (Steinert/Büser 2018, S. 20f.).

Wie die vorangegangenen Ausführungen gezeigt haben, sind Führungskrafte ein wesentlicher Bestandteil von nachhaltigen Unternehmenszielen. Demnach ist es von elementarer Bedeutung, die Eignung von Führungspersönlichkeiten zu analysieren und dabei die unterschiedlichen Führungstypen zu unterscheiden. Zu diesen Führungstypen zählen der bzw. die ‚Machthungrige', die ‚Vaterfigur' und die bzw. der ‚Institutionsorientierte'. Während der machthungrige Führungstyp stets danach strebt, seine eigene Macht zu vergrößern, und dabei wenig auf die Bedürfnisse der Mitarbeitenden, wie Harmonie und Anerkennung, eingeht, ist die ‚Vaterfigur' durch eine hohe Ausprägung dieser Bedürfnisse gegenzeichnet. Die ‚Vaterfigur' zeichnet sich dadurch aus, dass sie tendenziell weniger Verantwortung an Mitarbeitende abgibt und es diesem Typ schwerfällt, klare Regeln und Abläufe zu definieren, wodurch Mitarbeitende sich häufig orientierungslos fühlen. Werden diese Eigenschaften im Kontext der Nachhaltigkeit betrachtet, fällt beim Vatertyp auf, dass er den sozialen Aspekt nicht vollends erfüllen kann, da es den Mitarbeitenden schwerfällt, Respekt und Vertrauen ihm gegenüber aufzubauen. Auch der ökonomische Teil der Nachhaltigkeit geht im Führungstyp der Vaterfigur verloren, da Prozesse durch die wenige Abgabe von Verantwortung weder effizient noch effektiv gestaltet werden können. Im Vergleich zur Vaterfigur schafft es der bzw. die Machthungrige eher, ein sicheres Umfeld basierend auf klaren Regeln und Strukturen aufzubauen, während die sozialen Aspekte eine untergeordnete Rolle spielen. Einem institutionsorientierten Führungstyp ist es möglich, ein großes Verantwortungsgefühl gegenüber den Mitarbeitenden, basierend auf Gerechtigkeitsempfinden und Ehrlichkeit, aufzubauen. Des Weiteren ist er, wie auch der machthungrige Typ, in der Lage, klare Regeln zu definieren. Er unterscheidet sich vom machthungrigen Führungstyp dadurch, dass er Verantwortungen klar verteilt und so ein effizientes, leistungsorientiertes Arbeiten unterstützt. Wird der institutionell orientierte Führungstyp unter Nachhaltigkeitsaspekten betrachtet, ist zu erkennen, dass er seine Mitarbeitenden so führt, dass diese leistungsorientiert und effizient arbeiten und dabei auf die begrenzten Ressourcen der Umwelt achten (Stock-Homburg et al. 2014, S. 306ff.).

3 Warum lohnt sich nachhaltige Führung?

Eine Untersuchung aus dem Jahr 2014 zum Stellenwert der Personalführung in deutschen Unternehmen zeigt, dass die soeben beschriebene Balance zwischen den Führungsfunktionen Management und Mitarbeiterführung im Unternehmensalltag nicht ausgewogen ist. Der wirtschaftliche Erfolg steht weiterhin stark im Fokus und Mitarbeiterführung wird noch immer zu wenig Beachtung geschenkt. Die Untersuchung verdeutlicht, dass 60 % der Unternehmen eine überdurchschnittliche Toleranz gegenüber Führungskräften zeigen, wenn diese bei gutem wirtschaftlichen Wachstum Schwächen im Umgang mit Mitarbeitenden haben. Zudem ist ein unzureichendes Führungsverhalten mit 24 % ein selten vorkommender Grund für eine Entlassung von Führungskräften. Bei der Entlassung sind Faktoren wie ‚ein schlechtes operatives Ergebnis' mit 63 % und ‚persönliche Gründe' mit 60 % stark den Führungsqualitäten übergeordnet (Steinert 2014).

Diese starke Zurückstellung von Mitarbeiterführung kann langfristig dazu führen, dass Unternehmen einen Rückgang ihres wirtschaftlichen Erfolgs verzeichnen. Hier stellt sich die Frage, warum sich eine nachhaltige Führung positiv auf ein Unternehmen auswirkt.

Empirische Untersuchungen zu der Frage des Einflusses einer guten Mitarbeiterführung zeigen auf, dass sich eine angemessene Mitarbeiterführung auf die Zufriedenheit, das Engagement und die Verpflichtung gegenüber dem Unternehmen auswirkt. Dies ist auf die Tatsache zurückzuführen, dass der Mensch sich dazu verpflichtet fühlt, entgegenkommendes Verhalten, das er erfährt, zumindest teilweise zurückzugeben. Dies bedeutet, dass sich eine gute Führung direkt auf die Leistungsbereitschaft der Mitarbeitenden auswirkt und umgekehrt eine schlechte Führung den Leistungswillen verringert, was direkte Auswirkungen auf den wirtschaftlichen Erfolg eines Unternehmens hat. Im Folgenden werden drei Argumente dafür aufgeführt, dass es überfällig ist, eine nachhaltige Führung im Unternehmensalltag zu integrieren (Steinert/Büser 2018, S. 23f.).

Zuerst lässt sich festhalten, dass eine unzureichende Mitarbeiterführung dem Unternehmen Kosten verursacht. Das Gallup-Institut bewertete beispielsweise im Jahr 2016 die Kosten aufgrund von inneren Kündigungen mit 76 bis 99 Milliarden Euro jährlich. Auch weitere Studien zeigen auf, dass der Verlust der Arbeitsleistung durch fehlende Motivation bei 29,9 % liegt, was bedeutet, dass ein Unternehmen durch eine unzureichende Führung ca. 30 % Wertschöpfungspotenzial an einer mitarbeitenden Person jährlich verliert. Bei einer jährlichen Wertschöpfung pro mitarbeitender Person von 50.000 Euro bedeutet dies einen Verlust von ca. 15.000 Euro Wertschöpfung pro Person. Anhand dieses Beispiels wird deutlich, wie viel wirtschaftliches Potenzial in einer nachhaltigen Mitarbeiterführung steckt.

Als Zweites lässt sich die Intensität der Bindung zwischen Mitarbeitenden und dem Unternehmen nennen. In Untersuchungen wie dem Arbeitsklimaindex werden unter anderem die persönliche Erfüllung in Bezug auf Aufgaben und Selbstständigkeit sowie Anerkennung im Sinne eines respektvollen Umgangs, konstruktiven Feedbacks und von Lob für die geleistete Arbeit als wesentliche Kriterien genannt, die einen Arbeitsplatz für Mitarbeitende attraktiv machen (Steinert/Büser 2018, S. 24ff.). Diese genannten Kriterien können durch eine nachhaltige Mitarbeiterführung und vor allem durch die individuelle Führungskraft beeinflusst werden. Im Rahmen der Gallup-Studie aus dem Jahr 2022 konnte aufgezeigt werden, dass es einen signifikanten Zusammenhang zwischen der Führungskraft und den Leistungen der Mitarbeitenden gibt. Besonders ist hierbei die emotionale Bindung zu beachten, da eine hohe emotionale Bindung an eine Führungskraft und damit an ein Unternehmen dazu führt, dass die Krankheits- und die Fluktuationsrate sinken. Des Weiteren wird in der Studie empirisch nachgewiesen, dass Mitarbeitende, die mit ihrer Führungskraft zufrieden sind, eine überdurchschnittlich hohe Verbundenheit mit dem Unternehmen aufweisen. Beschäftigte, denen vermittelt wird, dass ihre Meinung und Arbeit als relevant gesehen wird, und die sich an ihrem Arbeitsplatz wohlfühlen, leisten demnach auch einen höheren wirtschaftlichen Beitrag zu einem Unternehmen (Gallup 2022).

Zuletzt lässt sich der gesundheitliche Aspekt von Mitarbeitenden betrachten. Hierbei bleibt zu erwähnen, dass Beschäftigte, die eine gute Führung erleben, nach einer europäischen Studie zu Herzerkrankungen, weniger anfällig für Herzinfarkte sind als jene, die unter einer unzureichenden Führung leiden. Ebenso wird die psychische Gesundheit der Mitarbeitenden stark von der Führungskraft beeinflusst. Mitarbeitende leiden bei einer nachhaltigen Führungskultur deutlich weniger unter psychosomatischen Beschwerden und Stress. Sichtbar wird der signifikante Zusammenhang zwischen dem gesundheitlichen Zustand der Mitarbeitenden und der Führungskraft bzw. der Führungskultur anhand der Krankenquote in einem Unternehmen. Die VW-Studie von Nieder aus dem Jahr 2000 hat bereits aufgezeigt, dass Krankheitsstände in einzelnen Abteilungen von der jeweiligen Führungskraft abhängig sind und die Führungskräfte ihre Krankheitsstände mitnehmen, sofern sie versetzt oder befördert werden (Steinert/Büser 2018, S. 24ff.).

4 Fazit

Zusammenfassend lässt sich festhalten, dass die elementare Herausforderung für eine nachhaltige Führung in einem Unternehmen die Mitarbeiterführung ist. Diese erfordert neben einem verantwortungsbewussten Umgang mit den Beschäftigten, das Verhalten und die Einstellungen der Mitarbeitenden gemäß den nachhaltigen Unternehmenszielen zu beeinflussen. Eine zentrale Rolle nimmt hierbei die Kompetenz der Führungskräfte ein. Es lässt sich feststellen, dass ein institutionell orientierter Führungstyp am besten geeignet ist, um die nachhaltigen Ziele umzusetzen. Es gilt als Aufgabe des Personalmanagements eines Unternehmens, die Führungskräfte zu analysieren und gegebenenfalls durch Schulungen und Entwicklungen der Persönlichkeit zu fördern, sodass diese den Nachhaltigkeitsgedanken des Unternehmens aktiv an die Mitarbeitenden weitergeben können. Ebenso konnte aufgezeigt werden, dass der transaktionale und der transformationale Führungsstil kombiniert werden kann, um die Einstellungen und das Verhalten der Mitarbeitenden an die nachhaltigkeitsorientierten Unternehmensziele anzupassen. Gelingt es einem Unternehmen, nachhaltige Mitarbeiterführung in den Unternehmensalltag zu integrieren, hat dies zur Folge, dass Mitarbeitende tendenziell leistungsorientierter und effizienter arbeiten und somit die Wirtschaftlichkeit eines Unternehmens langfristig fördern.

5 Wie gestalten Hoteldirektorinnen und -direktoren nachhaltige Mitarbeiterführung?

Theorie und Praxis scheinen oft weit auseinanderzuliegen. Um zu schauen, wie nachhaltige Mitarbeiterführung bereits gelebt wird, wurden zwei Hoteldirektoren zu diesem Thema interviewt. Nachfolgend werden einige spannende und neue Möglichkeiten aufgezeigt, wie Janina Bachmann-Graffunder, General Managerin des Hotel nhow Berlin am Spreeufer (Graffunder 2022), und Florian Leisentritt, Hoteldirektor des Gewandhaus Dresden Autograph Collection (Leisentritt 2022), nachhaltige Mitarbeiterführung bereits in ihrem Arbeitsalltag umsetzen.

Was bedeutet nachhaltige Führung für Sie?
Frau Bachmann-Graffunder: *„Nachhaltig Führen bedeutet, dass das, was du anregst, auch immer wieder auf den Prüfstand gestellt wird und verbessert wird. Dass es zum Wohle des Mitarbeiters geht, zum Wohle des Unternehmens, für welches du eingesetzt wurdest, aber nachhaltiges Führen bedeutet auch für mich, dass mein Verhalten regelmäßig überprüft werden muss von mir selbst. […]"*
Herr Leisentritt: *„Grundsätzlich geht es darum, Fluktuation niedrig zu halten, Leute bei sich im Team zu halten. Leute für sich zu begeistern. Und für mich ist es der Kreislauf von zufriedenen, hoch motivierten Mitarbeitern weiter zum zufriedenen Gast, der dann wiederkommt und unseren Umsatz bringt, und damit finanzieren wir wieder Maßnahmen in die Qualität und Optimierung des Hauses und somit auch in die Mitarbeiter. […]"*

Wertschätzung den Mitarbeitenden gegenüber zu zeigen, ist für nachhaltige Führung nicht wegzudenken – wie sieht das im Hotelalltag aus?
Frau Bachmann-Graffunder: *„Das ist für mich so ein bisschen die Königsklasse, denn das klingt jetzt so ein bisschen abgedroschen, aber Wertschätzung fängt bei ‚Guten Tag' und ‚Auf Wiedersehen', bei Handgeben, bei ‚Danke, dass Sie heute da waren', bis hin zu Mitarbeiter des Monats, zu einer Führungskultur, sich mit seinen Abteilungsleitern auch außerhalb des eigentlichen Business zu treffen, mit ihnen zusammen kreativ zu sein, Spaß zu haben und gleichzeitig an Prozessen innerhalb des Unternehmens zu arbeiten. […] Wertschätzung ist aber eine schwierige Kiste, weil man immer dran bleiben muss. […]"*

Herr Leisentritt: „*Für mich war es sehr wichtig, dass wir auch in der Zukunft immer wieder investieren in das Wohlergehen unserer Mitarbeiter. Ich habe 2019 schon ein Feel-Good-Team implementiert hier im Haus – bestehend aus zwei Mitarbeiterinnen, die das nebenberuflich machen. Das Team fungiert ein wenig als Schnittstelle zwischen der Unternehmensführung und den Mitarbeitenden hier. Es ist manchmal Kummerkasten, aber manchmal auch Motivator. Sie haben ein eigenes Budget, mit welchem sie jeden Monat schöne Sachen für Ihre Kollegen tun können. Und das auf verschiedenen Ebenen. [...]*"

Wie motivieren Sie Ihre Mitarbeitenden?
Frau Bachmann-Graffunder: „*Das Allerwichtigste ist, dass meine Mitarbeiter wissen, dass ich immer da bin. Das ist, glaube ich, die höchste Motivation. Dass wenn es viel zu tun gibt, sie sehen, wie ich in der Spüle stehe, dass sie sehen, wie ich das Tablett in die Hand nehme, dass sie sehen, wie ich bei einer Beschwerde mit den Gästen rede, damit nicht der Mitarbeiter direkt konfrontiert wird in dem Moment. Man muss halt da sein. Man muss sehen, was wird gebraucht, und dann muss man da sein, und das ist meine Aufgabe.*"
Herr Leisentritt: „*Ich glaube tatsächlich, dass Motivation personenabhängig ist. Der eine freut sich wirklich, wenn er ‚nur' ein ehrlich gemeintes ‚Wie geht es Ihnen?' bekommt, und das reicht ihm für die nächsten zwei Monate wieder aus. Der andere braucht eine schöne Party, ein wieder anderer braucht ein offenes Ohr. Wir haben das während der Pandemie hier eingeführt – einen Walk and Talk durch Dresden. Ein offenes Ohr und eine offene Tür sind extrem wichtig für Mitarbeiter. Und auch das kann für den einen oder anderen schon sehr motivierend sein.*"

Was sind Ihrer Meinung nach also die drei wichtigsten Fähigkeiten, um heutzutage eine gute Führungskraft zu sein?
Frau Bachmann-Graffunder: „*Was ganz wichtig ist, ist Kommunikation und Vertrauen – das ist der Schlüssel zu allem. Verlässlichkeit – wenn man etwas verspricht, muss man es halten, und Empathie – wenn du nicht empathisch bist, dann kannst du es auch lassen. Es braucht keinen Direktor, der einen Stock im Po hat.*"
Herr Leisentritt: „*Also unabhängig von der Wertung sind drei Fähigkeiten wichtig, die man auf jeden Fall aus meiner Sicht braucht, um eine Vorbildfunktion zu sein, Einfühlungsvermögen, Ehrlichkeit und Stressresilienz.*"

Was raten Sie anderen Hoteliers, wenn sie nachhaltige Führungsstrukturen implementieren möchten?
Frau Bachmann-Graffunder: „*Tauschen Sie sich mit Kollegen aus! Schauen Sie sich die Leuchtturmmomente der Hotellerie an – die findet man auf Social Media wunderbar und davon kann man sehr schön lernen. Kämpfen Sie für die Werte, die Ihnen wichtig sind! Es braucht Vorbilder in der Hotellerie. Schauen Sie sich die kreative Szene an und lernen Sie davon. Netzwerken Sie und suchen Sie sich aktiv Hilfe, wenn Sie mal nicht wissen, wie es geht, seien Sie sich da nicht zu schade.*"
Herr Leisentritt: „*Es fängt erst mal an der Führungskraft an sich an. Man muss es ehrlich wollen. Es bringt nichts, wenn man eine Seite lang Benefits aufschreibt – das war früher mal. Man muss für sich die Einstellung finden, den Mitarbeiter in den Fokus zu stellen. Wenn man da ansetzt und nicht mehr den Gast, sondern den Mitarbeiter an die erste Stelle setzt, haben wir die Möglichkeit, etwas zu verändern.*"

Ist Ihre Art der nachhaltigen Unternehmensführung auch wirtschaftlich erfolgreicher?
Frau Bachmann-Graffunder: „*Wenn ich da wieder zurück nach Potsdam schaue, dann ist das ein definitives Ja! Natürlich kostet Mitarbeiterpflege Geld und natürlich muss dafür der wirtschaftliche Kreislauf stattfinden und dann braucht man eine gute Balance dahingehend, zu sehen, wo passt es jetzt gerade rein und wo müssen wir jetzt alle mal die Arschbacken zusammenkneifen und ackern. Aber wenn man das beherrscht, dann hat man zufriedene Mitarbeiter und ein wirtschaftliches Wachstum – dann hat man alles richtig gemacht.*" •

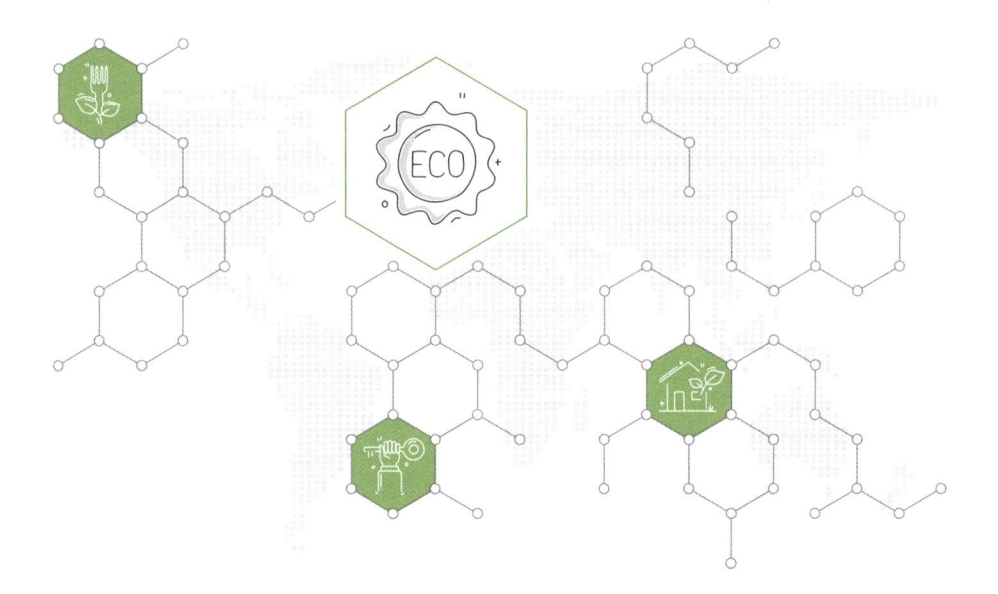

Neue Zeiten – neue Ansätze: Was sich Mitarbeitende von nachhaltigen Arbeitgebern wünschen

von Sandra Rochnowski

1 Einführung

„Welche Schwierigkeiten können sich da im Zusammenhang mit dem Personal ergeben? Es brauchen doch nur die ‚richtigen' Leute eingestellt, für ihre Arbeit angemessen bezahlt und falls man sich für die falsche Person entschieden hat, diese wieder entlassen zu werden." (Jung 2017, S. 1)

Das Gastgewerbe steht nicht nur seit der pandemischen Lage vor großen Herausforderungen in Bezug auf die Fachkräftegewinnung: In der Unternehmenspraxis wird heute zunehmend der Begriff ‚Personalmangel' verwendet. Er steht für ein längerfristiges strukturelles Problem. Veränderte Rahmenbedingungen wie der demografische Wandel und damit verbunden das Ausscheiden von geburtenstarken Jahrgängen aus dem Erwerbsleben bis 2030, der stetig gewachsene Arbeitnehmermarkt oder

der Generationenwandel im Arbeitsleben erfordern gezielte Strategien, um Mitarbeitende an Unternehmen zu binden. Dies bedingt nicht nur steigende finanzielle und personelle Ressourcen für gastgewerbliche Unternehmen, sondern auch strategische Konzepte zur Sicherung der Innovations- und Wettbewerbsfähigkeit.

Neben dieser Herausforderung des chronischen Fachkräfte- und Personalmangels unterliegt das Gastgewerbe weiterhin einer differenzierten Veränderungsdynamik im 21. Jahrhundert. Megatrends wie Gesundheit, Mobilität, New Work oder Neo-Ökologie richten Gesellschaft, Wirtschaft und Unternehmen durch eine Werteverschiebung fundamental neu aus.

Arbeitnehmende im Gastgewerbe entstammen den Generationen Babyboomer (1946–1964), Generation X (1965–1980), Generation Y (1981–1994) und Generation Z (1995–2010). Sie sind durch unterschiedliche Wertvorstellungen in Bezug auf wirtschaftliche, politische, technische und ökologische Aspekte charakterisiert. Die unterschiedlichen Erwartungen der einzelnen Generationen an Arbeitgeber, Führung oder Arbeitsaufgaben im Einklang mit ihrer Lebenseinstellung bedingen zwangsläufig ein neues Verständnis der Aufgaben von Personalwesen und Human-Resource-Management im Unternehmen. In diesem Zusammenhang stellt die Altersheterogenität eine neue Herausforderung dar. Um den wirtschaftlichen Fortbestand von Unternehmen zu gewährleisten, müssen sowohl der Eintritt von Nachwuchskräften und Auszubildenden als auch gleichzeitig der Wissens- und Informationserhalt von langjährig Beschäftigten sichergestellt werden. Kenntnisse über die Werteorientierung und Lebenseinstellungen der verschiedenen Generationen sowie die Fähigkeit, ihre Perspektive einzunehmen, ist der Schlüsselfaktor erfolgreicher Personalarbeit und Führung. Im Sinne der darwinschen Evolutionstheorie ‚Survival of the Fittest' wird in Zukunft die beziehungsweise der am besten angepasste Arbeitgeber die besten Arbeitskräfte am Markt für sich gewinnen können. Als Voraussetzung hierfür ist zu wissen, was Entscheidungsfaktoren der Arbeitgeberwahl zur Personalsicherung im Gastgewerbe sind.

2 Employer-Branding – Attraktivitätsfaktoren der Personalgewinnung

Aufgrund des hohen Bedarfs an Konzepten zur Gewinnung und Bindung von Mitarbeitenden im Gastgewerbe ist der Begriff des ‚Employer-Branding' omnipräsent. Employer-Branding umfasst alle Maßnahmen, die den internen wie auch den externen Aufbau einer starken Arbeitgebermarke betreffen und somit dem Rekrutierungsziel von gastgewerblichen Betrieben dienen. Dabei werden grundlegende Markenprinzipien in das Human-Resource-Management übertragen. Was macht uns als Hotel, Gastronomiebetrieb oder Betrieb der Zulieferindustrie des Gastgewerbes einzigartig? Wofür stehen wir? Was sind unsere Markenwerte, die uns als Unternehmen charakterisieren, beispielsweise innovativ, nachhaltig oder traditionell oder Ähnliches?

Employer-Branding baut auf dem Unternehmensimage auf und stellt die Vorteile für (potenzielle) Mitarbeitende wie eine nachhaltige Unternehmenskultur, Aspekte von New Work, Gesundheit, Work-Life-Balance oder persönliche Entwicklungs- und Karrierekonzepte im Betrieb dar. Die Verknüpfung von Merkmalen mit einem Unternehmen führt bei (potenziellen) Arbeitnehmerinnen und Arbeitnehmern zu Assoziationen mit diesem. Hieraus wird das Arbeitgeberimage gebildet, das wiederum zur Attraktivität des Unternehmens als Arbeitgeber führt.

Wer im Gastgewerbe Mitarbeitende wie auch Auszubildende gewinnen und langfristig binden möchte, sollte sich als attraktiver Arbeitgeber präsentieren. Die zentrale Frage ist, welche Aspekte zur Wahrnehmung als attraktiver Arbeitgeber durch Arbeitnehmerinnen und Arbeitnehmer führen. Im Rahmen einer Metaanalyse unter 37 Studien zu 467 Faktoren der Arbeitgeberattraktivität sind als Ergebnis 19 Kategorien entstanden. Nachfolgende 19 Kategorien zeigen absteigend die Attraktivitätsmerkmale eines Arbeitgebers (Haase et al. 2013, S. 14ff.):

[1] Team/Arbeitsatmosphäre/Arbeitsklima
[2] Arbeitsaufgaben
[3] Work-Life-Balance
[4] Weiterbildung
[5] Karriere/Aufstieg
[6] Arbeitsplatzsicherheit
[7] Entgelt inkl. Sozialleistungen
[8] Identifikation mit dem Unternehmen und den Produkten/Dienstleistung
[9] Arbeitszeitmodelle
[10] Unternehmenskultur
[11] Internationalität/Auslandseinsatz
[12] Erfolg und finanzielle Situation des Unternehmens

[13] Standort
[14] Arbeitsbedingungen
[15] Management
[16] Corporate Social Responsibility/Nachhaltigkeit
[17] Innovation/Fortschritt
[18] Image/Reputation/Bekanntheit
[19] Objektive Merkmale des Unternehmens

Die Ergebnisse dieser Metastudie von Haase et al. (2013) zeigen für den Arbeitsmarkt in Deutschland allgemein auf, welche Attraktivitäts- und Zufriedenheitsfaktoren sich Mitarbeitende von ihrem Arbeitgeber wünschen. Das Gehalt ist nicht unter den Top-5-Faktoren vertreten. Viel wesentlicher sind Aspekte der Unternehmenskultur sowie der Persönlichkeitsentwicklung und Arbeitsaufgaben sowie -inhalt.

In der Praxis wird häufig postuliert, dass die Entlohnung von Mitarbeitenden im Gastgewerbe der entscheidende Faktor sei, um dem Fachkräfte- und Personalmangel insbesondere im Gastgewerbe entgegenzuwirken. Einer Studie aus dem Jahr 2022 unter 3750 Mitarbeitenden im Gastgewerbe zufolge ist für 13,4 % (501 Befragte) die Entlohnung zu niedrig, was ein Grund ist, das Gastgewerbe langfristig zu verlassen. Als Ursachen wurden vielfach Belastungsfaktoren genannt. Zu den Top-5-Belastungsfaktoren für Beschäftigte zählen (n = 3943): Personalmangel (3177 Nennungen), Zeitdruck und Stress (2382 Nennungen), kurzfristige Änderungen der Arbeitszeiten (1521) und lange Arbeitstage, Überstunden (1415 Nennungen). (wmp consult 2022, S. 8ff.)

Aufschluss darüber, was ein nachhaltig agierender Arbeitgeber im Gastgewerbe seinen Mitarbeitenden anbieten sollte, gibt die Busche-Studie aus dem Jahr 2022. Sie ist eine der größten unabhängigen Studien im deutschsprachigen Raum aus der Sicht der Mitarbeitenden zur Arbeitgeberwahl im Gastgewerbe und wird seit 2021 jährlich durchgeführt.

Informationen zur Busche-Studie
Die Mitarbeiterstudie, auch ‚Busche-Studie' genannt, wurde unabhängig von der Hochschule für Wirtschaft und Recht (HWR Berlin) unter der Leitung von Prof. Dr. Sandra Rochnowski für die Busche Verlagsgesellschaft in Dortmund durchgeführt. Der Erhebungszeitraum war vom 08.11.21 bis zum 31.03.22. Insgesamt wurden für die Studie 4780 Hotelbetriebe und 4480 Restaurants aus Deutschland, Österreich und Südtirol angeschrieben. Die Stichprobe umfasst 485 Auszubildende (17 %), Fachkräfte (45 %) und Führungskräfte (38 %).

im Gastgewerbe. Die Ergebnisse führten zu der Bewertung ‚TOP-Arbeitgeber 2022'. Weiterführende Informationen zur Busche-Studie finden sich unter www.busche-studie.de.

3 Attraktivitätsfaktoren der Arbeitgeberwahl im Gastgewerbe – Ergebnisse der Busche-Studie 2022

Menschen, die ab dem Jahr 1995 bis zum Jahr 2010 geboren sind, zählen zur Generation Z. Sie stehen überwiegend am Anfang ihres Berufslebens oder befinden sich in dualer Ausbildung oder im dualen bzw. Vollzeitstudium. Sie bilden die zweite Generation der Digital Natives. Ihre grundlegende Werteorientierung und Lebenseinstellung ist geprägt von „Ich arbeite, um zu leben" (Laumer 2020). Diese Anforderung spiegelt sich in dem Wunsch einer guten Work-Life-Balance wider. Die Vereinbarkeit von Beruf und Privatleben ist für die Personen der Generation Z wesentlich (Haufe Online Redaktion 2022). Sie erwarten klar geregelte Arbeitszeiten (Bedürftig 2016). Daher sind Autonomie und Flexibilität von Arbeitsort und -zeit relevant. Hybrides Arbeiten oder Remote-Arbeit wird von drei Viertel der Generation bevorzugt (Deloitte 2022). Für die zur Generation Z Gehörenden ist eine gute Arbeitsatmosphäre von Bedeutung, die durch eine ehrliche und offene Kommunikation, Rückhalt im Team und gute Vorgesetzte gekennzeichnet ist. Besonderen Wert legen sie darauf, neue Ideen und Konzepte einzubringen. Damit einher geht die Übertragung von verantwortungsvollen Aufgaben. Zudem möchten sich die Personen dieser Generation einbringen, Anerkennung für ihre Leistung erhalten und gute Entwicklungsmöglichkeiten im Unternehmen erhalten (Klaffke 2014). Wesentlich sind für sie die Werte Sinn, Nachhaltigkeit und Diversität. Sie würden sogar so weit gehen, dass sie ein Stellenangebot ablehnen, wenn dieses nicht mit ihren gelebten Werten übereinstimmt. Ferner ist eine Verankerung dieser Werte in der Unternehmenskultur für sie essenziell (Deloitte 2022).

Was bedeutet dies für die Nachwuchs- und Ausbildungsgewinnung im Gastgewerbe?

Seit dem Peak im Jahr 2007 zeigt sich ein Negativtrend in der Ausbildungsgewinnung für gastgewerbliche Berufe: Während sich 2007 noch 46 354 junge Menschen für einen Ausbildungsplatz im

Gastgewerbe entschieden haben, waren es 2020 nur 17 079 (Deutsche Industrie und Handelskammer 2021). Wesentliche Faktoren sind die Arbeitsbedingungen (unter anderem Arbeiten im Schichtsystem, Saisonalität, fehlende Entwicklungsmöglichkeiten, Überstunden, starre Hierarchien, niedrige Löhne). Laut der Bundesagentur für Arbeit (2020), sind drei gastgewerbliche Berufsbilder unter den Top Ten mit dem höchsten Anteil unbesetzter Ausbildungsplätze am betrieblichen Gesamtangebot in Deutschland: Restaurantfachkraft (41,6 %), Fachkraft für Systemgastronomie (36,0 %) und Hotelkaufmann/-frau (29,9 %). Zur Fachkräftesicherung sind 2022 duale Ausbildungsberufe im Gastgewerbe angepasst und durch Schwerpunkte wie Digitalisierung und Nachhaltigkeit attraktiver gestaltet worden.

Wie kann diesem Negativtrend nicht nur im Bereich der Nachwuchsgewinnung entgegengesteuert werden?
Lösungsansätze wie Digitalisierung von Prozessen oder Anreizsysteme im Bereich der Personalgewinnung und -bindung sind vielfältig und dringend gefordert. Der Busche-Studie 2022 unter Mitarbeitenden (Auszubildenden, Nachwuchskräften, Fachkräften und Führungskräften) im Gastgewerbe zufolge sind 66,16 % der Befragten mit ihrem jetzigen Arbeitgeber sehr zufrieden oder zufrieden. In der Kategorie der Führungskräfte sind mehr als 70 % mit ihrem jetzigen Arbeitgeber zufrieden. Der Negativtrend im Vergleich zu anderen Studien in Bezug auf Auszubildende in gastgewerblichen Berufen zeigt sich auch hier deutlich: Es möchten 30,18 % der Auszubildenden nach ihrer Ausbildung das Gastgewerbe verlassen. Dies ist vor allem darauf zurückzuführen, wie sich der potenzielle Arbeitgeber im Bewerbungsgespräch verhalten hat. Es gaben 85 % der Auszubildenden an, dass unter anderem die fehlende Wertschätzung, ein zu hohes Arbeitspensum, die fehlende Vermittlung von Ausbildungsinhalten oder die Kompetenzförderung hierbei im Vordergrund stehen würden. Zitate wie ‚Nur da eingesetzt, wo man gebraucht wird, anstatt Kompetenzen zu stärken und auf Wünsche des Azubis einzugehen', sind beispielhaft für die Unzufriedenheit mit dem Ausbildungsbetrieb.

Warum haben sich Auszubildende für die Berufswahl im Gastgewerbe entschieden?
Einer Studie aus dem Jahr 2022 unter Berliner Auszubildenden im Hotelfach zufolge fiel die Wahl auf eine gastgewerbliche Ausbildung (Köchin/Koch sowie Hotelfachfrau/Hotelfachmann) an erster Stelle

aufgrund des Abwechslungsreichtums und der Vielseitigkeit des Ausbildungsberufs bedingt durch die Zusammenarbeit mit verschiedenen Kulturen und die vielfältigen Möglichkeiten (unter anderem Arbeiten im Ausland) (88 Nennungen). An zweiter Stelle folgte mit 69 Beiträgen von Auszubildenden des zweiten Lehrjahrs die Freude an Gastronomie, Reisen und Veranstaltungen. Hier wurden Leidenschaft für das Handwerk, die Arbeit mit Lebensmitteln, Freude am Reisen und Tourismus sowie der Gedanke von ‚da arbeiten, wo andere Urlaub machen' am häufigsten hervorgehoben. An dritter Stelle steht mit 56 Beiträgen die Arbeit mit Menschen, wobei insbesondere Kommunikation und der Wunsch, Menschen glücklich zu machen, für Auszubildende im Vordergrund stehen. Das nächste Themenfeld mit 43 Nennungen sind weitere extrinsische Faktoren. In dieser Kategorie stechen die Begründungen des Mangels an Alternativen und ‚durch beispielsweise einen Ferienjob reingerutscht' mit vielen Nennungen hervor. Die restlichen Kategorien sind Internationalität (26 Nennungen), Familiäres (19 Beiträge), Aufstiegs- und Karrierechancen (14 Beiträge) sowie Rahmenbedingungen (11 Angaben). Auffällig ist bei dieser Frage, dass die intrinsischen Faktoren bei den Antworten weit überwiegen und viele Menschen aufgrund von Leidenschaft, Freude an der abwechslungsreichen Arbeit und des Wunsches, Menschen glücklich zu machen, ihren Beruf im Gastgewerbe gewählt haben (Rochnowski/Krüger 2022).

Was sind zentrale Motivatoren der Arbeit?
Die Busche-Studie 2022 (weitere Ergebnisse können unter www.busche-studie abgerufen werden) hat ebenso gezeigt, dass das Gehalt nicht der zentrale Motivator für den Verbleib im Gastgewerbe ist. Arbeitskräfte im Gastgewerbe wünschen sich vor allem ein gutes Arbeitsklima sowie ein hervorragendes Verhältnis zu Kolleginnen und Kollegen. Sie beschrieben dies mit den Worten ‚mein Arbeitsplatz soll eine zweite Familie, wie ein zweites Zuhause sein' oder ‚wo ich einen Freundeskreis habe, der mich nach vorne bringt'. Gefolgt ist dies von Aussagen wie ‚Wertschätzung, egal in welcher Position', ‚ein Arbeitgeber, der dies auch zeigt, der sein Personal nicht unter das Wohl seiner Gäste stellt, der einen sich nicht schlecht fühlen lässt durch das Ausnutzen seiner Position' oder ‚der seine Mitarbeiter fördert und auf ihre Bedürfnisse achtet' und letztlich ‚Anerkennung der Leistung durch Vorgesetzte und/oder den Betrieb'. An dritter Stelle steht unter Mitarbeitenden das Gehalt bzw. ein faires Gehalt, was vor der Pandemie als Hygienefaktor galt. Nach der Bedürfnispyramide von Maslow

zählt das Gehalt zu den Defizitbedürfnissen, den Sicherheitsbedürfnissen, dazugehörig auch die aktuelle Lebenssituation mit materieller Grundsicherheit oder Wohnraum- und Familiensicherheit. Durch die Pandemie hat die Sicherheit des Arbeitsplatzes, verbunden mit einem regelmäßigen Einkommen an Bedeutung gewonnen, da in dieser Krise bisher rund 130 000 sozialversicherungspflichtig Beschäftigte dauerhaft das Gastgewerbe verlassen haben. Einer der Gründe, dass das Hotel- und Gaststättengewerbe über viele Jahre hinweg als attraktiv galt, waren die wenigen Einstiegsbarrieren und Restriktionen für Arbeitsplatzsuchende. Dies hat sich durch die Pandemie verändert, da offene Stellen zunehmend nicht mehr besetzt werden können, auch durch strukturelle Veränderungen von Rahmenbedingungen. Zahlreiche Betriebe beschäftigen sich daher mit der Optimierung von Leistungen zur Stärkung des Employer-Brandings, um Mitarbeitende zu finden und langfristig an das Unternehmen zu binden.

Was wünschen sich konkret Arbeitnehmerinnen und Arbeitnehmer im deutschsprachigen Raum?

Vor allem sind Aspekte wie Mitsprache bei der Dienstplangestaltung, flexible Arbeitszeiten, die Beteiligung an Entscheidungen sowie Engagement eines modernen und innovativen Arbeitgebers auch im Bereich Nachhaltigkeit gefragt. Die nachfolgende Tabelle zeigt alle in der Studie erhobenen Benefits für Mitarbeitende und verdeutlicht, was sie sich wünschen und was bereits im Unternehmen vorhanden ist.

Aspekt	Wunsch von Arbeitnehmerinnen und Arbeitnehmern					Wirklichkeit		
	sehr wichtig	eher wichtig	weder noch	eher unwichtig	überhaupt nicht wichtig	ja	nein	weiß ich nicht
Maßnahmen zur betrieblichen Gesundheitsförderung	26 %	22 %	27 %	14 %	9 %	61 %	29 %	9 %
Arbeitskleidung	63 %	17 %	10 %	2 %	8 %	90 %	9 %	1 %
Modell 4-Tage-Woche	22 %	20 %	29 %	16 %	14 %	25 %	67 %	8 %
Auszeichnungen für Mitarbeitende	19 %	17 %	24 %	13 %	28 %	43 %	50 %	7 %
Technische Hilfsmittel, z. B. Diensthandy	48 %	22 %	16 %	5 %	10 %	73 %	20 %	6 %
Beteiligung an Entscheidungen	51 %	35 %	9 %	2 %	3 %	77 %	14 %	9 %

Aspekt	Wunsch von Arbeitnehmerinnen und Arbeitnehmern					Wirklichkeit		
	sehr wichtig	eher wichtig	weder noch	eher unwichtig	überhaupt nicht wichtig	ja	nein	weiß ich nicht
Betriebliche Altersvorsorge	48 %	24 %	21 %	3 %	4 %	68 %	15 %	17 %
Bezahlung nach Tarifvertrag	60 %	19 %	13 %	3 %	5 %	83 %	7 %	10 %
Corporate Benefits	50 %	24 %	15 %	4 %	7 %	86 %	9 %	5 %
Digitalisierungprozesse zur Arbeitserleichterung, z. B. Bestellsysteme	53 %	28 %	10 %	4 %	4 %	81 %	10 %	9 %
Nachhaltigkeitsengagement	56 %	24 %	14 %	3 %	3 %	83 %	9 %	8 %
Essenszuschuss	56 %	23 %	13 %	3 %	5 %	82 %	10 %	8 %
Faires Gehalt	83 %	11 %	2 %	0 %	4 %	77 %	15 %	8 %
Feedbackgespräche	68 %	21 %	7 %	1 %	4 %	88 %	9 %	3 %
Flache Hierarchiestrukturen	37 %	35 %	20 %	4 %	4 %	75 %	17 %	9 %
Flexible Arbeitszeit	51 %	30 %	13 %	2 %	4 %	71 %	24 %	5 %
Flexibler Arbeitsort	27 %	20 %	30 %	7 %	17 %	41 %	48 %	11 %
Gestaltungsspielraum	48 %	32 %	12 %	3 %	4 %	75 %	18 %	7 %
Freie Wochenenden	34 %	18 %	25 %	9 %	14 %	56 %	39 %	5 %
Einarbeitungsprozess	59 %	27 %	9 %	1 %	3 %	82 %	15 %	4 %
30 Tage Urlaub	57 %	22 %	13 %	3 %	4 %	65 %	30 %	5 %
WLAN kostenfrei nutzbar	52 %	18 %	18 %	5 %	6 %	85 %	13 %	2 %
Mitarbeiterbefragungen	40 %	29 %	22 %	5 %	4 %	73 %	21 %	6 %
Dienstplangestaltung	71 %	19 %	5 %	1 %	3 %	95 %	4 %	1 %
Mitarbeiter-App	37 %	24 %	23 %	8 %	9 %	65 %	32 %	3 %

Aspekt	Wunsch von Arbeitnehmerinnen und Arbeitnehmern					Wirklichkeit		
	sehr wichtig	eher wichtig	weder noch	eher unwichtig	überhaupt nicht wichtig	ja	nein	weiß ich nicht
Teambuilding-Maßnahmen	51 %	30 %	13 %	3 %	3 %	72 %	20 %	8 %
Leistungswettbewerbe	19 %	22 %	31 %	15 %	14 %	62 %	16 %	22 %
Aus- und Weiterbildung	63 %	22 %	9 %	0 %	5 %	84 %	8 %	8 %
Kommunikation Vorgesetzte	65 %	27 %	3 %	1 %	4 %	80 %	14 %	6 %
Dienstplan 14 Tage im Voraus	42 %	25 %	10 %	6 %	8 %	42 %	54 %	3 %
Branchenevents	32 %	26 %	25 %	6 %	10 %	91 %	6 %	3 %
Betriebliche Veranstaltungen	52 %	25 %	15 %	3 %	4 %	62 %	16 %	22 %
Personalunterkünfte	33 %	14 %	18 %	14 %	21 %	57 %	34 %	9 %
Wäscheservice im Betrieb	43 %	23 %	17 %	7 %	10 %	79 %	17 %	4 %
2 Tage am Stück frei	53 %	23 %	15 %	4 %	6 %	82 %	16 %	2 %
Work-Life-Balance	56 %	26 %	10 %	3 %	5 %	69 %	18 %	13 %
Mitarbeiterparkplatz	51 %	16 %	16 %	5 %	12 %	79 %	18 %	3 %
Zielvereinbarungen (Bonus)	30 %	21 %	28 %	8 %	13 %	33 %	44 %	23 %
Zuschuss zur Mobilität, z. B. Jobticket	34 %	18 %	30 %	6 %	13 %	39 %	43 %	18 %

Ein Aspekt von New Work, der in jüngster Zeit zu viel Aufmerksamkeit in der Hotellerie geführt hat, ist die Frage, ob die Einführung der Viertagewoche das Arbeitsmodell der Zukunft ist, um dem Personalmangel entgegenzuwirken. Die Ergebnisse der Busche-Studie 2022 zeigen, dass die verkürzte Arbeitswoche für rund 50 % der Mitarbeitenden einen Anreiz darstellt, jedoch für rund ein Drittel der Befragten (unter anderem Teilzeitbeschäftigte, Arbeitnehmende mit Kleinkindern oder Nachwuchskräfte) überhaupt kein wünschenswertes Arbeitszeitmodell ist. Auch hat die Busche-Studie verdeutlicht, dass dieses bei rund zwei Drittel der Unternehmen nicht vorhanden ist bzw. bisher nicht eingeführt wurde. Dies ist vor allem darauf zurückzuführen, dass laut vielfältigen Gesprächen mit Mitarbeitenden kein expliziter Wunsch besteht oder kein Mehrwert für die Arbeitsplatzwahl bzw. den Verbleib im Unternehmen gesehen wird.

4 Fazit

Aus zahlreichen offenen Rückmeldungen der Busche-Studie 2022 lässt sich als Empfehlung für Betriebe im Gastgewerbe ableiten: Gute Arbeitsbedingungen sind eine Voraussetzung, damit Mitarbeitende langfristig im Unternehmen verbleiben. Die Zufriedenheit von Mitarbeitenden am Arbeitsplatz steigt mit transparenter Kommunikation, Fairness, Kompetenzförderung, Möglichkeiten der persönlichen Entwicklung oder der Wahrnehmung ihrer Bedürfnisse. Ein faires Gehalt sollte die Basis ‚für ein sorgloses Leben' sein, die ‚Freude am Job', ‚eine gute Work-Life-Balance', wo der Betrieb ‚als zweites Zuhause' gesehen wird, ‚ein auf Nachhaltigkeit und auf lange Frist ausgelegtes Zukunftsunternehmen' ist und als Betrieb ‚nicht burnside den Gewinn, sondern ebenfalls auf das Wohlbefinden seiner Mitarbeiter achtet', sind ausschlaggebende Faktoren, um Mitarbeitende langfristig an Betriebe im Gastgewerbe zu binden.

Das Zitat „Niemals war mehr Anfang als jetzt" von Walt Whitman (1819–1892) soll als Empfehlung für Entscheiderinnen und Entscheider, Führungskräfte sowie Personalverantwortliche aufgefasst werden, sich die wissenschaftlichen Erkenntnisse zunutze zu machen und den interdisziplinären Austausch und die Kooperation mit Praxisvertreterinnen und -vertretern wie auch Ausbildungsinstituten und Hochschulen zu suchen, um sich als Gastgewerbe als attraktiver Arbeitgeber gegenüber Mitarbeitenden zu positionieren. •

NACHHALTIGKEIT ALS ZUKUNFTSWEISENDES GESCHÄFTSMODELL IM GASTGEWERBE

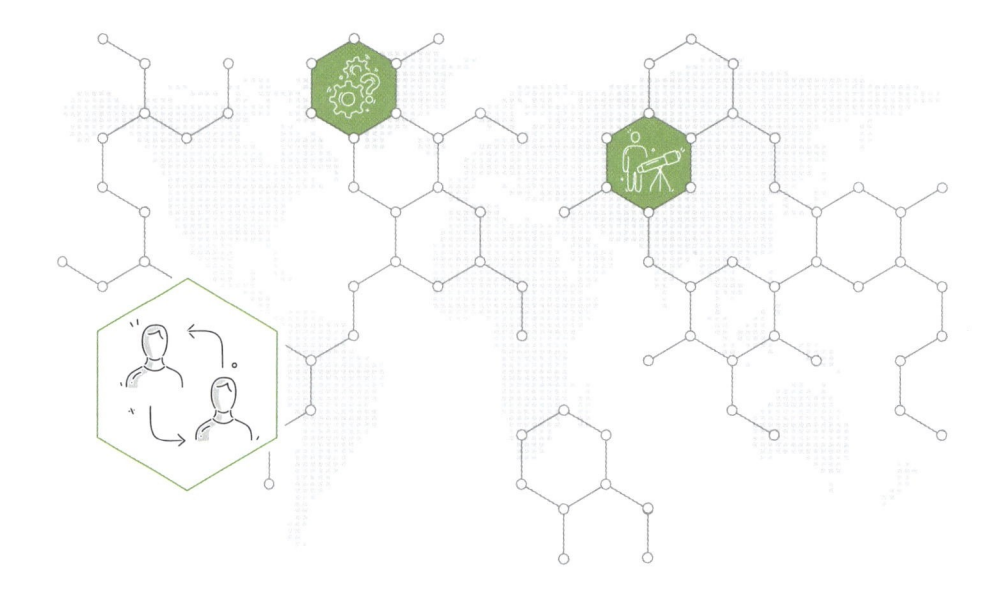

Ökonomische Nachhaltigkeit – ist Nachhaltigkeit das Geschäftsmodell der Zukunft?

von Sebastian Amin Salehi

1 Einleitung

Nachhaltigkeit kann längst nicht mehr als Modeerscheinung abgetan werden, sondern gilt zunehmend als fixer Bestandteil in der Strategie erfolgreicher Unternehmen. Nur durch die Integration wirtschaftlicher, sozialer und ökologischer Leistungsprinzipien wird das Unternehmen wettbewerbsfähig und langfristig erfolgreich bleiben (Schneider/Schmidpeter 2012, S. 271). Verantwortung für Wirtschaft, Umwelt und Gesellschaft zu übernehmen, muss zu einem zentralen Wert von Unternehmen werden. Die Kombination aus der Wahl der geeigneten Nachhaltigkeitsstrategien und der Kommunikation der Erfolge an die unterschiedlichen Stakeholderinnen und Stakeholder ist dabei essenziell. Immer mehr Unternehmen erkennen, dass verantwortungsvolles Wirtschaften nicht nur eine moralische Verbindlichkeit darstellt, sondern auch eine Chance ist, unterschiedliche ökonomische Potenziale zu erschließen und die Wettbewerbsfähigkeit zu erhöhen.

Jede Gesellschaft kann als vier Dimensionen beschrieben werden: die wirtschaftliche, die soziale, die ökologische und die institutionelle Dimension. Jede davon ist eine komplexe, dynamische, sich selbst organisierende und sich entwickelnde Einheit für sich, was das gekoppelte System zu einem von hoher Komplexität macht. Damit dieses System nachhaltig ist, muss jedes der vier Subsysteme seine Fähigkeit zum Überleben und zur Weiterentwicklung beibehalten, während die Verflechtungen der Subsysteme eine dauerhafte Koevolution ermöglichen müssen. Den geeigneten Komplexitätsgrad für Beschreibungen und Modelle zu finden, ist eine notwendige Voraussetzung für eine adäquate Analyse und zur Vermeidung von Fehlprognosen. Da dieser Komplexitätsgrad über die analytischen Möglichkeiten aktueller Wirtschaftstheorien hinausgeht, wird eine systemanalytische Perspektive als Rahmen für die Diskussion der Koevolution von Wirtschaft, Gesellschaft und Natur präsentiert. In diesem Zusammenhang kann die wirtschaftliche, soziale, ökologische und institutionelle Nachhaltigkeit der Wirtschaft definiert und ökonomische Theorien können hinsichtlich ihrer Nützlichkeit für die Beschreibung eines sich komplex entwickelnden Systems wie der Wirtschaft bewertet werden.

2 Der ökonomische Diskurs: Starke Vergleichbarkeit und Kommensurabilität bestreiten

In der wirtschaftlichen Debatte wird nachhaltige Entwicklung am häufigsten als die Notwendigkeit beschrieben, ein dauerhaftes Einkommen für die Menschheit zu erhalten, das aus nicht sinkenden Kapitalbeständen generiert wird. Zumindest in dieser Wahrnehmung werden also konstante Bestände an menschlichem, vom Menschen geschaffenem, natürlichem und sozialem Kapital als notwendiges und oft ausreichendes Kriterium für nachhaltige Entwicklung angesehen (Pearce 1997; Serageldin 1996).

3 Messbarkeit der Nachhaltigkeit – Sustainability Balanced Scorecard

Das vielfach verwendete Führungs-, Planungs- und Kontrollinstrument ‚Balanced Scorecard' zeigt die ökonomische Entwicklungsrichtung für den nächsten festgelegten Zeithorizont auf. Die in den Jahren 2000 und 2001 auf Nachhaltigkeit erweiterte Variante heißt ‚Sustainability Balanced Scorecard' (SBSC). Sie verankert explizit ökologische und personalpolitische sowie soziale Aspekte in der Strategie sowie der auf Marktwertsteigerung ausgelegten Unternehmensführung und ist damit mehr als ein Kontrollinstrument.

Die Finanz-, Kunden-, Prozess- und Lern- sowie Entwicklungsperspektiven der Balanced Scorecard werden in einer Matrix der ökonomischen, sozialen und ökologischen Nachhaltigkeit gegenübergestellt. Für jede Dimension gilt es, zumindest einen strategisch bedeutsamen Indikator zu identifizieren, besser jedoch mehrere. Zum Beispiel reicht bei der Energie- und Ressourceneffizienz der bloße Energieverbrauch pro produzierter Einheit nicht aus, sondern es sind auch die Stoffströme, also die Materialproduktivität, zu berücksichtigen.

3.1 Die Sustainability Balanced Scorecard

Inzwischen liegen aus der wissenschaftlichen Diskussion verschiedene konzeptionelle Beiträge für eine SBSC vor (Epstein/Roy 1997; Czymmeck/Faßbender-Wynands 2001). Ziel einer SBSC ist die Integration aller drei Säulen des Nachhaltigkeitskonzepts – Ökonomie, Ökologie und Soziales – in die erfolgreiche Umsetzung von Strategien. Dadurch soll die Unternehmensleistung in allen drei Nachhaltigkeitsdimensionen verbessert und somit sollen starke unternehmerische Nachhaltigkeitsbeiträge erreicht werden (Figge et al. 2002a, S. 8; Schaltegger/Burritt 2000, S. 53). Das Instrument der SBSC erscheint aus zwei Gründen besonders für ein integriertes Sustainability-Management geeignet (Bieker et al. 2001):

- Die SBSC ist ‚balanced', das heißt sie bietet auch Platz für nicht monetäre und weiche Erfolgsfaktoren. Umwelt- und Sozialaspekte sind häufig qualitativ und wirken oft über nicht marktliche Mechanismen auf Unternehmen ein (Senn 1986).

- Die BSC zeigt Kausalbeziehungen auf: Umwelt- und Sozialaspekte werden über Ursache-Wirkungs-Ketten auf den langfristigen Unternehmenserfolg ausgerichtet. Somit werden sie voll in das allgemeine Managementsystem integriert.

3.2 Vorgehen zur Formulierung einer Sustainability Balanced Scorecard

Beim Vorgehen zur Formulierung einer SBSC lassen sich drei Hauptschritte unterscheiden (Figge et al. 2002b). Da eine BSC grundsätzlich speziell für die spezifische Strategie und die Besonderheiten einer strategischen Geschäftseinheit formuliert wird (Kaplan/Norton 1997, S. 34f.), gilt es in einem ersten Schritt, die strategische Geschäftseinheit auszuwählen, für die eine SBSC erstellt werden soll. Der Ausgangspunkt für die Formulierung einer Scorecard ist eine vorliegende Strategie für diese Geschäftseinheit. Gegebenenfalls muss diese Strategie der Geschäftseinheit geklärt und dokumentiert werden, bevor mit der Ableitung der strategischen Ziele in den einzelnen Perspektiven der SBSC begonnen werden kann.

3.3 Sustainability Balanced Scorecard – von der Theorie zur Umsetzung

Als zweiter Schritt der Formulierung einer SBSC sollte die Umwelt- und Sozialexponiertheit der ausgewählten strategischen Geschäftseinheit ermittelt werden. Dieser Schritt dient dazu, systematisch alle Umwelt- und Sozialaspekte zu identifizieren, die die strategische Geschäftseinheit betreffen. Somit soll ein möglichst vollständiger Katalog aller Umwelt- und Sozialaspekte erstellt werden, die möglicherweise für die Geschäftseinheit eine strategische Relevanz haben (Figge et al. 2002b).

Zur Integration der Umwelt- und Sozialaspekte mit den ökonomisch relevanten Erfolgsfaktoren der strategischen Geschäftseinheit wird im dritten Schritt die strategische Relevanz der Umwelt- und Sozialaspekte ermittelt. In diesem Hauptschritt werden entsprechend der Logik der BSC die einzelnen Perspektiven von der Finanzperspektive aus in einem top-down gerichteten Prozess durchgegangen. Wie alle anderen potenziell erfolgsrelevanten Faktoren werden dabei alle identifizierten Umwelt- und Sozialaspekte der Umwelt- und Sozialexponiertheit der Geschäftseinheit systematisch auf ihre strategische Relevanz überprüft. Dabei kann zwischen drei Stufen der strategischen Relevanz unterschieden werden (Figge et al. 2002a, S. 39f.):

- Umwelt- und Sozialaspekte können strategische Kernelemente darstellen und zu einer unmittelbaren umwelt- oder sozialbezogenen Ausprägung von Ergebniskennzahlen führen. Ein Beispiel dafür ist der Marktanteil eines Unternehmens im anvisierten Ökosegment des Marktes.

- Umwelt- und Sozialaspekte können ökologische oder soziale Leistungstreiber zur Erzielung der angestrebten ökonomischen, ökologischen und sozialen Ergebnisgrößen darstellen. Hier kann als Beispiel die Energieeffizienz eines energieintensiven Betriebs als Leistungstreiber für die Produktivität genannt werden.

- Ökologische und soziale Aspekte können sog. Hygienefaktoren (Herzberg et al. 1999) sein. Diese begründen keine Wettbewerbsvorteile und sind deshalb ohne zentrale strategische Relevanz, müssen aber dennoch gemanagt werden, um den Betrieb aufrechtzuerhalten. Solche Umwelt- und Sozialaspekte werden außerhalb der BSC durch diagnostische Kennzahlen abgebildet (Kaplan/Norton 1997, S. 156ff.). Ein Beispiel wäre hier die Sicherstellung der Einhaltung der umwelt- und arbeitsrechtlichen Vorschriften.

Durch dieses Vorgehen wird nicht nur die strategische Relevanz der verschiedenen Umwelt- und Sozialaspekte ermittelt. Das schrittweise Durchgehen der Perspektiven von oben nach unten in einem kaskadenartigen Prozess gewährleistet außerdem, dass die kausalen Wirkungen der Umwelt- und Sozialaspekte auf den langfristigen Erfolg der Geschäftseinheit aufgedeckt werden. Jedes Mal, wenn von einer Perspektive zur nächsten weitergegangen wird, muss die Frage beantwortet werden, wie die identifizierten strategischen Ergebnisse und Leistungstreiber der übergeordneten Perspektiven erreicht werden sollen. Somit werden alle Umwelt- und Sozialaspekte direkt oder indirekt auf die Finanzperspektive und somit auf den langfristigen ökonomischen Erfolg der Geschäftseinheit ausgerichtet. Dadurch kommt es zu einer Integration der Umwelt- und Sozialleistung mit der ökonomischen Unternehmensleistung.

4 Fazit

Viele der bisherigen Ansätze des Umwelt- und Sozialmanagements sind dadurch gekennzeichnet, dass sie parallel zum allgemeinen Managementsystem von Unternehmen eingeführt wurden (Dyllick/ Hamschmidt 2000). Dadurch bleibt das Verhältnis zwischen den drei Nachhaltigkeitssäulen Ökonomie, Ökologie und Soziales offen und

Win-Win-Potenziale werden nicht ausgeschöpft. Der Ansatz der SBSC überwindet dieses Defizit, indem er

- die erfolgsrelevanten Umwelt- und Sozialaspekte identifiziert,

- eine kausale Verknüpfung der Umwelt- und Sozialaspekte mit dem Unternehmenserfolg herstellt,

- das Management aller Umwelt- und Sozialaspekte entsprechend ihrer strategischen Relevanz ermöglicht – als Kernaspekt, Leistungstreiber oder Hygienefaktor – und somit

- zu einer Integration des Umwelt- und Sozialmanagements in das allgemeine Management führt.

Die Formulierung einer SBSC nach dem oben vorgestellten Ansatz ist unabhängig davon, ob ein Unternehmen eine ausdrückliche Nachhaltigkeitsstrategie verfolgt oder nicht. Ökologische oder soziale Aspekte werden eine umso bedeutendere Rolle für die erfolgreiche Umsetzung einer Strategie einnehmen, je mehr sich ein Unternehmen schon in seiner Strategie explizite Nachhaltigkeitsziele setzt (für eine Diskussion verschiedener Nachhaltigkeitsstrategietypen im Zusammenhang mit der BSC siehe Bieker et al. 2001). Die Offenheit des Ansatzes ermöglicht somit eine an den unternehmensspezifischen Gegebenheiten ausgerichtete Entwicklung einer SBSC. Die Anwendung dieses Instruments des Nachhaltigkeitsmanagements bleibt somit nicht auf eine kleine Minderheit von stark ökologisch und sozial ausgerichteten Nischenunternehmen beschränkt. Vielmehr eignet es sich dafür, auch bei der großen Masse der herkömmlichen Unternehmen Umwelt- und Sozialaspekte systematisch in das Managementsystem zu integrieren. Eine SBSC zeigt das Verhältnis zwischen den drei Pfeilern des Nachhaltigkeitskonzepts für die spezifischen Nutzen und Vorteile der SBSC. Die SBSC dient als Instrument zur Realisierung starker unternehmerischer Nachhaltigkeitsbeiträge. Dadurch können Unternehmen gezielt ihre Unternehmensleistung in allen drei Dimensionen der Nachhaltigkeit verbessern und somit einen starken Beitrag zur nachhaltigen Entwicklung leisten.

Im letzten Jahrzehnt setzt sich immer mehr die Meinung durch, dass nachhaltige Unternehmensstrategien auch einen positiven Einfluss auf ökonomische Aspekte des Unternehmens haben. Dies betrifft etwa die Ressourcenoptimierung, Kosteneinsparpotenziale, die

Innovationskraft und die Mitarbeitermotivation. Eine solche Strategie kann und soll auch zu Imagegewinnen beitragen, gerade in Branchen, die sich im Fokus der medialen Öffentlichkeit befinden. Nach wie vor überwiegen bei Unternehmen die ökonomischen Aspekte der Nachhaltigkeit, diese sind jedoch zusehends damit bemüht, der sozialen und ökologischen Perspektive größere Bedeutung zuzuschreiben. Die drei Dimensionen der Nachhaltigkeit müssen miteinander in Einklang gebracht werden und als dynamischer Prozess gesehen werden, der kontinuierlich neue Ziele und Maßstäbe setzt sowie Perspektiven eröffnet. Es sollte versucht werden, Ökologie, Ökonomie und Soziales zum Wohle heutiger wie auch zukünftiger Generationen zusammenzuführen. Vor allem ist Nachhaltigkeit ein grundlegender Handlungsmaßstab, der durch Lernprozesse ständig erweitert wird. Nachhaltigkeit ist keine Modeerscheinung, sondern eine ernst zu nehmende Entwicklung für Unternehmen, um sich auch am Markt von seinen Mitbewerberinnen und Mitbewerbern zu differenzieren und sich zu positionieren. Strategien sind bedeutsame Instrumente zur Zielsetzung, -kontrolle und -steuerung eines Unternehmens. Eine Vielzahl der Unternehmen, die eine Nachhaltigkeitsstrategie neben der Unternehmensstrategie erarbeitet haben, arbeitet zunehmend an einer verstärkten Integration von Nachhaltigkeit in den Unternehmensalltag. Nachhaltigkeit ist Zukunftsfähigkeit und Zukunftssicherung. Hier sollte nicht nur kurzfristig ‚etwas Gutes tun', sondern auch an die Zukunft denken. Menschen sollten für bestimmte Themen sensibilisiert werden, sodass sie Ideen entwickeln und diese initiieren. Nicht nur zivilgesellschaftliche Akteure, sondern auch Regierungen richten inzwischen ihre Hoffnungen und Erwartungen in Bezug auf Umweltschutz und soziale Belange zunehmend an Unternehmen aus. Unternehmen sollen nicht abwehren, sondern Verantwortung prinzipiell anerkennen und sich dieser stellen. Dieses verantwortliche Handeln fördert das Vertrauen der Kundinnen und Kunden in die Produkte sowie in die Leistungsfähigkeit der Unternehmen und eröffnet in diesem Sinne Wettbewerbsvorteile. Folgende Vorteile lassen sich für ein nachhaltig agierendes Unternehmen zusammenfassen: Verbesserung des Risikomanagements, Ausbau der Vorsorge, Unterstützung des strategischen Managements, Förderung der Innovationschancen und Stärkung von Image und Wettbewerbsfähigkeit sowie ein erweitertes Blickfeld. Die Forderung nach Nachhaltigkeit beschränkt sich nicht nur auf den Bereich der Produktion und Dienstleistung sowie der technischen Abläufe, sondern ist vor allem auch für die Unternehmenskommunikation von wesentlicher Bedeutung. Es ist für Unternehmen daher relevant, die Nachhaltigkeitsaktivitäten in den Bereichen Ökologie, Soziales und Ökonomie an ihre bedeutsamsten Stakeholderinnen und Stakeholder zu kommunizieren. Stakeholderkommunikation ist ein relevanter Teil der Nachhaltigkeitsstrategie eines Unternehmens. Die unterschiedlichen Instrumente der Stakeholderkommunikation stellen eine Möglichkeit dar, die Interessen der einzelnen Stakeholderinnen und Stakeholder zu identifizieren und in weiterer Folge in die Unternehmensstrategie zu integrieren. Das bedeutendste Kommunikationsinstrument ist diesbezüglich der Nachhaltigkeitsbericht. Die Stakeholderinnen und Stakeholder haben ihre eigenen Ziele und Erwartungen und wirken damit direkt oder indirekt auf die Unternehmensausrichtung ein. Aus diesem Grund ist es von Bedeutung, sich einen Überblick über die Stakeholdersituation extern wie auch im eigenen Unternehmen zu verschaffen. Stakeholdermanagement sollte auch als Teil des Risikomanagements betrachtet werden; die Reaktionen vieler Stakeholderinnen und Stakeholder zeigen häufig Risiko-, aber auch Chancenpotenziale auf. Aus diesem Grund kommt der Stakeholderkommunikation eine immer größere Bedeutung zu und es bedarf eines gezielten Kommunikationsinstrumenten-Mix, um dieses Potenzial weitgehend zu nutzen. Weitere Kommunikationsinstrumente – neben dem Nachhaltigkeitsbericht – sind die internetbasierte Nachhaltigkeitskommunikation, Stakeholderdialoge, Round Tables und Stakeholderforen. Ausgehend von der eingangs formulierten These kann abgeleitet werden, dass es für Unternehmen in Zukunft unabdingbar sein wird, Nachhaltigkeit als Planungsinstrument in ihre Unternehmensstrategie zu implementieren und auch auf den Kommunikationsinstrumente-Mix verstärkt zu achten. •

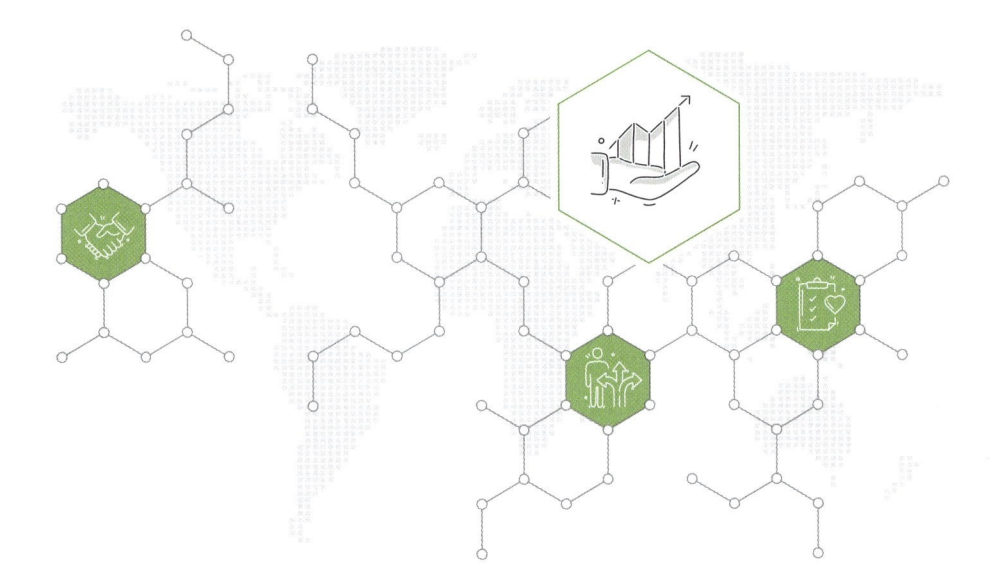

Nachhaltiges Wirtschaften als Business-Case im Gastgewerbe

Best Practices und nachhaltige Geschäftsmodelle für die Umsetzung

von Josefa Ehrke

1 Leitfaden für nachhaltiges Wirtschaften als Business-Case im Gastgewerbe

Nachhaltigkeit kostet nicht nur Geld, sondern auch Zeit. Beides sind notwendige Investitionen in die eigene wie auch in die allgemeine Zukunftsfähigkeit und Beständigkeit des Gastgewerbes (Jamal et al. 2019, S. 115). In diesem Beitrag wird ein Leitfaden des nachhaltigen Wirtschaftens im Gastgewerbe unter der Bearbeitung eines Business-Case dargestellt. Ein Business-Case ist eine ‚Investitionsfolgenabschätzung' für eine in Zukunft getroffene Entscheidung zwischen zwei Handlungsalternativen innerhalb eines Unternehmens, wobei die entstehenden finanziellen Konsequenzen aufgezeigt werden. Dabei ist zu beachten, dass viele Daten und Informationen über spezifische Ereignisse eingehen, die zum jetzigen Zeitpunkt noch nicht stattgefunden haben. Diese werden ausschließlich geschätzt oder müssen selbst prognostiziert werden. Ziel des Business-Case unternehmerischer Nachhaltigkeit ist die Unterstützung bei der Frage, ob Nachhaltigkeit im Gastgewerbe implementiert werden soll. Ein Business-Case besitzt verschiedene Funktionen. Zum einem ist dieser dazu da, wirtschaftliche Größen zu berechnen oder eine effiziente Organisation herbeizuziehen. Zum anderen dient er dazu, eine grundlegende Strukturierung aufzuzeigen. Das bedeutet: Bevor ein Problem gelöst werden kann, muss ein Lösungshandlungsleitfaden aufgebaut werden.

1.1 Ziele und Nutzen

Für der Verringerung der Umwelt- und Sozialbelastung wurden im vergangenen Jahrzehnt genügend betriebliche Nachhaltigkeitsziele definiert, jedoch wurden diese in jeglicher Form nicht ausreichend für die Wertschöpfung eines Unternehmens genutzt (Bungard 2018, S. 20). In Zukunft ist es notwendig, nachhaltige Konzepte nicht nur zu entwickeln, sondern auf langfristiger Ebene umzusetzen und zu implementieren. Der Managementansatz Nachhaltigkeit ermöglicht dem Gastgewerbe, der Verantwortung als Stakeholder in der Gesellschaft nachzukommen und zugleich strategisch relevante Wettbewerbsvorteile zu realisieren (Pittner 2014, S. 42). Ökonomisch betrachtet spielen privatwirtschaftliche Erfolgsziele in Unternehmen eine entscheidende Rolle (Schneider/Schmidpeter 2012, S. 70). Sie sind handlungsleitend und es besteht die Möglichkeit, unternehmerische Gewinninteressen durch die Übernahme gesellschaftlicher Verantwortung zu verfolgen (Schneider/Schmidpeter 2012, S. 70). Das Hauptziel des nachhaltigen Wirtschaftens im Gastgewerbe geht hauptsächlich auf die Definition von Nachhaltigkeit zurück: „Die Bedürfnisse der Gegenwart befriedigen, ohne zu riskieren, dass künftige Generationen ihre eigenen Bedürfnisse nicht befriedigen können" (Hauff 1987, S. 46). In der Regel stimmen Ziele und Nutzen überein. Das genannte Ziel kann ebentalls als Nutzen angesehen werden, jedoch unterscheidet sich der Nutzen beim nachhaltigen Wirtschaften zwischen funktional und emotional. Unter dem funktionalen Nutzen versteht sich die organisatorische Effizienz, die Qualitätssteigerung der Produkte und Dienstleistungen, die Kostensenkung von Personalbeschaffung, eine höhere Zahlungsbereitschaft der Kundinnen und Kunden sowie eine steigende Legitimität der Wertschöpfung. Davon unterscheidet sich der emotionale Nutzen auf der Basis der Gefühlsebene. Ein nachhaltiges Wirtschaften soll die

Sorgen bezüglich der Umwelt von Menschen nehmen. Hier steht nicht die Gewinnmarge an erster Stelle, sondern vielmehr das Wohlergehen der Mitarbeitenden. Gleichzeitig aber steigern sich das Image des Unternehmens sowie die Attraktivität des Arbeitsplatzes. Im Zusammenhang mit dem funktionalen und dem emotionalen Nutzen sticht eine Lebensveränderung hervor. Die Mitarbeitenden werden motivierter, es wird Hoffnung geschaffen und das Unternehmen kann sich nun selbst verwirklichen. Je nachhaltiger Unternehmen sind, desto gezielter erschaffen sie einen ökologischen und sozialen Mehrwert sowie eine entsprechende Arbeitsweise, die die Mitarbeitenden mit genügend Freiräumen, Abwechslung und Spaß auf der Arbeit bedient (Ahrend 2016, S. 5). Im Vordergrund stehen der soziale und der ökologische Nutzen, wobei es vorkommen kann, dass Kundinnen und Kunden als primäre Anspruchsgruppe verdrängt werden. Das nachhaltige Wirtschaften setzt sich auch als Priorität, die Bedürfnisse von Umwelt und Gesellschaft in Einklang zu bringen. Es verfolgt nicht nur das Ziel der Gewinnmaximierung, sondern vereint betriebswirtschaftliche Ziele mit dem Ziel einer Kostenreduktion zusammen mit Nachhaltigkeitszielen.

1.2 Kosten, Umsatz und Gewinnmarge

Unsicher ist, ob die Implementierung von Nachhaltigkeit im Gastgewerbe als Kostensteigerung oder Kostenreduktion im Unternehmen angesehen werden kann. Bei der Ermittlung der Erfolgswirkung von Nachhaltigkeit müssen alle anfallenden Kosten in die Beurteilung einbezogen werden. Viele Unternehmen gehen davon aus, dass durch die Implementierung von Nachhaltigkeit im eigenen Betrieb hohe Kosten aufkommen und zudem kein Gewinn auf kurzfristiger und möglicherweise auch auf langfristiger Ebene erzielt wird. Zusätzlich kommt ein hoher Zeitaufwand hinzu. Im Gegensatz zu Kostenreduktionspotenzialen, die gezielt gesucht und gemanagt werden, sind Kostensteigerungen in der Regel leicht zu erkennen (Schaltegger/Hasenmüller 2005, S. 8). Bei der Implementierung von Nachhaltigkeit im Gastgewerbe können viele Kosten eingespart werden, während sich zugleich auch das Unternehmen einen verbesserten Zugang zu bestimmten Märkten verschafft und es zur Produktdifferenzierung kommt. Zunächst können durch eine Steigerung der Ressourcenproduktivität die Beschaffungs- und die Entsorgungskosten gesenkt werden (Pittner 2014, S. 47). Gleichzeitig verbessert sich das Image des

Unternehmens auf dem Arbeitsmarkt für Arbeitgeber und nachhaltigkeitsorientierte Investorinnen sowie Investoren. Durch dieses positive Image sinken die Personal- und die Kapitalkosten. Des Weiteren zeigt sich, dass Unternehmen, die in einer umweltbewussten Branche tätig sind, eine höhere Aktienrendite aufweisen. Unternehmen, die sich freiwillig mit nachhaltigen Konzepten beschäftigen, haben einen höheren Unternehmenserfolg. Mit einem nachhaltigen Angebot von Produkten und Dienstleistungen, die geringere Ressourcen verbrauchen und weniger Abfall entstehen lassen, fallen auch geringere Kosten an (Ahrend 2016, S. 73). Durch die erneute Nutzung von Material werden wiederum Kosten gespart. Somit schafft sich das Gastgewerbe durch ein nachhaltiges Wirtschaften einen (preisbezogenen) Wettbewerbsvorteil. Die Verknüpfung eines Nachhaltigkeitsmanagements mit der Unternehmensstrategie führt zu einer Steigerung des Markterfolgs, wobei ökologische und soziale Faktoren darauf Einfluss nehmen (Schaltegger/Hasenmüller 2005, S. 9). Jedoch ist ein schneller monetärer Profit bei langfristigen Unternehmensprozessen nicht zu erwarten.

1.3 Risiken

Nachhaltiges Wirtschaften im Gastgewerbe bringt unterschiedliche Risiken mit sich. Im Bereich des Risikomanagements rücken technische Risiken immer weiter in den Vordergrund und haben eine große Nachhaltigkeitsrelevanz. Jedoch geraten gesellschaftliche Risiken in Bezug auf den sozialen sowie ökologischen Aspekt durch die steigende Bedeutung der Digitalisierung oftmals immer weiter in den Hintergrund (Schaltegger/Hasenmüller 2005, S. 10). Alle Arten von Risiken tragen zur Gefährdung des Unternehmens bei. Die unternehmerische Freiheit kann eingeschränkt werden oder im schlimmsten Fall kommt es zur Existenzgefährdung (Schaltegger/Hasenmüller 2005, S. 10). Beim Eintreten eines so substanziellen Ausmaßes muss dementsprechend das Risikomanagement angepasst werden. Ein konkreter Wettbewerbsvorteil durch Nachhaltigkeit ist die Reduzierung von Risiken aus den Megatrends. Trotz dieses Vorteils sollte ein glorifiziertes Risikomanagement nicht im Vordergrund stehen, sondern vielmehr als umfassende Aufgabe gesehen werden, sukzessive die Nachhaltigkeitsleistung des Unternehmens zu verbessern. Bei einem Business-Case wird zwischen zwei Optionen entschieden, was bezüglich Nachhaltigkeit ein Risiko darstellen kann. Es scheint, als hätte das Gastgewerbe eine Wahl, was zum jetzigen Zeitpunkt auch so ist. Jedoch besteht mit Blick auf die Zukunft keine Wahl mehr. Vielmehr stellt sich die Frage, ob und wie die Unternehmen die Transformationen schaffen.

1.4 Sonstiges

Ein Business-Case unterscheidet sich je nach ökonomischer Zielsetzung und kann individuell vom Unternehmen konzipiert werden. Es ist nicht die einzige Möglichkeit und muss auch nicht immer der richtige Ansatz zur Realisierung eines unternehmerischen Nachhaltigkeitsmanagements sein (Schaltegger/Hasenmüller 2005, S. 15). In jedem Fall kann ein Business-Case im Zuge der Implementierung von Nachhaltigkeit als Vorteil realisiert werden, jedoch ist dabei zu beachten, dass sich dieser laufend weiterentwickelt. Politische und marktübliche Rahmenbedingungen auf der einen Seite, technische und organisatorische Innovationen auf der anderen Seite tragen zu der Weiterentwicklung bei (Schaltegger/Hasenmüller 2005, S. 16). Die permanente Veränderung von äußeren Rahmenbedingungen kann die Erfolgschancen eines Unternehmens beeinflussen, besonders dann, wenn die Stakeholderinnen und Stakeholder ihre Ansprüche umstrukturieren oder wenn neue Initiativen durchgeführt werden. Darüber hinaus wird der Business-Case für Nachhaltigkeit rentabler, je mehr Unternehmen sich überzeugen lassen, ihre Verantwortungszuschreibung von Gesellschaft und Natur zu erfüllen. Bei der Erstellung eines Business-Case können oftmals zwei wesentliche Fehler auftreten: Mit jeden Business-Case soll eine Frage beantwortet werden und durch eine falsche Aufstellung kann es dazu kommen, dass dies nicht gelingt und das Ziel verfehlt wird. Es können auch falsche Daten oder unpassende Methoden gewählt werden oder es liegt eine falsche Interpretation vor (Taschner 2013, S. 26). Nachhaltiges Wirtschaften muss ein Standard werden. Dabei stehen dem Unternehmen zahlreiche Förderungen, Hilfsmittel und Kontaktstellen zur Unterstützung des Wandels zur Verfügung.

2 Nachhaltige Geschäftsmodelle und Best Practices im Gastgewerbe

Im Rahmen des Klimawandels und der somit steigenden Notwendigkeit zum nachhaltigen Wirtschaften zur Erhaltung des Gastgewerbes rücken nachhaltige Geschäftsmodelle immer weiter in den Fokus. Die Geschäftsidee der Nachhaltigkeit kann im Zusammenhang mit einem Geschäftsmodell die Grundlage für den unternehmerischen Erfolg sein. Unter dem Begriff ‚Geschäftsmodell' versteht sich im allgemeinen Sinn eine kundenorientierte Konfiguration von Angeboten und deren adäquate Erstellung sowie Verfügbarmachung bezüglich der Aktivitäten, die benötigt werden, um die Wettbewerbspositionierung und die Wertschöpfung zu ermöglichen (Ahrend 2016, S. 9). Im erweiterten Sinne des ‚nachhaltigen Geschäftsmodells' werden zusätzlich die ökologischen und die sozialen Elemente einbezogen (Ahrend 2016, S. 12). Auf der einen Seite kann es die ökologische Dimension mit der Minderung von Umweltschäden und -risiken sein, auf der anderen Seite die Mehrung von Wohlstand sowie die Minderung sozialer Nachteile. Dabei spielen zwei miteinander verknüpfte Megatrends eine entscheidende Rolle: die unaufhaltsam voranschreitende Digitalisierung und die nachhaltige Entwicklung. Sie bieten unternehmerische Potenziale und unvorhersehbare große Umsetzungsmöglichkeiten (Bungard 2018, S. 15). Das Gastgewerbe erhofft sich durch nachhaltige Geschäftsmodelle wirtschaftliche Stabilität und ist somit Bestandteil wachsender Märkte.

2.1 Leitlinien eines nachhaltigen Geschäftsmodells

Bei der Entwicklung eines Geschäftsmodells gibt es drei Aspekte zu beachten. Als Erstes erfolgt eine Geschäftsmodellanalyse, die für das Verstehen der Ausgangssituation und des Erfolgspotenzials der Integration von Nachhaltigkeit notwendig ist. In dieser Phase geht es darum, das bestehende Gastgewerbe und das dazugehörige nachhaltige Geschäftsmodell dahingehend zu untersuchen, ob Erfolg und Gewinn in Zusammenhang mit einer nachhaltigen Entwicklung funktionieren. Dies erfolgt in der Regel über einen Business-Case. An zweiter Stelle steht die bewusste Ausrichtung von Geschäftsmodellen, die anhand wertebasierter und normativer Prinzipien und Leitbilder erfasst wird. In dieser Phase geht es darum, die Gestaltungsprinzipien und Zielorientierungen zu formulieren, um die Wahrscheinlichkeit effektiver Nachhaltigkeitsbeiträge zu steigern. Hier sollen folgende Fragen beantwortet werden:

[1] Welche Leitlinien sind für die Gestaltung nachhaltiger Geschäftsmodelle relevant?

[2] Welche Art von Nachhaltigkeitsleistung soll hierdurch unterstützt werden (Bungard 2018, S. 40)?

Entlang von vier generischen Komponenten bestehend aus Wertangebot, Lieferkette, Kundenschnittstelle und Finanzmodell lässt sich eine Geschäftsmodellausrichtung herleiten. Dabei sind alle wesentlichen Elemente bewusst offen und allgemein formuliert und sollen keine spezifische Richtlinie vorgeben.

1. Wertangebot
Im Allgemeinen wird das Wertangebot als Kombination von Produkten, Dienstleistungen und Informationen verstanden, die für einen neue Kundin oder einen neuen Kunden ein Problem lösen oder ein Bedürfnis befriedigen (Tewes 2020, S. 10). Die zu vertretenden Werte des Gastgewerbes, die kulturell, räumlich oder zeitlich bedingt sind, sollten in jeder Hinsicht vielfältig ausfallen, da die Kunden- und Stakeholdergruppen unterschiedliche Anforderungen haben. Aus diesem Grund ist die Gestaltung des Wertangebots ein Dialog zwischen dem Unternehmen und seinen Stakeholderinnen sowie Stakeholdern. Die Werte sind durch ein ganzheitliches Denken erfassbar.

2. Lieferkette
Diese basiert auf nachhaltigen Zulieferern und weiteren Partnern, die aktiv Verantwortung für die dazugehörigen Anspruchsgruppen übernehmen. Die Verantwortung des Gastgewerbes liegt auf der Vermeidung einer Verlagerung eigener negativer Effekte auf andere Bereiche der Lieferkette. Alle Akteurinnen und Akteure sollten zunächst in ein nachhaltiges Lieferkettenmanagement eingebunden werden.

3. Kundenschnittstelle
Unter diesem Aspekt wird die Gestaltung der kundenseitigen Kommunikations- und Lieferkanäle verstanden, die die Stakeholderinnen und Stakeholder zu einer aktiven Verantwortungsübernahme motiviert.

4. Finanzmodell
Dieses Modell basiert auf dem Grundsatz einer gerechten Allokation von finanziellen Kosten bzw. Erträgen unter Einbindung von Akteurinnen und Akteuren.

Neben den wertbasierten und normativen Prinzipien spielt die Art von Veränderungen oder Innovationen eine entscheidende Rolle. Zudem können technologische Innovationen grundlegend für Veränderungen sein. Unternehmen können technologische Lösungen für Nachhaltigkeitsprobleme nutzen (Bungard 2018, S. 42). Zuletzt erfolgt die Geschäftsmodellgestaltung, die wiederum für die Anpassung oder Innovation von nachhaltigen Prinzipien einer ausgerichteten Wertschöpfung steht (Bungard 2018, S. 38). In dieser Phase stehen die konkreten Entwicklungsmöglichen im Fokus.

2.2 Business Model Canvas

Ein häufig angewandtes Geschäftsmodell ist das Business Model Canvas, wobei zwischen neun miteinander verbundenen Elementen unterschieden wird. Unter der Voraussetzung der oben genannten Aspekte lässt sich nun ein nachhaltiges Geschäftsmodell entwickeln. In der Unternehmenspraxis existiert eine große Anzahl an nachhaltigen Geschäftsmodellen, wobei sich die folgende Strukturierung nach Ahrend (2016) richtet.

1. Kundensegmente (Custumer-Segments)

An erster Stelle eines nachhaltigen Geschäftsmodells stehen die Bedürfnisse und Wünsche der Kundinnen und Kunden, die in diesem Fall das nachhaltige Wirtschaften oder auch nachhaltige Produkte einbeziehen. Angesprochen werden also nachhaltigkeitsorientierte Kundinnen und Kunden. Sichtbar ist, dass sich das allgemeine Gastgewerbe an den Massenmarkt richtet, jedoch befindet sich Nachhaltigkeit noch im Nischenmarkt. Dies soll sich zukünftig ändern und Nachhaltigkeit soll sich hin zum Massenmarkt werden, denn ein nachhaltiges Geschäftsmodell erschafft einen geringeren Schaden und einen höheren Nutzen für die Umwelt und das Gemeinwohl. Nachhaltigkeit spielt eine entscheidende Rolle für die Kundensegmentierung.

2. Nutzen bzw. Wertangebote (Value-Propositions)

Die Wertangebote erfüllen die Kundenbedürfnisse für das dazugehörige Kundensegment. Somit schafft das Paket der nachhaltigen Produkte oder Dienstleistungen einen Kundennutzen. Bei einem nachhaltigen Geschäftsmodell zahlt die Kundin oder der Kunde nicht direkt für das

Eigentum bzw. den Nutzen an dem Produkt, sondern vielmehr für die Funktionalität.

3. Kanäle (Channels)
Um weitere Kundinnen und Kunden zu erreichen, die keinen Wert darauf legen, nachhaltig essen zu gehen oder Ähnliches, ist die Nutzung von Kommunikations- und Vertriebskanälen erforderlich. Somit kann das Gewerbe die Aufmerksamkeit neuer Kundinnen und Kunden erreichen sowie neue Wertangebote schaffen. Dabei liegt die Entscheidung über die Kanäle allein beim Unternehmen. Im besten Fall nutzt das Unternehmen ökologisch sinnvolle Logistikmodelle.

4. Kundenbeziehungen (Customer-Relationship)
Dieses Element zeigt auf, wie das Unternehmen das Verhältnis zur Kundin oder zum Kunden haben möchte. In der Regel strebt das Gastgewerbe eine kundenindividuelle, anlassbezogene persönliche Unterstützung oder eine automatisierte Dienstleistung an. Im Zentrum jedes nachhaltigen Geschäftsmodells steht die enge Zusammenarbeit mit den am Angebot interessierten Stakeholderinnen und Stakeholdern. Zudem schafft eine transparente Kommunikation die Möglichkeit einer Partizipation von Kundinnen und Kunden an der Produktentwicklung, den Geschäftsmodellen und den Abläufen. Außerdem ist Nachhaltigkeit eine Stärkung der Präsenz der Produkte bei den Kundinnen und Kunden.

5. Einnahmequellen (Revenue-Streams)
Das Gastgewerbe strebt neben dem nachhaltigen Wirtschaften auch Gewinn an. Bei dem Verkauf von Produkten beziehungsweise Dienstleistungen wird zwischen einmaligen und fortlaufenden Zahlungen differenziert. Jedoch bestimmen die einmaligen Zahlungen den Gewinn im Gastgewerbe.

6. Schlüssel-Ressourcen (Key-Resources)
Für das selbstständige Handeln benötigt ein Unternehmen Ressourcen für die Schaffung von Wertangeboten. Dies können sowohl finanzielle als auch physische oder immaterielle Ressourcen sein. Das Unternehmen kann bereits vorhandene besondere Schlüsselressourcen nutzen, aber auch neu aufgebaute. Dabei sollten Nachhaltigkeit und die Erwartungen der einzelnen Stakeholderinnen und Stakeholder einbezogen werden.

7. Schlüsselaktivitäten (Key-Activities)

Während die Schlüsselressourcen Wertangebote schaffen, beschreiben Schlüsselaktivitäten die wesentlichen Handlungen, die dazu dienen, das Wertangebot bereitzustellen. Im Gastgewerbe wird beispielsweise ein Produkt hergestellt und gleichzeitig eine Dienstleistung erbracht. Das Unternehmen kann die Produkte nachhaltig beschaffen und parallel einen Beitrag zum Umweltschutz leisten. Die Unternehmensführung übernimmt eine soziale Verantwortung und gleichzeitig nutzt das Unternehmen erneuerbare Energien.

8. Schlüsselpartner (Key-Partnerships)

Im Gastgewerbe spielen Partnerschaften zu anderen Unternehmen eine bedeutende Rolle. In jedem Fall sollte das Unternehmen eine gute Beziehung zu den verschiedenen Lieferanten haben, die es mit nachhaltigen Produkten beliefert. Auch eine Zusammenarbeit mit beispielsweise nachhaltigen Lieferanten ist relevant und kann für mehr Nachhaltigkeitsbewusstsein im Unternehmen sorgen.

9. Kostenstruktur (Cost-Structure)

Das Geschäftsmodell muss Sinn ergeben. Kostenstrukturen können unterschiedlich ausfallen, wodurch sich unterschiedliche Schwerpunkte ergeben. Das nachhaltige Geschäftsmodell zielt nicht nur auf eine langfristige Kostenminderung, sondern auch auf ein nachhaltiges Wirtschaften. Darüber hinaus ist es von Bedeutung, Nachhaltigkeitskennzahlen für Steuerung und Controlling miteinzubeziehen, im besten Fall in fünf oder zehn Jahren.

2.3 Wirtschaftlicher Erfolg

Der wirtschaftliche Erfolg ergibt sich durch die Verknüpfung dieser unterschiedlichen Elemente. Es sollte jedoch beachtet werden: Ein nachhaltiges Geschäftsmodell ist nicht hundertprozentig nachhaltig, sondern in Relation zu anderen Geschäftsmodellen nachhaltiger. Es erfüllt die Kriterien der ökonomischen, ökologischen und sozialen Ziele besser und kann daher als nachhaltiges Geschäftsmodell bezeichnet werden (Ahrend 2016, S. 3). Jedoch können zwei weitere Elemente hinzugefügt werden: Das erste Element ist der ‚Beitrag zum Gemeinwohl', der den ökologischen und den sozialen Nutzen für die Gemeinschaft (Kundinnen und Kunden, Lieferanten und Gesellschaft) umfasst (Ahrend 2018, S. 232). Dieser Beitrag muss nichts mit den Produkten oder Dienstleistungen zu tun haben, sondern dazu gehören Spenden und Sponsoring sowie eine enge Verbindung mit Unternehmen und anderen Partnern aus der eigenen Region (Ahrend 2018, S. 233). Das zweite zusätzliche Element ist die ‚Sicherung des Wettbewerbsvorteils'. Dieses beschreibt, welche Maßnahmen das Unternehmen ergriffen hat oder ergreifen sollte, um den bestehenden Wettbewerbsvorteil zu sichern (Ahrend 2018, S. 233). In diesem Sinne verschafft sich das Gastgewerbe einen Wettbewerbsvorteil durch die Implementierung von Nachhaltigkeit im Wertangebot im Zusammenhang mit einer kontinuierlichen Weiterentwicklung der Wissensstrukturen für Dienstleistungen. Dadurch können nachhaltigkeitsbezogene Zertifikate und Qualitätssiegel gewonnen werden. Wer zuerst handelt, erschafft sich hervorragende Kooperationen mit Schlüsselpartnern für den Aufbau von Markteintrittshürden und kann somit Nachahmer vermeiden. Mit dem Modell werden die Kommunikation, die Analyse und die Planung der Geschäftätigkeit unterstützt. Die Entwicklung verantwortungsvoller und nachhaltiger Geschäftsmodelle bedarf wertbasierter und normativer Leitlinien (Bungard 2018, S. 37). Diese erfordern konkrete Ziele, Motive und ein starkes Bewusstsein des Unternehmens. Das Erreichen von Nachhaltigkeit durch Geschäftsmodelle kann jedoch nur gelingen, wenn eine bewusste Entscheidung für das Befolgen entsprechender Werte getroffen wird. Das kann das Gastgewerbe individuell entscheiden. Genau wie beim Business-Case für Nachhaltigkeit ist bei einem nachhaltigen Geschäftsmodell zu beachten, dass sich dieses weiterentwickelt und nicht endlos genutzt werden kann. •

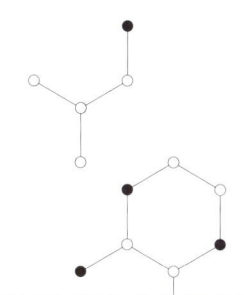

NACHHALTIGKEIT ALS ZUKUNFTSWEISENDES GESCHÄFTSMODELL IM GASTGEWERBE

Wie implementiere ich Nachhaltigkeit im Gastgewerbe?

Ein Handlungsleitfaden für die Unternehmenspraxis

von Emily Steiert

Nachdem die hohe Relevanz eines nachhaltigen Wirtschaftens im Gastgewerbe in den vorherigen Kapiteln bewiesen wurde, wird in den folgenden Abschnitten ein Handlungsleitfaden für die Unternehmenspraxis entworfen. Ziel des vorliegenden Leitfadens ist es, dem Gastgewerbe eine Richtung vorzugeben, die aufzeigt, inwiefern das Thema Nachhaltigkeit erfolgreich im Unternehmen implementiert werden kann. Damit die Implementierung gelingt, ist es von zentraler Bedeutung, dass das Unternehmen zunächst eine Nachhaltigkeitsstrategie entwickelt. Auf deren Grundlage und auf Basis der darin definierten Ziele lassen sich anschließend geeignete Maßnahmen ableiten. Grundlegend kann hierbei in ökologische, ökonomische und soziale Maßnahmen unterschieden werden. Für eine erfolgreiche Umsetzung ist es abschließend notwendig, konkrete Nachhaltigkeitsmaßnahmen in die jeweiligen Prozesse zu etablieren, diese stetig zu überwachen und gegebenenfalls Gegenmaßnahmen zu treffen. Einen detaillierteren Überblick über diesen Prozess liefert der nachfolgende Abschnitt.

1 Erste Schritte zur Nachhaltigkeitsimplementierung

Um langfristig nachhaltig agieren zu können und Verantwortung zu übernehmen, muss zunächst ein Nachhaltigkeitsteam im Unternehmen gebildet werden, das eine konkrete Nachhaltigkeitsstrategie ausarbeitet und diese dauerhaft verfolgt. Voraussetzung hierfür ist jedoch, dass die relevanten Akteurinnen und Akteure selbst von dem Thema Nachhaltigkeit überzeugt und sich dessen Bedeutung bewusst sind. Erst wenn dies gegeben ist, kann ein Unternehmen mit folgenden Schritten in ein erfolgreiches Nachhaltigkeitsmanagement starten:

1. Zusammenschluss der nachhaltigkeitsbewussten Akteurinnen und Akteure zu einem Anpassungsteam (Dworak et al. 2020, S. 15f.)
Finden Sie heraus, wer sich im Unternehmen für das Thema Nachhaltigkeit interessiert und sich möglicherweise bereits engagiert. Gehen Sie hierfür in einen direkten Austausch und bilden Sie mit den entsprechenden Kolleginnen und Kollegen ein Anpassungsteam. Häufig an Nachhaltigkeit interessiert sind die Bereiche: Corporate Social Responsibility, Vertrieb, Marketing, Qualitätsmanagement und Personal. Es lohnt sich jedoch ebenfalls, im gesamten Unternehmen zu schauen, da gerade Young Professionals oftmals mit dem Thema vertraut sind und ebenfalls hilfreiche Impulse bringen können (Jamal et al. 2019, S. 12).

2. Sicherstellung, dass jedes der Teammitglieder auf demselben Wissensstand ist
Bieten Sie gegebenenfalls zusätzliche Basiskurse beziehungsweise Fortbildungsangebote zum Thema Nachhaltigkeit an. Dies erleichtert die spätere Zusammenarbeit.

3. Nachhaltigkeitsvision und -mission definieren
Welche Vision verfolgt das Unternehmen? Was ist Ihre Mission und wie lautet Ihre Unternehmenspsychologie? Die Ausarbeitung

einer gemeinsamen Nachhaltigkeitsvision gibt eine gemeinsame Richtung an, schafft ein Wir-Gefühl und wirkt motivierend. (Dworak et al. 2020, S. 16f.)

4. Identifizierung der relevanten Stakeholderinnen und Stakeholder

Für eine spätere erfolgreiche Umsetzung der Maßnahmen ist es zwingend notwendig, dass Sie Ihre Stakeholderinnen und Stakeholder kennen und diese berücksichtigen (Jamal et al. 2019, S. 9).

5. Ausarbeitung von Nachhaltigkeitszielen sowie Key-Performance-Indikatoren (KPIs) (Jamal et al. 2019, S. 18)

Was sind Ihre konkreten Ziele? Wenn Ihr Unternehmen bisher noch keine Nachhaltigkeitsziele definiert hat, eignet es sich, sich an den 17 Sustainable Development Goals (SDGs) zu orientieren. Die SDGs wurden im September 2015 in den Vereinten Nationen verabschiedet und bilden die globalen Ziele für eine nachhaltige Entwicklung weltweit (Jamal et al. 2019, S. 8f.). Bei der Zielableitung sollten Sie jedoch unbedingt darauf achten, dass diese SMART definiert werden. Achten Sie außerdem darauf, dass die Ziele stimmig sind und sich nicht widersprechen (Dworak et al. 2020, S. 30f.). Mithilfe von KPIs können Sie ebenfalls den Fortschritt beziehungsweise den Erfüllungsgrad hinsichtlich der gesetzten Ziele an genauen Kennzahlen messen (Jamal et al. 2019, S. 34).

6. Verteilung der Verantwortungsbereiche

Damit Sie Ihre Ziele erreichen und es zu keinen Missverständnissen kommt, sind eine klare Kommunikation sowie eine konkrete Verteilung der Verantwortungsbereiche von hoher Bedeutung.

7. Ausarbeitung verschiedener Strategieansätze innerhalb der einzelnen Gruppen

Innerhalb der einzelnen Gruppen können nun verschiedene Strategieansätze betrachtet und ausgearbeitet werden.

8. Betrachtung verschiedener Finanzierungsmöglichkeiten

Achten Sie darauf, die notwendigen finanziellen Ressourcen zu beschaffen. Nur wenn Ihnen dies gelingt, kann eine Strategie im Anschluss erfolgreich umgesetzt werden. Eine Kostenaufstellung ist daher zu jeder Zeit unumgänglich.

9. Zusammentragung der Gruppenergebnisse
Erstellen Sie eine Übersicht über alle unternehmensrelevanten Strategien, die dazugehörigen Ansprechpartnerinnen sowie Ansprechpartner und die anfallenden Kosten.

10. Systematische Auswertung
Nachdem Sie die Gruppenergebnisse zusammengetragen und systematisch ausgewertet haben, können Sie nun die Strategie festlegen, die am besten zu Ihrem Unternehmen passt und den meisten Mehrwert verspricht. Denken Sie daran, dass die gewählte Strategie als Leitfaden für eine erfolgreiche Umsetzung der Unternehmensziele fungiert. Sie sollten sich daher definitiv folgende Fragen stellen: Welche Strategien passen zu unserem Unternehmen? Wie profitabel sind diese? Welche Ziele können dadurch erreicht werden? Welche Chancen und Risiken können sich daraus ergeben? (Dworak et al. 2020, S. 15ff.)

Zwischenfazit:
Mit Erreichen von Punkt 10 haben Sie es geschafft, das Fundament eines nachhaltigen Wirtschaftens zu sichern. Sie haben ein engagiertes und motiviertes Team gebildet, relevante Stakeholderinnen und Stakeholder eingebunden beziehungsweise berücksichtigt, Strategie und Ziele definiert sowie eine Nachhaltigkeitsvision geschaffen. Nun ist es Zeit, konkrete Maßnahmen zu erarbeiten und in Ihrem Gastgewerbe umzusetzen.

11. Entwicklung nachhaltiger Maßnahmen
Nachdem die Nachhaltigkeitsstrategie steht und Sie wissen, welche konkreten Ziele Sie verfolgen, können Sie nun geeignete Maßnahmen ableiten. Untergliedern Sie diese optimalerweise in ökologische, ökonomische und soziale Maßnahmen. Stellen Sie zudem immer sicher, dass Sie über genügend personelle und finanzielle Ressourcen verfügen.

12. Umsetzung der Maßnahmen
Erst nachdem Sie diese elf Schritte durchlaufen haben und somit alle Vorbereitungen getroffen haben, können Sie im nächsten Schritt mit der Umsetzung der Maßnahmen beginnen. Vergewissern Sie sich vorab nochmals, dass Sie an alles gedacht haben (Dworak et al. 2020, S. 24ff.).

CHECKLISTE

Nr.	Prüfpunkt	(X)	Bemerkung
1.	Haben Sie ein engagiertes Anpassungsteam gebildet?		
2.	Sind alle Expertinnen und Experten aus diesem Team auf demselben Wissensstand?		
3.	Wurden die Aufgaben und Verantwortungsbereiche klar verteilt?		
4.	Haben Sie Ihre Werte definiert und festgelegt? (Wie lautet Ihre Nachhaltigkeitsphilosophie, -vision und -mission?)		
5.	Wird diese Vision/Mission von allen gelebt?		
6.	Wurden alle Stakeholderinnen und Stakeholder berücksichtigt und in den Prozessen eingebunden?		
7.	Haben Sie konkrete SMARTe Ziele entwickelt?		
8.	Haben Sie passende Kennzahlen und Maßgrößen festgelegt, mit denen Sie später den Erfolg kontrollieren können?		
9.	Verfügen Sie über genügend finanzielle Ressourcen?		
10.	Ist für die Umsetzung der Maßnahmen genügend Personal vorhanden?		
11.	Wurden alle Maßnahmen mit den jeweiligen Leitungsbefugten abgesprochen?		
12.	Sind die Maßnahmen stimmig und widersprechen sich nicht?		
13.	Haben Sie einen Zeitplan für die Umsetzung der Maßnahmen erstellt?		
14.	Haben Sie die Erfolgskontrolle geplant?		

Tabelle 1
Quelle: Eigene Darstellung in Anlehnung an Dworak et al. (2020).

Wenn Sie all diese Punkte erfüllen, können Sie mit der Umsetzung der Maßnahmen beginnen.

13. Beobachtung und Kontrolle

Nachdem Sie die Maßnahmen umgesetzt haben, müssen Sie prüfen, ob diese auch den gewünschten Erfolg bringen. Dies stellt keinen einmaligen Vorgang dar, sondern einen kontinuierlichen Prozess. Die Evaluierung dient dazu, Ergebnisse der getroffenen Maßnahmen zu bewerten und gegebenenfalls unerwartete Entwicklungen frühzeitig zu erkennen. Nur so können Sie rechtzeitig nach- oder gegensteuern (Dworak et al. 2020, S. 26f.).

2 Konkrete Maßnahmen zur Implementierung von Nachhaltigkeit

Nachdem aufgezeigt wurde, wie es gelingt, Nachhaltigkeit im Gastgewerbe zu integrieren und eine Nachhaltigkeitsstrategie zu entwickeln, werden in diesem Abschnitt konkrete Maßnahmen für das Gastgewerbe genannt. Unterteilt wird hierbei wieder in die ökologische, die soziale und die ökonomische Nachhaltigkeit.

2.1 Ökologische Maßnahmen

Im Gastgewerbe spielen vor allem die Themen Energie sparen, Wasser sparen, Abfall vermeiden und regional einkaufen eine zentrale Rolle. Besonders der Energieverbrauch stellt in der Hotellerie und Gastronomie einen entscheidenden Kostenfaktor dar, der sowohl hohe finanzielle Kosten als auch eine hohe CO_2-Emission verursacht. Aber auch der Wasserverbrauch und das Abfallaufkommen bedeuten für das Unternehmen einen erhöhten finanziellen Aufwand und wirken sich negativ auf die Umwelt aus. Für ein Gastgewerbe ist es daher von elementarer Bedeutung, seine Verbrauchswerte zu kennen und diese nachvollziehen zu können. Eine geeignete Möglichkeit, um diese zu ermitteln, bietet der durch den Deutschen Hotel und Gaststättenverband (DEHOGA) angebotene Umweltcheck. Kennt ein Unternehmen seine Zahlen und beispielsweise den genauen Energiebedarf pro Übernachtung, kann es versuchen, durch gezielte Maßnahmen diesen Wert zu reduzieren und seinen zuvor definierten Zielwert zu erreichen. Eine Gegenüberstellung der Daten in einer Exceltabelle ist für die Erfolgskontrolle empfehlenswert (Ratjen et al. 2016, S. 5 ff.).

Beispiel für eine Dreisternebeherbergung:

Umweltkennzahlen im Gastgewerbe	Durchschnittswert laut DEHOGA Umweltcheck (für eine Dreisternebeherbergung)	Istzustand (fiktive Werte)	Notwendige Senkung
Energie			
Energiebedarf pro Übernachtung (Ün)	52,5 kWh/Ün	74,1 kWh/Ün	21,6 kWh/Ün
Energiekosten pro Umsatz	6,80 %	7,80 %	1,00 %
Klima			
Energiebedingte CO_2-Emissionen pro Ün	16,9 kg/Ün	23,7 kg/Ün	6,8 kg/Ün
Wasser			
Wasserbedarf pro Ün	250 Liter/Ün	323 Liter/Ün	73 Liter/Ün
Abfall			
Abfallaufkommen Restmüll pro Ün	4,0 Liter/Ün	8,7 Liter/Ün	4,7 Liter/Ün

Tabelle 2
Quelle: Eigene Darstellung in Anlehnung an Ratjen et al. (2016).

Mögliche ökologische Maßnahmen zum Energiesparen
- Einsatz von Energiesparlampen
- Bewegungsmelder installieren
- Schulung und Sensibilisierung der Mitarbeitenden in Energieeffizienz (beispielsweise bei Verlassen des Raums immer das Licht ausschalten, wenn möglich Tageslicht nutzen etc.)
- Effektive, energiesparende Techniken verwenden (Regelungstechnik, Stromabschaltsysteme etc.)
- Dämmungen überprüfen und ggf. aufbessern
- Gebäudebeheizung überprüfen (Wärmeerzeugung und Wärmeverteilung; Ratjen et al. 2016, S. 7ff.)

Mögliche ökologische Maßnahmen zum Wassersparen
- Einsatz von Spararmaturen an Wasserhähnen, Duschköpfen, Toiletten und Wasserspendern
- Reparatur undichter Leitungen
- Handtuchwechsel nur nach Bedarf (erfordert gute Kommunikation mit den Gästen und dem Personal)
- Wassersparende Geräte (Spülmaschine, Waschmaschine etc.; Ratjen et al. 2016, S. 21 ff.)

Mögliche ökologische Maßnahmen zur Abfallvermeidung
- Reduktion von Verpackungsmüll und Vermeidung von einzelverpackten Waren
- Einwegartikel im besten Fall komplett vermeiden. Wenn nicht möglich, nur Einwegartikel aus ökologischem Material
- Abfall konsequent trennen
- Richtige Kalkulation beim Einkauf von Waren und angemessene Lagerung
- Angebot an die Kundinnen und Kunden, Speisereste in einer Box mitzunehmen (Ratjen et al. S. 25 ff.)

2.2 Soziale Maßnahmen

Die sozialen Maßnahmen richten sich vor allem an die Stakeholderinnen und Stakeholder eines Unternehmens, die an der Wertschöpfungskette beteiligt sind. Hierzu zählen beispielsweise Mitarbeitende, Kundinnen und Kunden sowie Lieferanten. Darüber hinaus ist es den Gastgewerben möglich, sich an externen sozialen Projekten zu beteiligen. Eine solche Unterstützung kann sich vor allem positiv auf das Employer-Branding und auf das Image auswirken, was es dem Unternehmen wiederum ermöglicht, wettbewerbsfähig zu bleiben. Gerne kann hierbei ebenfalls der Gast, z. B. durch das Sammeln von Spenden für ein Projekt, einbezogen werden. Eine gute Kommunikation nach außen ist hierfür entscheidend, da mit ihr der Imagegewinn einhergeht (Stomporowski/Laux 2019, S. 140).

Mögliche soziale Maßnahmen für die Mitarbeitenden
- Umfangreiches Angebot an Ausbildungs- bzw. Praktikantenstellen
- Weiterbildungsmaßnahmen
- Mitarbeiterbenefits
- Gesundheitsförderung
- Festlegung von Richtlinien gegen Mobbing
- Faire Vergütung, Lohngleichheit
- Gendergerechtigkeit und Gleichberechtigung (Reuter/Waschek 2019, S. 58)

Mögliche Maßnahmen für die Lieferanten
- Faire Vertragsbedingungen
- Verhaltens- und Ethikkodex für Geschäftspartner
- Lieferantenbewertungsfragebogen

- Zahlung nach Tarif/wenigstens Mindestlöhne
- Etablierung von Beschwerdemechanismen (Reuter/Waschek 2019, S. 50)

Kommunikationsmaßnahmen
- Offener Dialog mit allen Interessengruppen
- TV-, Radio- und Presseauftritte
- Verfassen eines Nachhaltigkeitsberichts
- Transparente Darstellung von Nachhaltigkeit auf der Homepage (Reuter 2021, S. 29f.)

Darüber hinaus empfiehlt sich die Selbstverpflichtung zu den bzw. die Einhaltung der folgenden internationalen Menschenrechts- und Arbeitsstandards:

[1] **UN Global Compact**
Hiermit wird auf Grundlage von zehn Prinzipien in den Bereichen Menschenrechte, Arbeitsnormen, Umwelt und Korruptionsprävention versucht, die SDGs in den Unternehmen zu etablieren.

[2] **The Code und End Child Prostitution, Pornography and Trafficking of Children for Sexual Purposes (ECPAT)**
Die Organisationen sollen dazu beihelfen, Kinder zu schützen und ebenfalls in diesem Zuge versuchen, die Reise- und Tourismusbranche hierfür zu sensibilisieren.

[3] **Global Code of Ethics for Tourism**
Dieser Code richtet sich an alle Hauptakteurinnen und Hauptakteure der Tourismusentwicklung und dient als Leitfaden für einen ökonomischen, sozialen, kulturellen und ökologisch verträglichen Tourismus.

[4] **International Labour Organization (ILO-Kernarbeitsnormen)**
In den Normen werden die Sozialstandards für menschenwürdige Arbeitsbedingungen definiert. (Stomporowski/Laux 2019, S. 140)

2.3 Ökonomische Maßnahmen

Die ökonomischen Maßnahmen sind auf die Wirtschaftlichkeit des Unternehmens ausgerichtet und gehen meist direkt mit den ökologischen und sozialen Maßnahmen einher.

Schafft es beispielsweise ein Unternehmen, seine Energiekosten zu senken, bringt das nicht nur einen positiven Mehrwert für die Umwelt, sondern spart ebenfalls Geld für das Unternehmen ein. Auch wenn die Maßnahmen, die für die Energiereduktion benötigt werden, zunächst eine Investition darstellen, bringen sie langfristig gesehen Einsparpotenziale mit sich. Ein Rechenbeispiel liefert hier nochmals der DEHOGA-Bundesverband in seinem Bericht ‚Nachhaltiges Wirtschaften in Hotellerie und Gastronomie'. Veranschaulicht werden die potenziellen Einsparungen pro Jahr, die durch den Austausch von hundert 50-Watt-Halogenspots gegen 6-Watt-LED-Spots generiert werden (Ratjen et al. 2016, S. 7).

Ähnlich ist es bei den sozialen Maßnahmen und deren Auswirkungen auf die Wirtschaftlichkeit eines Unternehmens. Mitarbeitende legen bei der Wahl ihres Arbeitgebers verstärkt Wert auf ein nachhaltiges Handeln (Haufe Online Redaktion 2022) und auch Kundinnen sowie Kunden fordern nachhaltige Reiseprodukte sowie Dienstleistungen und berücksichtigen diese bei ihrer Kaufentscheidung (Booking.com 2021a). Schafft es ein Gastgewerbe also nicht, sich den aktuellen Entwicklungen anzupassen, stellt dies ein geschäftliches Risiko dar.

3 Gezielte Auswahl der richtigen Geschäftspartnerinnen und Geschäftspartner

Eine weitere bedeutsame Maßnahme, die sich auf alle drei Ebenen der Nachhaltigkeit auswirken kann und somit einen gesonderten Punkt darstellt, ist die gezielte Auswahl der Geschäftspartnerinnen und Geschäftspartner. Möchte ein Unternehmen ganzheitlich nachhaltig agieren, ist es unumgänglich, neben den klassischen Auswahlkriterien wie Standort, Liefertreue und Finanzen auch Nachhaltigkeitskriterien zu beachten (Industrie- und Handelskammer [IHK] o.J.). In der Hotellerie spielen hierbei sowohl alle Lieferanten als auch extern angestellte Firmen wie Reinigungsfirmen eine zentrale Rolle. Als Best-Practice-Beispiel kann die Blycolin Textil Service GmbH genannt werden. Als professioneller Wäscheservice für die Hotellerie hat das Unternehmen es sich zur Aufgabe gemacht, die eigenen Prozesse kontinuierlich zu optimieren und nachhaltig zu gestalten. Genauere Informationen sind der Webseite des Unternehmens zu entnehmen (Blycolin Textile Services o.J.).

4 Zertifikate

Neben den eigenen Maßnahmen hat auch die Relevanz von Zertifizierungen im Bereich Umwelt und Nachhaltigkeit erheblich zugenommen, weshalb es sinnvoll ist, diese im Folgenden nochmals zu betrachten. Mittlerweile gibt es zahlreiche Zertifizierungen auf dem Markt, was zu einer großen Unübersichtlichkeit führt und die Wahl einer geeigneten Zertifizierung erschwert. Die Siegel sind meist unterschiedlich spezialisiert und unterscheiden sich in verschiedenen Kriterien, weswegen eine genaue Betrachtung unumgänglich ist (Stomporowski/Laux 2019, S. 35f.).

Gelingt es jedoch, eine geeignete und anerkannte Zertifizierung zu finden, bringt diese viele positive Synergieeffekte mit sich. Die Zertifizierung kann nicht nur marketingtechnisch zur Imagegewinnung genutzt werden, sondern bewirkt ebenfalls Transparenz und Sichtbarkeit auf dem Markt. Auch bei Betrachtung der positiven Effekte im Unternehmen kann gesagt werden, dass es langfristig gesehen zu deutlichen Einsparpotenzialen kommen kann. Des Weiteren kann mithilfe von Zertifizierungen mehr Transparenz von internen Prozessen und Abläufen geschaffen werden, was zu einer höheren Mitarbeiterzufriedenheit und -bindung beiträgt (Stomporowski/Laux 2019, S. 57). Eine Übersicht über die Labels gewährt der ‚Wegweiser durch den Labeldschungel' (https://www.wwf.at/wp-content/cms_documents/labelguide_de_nf.pdf). Dieser wurde in Zusammenarbeit mehrerer Vereine entwickelt und herausgebracht. Er schafft einen Überblick über die Labels im Tourismus und diese werden übersichtlich anhand von verschiedenen Kriterien bewertet, beispielsweise Nachhaltigkeit, Transparenz, Glaubwürdigkeit und globale Anerkennung. Durch diese Vergleichskriterien ist eine Vergleichbarkeit der relevantesten Eigenschaften und Qualitätsmerkmale möglich und diese hilft bei der Auswahl eines für das Unternehmen geeigneten Zertifikats (Naturfreunde International 2016, S. 35).

5 Fazit

Abschließend lässt sich sagen, dass der Wandel zu einem nachhaltigen Gastgewerbe einen stetigen Prozess darstellt. Der Handlungsleitfaden bietet hierbei eine kleine Hilfestellung für die Etablierung einer Nachhaltigkeitsstrategie. Darüber hinaus ist es von zentraler Bedeutung, dass sowohl die Mitarbeitenden als auch das Top-Management sich über die hohe Relevanz eines nachhaltigen Handelns im Klaren sind und sich den Auswirkungen bewusst sind. Es reicht nicht aus, lediglich eine Nachhaltigkeitsstrategie im Unternehmen zu besitzen, es gilt vielmehr, diese zu leben und authentisch nach außen zu kommunizieren. •

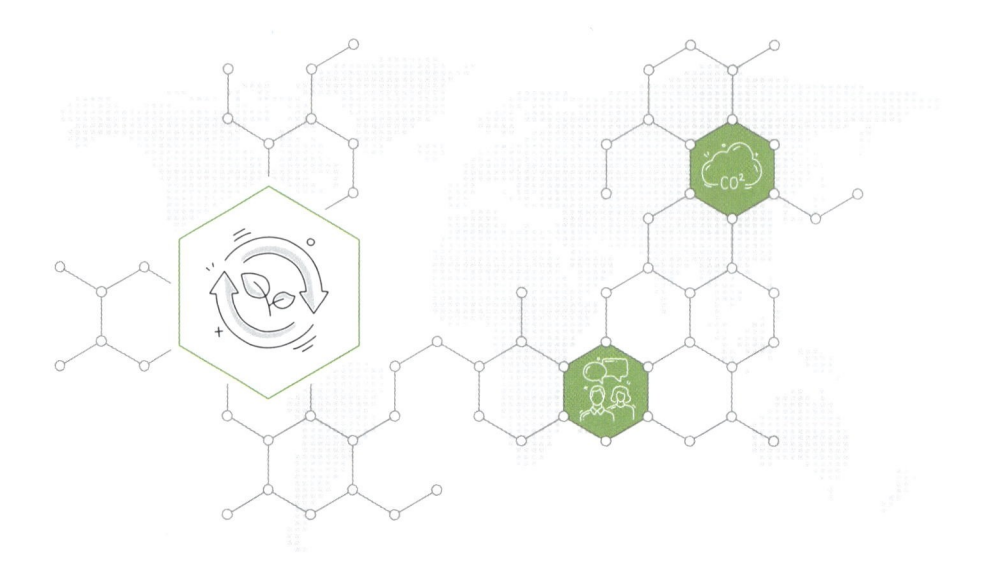

Trendfelder und -bewegungen sowie Innovationen für eine nachhaltigere Ausrichtung der Wertschöpfungskette des Gastgewerbes

von Michaela Rabe

1 Einleitung

Rund 5 % der weltweit verursachten CO_2-Emissionen sind auf den Tourismus zurückzuführen, 21 % davon auf Unterkünfte. Somit trägt der Tourismus aktiv zum Klimawandel bei. Die Bebauung von Flächen für Häuser und Infrastruktur, ein hoher Verbrauch von Wasser und ein großes Abfallaufkommen führen zu Umweltbelastung, Zerstörung von Lebensräumen und Einschränkungen der Biodiversität. Dabei ist die Branche gleichzeitig in besonderem Maße auf eine intakte Umwelt angewiesen (UBA 2021a, Abs. 9, 13).

Mit einem über 10%igen Anteil sowohl an der weltweiten Wertschöpfung als auch an der Beschäftigung ist der Tourismus zugleich eine der bedeutendsten Branchen. In vor- und nachgelagerten Wirtschaftszweigen sowie in strukturschwachen Regionen werden durch Tourismus Einkommen und Beschäftigung erhöht und die Wirtschaft wird diversifiziert (Shakya 2021, S. 858f.).

Doch nicht nur aus umwelttechnischen Gründen spielt nachhaltiges Wirtschaften eine immer größere Rolle. Dass Nachhaltigkeit mittlerweile ein zentrales gesellschaftliches Thema mit großer Reichweite ist, wird dadurch deutlich, dass Neo-Ökologie zu den weltweiten Megatrends gehört. Da das Umweltbewusstsein das Wertesystem der Konsumierenden beeinflusst, wird Nachhaltigkeit zunehmend zu einem zentralen Wirtschaftsfaktor (Zukunftsinstitut o.J.a, Abs. 2).

Eine weitere Entwicklung, die die Unternehmen vor grundsätzliche Veränderungen stellt, ist die Digitalisierung. In der Betrachtung von Nachhaltigkeit und Digitalisierung in Kombination haben Expertinnen und Experten verschiedene Meinungen zu den Wechselwirkungen und Potenzialen dieser beiden Themenbereiche zueinander. Es gilt herauszufinden, wie die Digitalisierung Bestrebungen zu nachhaltiger Entwicklung nicht hemmt, sondern unterstützen kann (Spraul/Friedrich 2019, S. 24ff.).

Im Folgenden werden diese und weitere Trendthemen analysiert, die für Unternehmen die Relevanz erhöhen, die eigene Wertschöpfungskette nachhaltig auszurichten.

2 Theoretische Hintergründe

Während sich vor der Jahrtausendwende nachhaltige Maßnahmen von Unternehmen in der Regel nur auf die eigene Organisation bezogen haben, werden heutzutage die Lieferketten miteinbezogen. Allerdings werden oft nur Zulieferunternehmen betrachtet, zu denen eine direkte Beziehung besteht und so Kommunikation problemlos möglich ist. In der ganzheitlichen Betrachtung der Wertschöpfungskette liegt jedoch noch ein weitaus größeres Potenzial. Die Wertschöpfungskette beginnt bei den Ressourcen und erstreckt sich vorgelagert über Sublieferunternehmen und direkte Lieferunternehmen sowie nachgelagert über die Nutzerinnen und Nutzer bis hin zur Wiederverwendbarkeit (Küberling/Beermann 2015, S. 307ff.).

Trends können auf verschiedenen Ebenen stattfinden und stellen Evolutionsprozesse dar. Je nach Bezug variieren Dauer, Dynamik, Wirkungsbereich und Nachhaltigkeit.

Die Natur betreffende Trends wie der Klimawandel haben die längsten Zyklen und universelle Auswirkungen. Bei Trends in Zivilisationsformen bzgl. Produktionsweisen und Sozialstrukturen geschieht ein Wandel ebenfalls über Jahrhunderte und -tausende. Soziokulturelle Trends, die Einstellungen, Wertorientierungen und Bedürfnisse beeinflussen, erstrecken sich hingegen über einen kürzeren Zeitraum von 10 bis 15 Jahren und wirken sich auf das Konsumverhalten aus. Bei Produkt- bzw. Konsumtrends kann keine grundsätzliche Dauer bestimmt werden. Zudem werden diese in Form von Design, Marketing oder Medien von Menschen gesteuert und von Megatrends beeinflusst.

Megatrends zeichnet aus, dass sie besonders verbreitet sind und mehrere Jahrzehnte andauern. Zudem haben sie Einfluss auf ganze Gesellschaften sowie auf mehrere Dimensionen wie Technologie und Ökonomie (Zukunftsinstitut o.J.b, Abs. 1ff.).

3 Gesellschaftliche und wirtschaftliche Entwicklungen

Ein wirtschaftlicher Faktor, der dazu führt, dass Nachhaltigkeit zunehmend Beachtung im Gastgewerbe findet, ist das wachsende Bewusstsein der Konsumierenden für Umwelt- und Klimaschutz sowie die Dringlichkeit aktiver Handlungen dafür. Im Jahr 2020 war Umwelt- und Klimaschutz unter der deutschen Bevölkerung der Studie „Umweltbewusstsein in Deutschland 2020" zufolge das viertwichtigste Thema nach Bildungs-, Gesundheitswesen und sozialer Gerechtigkeit und noch vor Verlauf und Folgen der Coronapandemie (BMUV/UBA 2022, S. 26).

Dies hat unter anderem Einfluss auf Kaufentscheidungen, was eine Umfrage des Kompetenzzentrum Tourismus des Bundes von 2019 bestätigt, in der über ein Viertel der befragten touristischen Betriebe in Deutschland aussagen, dass ihre Gäste nachhaltige Angebote konkret nachfragen würden. Gleichzeitig gab knapp ein Drittel der Deutschen an, bereit zu sein, für umweltfreundliche Produkte mehr zu zahlen (Institut für Demoskopie Allensbach [IfD] 2022).

Die Umweltbewusstseinstypen können in sechs Gruppen eingeteilt werden. Die Gruppen der Aufgeschlossenen, der Orientierten und der Konsequenten, die sich durch eine hohe Umwelt- und Klimaschutzorientierung auszeichnen, machen einen Anteil von 52 % der Bevölkerung aus (BMUV/UBA 2022, S. 43).

Unter den 14- bis 29-Jährigen ist das Umweltbewusstsein besonders hoch. In dieser Altersgruppe halten knapp drei Viertel den Klimaschutz für sehr wichtig, unter den 40- bis 49-Jährigen ist dieser Wert mit 54 % deutlich niedriger (BMUV/UBA 2022, S. 25). Gleichzeitig schätzt die junge Altersgruppe, auch als Generation Z bezeichnet, das eigene Umweltbewusstsein bzw. entsprechendes Verhalten schlechter ein als die anderen Generationen. Eine Erklärung dafür könnte sein, dass sie aufgrund ihres starken Bewusstseins für die Dringlichkeit dieser Thematik ihr eigenes Handeln kritischer reflektieren. Außerdem stehen dieser Generation, da sie sich noch am Anfang des Berufslebens befindet, weniger finanzielle Mittel für nachhaltige Produkte zur Verfügung, die oft teurer sind als die Standardprodukte. Die Relevanz, die Umwelt- und Klimaschutz für die junge Generation hat, sowie die Bereitschaft, aber auch die Forderung für Veränderungen, wird auch bei ihren weltweiten Klimabewegungen und Protesten, gar auf politischer Ebene, deutlich (BMUV/UBA 2022, S. 19, 41).

Aber auch soziale Themen wie faire und flexible Arbeitszeitregelungen, eine individuelle und ausgeglichene Work-Life-Balance sowie Selbsterfüllung sind für die Generation Z relevant. Für Unternehmen bedeutet das, dass soziale und ökologische Aspekte für die Arbeitgeberattraktivität ausschlaggebender sind als monetäre Benefits (Bierer 2021, S. 168f.).

Abschließend sind 92 % der deutschen Bevölkerung der Meinung, dass der Klimawandel akut ist und daher dringend Maßnahmen dagegen ergriffen werden müssen. Dabei werden Industrie und Wirtschaft von knapp drei Viertel der Befragten als stark bzw. sehr stark für den Klimaschutz verantwortliche Akteure angesehen (BMUV/UBA 2022, S. 50ff.). Nur 16 % der Befragten finden jedoch, dass in Industrie und Wirtschaft genug für Umwelt und Klimaschutz getan wird. Damit werden alle anderen Akteurinnen und Akteure in ihrem Handeln besser bewertet, Bürgerinnen und Bürger, Umweltverbände, Städte und Gemeinden und auch die Bundesregierung (BMUV/UBA 2022, S. 27). Für die Lebensmittelproduktion werden beispielsweise regionale Wertschöpfungsketten stark befürwortet (BMUV/UBA 2022, S. 11).

Dieser allgemeinen Entwicklung sind sich auch Hotelkosmetik produzierende Unternehmen wie Ada bewusst. Das Segment ökologischer Produkte ist in den letzten fünf Jahren stark gewachsen. Dazu gehören die Verwendung von Rohstoffen aus kontrolliert biologischem Anbau, die Nutzung recyclingfähiger und recycelter Materialien, die Reduzierung von Abfall sowie die Produktion nach Fairtrade- und zertifiziert ökologischem Standard (Eck 2016, Abs. 6f.).

Auch das Thema Digitalisierung, das in der Wirtschaft immer mehr an Bedeutung gewinnt, steht mit Nachhaltigkeit in Zusammenhang. Schon im Brundtland-Bericht wurde erwartet, dass Technologie Einfluss auf alle drei Ebenen der Nachhaltigkeit haben wird. Auch in den 17 Sustainable Development Goals werden digitale Technologien thematisiert. In Ziel 9 geht es beispielsweise um die Erweiterung des Zugangs zu Informations- und Kommunikationstechnologie sowie flächendeckenden Zugang zum Internet.

Digitalisierung kann bei nachhaltigen Ansätzen auch im Rahmen der Dematerialisierung hilfreich sein, wobei durch die Ersetzung materieller Objekte durch Informationen Ressourcen für Herstellung und Entsorgung gespart werden. Doch auch Technologie basiert auf materiellen Objekten wie Kabeln und Elektroden, wodurch die potenzielle Ressourceneinsparung relativiert wird. Zudem steigt mit steigenden Daten- und Speichermengen der Energie- und Stromverbrauch. Andererseits gibt es durch Technologie auch Möglichkeiten, Stromverbräuche zu senken. Das Zusammenspiel von Digitalisierung und Nachhaltigkeit sollte also genau betrachtet werden (Spraul/Friedrich 2019, S. 24ff.).

Für die nachhaltige Ausrichtung einer Lieferkette bedarf es klarer Kommunikation, wobei moderne und digitale Informationstechnik als Grundlage dienen kann. Auch Softwarelösungen können für Unternehmen bei diesem Vorhaben hilfreich sein. Auf deren Grundlage können ökologische und soziale Risiken ermittelt und Audits bei Lieferunternehmen unterstützt werden.

Für die Kommunikation mit Lieferunternehmen sind informationstechnologiebasierte Self-Assessments hilfreich, beispielsweise für die Übermittlung von Checklisten, um E-Learning-Einheiten durchführen zu können und zum Hochladen von Nachweisen. So kann auch über Entfernungen Transparenz gewährleistet werden (Jacob 2019, S. 65f.).

4 Wirtschaftstheoretischer Ansatz

Das Konzept der Gemeinwohlökonomie basiert auf der These, dass das wirtschaftliche Wachstum durch endliche Ressourcen begrenzt ist. Statt der aktuellen Situation mit Handeln nach den Prinzipien der Gewinnmaximierung und Marktverdrängung und der daraus resultierenden Macht von Großkonzernen, bei denen Umwelt- und Sozialstandards dem Profit untergeordnet werden, soll nach diesem Konzept wieder der ursprüngliche Sinn des Wirtschaftens in den Fokus gerückt werden: Menschliche Bedürfnisse sollen erfüllt werden. Geld ist dabei leidglich ein Mittel zum Handeln, aber sagt nichts über das Gemeinwohl aus. Dieses beruht vor allem auf erfolgreichen Beziehungen (International Federation for the Economy for the Common Good e.V. o.J.a, Abs. 1ff.).

Daher kann der Beitrag von Unternehmen zum Gemeinwohl durch den Erfolg ihrer Beziehungen zu den verschiedenen Stakeholderinnen und Stakeholdern anhand von Faktoren wie „Menschenwürde, Solidarität, ökologische[r] Nachhaltigkeit, soziale[r] Gerechtigkeit und demokratische[r] Mitbestimmung" (International Federation for the Economy for the Common Good e.V. o.J.a, Abs. 4) mit Punkten bewertet und auf dieser Grundlage kann eine Gemeinwohlbilanz erstellt werden. Bei der Kaufentscheidung könnte der Beitrag der Unternehmen zum Gemeinwohl so miteinbezogen werden.

Außerdem sollen Unternehmen je nach Wert der Bilanz durch Steuerentlastungen, Förderungen, Bevorzugung, Kreditvergabe und öffentlichen Einkauf profitieren, wodurch ihre Produkte nicht nur attraktiver, sondern auch günstiger werden sollen. Im Zusammenhang mit Handelsabkommen und einer länderübergreifenden Anerkennung sollen Unternehmen, die sich nicht am Gemeinwohl orientieren, mit Zöllen sanktioniert oder der Import ihrer Produkte soll gänzlich verweigert werden. Zudem sollen durch höheres Wohlbefinden die Motivation am Arbeitsplatz steigen und innovative Ansätze entstehen. So soll der Anreiz für Unternehmen gesteigert werden, sich am Gemeinwohl zu orientieren (International Federation for the Economy for the Common Good e.V. o.J.a, Abs. 4ff.).

Die Gesellschaft profitiert von höheren Sozialstandards wie einer gesteigerten Lebensqualität und faireren Behandlung sowie von nachhaltigeren Produkten und insgesamt von verstärkten Bemühungen zum Umweltschutz (International Federation for the Economy for the Common Good e.V. o.J.b, Abs. 4).

Weltweit haben bereits mehr als 600 Unternehmen Gemeinwohlbilanzen aufgestellt, es gibt bereits sogenannte Gemeinwohlgemeinden und regionale Gruppen, die immer mehr Bewusstsein für das Konzept schaffen (International Federation for the Economy for the Common Good e.V. o.J.a, Abs. 8).

5 Gesetzliche Vorgaben

Der EU Green Deal ist eine Grundlage zum europäischen Klimaschutz, dem sich alle EU-Mitgliedstaaten verpflichtet haben. Das Ziel ist es, Europa „bis 2050 zum ersten klimaneutralen Kontinent zu machen" (Europäische Union [EU] 2021a, S. 4).

Ein Meilenstein dabei ist die Verringerung der CO_2-Emissionen bis 2030 um 55 % als Endpunkt des aktuellen und als entscheidend bezeichneten Jahrzehnts (EU 2021a, S. 4). Eine Maßnahme dafür ist die CO_2-Bepreisung. Beispielsweise geht es um einen Mechanismus, durch den in die EU importierende Unternehmen, selbst wenn sie in Ländern mit weniger strikten Vorschriften ansässig sind, zur Zahlung eines CO_2-Preises verpflichtet werden. Damit soll die bloße Verlagerung der Emissionsproduktion verhindert werden, um die Einsparungen innerhalb der EU nicht zunichtezumachen (EU 2021a, S. 15).

Auf nationaler Ebene wurde von der Bundesregierung zudem eine Verordnung zur Vermeidung von Carbon Leakage beschlossen. Diese soll deutsche Unternehmen im Hinblick auf die CO_2-Bepreisung im internationalen Wettbewerb unterstützen, damit die Bepreisung im Wettbewerb mit ausländischen Unternehmen, die einen niedrigeren Preis zahlen müssen, nicht zum Nachteil wird. Da die Kosten in solchen Fällen nicht über die Preise ausgeglichen werden können, werden betroffene Unternehmen bei einer Verpflichtung zur Einhaltung bestimmter Klimaschutzmaßnahmen wie der Verbesserung der Energieeffizienz mit einem finanziellen Ausgleich unterstützt. Damit soll erreicht werden, dass diese Unternehmen nicht im Ausland produzieren und so die Emissionseinschränkungen umgangen werden und Arbeitsplätze in Deutschland verloren gehen (Die Bundesregierung 2021a, Abs. 1ff.).

Im EU Green Deal wird außerdem vorgeschlagen, den Zielwert für erneuerbare Energien auf 40 % anzuheben (EU 2021a, S. 17).

Die überarbeitete Richtlinie zu erneuerbaren Energien beinhaltet zudem die Förderung von Energieeffizienz und Kreislaufwirtschaft, zum Beispiel durch bessere Abwärmenutzung, die Vereinfachung der Netzeinspeisung erneuerbarer Energien, beispielsweise durch neue Technik, und die Schaffung stärkerer Anreize für Elektrifizierung sowie die Nutzung neuer Kraftstoffe wie erneuerbarem Wasserstoffs (EU 2021b, S. 2).

Ein Gesetz, das direkte Auswirkungen auf die Wertschöpfungs- und Lieferketten der Unternehmen haben wird, ist das Gesetz über die unternehmerischen Sorgfaltspflichten in Lieferketten, das 2021 auf den Weg gebracht wurde und zum 01.01.2023 in Kraft getreten ist. In den Anwendungsbereich fallen zunächst alle inländischen Unternehmen mit mehr als 3000 Arbeitskräften, ab 2024 wird der Grenzwert auf 1000 Arbeitskräfte heruntergesetzt. Das Gesetz betrifft dann etwa 4800 Unternehmen. Die Grenzwerte gelten auch für Zweigstellen ausländischer Unternehmen in Deutschland (§ 1 Abs. 1 Gesetz über die unternehmerischen Sorgfaltspflichten in Lieferketten (LkSG).

Mit dem Gesetz sollen die Menschenrechte und die Umwelt innerhalb der Lieferketten geschützt werden, indem die Unternehmen dazu angehalten werden, Menschenrechte verbindlich umzusetzen. Vermieden werden sollen unter anderem Kinderarbeit, Zwangsarbeit, zu niedriger Arbeitsschutz, jegliche Diskriminierung, unfaire Bezahlung, Umweltschädigungen, beispielsweise durch Verunreinigung von Gewässern oder der Luft, sowie die Verarbeitung gefährlicher oder verbotener Stoffe (§ 2 Abs. 2ff. LkSG). Die Unternehmen sind des Weiteren verpflichtet, Sorgfaltspflichten zu beachten. Dazu gehören das Vorhandensein eines Risikomanagements, die regelmäßige Durchführung von Risikoanalysen, die Abgabe einer Grundsatzerklärung zur Menschenrechtsstrategie, ein internes Beschwerdeverfahren, entsprechende Präventions- und Abhilfemaßnahmen, Dokumentations- und Berichtspflichten sowie die Verantwortung auch in Bezug auf mittelbare Zulieferer (§ 3 Abs. 1 LkSG).

Bei Verstößen können von den zuständigen Behörden entsprechende Maßnahmen angeordnet werden (§ 15 LkSG). Je nach Verstoß kann außerdem ein Bußgeld von bis zu 800.000 Euro bzw. von bis zu 2 % des durchschnittlichen Jahresumsatzes verhängt werden, wenn dieser über 400 Millionen Euro beträgt (§ 24 Abs. 1ff. LkSG).

Die Lieferkette der Unternehmen umfasst dabei alle im In- und Ausland durchgeführten Prozesse innerhalb des eigenen Geschäftsfelds, aber auch das Handeln der unmittelbaren und mittelbaren Zulieferer (§ 2 Abs. 5ff. LkSG).

Die Notwendigkeit eines solchen Gesetzes macht eine im Jahr 2020 veröffentlichte Analyse der Bundesregierung deutlich. Das Ergebnis war, dass weniger als die Hälfte der in Deutschland ansässigen Unternehmen mit mehr als 500 Mitarbeitenden die Sorgfaltspflichten aus dem Nationalen Aktionsplan Wirtschaft und Menschenrechte erfüllt. Aufgrund wirtschaftlicher Netzwerke und des Wettbewerbsdrucks wurden Entscheidungen zugunsten geringerer Kosten und zulasten des Schutzes von Werten getroffen (Zeisel 2021, S. 8).

Außerdem sind die Lieferketten im Zuge der Globalisierung komplexer und internationaler geworden. In den verschiedenen Ländern gelten unterschiedlich strikte Regelungen in Bezug auf soziale und umwelttechnische Anforderungen. Produktionsstandorte im Ausland genügen häufig nur den dortigen Standards, auch wenn die Unternehmen ihren Hauptsitz in einem Land wie Deutschland mit stärkeren Regelungen haben (Zeisel 2021, S. 3).

Bei der Implementierung des Lieferkettengesetzes müssen zu Beginn die Pflichten definiert und im Unternehmen bzw. der gesamten Lieferkette verankert werden sowie Risiken identifiziert werden. Anschließend müssen die Risiken kontinuierlich kontrolliert und gegebenenfalls müssen entsprechende Maßnahmen durchgeführt werden. Die Voraussetzungen dafür sind eine entsprechende Infrastruktur aus Personal, Organisation und einer unterstützenden Informationstechnologie sowie transparente Kommunikation (Zeisel 2021, S. 15).

Zur Etablierung von Nachhaltigkeit im Unternehmen ist außerdem ein konkretes Nachhaltigkeitscontrolling hilfreich. Dieses beinhaltet die unternehmensinterne Planung, Informierung und Kontrolle bezüglich Umwelt-, Sozial- und Finanzkennzahlen entlang der gesamten Wertschöpfungskette. Bei der strategischen Planung sollten die Stakeholderinnen und Stakeholder konkret miteinbezogen werden (Heimel/Momberg 2021, S. 89ff.). Zur Durchsetzung der Ansprüche und Ziele entlang der Lieferkette sollten für Partnerunternehmen verbindliche Leitsätze formuliert werden (Jacob 2019, S. 65).

Ein weiteres Gesetz mit Auswirkungen auf die Lieferketten der Unternehmen ist das 2022 aktualisierte Kreislaufwirtschaftsgesetz (BMUV 2020, Abs. 4). Ziel der Kreislaufwirtschaft ist es, die Umwelt zu schonen, indem Materialkreisläufe durch die Wiederverwendung von Sekundärrohstoffen geschlossen werden. Dadurch werden Abfälle vermieden und Ressourcen effektiv genutzt oder geschont (BMUV o.J.a, Abs. 1).

In der Hotellerie wird beim Bau und bei der Ausstattung des Hauses viel Material genutzt, das kaum wiederverwendbar ist, beispielsweise verklebte Bodenbeläge. Außerdem wird die Inneneinrichtung oft bereits nach vergleichsweise kurzer Zeit wieder ausgetauscht und erneuert. Rund 70 % der CO_2-Emissionen eines Hotels entstehen schon vor der Eröffnung beim Bau. Eine nachhaltige Lösung dafür ist die Zusammenarbeit mit Bauunternehmen, die genutztes Material aus Abbrüchen als Sekundärware in neuen Projekten wiederverwenden (Behre 2022, S. 28).

Außerdem wurde analysiert, dass die aktuellen Regelungen für Matratzen nicht genügen, um das Recyclingpotenzial komplett zu nutzen. Es werden 30 Millionen Matratzen jährlich in der EU in Müllverbrennungsanlagen entsorgt, wovon ein Teil auch aus der Hotellerie stammt. Der Arbeitskreis zwischen dem Hotelverband Deutschland und Matratzenherstellern widmet sich dem Thema der Kreislaufwirtschaft in Bezug auf Hotelmatratzen.

Die Arbeitsgruppe hat das Ziel, Wirtschaftlichkeit und Nachhaltigkeit zu vereinen, die Kreislaufwirtschaft effektiver zu gestalten und die Abfälle gleichzeitig zu reduzieren oder umweltverträglicher zu gestalten (Glocke 2022, Abs. 1ff.).

6 Best Practice

Ein Unternehmen, das bereits hinsichtlich Nachhaltigkeit aktiv ist, ist Ronnefeldt. Mit der Gründung im Jahr 1823 ist Ronnefeldt eines der ältesten Teehäuser Europas (J.T. Ronnefeldt KG o.J., Abs. 1). Der Tee wird direkt im Business-to-Consumer-Bereich sowie an Handel und Gastronomie verkauft (J.T. Ronnefeldt KG 2019, S. 17).

Nachhaltigkeit bedeutet für das Unternehmen Verantwortung, Exzellenz und die soziale, ökologische und ökonomische Ebene in Einklang zu bringen, um die Rahmenbedingungen für die folgenden Generationen zu erhalten (J.T. Ronnefeldt KG 2019, S. 5). Bei der Umsetzung richtet sich das Unternehmen unter anderem nach den Sustainable Development Goals. Essenziell sind die Punkte, die Lebensbedingungen zu verbessern, das Ökosystem an Land zu schützen und durch eigene Aktivität den Klimawandel einzudämmen (Holzapfel 2022).

Offiziell wurde mit der Bio-Zertifizierung 2001 begonnen, sich nachhaltig auszurichten. Doch aufgrund der Verarbeitung von Naturprodukten „war Nachhaltigkeit schon immer ein Thema – wenn auch nicht unter diesem Begriff" (Holzapfel 2022). Durch den biologischen Anbau werden Boden, Wasser und Biodiversität geschützt, außerdem gibt es inzwischen beispielsweise an einem Unternehmensstandort ein Bienenvolk, der Fuhrpark wird auf Elektromobilität umgestellt und der Ressourcenverbrauch sowie das Verpackungsmaterial werden kontinuierlich reduziert. Alle zwei Jahre findet zudem ein Nachhaltigkeitstag statt, um das Bewusstsein der Mitarbeitenden für die Thematik zu stärken (J.T. Ronnefeldt KG o.J., Abs. 2ff.). Auch der Transport des Tees wird immer nachhaltiger gestaltet. Perspektivisch soll dafür auch die Bahn genutzt werden, seit 2021 wird bereits der sogenannte Flugtee, der traditionell eingeflogen wurde, wie die anderen Sorten per Schiff transportiert. Die dadurch längere Wartezeit wird von den Kundinnen und Kunden sehr gut angenommen. Insgesamt sind die Rückmeldungen sehr positiv. Manche Stakeholderinnen und Stakeholder werden gar motiviert, auch privat mehr für die Umwelt zu tun (Holzapfel 2022).

Auf sozialer Ebene wird allen Mitarbeitenden eine Gesundheitsvorsorge durch die Betriebsärztinnen und -ärzte ermöglicht und Wissen sowie Motivation der Mitarbeitenden werden durch regelmäßige Schulungen gefördert. Dafür gibt es eine unternehmenseigene internationale Akademie, die sich auch an Partnerunternehmen richtet (J.T. Ronnefeldt KG 2019, S. 37ff.).

Für die ganzheitliche Umsetzung des Themas Nachhaltigkeit existiert im Unternehmen ein Nachhaltigkeitsgremium und zusammen mit den Stakeholderinnen und Stakeholdern wurde eine Wesentlichkeitsanalyse durchgeführt, um langfristige Ziele zu fixieren und zu priorisieren (J.T. Ronnefeldt KG 2019, S. 9).

Bei der Auswahl von Partnerunternehmen werden Kleinbäuerinnen und -bauern bevorzugt und durch verbindliche Richtlinien werden die Standards in der gesamten Lieferkette sichergestellt. Die Partnerunternehmen, vor allem in den Teeursprungsländern, werden im Hinblick auf ökologische Standards sowie auf Bildung und Arbeits- sowie Lebensbedingungen der Menschen gefördert, indem Ronnefeldt verschiedene Organisationen unterstützt (J.T. Ronnefeldt KG o.J., Abs. 2ff.).

7 Fazit

Auf gesellschaftlicher, wirtschaftlicher, wirtschaftstheoretischer und politischer Ebene bestehen Trends und Entwicklungen, die eine nachhaltige Ausrichtung touristischer Wertschöpfungsketten beschleunigen. Aufgrund der besonderen Abhängigkeit des Tourismus von einer intakten Umwelt scheint ein eigener Beitrag zum Umweltschutz umso relevanter.

Die Tatsache, dass Nachhaltigkeit einen immer größeren Wert in der Gesellschaft darstellt und sich im Konsumverhalten widerspiegelt, bedeutet, dass sich Unternehmen zunehmend dem Thema widmen müssen, um die Kundenbedürfnisse zu erfüllen und nicht von den

Kundinnen und Kunden abgestraft zu werden. Auch alternative wirtschaftstheoretische Ansätze wie die der Gemeinwohlökonomie und deren konsequente Verbreitung sorgen dafür, dass Nachhaltigkeit in der Wirtschaft präsenter wird.

Durch die Gesetze, die sowohl auf EU- als auch auf Bundesebene kontinuierlich erweitert werden, wird der Handlungsspielraum für Unternehmen, Nachhaltigkeit zu umgehen, zudem schrittweise weiter eingeschränkt.

Der Trend der Digitalisierung kann die Bestrebungen zu mehr Nachhaltigkeit unterstützen – wenn die Digitalisierung richtig eingesetzt wird.

Insofern stellen die Trends und Innovationen als externe Treiber die Rahmenbedingungen für die nachhaltige Ausrichtung der Wertschöpfungskette dar und können als Motivation dienen. •

Food-Trends

Entwicklungen, Herausforderungen
und Konzeptansätze für Gastronomiebetriebe

von Lilly Marie Radensleben

1 Einleitung –
was haben Food-Trends und Nachhaltigkeit gemeinsam?

Nachhaltigkeit beinhaltet verschiedene gesellschaftliche Themen, so auch die Ernährung. Die sich stets rasant verändernden Food-Trends, also Veränderungen in den Ernährungsgewohnheiten und -präferenzen, haben verschiedene Hintergründe und verfolgen auch unterschiedliche Ziele. Ob es der wachsende Fokus auf die eigene Gesundheit ist oder sich Personen aufgrund des Klimawandels und der Umweltauswirkungen verschiedener Konsumverhalten mit dieser Thematik beschäftigen, beruht auf individuellen persönlichen Motiven. Es lässt sich jedoch sagen, dass auch Gastronomiebetriebe diesem Wandel Beachtung schenken sollten. Die Anzahl an veganen Restaurants steigt stetig an und die Auswahl an regionalen, saisonalen und Bioprodukten wird immer relevanter (WWF 2015), denn diese Aspekte werden von den Kundinnen und Kunden verstärkt nicht nur wahrgenommen und belächelt, sondern gewünscht oder sogar erwartet (Geschmackstage Deutschland e.V. 2021).

Ernährung und Nachhaltigkeit sind vielseitige Thematiken. Die im Folgenden behandelten ausgewählten Trendfelder diesbezüglich spiegeln wider, inwiefern Ernährungsweisen die Umwelt und den Klimawandel beeinflussen, und geben Einblick in verschiedene Möglichkeiten, dem entgegenzuwirken. Sowohl für Gastronomiebetriebe als auch für Kundinnen oder Kunden ist es schließlich, nicht nur aufgrund politischer Maßnahmen, sondern auch aus privater, in die Zukunft blickender Sicht, unumgänglich, sich mit der Thematik auseinanderzusetzen.

2 Umweltfreundliche Produktbeschaffung

2.1 Regionalität

‚Regional', ‚aus der Region', ‚aus der Heimat' – diese und weitere Begriffe lassen sich immer häufiger finden, sowohl in Restaurants als auch in Werbungen und in Supermärkten. Für Regionalität gibt es aktuell keine gesetzlichen Vorgaben dahingehend, wann und unter welchen Bedingungen diese Bezeichnung verwendet werden darf. Das Verständnis diesbezüglich ist somit individuell zu betrachten. Oftmals werden Lebensmittel und Produkte als regional bezeichnet, die in dem Landkreis oder dem Bundesland erwirtschaftet und erzeugt wurden. Vorgaben darüber, wie viele Kilometer die Spanne maximal betragen darf, gibt es jedoch nicht. Um hierbei somit Klarheit zu haben, sind konkrete regionale Angaben und der Einkauf direkt bei der Erzeugerin oder dem Erzeuger, beispielsweise bei Landwirtinnen und Landwirten, die sichersten Optionen (Verbraucherzentrale NRW e.V. 2022a).

Bei bestimmten Produktgruppen, wie Fleisch, Obst und Gemüse, ist es auch verpflichtend, unabhängig von der regionalen Bezeichnung den Ursprung des Produkts zu kennzeichnen. Die Herkunft verarbeiteter Lebensmittel nachvollziehen zu können, gestaltet sich schwieriger als bei unverarbeiteten Produkten wie Obst und Gemüse. Dennoch ist der genaue Umfang von Regionalität nicht gesetzlich vorgeschrieben. Zusätzlich dazu erschweren die Standorte der Weiterverarbeitung und die unterschiedlichen Herkünfte der einzelnen Zutaten die Nachvollziehbarkeit einer regionalen Herkunft und des damit verbundenen Transports. Um mehr Transparenz diesbezüglich zu schaffen, müssen gewisse Produkte, wie Eier und Milch, mit einem Identitätskennzeichen markiert werden, wodurch der letzte Verarbeitungsort nachvollziehbar ist. Vereinzelt entwickeln die Bundesländer auch ihre eigenen Siegel. Das ‚Regionalfenster' beispielsweise gibt Auskunft darüber, wo der Hauptbestandteil des Produkts seinen Ursprung hat, unter anderem bei Blumen und Zierpflanzen (Naturschutzbund Deutschland e.V. [NABU] o.J.).

Verstärkt regionale Produkte zu kaufen und ein größeres Augenmerk auf die Herkunft von Lebensmitteln zu legen, findet aus verschiedenen Gründen statt. Ein bedeutender Faktor ist hierbei, die Landwirtinnen und Landwirte sowie die Unternehmen in der Region direkt stärken zu wollen. Des Weiteren müssen Produkte auf kürzeren Entfernungen transportiert werden, wodurch weniger transportbedingte Abgase entstehen, was klimafreundlicher ist. Besonders die Transporte mit dem Flugzeug verursachen eine hohe Klimabelastung. Die direkten Transportwege führen ebenfalls zu frischeren Waren mit einem besseren Geschmack, da die Produkte bei der Ernte bereits reif waren (Verbraucherzentrale NRW e.V. 2022a).

Je weiter Waren transportiert werden müssen, umso schädlicher ist dies für das Klima. Gründe dafür sind sowohl die zu überwindende Strecke als auch die dafür benötigten Transportmittel. Der Lufttransport über Flugzeug erzeugt bis zu 90-mal mehr Treibhausgase als der Transport über Wasserwege und rund 15-mal so viel wie die Nutzung eines Lkw als Transportmittel (Verbraucherzentrale NRW e.V. 2022b).

2.2 Saisonalität

Besonders der Einkauf von regionalen Produkten bringt eine stärkere saisonale Abhängigkeit in der Produktvielfalt und -auswahl mit sich. Jedoch müssen diese Einschränkungen nicht unbedingt einen negativen Einfluss auf das Geschäft haben. Die Nachfrage nach saisonal angepassten Menüs nimmt zu und oftmals werden diese saisonalen Menüveränderungen auch mit Regionalität, Qualität und Frische der verwendeten Produkte in Verbindung gebracht. Diese Merkmale werden dadurch immer mehr zum Verkaufsargument und zum Auswahlkriterium vieler Konsumierenden. Die Kombination aus regionalem und saisonalem Anbau von Obst und Gemüse ist besonders klimafreundlich.

Weiterhin besteht im regionalen Anbau die Möglichkeit, Produkte außerhalb der eigentlichen Saison herzustellen. Da dies oftmals über beheizte Treibhäuser geschieht, ist diese Variante nicht klimafreundlich (Verbraucherzentrale NRW e.V. 2022a). In einem Gewächshaus hergestelltes Gemüse erzeugt rund 30-mal so viel Kohlendioxid wie im Freiland herangewachsenes Gemüse (Verbraucherzentrale NRW e.V. 2022b). Alle Produkte, die somit nicht innerhalb der Saison natürlich erwirtschaftet werden können, sind entweder mit einem langen Transport oder mit einer speziellen Herstellung verbunden. Ein größeres Augenmerk auf einen Saisonkalender zu legen, ist somit empfehlenswert, um die Umwelt zu schützen und oftmals auch einen besseren Geschmack zu erlangen (Verbraucherzentrale NRW e.V. 2022a).

2.3 Bio-Siegel

Seit 2001 gibt es das staatliche Bio-Siegel. Durch dieses soll es für die Verbraucherinnen und Verbraucher einheitlich gemacht und vereinfacht werden, zu erkennen, ob ein Produkt nach den EU-Rechtsvorschriften im ökologischen Landbau produziert wurde. Somit spiegelt das Siegel eine ökologische Produktion und auch eine artgerechte Tierhaltung wider. Der Ernährungsreport 2022 ergab, dass rund 60 % der befragten Verbraucherinnen und Verbraucher ‚immer' oder ‚meistens' bei ihrem Einkauf auf das Bio-Siegel achten (Bundesministerium für Ernährung und Landwirtschaft [BMEL] 2022).

Aufgrund des Verzichts auf chemisch-synthetische Dünger und Pflanzenschutzmittel verbrauchen Bio-Bäuerinnen und -Bauern in der Regel nur rund ein Drittel der fossilen Energie bei der Erzeugung ihrer Produkte im Vergleich zur herkömmlichen Landwirtschaft. Dies kommt daher, dass die herkömmliche Produkterzeugung an einen hohen Energieverbrauch geknüpft ist. Zusätzlich zu diesen für das Klima positiven Folgen haben Bioprodukte den Vorteil, dass sie weniger zusätzliche Stoffe wie Nitrate und Pestizide beinhalten (Verbraucherzentrale NRW e.V. 2022b). Das einheitliche Bio-Siegel sorgt somit für Sicherheit und Transparenz gegenüber diesen kontrollierten Anbaufaktoren.

3 Ernährungsgewohnheiten

3.1 Fleischkonsum

Der Anbau von Pflanzen und die Haltung von Tieren nehmen eine große Fläche in Anspruch. Weltweit dienen rund 70 % der landwirtschaftlich genutzten Flächen dem Anbau von Futtermitteln für Tiere, damit diese zu einem späteren Zeitpunkt verzehrt werden können. Daher wird für den Fleischkonsum insgesamt mehr als 40 % der gesamten für die Ernährung verwendeten Fläche benötigt. Milcherzeugnisse benötigen rund ein Drittel der Gesamtfläche. Um diese Fläche zu erhalten, werden vermehrt auf der ganzen Welt Regenwälder vernichtet, Wälder abgeholzt und weitere Eingriffe in die Natur vorgenommen. Die zuvor erwähnte benötigte Fläche für den Anbau von Futtermitteln bezieht sich zu großen Teilen auf den Anbau von Soja. Weltweit handelt es sich hierbei um eine Fläche von rund zwei Millionen Hektar (WWF 2015). Die Vernichtung von natürlichen Lebensräumen für den Anbau führt zu der Gefahr, die Biodiversität erheblich einzuschränken und Monokulturen zu bilden (The United Nations Environment Programme [UNEP] 2021). Zur Nutzbarmachung des angebauten Sojas als Futtermittel ist ein weltweiter Export aus den Anbauländern an Abnehmer in der ganzen Welt, so auch Deutschland, notwendig.

Ein Kilogramm Rindfleisch zu produzieren, erzeugt rund 14 Kilogramm Kohlendioxid. Im Vergleich hierzu erzeugt Gemüse nur rund 150 Gramm Kohlendioxid pro hergestelltem Kilogramm und bei der Erzeugung von Obst liegt die durchschnittliche Bilanz bei unter 500 Gramm pro geerntetem Kilogramm (Verbraucherzentrale NRW e.V. 2022b).

Die Ernährung bestimmt einen Großteil des ökologischen Fußabdrucks jedes Menschen. Berechnungen zufolge, in denen alle Treibhausgasemissionen der Wertschöpfungskette einbezogen wurden, lassen sich rund 2000 Kilogramm Treibhausgasemissionen pro Person in Deutschland auf die Ernährung zurückführen. Bei dieser Menge gehen anteilig rund zwei Drittel auf tierische Produkte und nur ein Drittel auf pflanzliche Produkte zurück. In Deutschland entstehen somit rund 161 Millionen Tonnen Kohlendioxidemissionen, die auf die Ernährung zurückzuführen sind. Im Vergleich hierzu produziert die Industrie rund 69 Millionen Tonnen an Emissionen in Deutschland.

Veränderte Ernährungsgewohnheiten, beispielsweise der sinkende Konsum von Schweinefleisch, haben einen großen Umwelteinfluss. Durch diese sinkende Nachfrage verringert sich ebenfalls der auf dieses Produkt bezogene Flächenanspruch, wodurch Emissionen vermieden oder verringert werden können. Ein nur geringer Anstieg des Kohlendioxid-Fußabdrucks pro Person und Jahr hat einen großen Einfluss auf die gesamten ausgestoßenen Emissionen. Laut dem World Wide Fund For Nature (WWF) gilt: „Über 115 der THG-Emissionen unserer aktuellen Ernährung entfallen auf geringfügige strukturelle

Verschiebungen unseres Nahrungsmittelverbrauchs" (WWF 2015, S. 33). Diese Veränderungen finden in beide Richtungen statt, kleine Veränderungen der Ernährungsgewohnheiten haben einen großen Einfluss auf die Umwelt und den Planeten (WWF 2015). Die Deutsche Gesellschaft für Ernährung empfiehlt eine Menge von 300 bis 600 Gramm Fleisch und Wurst pro Woche, hierbei werden dem Körper genügend Proteine zur Verfügung gestellt, denn die restliche Menge kann bedenkenlos über weitere pflanzliche Produkte aufgenommen werden. Im Durchschnitt verzehren Männer jedoch 1000 Gramm und Frauen 600 Gramm Fleischerzeugnisse pro Woche. Im Gegensatz dazu wird die erwünschte Menge von 400 Gramm Gemüse täglich nur von einem Drittel erreicht (Deutsche Gesellschaft für Ernährung e.V. [DGE] 2015).

Das Bevölkerungswachstum, verknüpft mit den aktuellen Ernährungsgewohnheiten, führt zu der Notwendigkeit, den flächenmäßigen Kohlendioxid-Fußabdruck pro Person zu verringern, um der Nachfrage gerecht zu werden und nicht noch größere Flächen an natürlichen Habitaten zur Nutzung als landwirtschaftliche Fläche zu zerstören und somit auch die Biodiversität einzuschränken. Die Erzeugung von Fleisch hat hierbei den größten Anteil an dem Fußabdruck. Den Fleischkonsum einzuschränken und somit auch den Empfehlungen der DGE gerecht zu werden, würde bis zu 15 % des derzeitigen Fußabdrucks verringern. Benötigte Mineralstoffe können ebenfalls unproblematisch durch beispielsweise Hülsenfrüchte und Getreideprodukte aufgenommen werden. Diese Veränderungen entsprechen einer Einsparung von rund 400 Quadratmeter Ackerfläche des Flächenfußabdrucks pro Person und ebenfalls der Verringerung von rund 10 % der Treibhausgasemissionen pro Person. Auch die dadurch in Zukunft veränderten Nutzungen der landwirtschaftlichen Fläche haben einen positiven Einfluss auf das Klima (WWF 2015).

3.2 Nose to Tail

Das Prinzip ‚Nose To Tail' bedeutet die Nutzung eines Tieres ‚vom Kopf bis zum Schwanz', also die Ganztiernutzung (Verbraucherzentrale NRW e.V. 2019). Alle Teile eines geschlachteten Tiers zu verwerten, war früher üblich, da Fleisch als Luxusgut galt. Heutzutage ist es Normalität geworden, dass Fleisch zu jeder Zeit und überall verfügbar ist und auch immer genug von den begehrtesten Teilen des Tieres vorhanden ist.

Es sind 80 % des verzehrten Fleisches Filet, Brust, Keule und andere Stücke, sogenannte Prime-Cuts. Die anderen Teile werden entsorgt oder teilweise zu Hundefutter weiterverarbeitet. Besonders traditionelle Rezepte aus vorherigen Generationen sind aufgrund der damals anders aussehenden Wertschätzung auf die Verarbeitung des ganzen Tiers ausgelegt. Das Entsorgen dieser Second Cuts durch das Wiederaufleben dieser Tradition zu verringern, ist somit ein Weg, den Fleischkonsum etwas nachhaltiger zu gestalten (Gastro-Marktplatz 2021b).

3.3 Vegetarische und vegane Ernährung

Immer mehr Menschen ernähren sich vegetarisch oder vegan und verzichten somit auf Fleisch oder jegliche tierische Produkte. In Deutschland handelte sich im Jahr 2020 bereits um 7,6 Millionen Personen, dies sind rund 1,5 Millionen mehr als noch 4 Jahre zuvor (Statista Research Department 2022). Studien zufolge ernähren sich rund 58,4 % der deutschen Bevölkerung omnivor, was auch oftmals als ‚Allesfresser' bezeichnet wird. Der restliche Bevölkerungsanteil ist in verschiedene Ernährungsgewohnheiten aufgeteilt. Hierbei beinhaltet die flexitarische Ernährungsweise, bei der an mindestens drei Tagen pro Woche auf Fleisch verzichtet wird, den größten Anteil. Darauf folgen die pescetarische, die vegetarische und die vegane Ernährung (Veganz 2020). Im Vergleich zu anderen ausgewählten europäischen Ländern wie Österreich, Portugal und Frankreich hat Deutschland den größten Bevölkerungsanteil mit diesen Ernährungsweisen (Statista Research Department 2022). Der europäische Ernährungsreport 2020 ergab ebenfalls, dass bei den sich vegan ernährenden Personen der Frauenanteil doppelt so hoch war wie der der Männer. Ebenfalls war auffällig, dass sich die Präferenzen auch bezüglich der verschiedenen Altersgruppen unterscheiden. Es ernähren sich rund 16 % der befragten Schülerinnen und Schüler vegan und rund ein Viertel der Studierenden tut es ihnen gleich.

Der wachsende Zuspruch gegenüber diesen Ernährungsweisen lässt sich auf verschiedene Gründe zurückführen, welche sich je nach Ernährungsweise unterscheiden. Die beiden Themen mit dem größten Zuspruch sind ‚Gesundheit' und ‚Tierschutz'. Darauf folgen ‚Nachhaltigkeit' und ‚Geschmack'. Hintergründe, wie ‚Interesse am Trend' und ‚religiöse Gründe' sind deutlich seltener vertreten (Veganz 2020).

3.4 Plant Based Food

Die immer beliebter werdende Ernährung mit Verzicht auf Fleisch und weitere tierische Produkte hat auch die immer vielfältiger zur Verfügung stehenden Ersatzprodukte auf den Markt gebracht. An erster Stelle steht hierbei die Verfügbarkeit von pflanzlichen Alternativen für Wurst und Käse, dies ergeben sowohl Umfragen als auch die diesbezüglich weiter wachsenden Bereiche im Supermarkt und die Einführung zahlreicher neuer Unternehmen für Ersatzprodukte und Plant Based Food auf dem Markt. Des Weiteren erfreuen sich Alternativen bezüglich Milchprodukten und Backwaren großer Beliebtheit. Ebenfalls gefragt ist ein Angebot von Ersatzprodukten bei Süßigkeiten, Fertiggerichten, Fisch und Getränken (Veganz 2020).

Der in Kapitel 3.1 thematisierte Sojaanbau ist auch bei der Herstellung von pflanzlichen Ersatzprodukten gegenüber tierischen Produkten nicht außer Acht zu lassen. Der Großteil des angebauten Sojas wird als Futtermittel verwendet. Auch wenn Soja ebenfalls für Tofu, Sojadrinks, -joghurt und Ähnliches benötigt wird, würde aufgrund des durch den Wandel erhofften sinkenden Fleischkonsums trotzdem weniger Soja angebaut werden, als es bisher der Fall war (WWF 2015).

4 Kennzeichnung von nachhaltigen Angeboten

Viele Produkte sind von Haus aus vegan oder vegetarisch. Der Wandel des Ernährungsverhaltens führte bereits dazu, dass diese Produkte eindeutiger gekennzeichnet werden. Dies sowohl in Supermärkten als auch in Restaurants und anderen Gastronomiebetrieben vielfältiger zu tun, bringt für die Kundinnen und Kunden eine gewisse Sicherheit mit sich. Eine Umstellung, Anpassung und veränderte Kennzeichnung der Angebote ist somit nicht zu unterschätzen.

Die Herkunft von Zutaten wie Fleisch, Obst und Gemüse offen zu kommunizieren, schafft mehr Transparenz gegenüber den Kundinnen und Kunden. Eine Studie über die Bedeutung von Regionalität in der Gastronomie zeigt, dass bei 60 % der Befragten die Verwendung von regionalen Lebensmitteln eine entscheidende Rolle in der Restaurantauswahl spielt. Besonders bei Restaurants mit heimischer Küche wird diese Regionalität von 88 % der Befragten gewünscht oder sogar erwartet. Bei Restaurants, die eine internationale Küche vertreten, ist dieser Anteil deutlich geringer. Ein besonderes Augenmerk findet sich in der regionalen Beziehung von Fleisch und Fisch sowie in der regionalen bzw. saisonalen Beziehung von Gemüse und Beilagen. Das relevanteste Argument hierfür ist, laut den Befragten, die Stärkung der regionalen und heimischen Wirtschaft. All diese Faktoren sind am besten über Außenwerbung und explizite Hinweise in der Speisekarte für die Gäste erkennbar. Die Einbeziehung von regionalen und nachhaltigen Angeboten in der Außenwerbung, wie in Zeitungsartikeln und durch Social Media, kann somit maßgeblich den Auswahlprozess der Gäste beeinflussen (Geschmackstage Deutschland e.V. 2021).

5 Vermeidung von Abfall durch die Vermeidung von Einwegverpackungen

Am 03. Juli 2021 ist das EU-Plastikverbot in Kraft getreten. Diese Maßnahme der Nachhaltigkeitspolitik der Bundesregierung beinhaltet das Verbot verschiedener Plastikartikel. Hierbei handelt es sich unter anderem um Plastikstrohhalme, Rührstäbchen, Einweggeschirr und To-go-Becher sowie Fast-Food-Verpackungen aus Styropor (Die Bundesregierung 2021b). Um auch zukünftig Ressourcen zu schonen und Abfälle zu vermeiden, hat die Bundesregierung bereits bevorstehende Maßnahmen der Nachhaltigkeits- und Klimapolitik bekannt gegeben, die auch Änderungen für den gastronomischen Betrieb beinhalten. Ab 2023 ist es verpflichtend, zusätzlich zu den Einwegbehältern für Fast Food und To-go-Speisen auch eine Art von Mehrwegbehältern zur Verfügung zu stellen. Nur kleinere Betriebe, beispielsweise Imbissbuden, sollen von dieser Regelung ausgenommen sein, solange diese maximal 5 Mitarbeitende beschäftigen und eine Verkaufsfläche von maximal 80 Quadratmetern haben. Jedoch soll aktiv darauf hingewiesen werden, dass Speisen und Getränke auch in eigens mitgebrachte Behältnisse verpackt werden können.

Täglich entstehen in Deutschland rund 770 Tonnen Verpackungsmüll durch Takeaway-Einwegverpackungen. Durch Maßnahmen wie diese soll das zukünftig verändert werden. Mehrwegverpackungen sind eine Möglichkeit, den Außerhauskonsum klimafreundlicher zu gestalten, indem sowohl Energie und Ressourcen als auch Abfall eingeschränkt wird (Die Bundesregierung o.J.b). Aufgrund dessen förderte das Bundesumweltministerium das Projekt ‚Essen in Mehrweg', in dem 64 kleine Gastronomiebetriebe bei dem Umstieg auf Mehrwegsysteme unterstützt wurden. Am Ende des Projekts entschieden sich fast alle Betriebe zur Förderung des Mehrwegangebots. Im Laufe dieser Testphase ergab sich, dass die Kundinnen und Kunden direkt auf die Möglichkeit der Nutzung eines Mehrwegbehältnisses hingewiesen werden mussten, denn das bestehende Angebot ist nicht ausreichend, sondern es ist notwendig, die Nachfrage danach zu fördern. Die direkte Ansprache hat sich als effizient erwiesen. Bedenken der Kundinnen und Kunden bezüglich der Nutzung von Mehrwegsystemen konnten deshalb gut überwunden werden (Essen In Mehrweg o.J.). Umfragen ergaben, dass über 70 % der befragten Personen in Deutschland die Nutzung von Mehrwegverpackungen und die Einführung der Mehrwegpflicht in der Gastronomie befürworten. Ebenfalls ist rund die Hälfte der deutschen Bevölkerung dazu bereit, einen Aufpreis zu zahlen, um diese Verpackungen zu nutzen (Statista Research Department 2022).

Mehrwegsysteme gibt es bereits von verschiedenen Anbietern. In der Regel funktionieren diese über ein Pfandsystem. Es ist ein Aufpreis notwendig, jedoch wird dieser erstattet, sobald das Behältnis bei einem der kooperierenden Unternehmen wieder abgegeben wird. In diesem wird es dann gereinigt und wieder ausgegeben und dadurch in den Kreislauf zurückgeführt. Recup ist ein Unternehmen, das sich durch Mehrwegverpackungen bereits am Markt etabliert hat. Laut eigener Angabe ist die Mehrwegnutzung für das Unternehmen günstiger als die Verwendung von Einwegverpackungen, wenn mehr als sechs Essen täglich mit dem Mehrwegsystem ausgegeben werden. Ebenfalls lässt sich jede einzelne Mehrwegverpackung als Alternative für 500 Einwegverpackungen einsetzen, wodurch ein aktiver Beitrag zur Müllvermeidung und Ressourcenschonung geleistet wird (Recup o.J.).

6 Abfallvermeidung

Abfall entsteht in der Gastronomie und Hotellerie jedoch nicht nur auf die Außerhauslieferung bezogen. Jedes Jahr fallen in Deutschland rund 37,6 Millionen Tonnen Müll an. Eine richtige Mülltrennung ist daher von Bedeutung, damit die entstandenen Abfälle so gut wie möglich weiterverwertet werden können. Wertstoffe wie Papier, Glas, Kunststoffe oder organische Abfälle können fast vollständig wiederverwertet werden, solange sie ordnungsgemäß getrennt und entsorgt werden.

Ebenso relevant ist die Vermeidung der Entstehung zusätzlicher Abfälle. Verpackungsmaterialien lassen sich durch die Einsparung von Portionsverpackungen reduzieren. Marmeladen, Joghurt, Kaffeesahne etc. in größeren Portionen zu kaufen und anschließend in wiederverwendbaren Behältnissen auf Buffets anzubieten, reduziert Verpackungsmüll und wirkt optisch ansprechender. Bei nicht vermeidbaren Einwegartikeln lässt sich auf ökologische Materialien zurückgreifen.

Diesbezüglich die eigenen Mitarbeitenden weiterzubilden und Aufklärung zu schaffen, ist somit nicht nur ein bedeutender Beitrag jedes Unternehmens, um die Umwelt zu unterstützen, sondern spart dem Unternehmen ebenso Kosten, wenn durch Müllvermeidung beispielsweise Restmülltonnen weniger häufig entleert werden müssen (DEHOGA 2016).

7 Fazit

Ernährung und Nachhaltigkeit hängen in vielerlei Hinsicht eng zusammen. Dass dies selten auf eine positive Weise der Fall ist, ist einem großen Teil der Bevölkerung heutzutage bewusst. „Ziel des WWF ist es, den ökologischen Fußabdruck der Ernährung signifikant zu verringern." (WWF 2015, S. 45). So sollte es auch in gastronomischen Betrieben und der Gesellschaft der Fall sein. Faktoren wie die Einschränkung des Fleischkonsums werden häufiger denn je diskutiert und können einen starken Einfluss auf die Umwelt und den Klimawandel ausüben. Bewusst Müll zu vermeiden und Abfälle ordnungsgemäß zu trennen sowie zu entsorgen, sind relevante Schritte, die viel bewirken können.

Eine klimafreundliche Beschaffung von Zutaten und Produkten wirkt sich nicht nur positiv auf die Umwelt aus, sondern steigert auch die Attraktivität des Betriebs. Handlungen wie diese sind bedeutender denn je, denn jede Person muss ihren Teil zu einem verbesserten Klima und einem sauberen Planeten beitragen. •

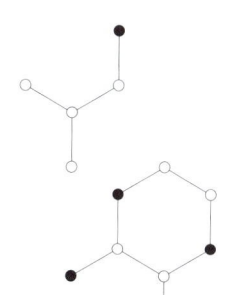

NACHHALTIGKEIT ALS ZUKUNFTSWEISENDES GESCHÄFTSMODELL IM GASTGEWERBE

Zertifikate zur Operationalisierung von Nachhaltigkeit in der Hotellerie
Eine Bestandsanalyse und kritische Würdigung

von Ann-Kathrin Jägle, Michaela Rabe und Nathalie Lubina

1 Einleitung

In den letzten Jahren hat sich die Hotellerie vom Verkäufer- zum Käufermarkt entwickelt, verbunden mit einem Angebotsüberschuss und einem hohen Wettbewerbsdruck. Dadurch ist Distribution zu einem immer wichtigeren Thema geworden. Es geht darum, sich potenziellen Gästen gegenüber auf dem umkämpften und gesättigten Markt von der hohen Zahl an Wettbewerbern abzuheben. Dabei gilt es, offensiv und nachhaltig mit den Nachfragenden zu kommunizieren. Nachhaltig bedeutet hierbei zum einen Langfristigkeit und zum anderen umwelttechnisches und soziales Engagement (Schrand/Grimmelsmann 2016, S. 293). Dies ist auch relevant, da Umwelt- und Klimaschutz Themen mit gesellschaftlich hoher Bedeutung sind ([BMUV]/Umweltbundesamt [UBA] (Hrsg.) 2020, S. 25f.)

Eine Möglichkeit zur Kommunikation der eigenen nachhaltigen Aktivitäten stellen Zertifikate dar. So wird die latente und damit nicht direkt beobachtbare Variable Nachhaltigkeit messbar gemacht. Wichtig ist, dass die entsprechenden Indikatoren geeignet sind, um daraus verlässliche Rückschlüsse auf die Variable ziehen zu können (Tausendpfund 2018, S. 108f.).

In der Sozialforschung werden zudem drei Gütekriterien für Operationalisierung unterschieden: Erstens Objektivität beschreibt die Unabhängigkeit der Messinstrumente von den Messenden, zweitens Reliabilität bezieht sich auf die Genauigkeit und Zuverlässigkeit von Messungen und drittens Validität beschreibt den bereits beschriebenen Bezug der Messung zur tatsächlich zu bestimmenden Variablen (Tausendpfund 2018, S. 125ff.).

2 Übersicht verschiedener Zertifikate

Bezüglich der eigenen Nachhaltigkeit stehen den Unternehmen verschiedene Zertifizierungen zur Verfügung, von denen im Folgenden einige vorgestellt werden.

GSTC-Kriterien
Der Global Sustainable Tourism Council (Weltweiter Rat für nachhaltigen Tourismus) beispielsweise zertifiziert zwar nicht selbst, spielt aber dennoch eine führende Rolle im Themenfeld des nachhaltigen Tourismus. Zum einen hat er die sogenannten GSTC-Kriterien aufgestellt, die als weltweite Richtlinien für nachhaltigen Tourismus gelten und zum anderen akkreditiert er mit einem Partnerunternehmen entsprechende Zertifizierungsstellen, die dann Unterkünfte, Reiseveranstalter und Destinationen zertifizieren dürfen. Dementsprechend sind auch die Kriterien aufgeteilt in Merkmale für Destinationen und Merkmale für Hotels und Tour Operators. Die Kriterien beziehen sich auf die vier Felder nachhaltiges Management, sozio-wirtschaftliche Einflüsse, kulturelle Einflüsse und Umwelteinflüsse. Ziel ist, die Potenziale, die der Tourismus für die positive Entwicklung dieser Themenfelder hat, auszuschöpfen und gleichzeitig die negativen Einflüsse zu minimieren (Global Sustainable Tourism Council [GSTC] o.J.a, Abs. 1ff.). Des Weiteren sollen mit den Kriterien das Bewusstsein für die Thematik, die entsprechende

Bildung und durch die Zertifizierung auch die Messbarkeit gestärkt werden. Sie basieren auf jahrzehntelanger Ausarbeitung und kontinuierlichen Verbesserungen und sind weltweit anerkannt (GSTC o.J.b, Abs. 1ff.). Gerade in Zeiten, in denen das Umweltbewusstsein allgemein steigt, können sich touristische Leistungsanbieter mit einer Zertifizierung nach den höchsten Nachhaltigkeitsstandards der Branche von Wettbewerbern absetzen, ein positives Zeichen setzen, Vertrauen bei den Stakeholderinnen und Stakeholdern schaffen und eine bessere Orientierung nach nachhaltigen Produkten auf dem Markt ermöglichen (GSTC o.J.c, Abs. 2f.).

ISO 14001 und EMAS

Eine Alternative ist die internationale ISO 14001, die sich auf Umweltmanagementsysteme bezieht. 1996 wurde sie erstmals veröffentlicht und mittlerweile mehrfach aktualisiert. Die Norm ist unabhängig von Art und Größe der jeweiligen Organisation sowie von externen Bedingungen. Weltweit sind rund 300 000 Unternehmen zertifiziert. Die Norm enthält keine absoluten Anforderungen. Zur Umsetzung gibt es eine Leitlinie, an der sich interessierte Unternehmen orientieren können (Umweltbundesamt 2020, Abs. 1ff.).

Die ISO ist Teil des europäischen Umweltmanagement- und Auditierungssystem [EMAS], das als weltweit anspruchsvollstes Umweltmanagementsystem gilt. Auf dem Weg zur Zertifizierung wird ein Umweltleitbild erarbeitet und auf Grundlage dessen ein Umweltprogramm mit konkreten Maßnahmen aufgestellt. Nach dem Aufbau des Managementsystems erfolgt jährlich ein internes Audit und eine Umwelterklärung. Ist die externe Prüfung erfolgreich, erfolgt die Eintragung in das EMAS-Register (Umweltgutachterausschuss [UGA] beim Bundesministerium für Umwelt, Naturschutz, nukleare Sicherheit und Verbraucherschutz o.J.a, Abs. 1ff.). Der festgelegte Turnus der Audits ist kennzeichnend für dieses Zertifizierungssystem. Im Gegensatz zur ISO 14001 wird bei EMAS eine öffentliche Berichterstattung gefordert. Für die Kommunikation des Unternehmens über die Zertifizierung ist es von Vorteil, dass EMAS im Gegensatz zur ISO-Norm ein einheitliches Logo hat, mit dem geworben werden kann und das einen entsprechenden Verbreitungs- und Wiedererkennungsgrad hat. Außerdem existiert ein öffentlich zugängliches Register über alle zertifizierten Organisationen (Umweltgutachterausschuss [UGA] beim Bundesministerium für Umwelt, Naturschutz, nukleare Sicherheit und Verbraucherschutz o.J.b, Abs. 4).

Die Vorteile durch EMAS sind vielfältig. Neben der Erfassung der Umweltauswirkungen können durch kontinuierliche Verbesserungen, die bei EMAS zentral sind, Kosten gespart und die (Ressourcen-)Effizienz gesteigert werden. Außerdem steht die nachhaltige Führung des gesamten Unternehmens im Fokus. Dazu gehört auch die Beteiligung der Mitarbeitenden, was auch deren Identifikation mit dem Unternehmen und die Arbeitsatmosphäre stärkt. Aufgrund der Flexibilität des Systems eignet es sich vor allem auch für kleine und mittlere Unternehmen (Umweltgutachterausschuss [UGA] beim BMUV o.J.c, Abs. 1ff.). Zudem stehen im Zusammenhang mit EMAS verschiedene Förderungen zur Verfügung und Zugang zu Vergünstigungen rund um Themen wie EEG (Umweltgutachterausschuss [UGA] beim BMUV o.J.a, Abs. 2).

GreenKey

Um die Nachhaltigkeit von Hotels, Freizeitparks sowie Konferenzzentren zu messen, kann die Zertifizierung GreenKey verwendet werden (Deutsche Gesellschaft für Umwelterziehung e. V. 2022a). Die Foundation for Environmental Education [FEE] hat dieses Zertifikat entwickelt und verfolgt das Ziel, die internationalen Gefahren des Klimawandels, den Verlust von Biodiversität und die Treibhausgasemissionen aufzuzeigen sowie nachhaltiges Verhalten von Privatpersonen und Unternehmen zu fördern (Foundation for Environmental Education 2022). In Deutschland ist die Deutsche Gesellschaft für Umwelterziehung für die Durchführung und Vergabe des Zertifikates verantwortlich. Ziel des Zertifikats ist es, nicht nur die Sensibilisierung für ein ressourcenschonendes Verhalten von Eigentümerinnen und Eigentümern, Mitarbeitenden sowie Gästen zu erhöhen, sondern durch die Zertifikatsverleihung primär die Umweltbelastungen zu verringern. Parallel wird eine Kostenreduzierung angestrebt. Außerdem soll die Zertifizierung zu einem Wettbewerbsvorteil führen, das heißt auch eine Marketingstrategie für die einzelnen Unternehmen darstellen (Deutsche Gesellschaft für Umwelterziehung e.v. 2022a). An dieser Stelle wird der Nachteil des Zertifikats deutlich: Im Fokus steht die ökologische Nachhaltigkeit. Die ökonomische und soziale Nachhaltigkeit findet nur eine nebensächliche Beachtung. Zertifizierte Unternehmen sind beispielsweise zahlreiche Radisson Blue Hotels deutschlandweit, sowie die Center Parcs in Deutschland (Deutsche Gesellschaft für Umwelterziehung e. V. 2022b).

Der GreenKey-Kriterienkatalog besteht aus verbindlichen und optionalen Kriterien, die wiederum in verschiedene Kategorien unterteilt sind:

- Umweltmanagement des Unternehmens
- Beteiligung von Mitarbeitenden an dem nachhaltigen Engagement des Unternehmens
- Bereitstellung von Information bezüglich der Nachhaltigkeitsstrategie für die Gäste
- Einsparungen bei Abfallaufkommen und Energiebedarf
- Nachhaltigkeit bei Speisen und Getränken
- Etablierung und Ausprägung einer Corporate Social Responsibiliity
- Raumklima
- Vorhandene Parkmöglichkeiten
- Anzahl und Effizienz verschiedener Umweltaktivitäten
- Nachhaltigkeit in der Verwaltung

Wurden die Kriterien soweit erfüllt, wird das Label, welches eine Gültigkeitsdauer von einem Jahr besitzt, in Form einer Urkunde und einer Plakette an das Unternehmen vergeben. Diese kurze Gültigkeitsdauer birgt die Gefahr, dass die Motivation der Unternehmen, dieses Zertifikat zu erwerben, zurückgeht. Der Teilnahmebetrag beläuft sich bei einer Erstzertifizierung zwischen 700 und 1400 Euro. Während dieses Jahres werden angekündigte und unangekündigte Besuche durchgeführt, um die Einhaltung der Kriterien zu prüfen (Deutsche Gesellschaft für Umwelterziehung e. V. 2022c). Positiv festzuhalten ist, dass die Kriterien mit einem angemessenen Aufwand zu erfüllen sind und somit der Erwerb des Zertifikats auch für kleinere Unternehmen attraktiv erscheint. Nachteilig ist die einseitige Betrachtung des Themas Nachhaltigkeit. Durch den Fokus auf die ökologische Nachhaltigkeit rücken wichtige Themen wie die Lieferkettengestaltung und die Arbeitssituation für die Mitarbeitenden in den Hintergrund.

GreenGlobe

Das Unternehmen GreenGlobe, welches 1992 gegründet wurde, zertifiziert nachhaltige touristische Unternehmen weltweit. GreenGlobe hat sich der Förderung einer nachhaltigen Tourismusindustrie verschrieben, hierfür hat es seinen eigenen Nachhaltigkeitsstandard, den Green Globe Standard for Sustainable Tourism, entwickelt. Um die positive Entwicklung im Bereich Nachhaltigkeit zu fördern, bietet Green Globe verschiedene Werkzeuge als Unterstützung an. Beispielhaft kann die Green Globe Academy Corures und das Green Globe Business Certificate genannt werden. Ersteres ist ein Nachhaltigkeitstraining, welches verschiedene Onlinekurse enthält und innerhalb weniger Tage absolviert werden kann. Fraglich ist jedoch, inwieweit in dieser kurzen Zeit die Dimension eines Nachhaltigkeitsmanagement erfolgreich vermittelt werden kann und anschließend umgesetzt wird. Positiv ist hervorzuheben, dass im Gegensatz zu dem GreenKey, alle drei Säulen der Nachhaltigkeit Beachtung finden (GreenGlobe 2022a).

Ähnlich wie das bereits vorgestellte Unternehmen GreenKey, zertifiziert GreenGlobe Hotels und Ressorts, Konferenzzentren und Freizeitparks. Ein Vorteil gegenüber GreenKey ist jedoch, dass weitere Tourismusunternehmen, wie die Kreuzfahrtindustrie, Restaurants, Wellnesseinrichtungen, Transportunternehmen und Destinationen zertifiziert werden können.

Insgesamt besteht die Zertifizierung aus 44 Kriterien, die in vier Gruppen unterteilt ist:

- Nachhaltigkeitsmanagement
- Soziales Wirtschaften
- Bewahrung und Förderung von kulturellen Besonderheiten
- Umweltschutz

Hervorzuheben ist hierbei, dass bei der Entwicklung der Kriterien die 17 Sustainable Development Goals verstärkt miteinbezogen wurden. Auf diese Weise wurde ein international anwendbarer Kriterienkatalog geschaffen (GreenGlobe 2022b).

Im Unterschied zu GreenKey gibt es verschiedene Level, die erreicht werden können. Bei erstmaliger Auszeichnung wird man Certified Member, wird diese Zertifizierung kontinuierlich für fünf beziehungsweise zehn Jahre verliehen, wird das Unternehmen Gold Member beziehungsweise Platinum Member. Dies stellt einen Vorteil dar, da Unternehmen dazu motiviert werden, sich stetig zu verbessern und ihr nachhaltiges Engagement weiter auszubauen. Jedoch ist zu beachten, dass nicht alle 44 Kriterien erfüllt werden müssen, sondern nur 50 % (GreenGlobe 2022c).

Insgesamt kann daher gesagt werden, dass der große Vorteil des GreenGlobe-Zertifikates darin liegt, dass dieses international für zahlreiche unterschiedliche touristische Unternehmen und Organisationen geeignet ist. Nachteilig kann aufgeführt werden, dass die 50-prozentige Erfüllung der Kriterien bereits ausreicht sowie die oberflächliche Schulung bezüglich des Themas Nachhaltigkeit.

GreenSign
Obwohl der Name den bereits vorgestellten Zertifikaten ähnelt, hebt sich GreenSign in einigen Bereichen ab. Zunächst jedoch die Gemeinsamkeiten: Wie GreenGlobe und GreenKey zeichnet GreenSign nachhaltige Hotels, Offices und Spa-Einrichtungen aus. Zudem ist geplant, in naher Zukunft neben der Tourismusindustrie weitere Branchen zu zertifizieren, die nachhaltig handeln. GreenSign wurde 2014 mit einem ähnlichen Ziel gegründet wie GreenGlobe und GreenKey. Es soll zu einem ressourcenschonenden Handeln beitragen und Unternehmen neben der Zertifizierung weitere Potenziale für nachhaltiges Handeln aufzeigen. Dabei werden ähnlich wie bei GreenGlobe alle drei Dimensionen von Nachhaltigkeit betrachtet und deren Bedeutung hervorgehoben. Zudem ist ähnlich wie bei GreenKey relevant, dass ein Wettbewerbsvorteil sowohl auf dem Arbeits- als auch auf dem Verkaufsmarkt mittels einer nachhaltigen Positionierung erzielt werden kann. GreenSign ist wie GreenGlobe international aktiv und hat bereits 350 Unternehmen in 16 Ländern ausgezeichnet. Wie die zuvor vorgestellten Labels wendet auch GreenSign einen Kriterienkatalog an. Insgesamt gibt es drei Schritte, um ein Zertifikat zu erreichen (GreenSign Institut GmbH 2022a):

- Zertifizierungsantrag stellen
- Selbstevaluation
- Audit und Auszeichnung

Wie beim GreenGlobe-Label können auch hier verschiedene Stufen erreicht werden. Für Stufe 1 müssen mindestens 19 % der Kriterien einer Kategorie erfüllt werden, für die höchste Stufe, Level 5, müssen mehr als 90 % erfüllt werden.

Ein Vorteil gegenüber GreenKey ist, dass die Zertifizierung für drei Jahre gültig ist.

Positiv ist zudem die anschauliche Darstellung sowie der ansprechende Internetauftritt von GreenSign zu bewerten. Es werden alle Informationen übersichtlich dargestellt und erläutert. Zusammenfassend lässt sich festhalten, dass GreenSign den Vorteil besitzt, dass die Zertifizierung eine längere Zeit gültig ist und alle drei Dimensionen der

Nachhaltigkeit berücksichtigt werden. Negativ festzuhalten ist, dass die Erfüllung von 19 % der Kriterien bereits ausreicht, um eine Zertifizierung zu erreichen (GreenSign Institut GmbH 2022b).

DGNB-Zertifizierungssystem
Das von der Deutschen Gesellschaft für Nachhaltiges Bauen [DGNB] entwickelte Zertifizierungssystem ist seit 2009 im Einsatz, um nachhaltiges Bauen praktisch anwendbar, messbar und letztendlich vergleichbar zu machen. Das System, welches kontinuierlich weiterentwickelt wird, gilt mittlerweile als international anerkanntes „Global Benchmark for Sustainability". Der internationale Ansatz des DGNB-Zertifizierungssystems ist gegeben, da sich das Zertifikat mit seinen Kriterien an unterschiedliche klimatische, bauliche, gesetzliche und kulturelle Gegebenheiten einzelner Länder anpassen lässt. Relevant hierbei ist, dass der Qualitätsanspruch nicht verloren geht. Entwickelt wurde das Zertifizierungssystem für die unterschiedlichen Varianten Gebäude, Quartiere und Innenräume. Hierbei stand ein Planungs- und Optimierungstool, das allen Akteuren, die am Bau beteiligt sind, zur Verfügung. Dies integriert alle Nachhaltigkeitsperspektiven und unterstützt bei der Umsetzung eines ganzheitlichen Managementansatzes (Das Zertifizierungssystem | DGNB System o. D.).

Entwickelt wurde das DGNB-Zertifizierungssystem, um die Zukunftssicherheit einzelner Bauprojekte zu fördern und als ein unabhängiger Zertifizierungsprozess der transparenten Qualitätskontrolle zu dienen.

Inhaltlich hebt sich das DGNB-Zertifizierungssystem von anderen, vergleichbaren, nachhaltigen Zertifizierungen ab, indem es die drei wesentlichen Paradigmen, Lebenszyklusbetrachtung, Ganzheitlichkeit und Performanceorientierung betrachtet. Dies bedeutet, dass bei einem nachhaltigen Bau gemäß DGNB-Zertifizierung alle Schritte – von der Planung, über den Bau, Betrieb und Bestand, bis hin zum Lebensende eines Gebäudes – betrachtet werden und jeweils eigene Zertifikate für die unterschiedlichen Phasen ausgeschrieben werden. Hierbei betrachtet jede Phase ganzheitlich die drei Nachhaltigkeitsbereiche Ökonomie, Ökologie und Soziales, sowie den Standort und die technische und prozessuale Qualität. Anders als bei vergleichbaren Zertifikaten, werden die Zertifizierungskriterien individuell den verschiedenen Nutzungstypen angepasst und bilden somit eine konstante Vergleichbarkeit (Das Zertifizierungssystem | DGNB System o. D.).

Abgesehen von dieser Anpassung, weist das DGNB-Zertifizierungssystem lediglich zwei grundlegende Kriterien auf, welche jedes

Gebäude erfüllen muss. So darf die Gesamtheit an organisch flüchtigen Verbindungen im Innenraum eines Gebäudes 3000 Mikrogramm pro Kubikmeter nicht überschreiten und jedes Gebäude muss über behindertengerechte Einrichtungen verfügen.

Zu den zertifizierten Bauobjekten zählt neben Supermarktbauten, Bankgebäuden und einzelnen Bürokomplexen auch das Scandic Hotel Berlin Potsdamer Platz. Dieses wurde im Jahr 2011 mit dem Gold Zertifikat ausgezeichnet und erreichte einen Gesamterfüllungsgrad von 73,3% (Scandic Hotel Berlin Potsdamer Platz o.J.).

Zu den Vorteilen des DGNB-Zertifikats gehören neben der Gesundheitsvorsorge der Gebäudenutzenden, den geringeren Nebenkosten für Mieterinnen und Mieter durch Energieeinsparungen und der langfristigen Nutzbarkeit des Gebäudes die bessere Anpassung an zukünftige Baustandards, die höhere Attraktivität von Investitionen durch die Verwendung von nachhaltigen Materialien und die damit verbundene unproblematischere Vermietung sowie der bessere Zugang zu Investitionskrediten (Baufachzeitung 2022).

3 Kritische Würdigung

Wer blickt schon durch in diesem Labeldschungel?

Wie Sie sich vermutlich schon denken konnten, sind die hier vorgestellten Zertifikate nur ein Bruchteil der Vorhandenen. So existieren, wie Ihnen vielleicht in der kurzen Ausführung schon deutlich wurde, mehrere Zertifikate für die gleiche Branche, welche dasselbe Ziel verfolgen. Die meisten dieser Zertifikate scheinen auf den ersten Blick sehr ähnlich zu sein und lassen sich auch auf den zweiten Blick nur hinsichtlich minimaler Unterschiede in den Kriterien und Anforderungen unterscheiden.

Was für Sie und uns als „Fachpersonal" schon schwierig zu durchblicken ist, ist nochmal schwieriger für Endverbraucherinnen und Endverbraucher. So scheint es in dem Meer aus Zertifikaten wenig Klarheit darüber zu geben, welches Label was aussagt, welches Label seriös ist, geschweige denn welches Label das „Beste" ist. Dabei sind es genau diese Fragen, die vor allem Konsumierende interessieren.

Allein nach dem DEHOGA Bundesverband gibt es aktuell 50 verschiedene Umweltzertifikate und Umweltsiegel europaweit – und das sind nur jene, welche für die touristische Branche relevant zu sein scheinen. Wie der vorangeführte Text zeigt, sind es nicht ausschließlich die touristischen Zertifikate, welche interessant sind, sondern auch solche, die sich beispielsweise mit dem Gebäude im Allgemeinen beschäftigen. Zusätzlich zeichnet sich ab, dass zu dem bereits existierenden Labeldschungel, oder vielleicht auch genau wegen der Tatsache, dass es sich um einen solchen Dschungel handelt, immer mehr firmeninterne Nachhaltigkeitssiegel hinzukommen (DEHOGA Bundesverband o.J). So zeichnet beispielsweise das Reiseunternehmen TUI seine nachhaltigen Hotels mit dem „Green & Fair" Siegel aus, welches wiederum auf den Kriterien des Global Sustainable Tourism Council beruht (TUI Deutschland GmbH 2022).

Natürlich bietet die Internetseite des DEHOGA Umweltverbandes bereits eine Übersicht mit zwölf der 50 Zertifikate und Siegel, welcher auch Informationen bezüglich der Kosten, Kriterien und Ziele zu entnehmen sind. Wenn wir ehrlich sind, ist klar, dass diese Übersicht nicht aktiv zum nachhaltigeren Reisen beiträgt, da sich Endverbraucherinnen und Endverbraucher nicht über die DEHOGA Webseite über ihre Reisen, Hotels und deren Labels informieren.

Wir sind uns einig, ohne die „Bekämpfung" des Labeldschungels, und die damit verbundene Aufklärung über die wirklich relevanten Nachhaltigkeitszertifikate und -siegel können wir von Endverbraucherinnen und Endverbrauchern nicht erwarten, auf solche zu schauen und somit aktiv zu einem nachhaltigeren Tourismus beizutragen. •

Der Forschungsstand zur nachhaltigen Hotellerie

Kann nur ein Luxusprodukt ‚echte' Nachhaltigkeit leisten?

von Chiara Mahlmeister

1 Einleitung

Weltweit hat die Nachhaltigkeit als Aspekt innerhalb der Tourismusbranche gesondert Aufmerksamkeit verdient. Neben hohem Energie-, Wasser- und Ressourcenverbrauch steht die Branche vor allem wegen der Freisetzung von Schadstoffemissionen in der Kritik.

Besonders die Hotellerie wird für die fehlenden nachhaltigen Strategien zur Bekämpfung der Umweltprobleme kritisiert. Zahlreiche Hotels haben auf die globalen Veränderungen reagiert und bereits Maßnahmen hinsichtlich einer nachhaltigeren Ausrichtung ergriffen. Langfristig bleiben aufgrund lediglich vereinzelter Handlungsinitiativen jedoch die Erfolge aus. Finanzielle Mehrkosten und unzureichendes Wissen bringen die Hotellerie an ihre Grenzen bei dem Versuch, Nachhaltigkeit einheitlich zu implementieren (Sakshi et al. 2020, S. 1109).

Bedeutsam ist Nachhaltigkeit ebenfalls aufgrund der steigenden Nachfrage der Reisenden nach nachhaltigen Angeboten. Eine im Jahr 2019 erstellte Studie von Booking.com weist darauf hin, dass 62 % von 1000 befragten Deutschen im kommenden Urlaubsjahr mindestens einmal in einer Unterkunft übernachten möchten, die Wert auf Umweltfreundlichkeit und Nachhaltigkeit legt (Stromporowski/Laux 2019, S. 22).

Die Onlineumfrage Utopia aus dem Jahr 2019 zeigt auf, dass bei lediglich 19 % der Befragten die Nachhaltigkeit der Unterkunft ein Entscheidungskriterium darstellt. Fehlende Angebote, mangelnde Informationen und Preissteigerungen hemmen die Teilnehmenden der Befragung bei der Buchung nachhaltiger Hotels (Gebhard 2019)

2 Luxusbegriff und Luxushotellerie

2.1 Luxusbegriff

‚Luxus', definiert nach dem Luxustheoretiker und Historiker Werner Sombart, ist „[...] jeder Aufwand, der über das Notwendige hinausgeht". Die neueren Definitionen bauen auf dieser Erkenntnis auf. Es handelt sich stets um das Übersteigen des notwendigen oder üblichen Maßes. Unterschieden wird in den qualitativen und den quantitativen Luxus. Beide Varianten, oft gemeinsam auftretend, lassen sich mit der zuvor benannten Definition des Luxusbegriffs auf ihre jeweilige Art erklären (Spode et al. 2019, S. 58f.). Früher vermehrt assoziiert mit Wohlhabenheit, ist Luxus heutzutage nicht mehr das alleinige Konsumgut. Stattdessen ist er Innbegriff für Erlebnisse und nach eigenem Belieben gestaltete Zeit. Das Verständnis des Luxusbegriffs erneuert sich alle zehn bis zwanzig Jahre (Keylens 2018)

Luxus wird in den verschiedenen Lebensphasen unterschiedlich wahrgenommen und bewertet. In der infantilen Phase des Menschen wird die Konsumnachfrage nach Luxusgütern durch die Angebote befriedigt. Das Verständnis für Luxus und die neu erworbenen Luxusgüter fehlt. ‚Mehr ist mehr' steht sinnbildlich als Prinzip für die erste Phase der Luxusentwicklung.

Anschließend an die infantile Phase dominieren in der Adoleszenzphase der Gedanke ‚Mehr ist ein Muss' und eine vorausgesetzte Zahlungsfähigkeit. Die Menschen vergleichen sich zunehmend mit anderen und der Wettbewerbsdruck erhöht sich.

Die dritte Phase der Luxusentwicklung stellt die Maturitätsphase dar. Die Einstellung gegenüber Luxusgütern verändert sich grundlegend. Es wird erkannt, dass mehr weniger ist. Der Mensch wendet sich mit seinem Luxuskonsum von der Produktebene ab und verstärkt stattdessen den Konsum der Erlebnisebene.

Im gehobenen Alter bestimmt ein hohes Verständnis für Nachhaltigkeit den Alltag. Konsum wird hinterfragt und weniger ist hier mehr. Auch Luxuskonsumierende, die sich über lange Zeit dem Luxuskonsum hingegeben haben, lassen sich dieser Phase zuordnen (Bosshart et al. 2019, S. 36ff.). Im Jahr 2017 wurde der Luxusmarkt auf 913 Milliarden Euro geschätzt. Touristische Luxusangebote und Luxushotels, die sich dem Teilgebiet des Erlebnisluxus zuordnen lassen, haben dabei einen Anteil von 455 Milliarden Euro (Bosshart et al. 2019, S. 40).

2.2 Luxus in der Tourismusbranche

Für einen Großteil der zu den dreieinhalb Milliarden ärmsten Menschen der Welt Gehörenden ist allein eine Reise aufgrund von Freizeitzwecken ein Luxus. Es machen 23 % der Weltbevölkerung überhaupt keinen Urlaub. Es ist somit nicht allgemein festzulegen, was für jedes Individuum Luxus in Bezug auf Reisen ist (Gössling et al. 2019, S. 226f.).

Bei Festlegung auf eine Definition beschreibt ‚Luxustourismus' ein Teilgebiet des Tourismus, das durch kostspielige und qualitative Angebote gekennzeichnet ist. Die Zielgruppe des Luxustourismus stellt hohe Ansprüche an einen individuellen Service, die Ausstattung und besondere Reisen (Steinecke 2019, S. 12). Luxustourismus charakterisiert aus der Sicht einer durchschnittlichen Urlauberin oder eines durchschnittlichen Urlaubers das, was sie beziehungsweise er sich gar nicht oder nur in Ausnahmefällen leisten kann. Verglichen werden diese Reisenden dabei mit Menschen größerer finanzieller Möglichkeiten oder mit mehr Freizeit (Gössling et al. 2019, S. 227).

Luxustourismus wird durch folgende Gebote charakterisiert:
- Reisende streben nach Sinn und einer Auszeit vom Alltag.
- Touristische Angebote im Luxussegment erweitern den Horizont der Reisenden.
- Luxustourismus stärkt Seele, Geist und Körper.
- Es bedarf einer fairen Bezahlung der Mitarbeitenden des Sektors.

- Luxustourismus geht mit Nachhaltigkeit einher (Spode et al. 2019, S. 105)

Luxusreisen im hohen Preissegment hatten 2017 und 2018 einen Marktanteil von 7 %. Die Zuwachsrate lag jährlich im zweistelligen Bereich. Die Generation der Babyboomer ab dem Alter von 55 ist eine der Hauptzielgruppen. Mit meist hohem Einkommen sind sie auch während ihrer Reisen ausgabefreudig. Neben den Babyboomern gelten vor allem die Menschen der Generation X, deren Alter zwischen 36 und 55 Jahren liegt, als Kernzielgruppe. Mit dem Ziel eines materiell sorgenfreien Lebens und einer hohen Lebensqualität sind sie ebenfalls häufig auf Luxusreisen anzutreffen. Die deutschen Luxustouristinnen und -touristen sind als reisefreudig bekannt und reisen durchschnittlich zwei bis drei Mal jährlich. Größtenteils verweilen sie sieben bis zehn Tage in der Urlaubsdestination und geben dabei für den gesamten Urlaub durchschnittlich zwischen 5000 und 9999 Euro aus (Bosshart et al. 2020, S. 49f.).

Vergleichsweise häufig leisten sich die Menschen Luxus in den Bereichen Ferien und Freizeit. Dies geht aus einer Befragung des Gottlieb Duttweiler Institutes innerhalb der Studie ‚Der nächste Luxus' hervor. Es gaben 38 % der Teilnehmenden an, sich ‚sehr viel' oder ‚eher viel' Luxus in diesem Bereich zu gönnen. Tourismus dominiert ebenfalls als Antwort auf die Frage, welche Art von Luxus sich die Befragten zukünftig leisten möchten. Aus Unternehmenssicht ist die Bedeutung der Tourismusbranche für das Luxusverständnis essenziell. Es empfiehlt sich für die Hotellerie daher, sich diesem Trend anzupassen, um den Wünschen potenzieller Kundinnen und Kunden gerecht zu werden (Kühne/Bosshart 2014, S. 18f./40).

2.3 Luxushotellerie

In einer Untersuchung des Reise- und Buchungsverhaltens von Luxusreisekundinnen und -kunden des Winters 2017/2018 wurden rund 500 Tourismusexpertinnen und -experten zur Relevanz des Themas befragt. Luxusreisen beschreiben außergewöhnliche Erlebnisse, die in erster Linie auf der Wahl des Reiseziels, aber auch auf der Wahl der zumeist exklusiven Unterkunft auf hohem Qualitätsniveau beruhen (Bosshart et al. 2020, S. 48f.). Die Hotellerie stellt somit einen Teil des eben beschriebenen Luxustourismus dar. Der Aussage, dass sich Luxus auch in der Übernachtung in Fünfsternehotels widerspiegelt, stimmten 58 % der Befragten einer Umfrage innerhalb der Premium- und Luxus-Studie ‚Konsumgeneration 2018' von Keylens (2018) zu.

Ein Luxushotel wird als ein Hotel als Beherbergungsstätte definiert, das durch Attribute wie erhöhten Komfort, Geräumigkeit, qualitativ hohe Serviceleistung, elegante Ausstattung und Geschichtsbezug gekennzeichnet ist. Das Wort ‚Luxushotel' steht gleichbedeutend für Hotels mit hoher Qualität, die sich der Fünfsternekategorie zuordnen lassen (JadAllah 2018, S. 30).

2.4 Die deutsche Hotelklassifizierung

Die deutsche Hotelklassifizierung besteht seit 1996. Sie ist die Grundlage des darauf aufgebauten, heutzutage verwendeten Systems des Deutschen Hotel- und Gaststättenverbandes. Mithilfe der Klassifizierung können sich die Hotels auf dem Markt positionieren. Die Teilnahme zur Klassifizierung ist freiwillig. Ein Ausstieg mit der damit einhergehenden Rücknahme der Klassifizierung ist jederzeit möglich. Jeder Betrieb mit mindestens acht Gästebetten kann sich durch eine Klassifizierungskommission prüfen und bewerten lassen. Die Klassifizierung besteht für drei Jahre. Klassifiziert werden unterschiedliche Qualitätsgruppen, die sich in der Anzahl vergebener Sterne unterscheiden. Die Richtlinien zur Bewertung sind für die fünf einzelnen Kategorien verbindlich festgelegt. Der Kriterienkatalog umfasst 19 zu erfüllende Mindestanforderungen. Das Gebäude, die Gästezimmer, die Tagungsräume, die Einrichtung und Ausstattung, der geleistete Service sowie alle angebotenen Leistungen werden bewertet (Landsiedel 2012, S. 49f.).

3 Forschungsstand zur nachhaltigen Hotellerie

3.1 Nachhaltigkeit im Tourismus

Luxustouristinnen und -touristen erwarten heutzutage mehr als eine an ihre Wünsche angepasste Reise, bei der ihr Horizont erweitert wird. Nachhaltigkeit als Bestandteil des Tourismus gewinnt an Bedeutung. Noch vor 8 Jahren waren 42 % der Menschen der Meinung, fairer Tourismus und umweltbewusstes Reisen seien bedeutungslos, während 40 % bereits die

Relevanz dieser Aspekte erkannten, sie jedoch nicht als Entscheidungskriterium für oder gegen eine Reise ansahen (Bosshart et al. 2019, S. 51).

Laut der World Tourism Organization (UNWTO), einer Sonderorganisation der Vereinten Nationen mit dem Ziel der zukunftsfähigen Entwicklung des Tourismus, werden 5 % der weltweiten CO_2-Emissionen durch den Tourismus verursacht. Hierbei entfallen 21 % auf die Unterkünfte. Trotz der Tatsache, dass Nachhaltigkeit zunehmend an Bedeutung gewinnt, ist die Zahl der auf diese ausgerichteten Hotelleriebetriebe in Deutschland noch immer verhältnismäßig gering. In der Studie ‚Zertifizierungssysteme für nachhaltigen Tourismus' der Hochschule für nachhaltige Entwicklung Eberswalde und des Zentrums für nachhaltigen Tourismus aus dem Jahr 2016 wird deren Quote auf lediglich circa 5 % geschätzt (Stromporowski/Laux 2019, S. 13/30).

3.2 Nachhaltigkeit und Luxus

Luxusgüter und luxuriöse Angebote kennzeichnen sich durch die hohe Qualität. Für eine Vielzahl an Menschen ist auch Nachhaltigkeit ein bedeutsames Qualitätsmerkmal und gilt somit als Luxusattribut. ‚New Luxury' beschreibt das Kriterium Nachhaltigkeit als essenziellen Faktor der Kaufentscheidung. Nachhaltigkeit macht den Unterschied.

Diese veränderte Sichtweise auf den Luxusmarkt ist eng mit dem Postmaterialismus verknüpft. Immaterielle Bedürfnisse geraten stärker in den Fokus. Nachhaltige Verantwortung ist ein Statussymbol, mit dem sich Unternehmen schmücken. Nachhaltigkeit ist Teil der Authentizität eines Unternehmens. Die Umsetzung und Implementierung einer neuen Imagestrategie kosten Geld. (Lenzen 2021, S. 7f.; o.A. 2021, S. 14)

Der Großteil der Strategien eines Unternehmens hinsichtlich Nachhaltigkeit wird auch als ‚Business Sustainability 1.0' bezeichnet. Dabei konzentriert sich der unternehmerische Nachhaltigkeitsgedanke auf ökonomischen Erfolg.

Echtes nachhaltiges Management, auch ‚echte Nachhaltigkeit' genannt, betrifft Lösungsansätze zu Nachhaltigkeitsproblemen der Gesellschaft. Ein Bewusstseinswandel ist Grundlage dieser Strategie. Die ‚Business Sustainability 3.0' fordert, dass das Unternehmen seine Rolle in der Gesellschaft, auch in der Zukunft, überdenkt. Es stellt sich die Frage, wie Nachhaltigkeit künftig gelebt werden soll. Die Schaffung ökologischer Nachhaltigkeitskonzepte ist nicht Kern dieser nachhaltigen Managementstrategie (Grothe/Teller 2020, S. 71f.).

Verzicht ist nicht das Handeln aufgrund des eigenen verbesserten Wohles, hervorgerufen durch diesen Verzicht. Stattdessen gilt es, im Wohl der Allgemeinheit, insbesondere der Natur und der Umwelt, zu handeln. Der Großteil der Menschen handelt nachhaltig aus Gewohnheit oder aufgrund selbst definierter Werte. In dieser Nachhaltigkeit mit den heutzutage beliebten Öko- oder Fairtrade-Produkten findet sich auch ein Luxusgedanke. Die zumeist teureren, limitierten und oft qualitativ höheren Produkte werden häufig als Luxusprodukte bezeichnet (Spode et al. 2019, S. 73f.).

Dennoch sind Luxusprodukte nicht immer die auf den ersten Blick nachhaltigere Option. Innerhalb der Hotellerie bestehen Unterschiede hinsichtlich verschiedener Umweltkennzahlen. Nachhaltigkeit aus der Sicht von Luxushotels ist daher anders zu betrachten als aus der Perspektive von Hotels anderer Sternekategorien.

Fünfsterneluxusprodukte haben beispielsweise einen weitaus höheren Verbrauch an Energie pro Übernachtung als Produkte von Hotels unterklassiger Kategorien. Zudem bewegen sich Luxushotels bei ihren energiebedingten CO_2-Emissionen im ungefähr doppelten Bereich. Auch der Wasserverbrauch ist mit 522 Litern pro Übernachtung bei Luxushotels deutlich höher. Das Abfallaufkommen ist hingegen deutlich geringer und überwiegt bei Hotels zwischen null und zwei Sternen (Ratjen et al. 2016, S. 5).

Viele Menschen hinterfragen daher bewusst, ob Luxus und nachhaltiges Reisen vereinbar sind, gerade aufgrund der Tatsache, dass der Ressourcenverbrauch bei Luxusreisen deutlich höher ist. Oft gilt Luxus als verschwenderisch und damit nicht als ökologisch nachhaltig. Wird jedoch von einer modernen Bedeutung des Luxusbegriffs ausgegangen, bei der die endlichen Ressourcen der Erde akzeptiert und toleriert werden, ist eine Verbindung von Luxus und Nachhaltigkeit möglich. Die durch den Luxusaspekt höheren Preise der touristischen Leistung werden in eine nachhaltige Ausrichtung des Unternehmens investiert. Wenn sich der Luxustourismus als ökologisch und sozial bewusste Branche versteht und dementsprechend verhält, wird er auch langfristig nachhaltigen Erfolg mit sich bringen. Es sind also das Unternehmen und dessen Philosophie sowie Handlungen als Gesamtheit zu betrachten, wodurch sich Luxustourismus ideal mit echter Nachhaltigkeit vereinen lässt (Gowin et al. 2019, S. 316).

4 Fazit

Die Luxusreisenden haben sich verändert. Früher darauf bedacht, opulente Zimmer zu bewohnen, steht heutzutage Nachhaltigkeit immer mehr im Fokus. Das Luxusverständnis hat sich gewandelt, da die Verbraucherinnen und Verbraucher ihr Einkommen zunehmend für Erlebnisse statt für Güter ausgeben. Neben Einzigartigkeit, Exklusivität, dem Ruf des Hotels und einer hohen Qualität nimmt Nachhaltigkeit eine immer relevanter werdende Rolle ein.

Luxushotels dürfen sich daher nicht auf ihrem Namen und ihren Qualitätsstandards ausruhen. Es gilt, sich der Nachhaltigkeitsbewegung anzupassen und mit der Zeit sowie den Gästewünschen zu gehen. Nur so kann der Erfolg des Unternehmens nachhaltig gesichert werden (Bosshart et al. 2020, S. 51).

Meine persönliche Sichtweise als dual Studierende ist, dass der Weg zur einheitlichen Implementierung von Nachhaltigkeit in der Hotellerie noch ein weiter ist. Der Markt der Luxushotellerie ist in dieser Hinsicht besonders interessant. Einerseits haben Luxustouristinnen und -touristen die notwendigen monetären Voraussetzungen, um ein eventuell kostspieligeres nachhaltiges Hotelprodukt zu besuchen. Auf der anderen Seite treten sie mit hohen Erwartungen an das Hotel heran. Bei der erwarteten Qualität auf Luxusniveau nehmen nicht alle Reisenden gerne das Risiko auf Verzicht in Kauf. Dennoch lassen sich die Themen Luxustourismus sowie Luxushotellerie und Nachhaltigkeit verknüpfen. Den Menschen muss verdeutlicht werden, dass ein nachhaltiges Hotelprodukt keinen Qualitätsverlust bedeutet.

Ich empfehle als dual Studierende daher, die Menschen im Alltag für das Thema Nachhaltigkeit im Tourismus zu sensibilisieren und den Gästen offen zu kommunizieren, inwiefern Nachhaltigkeit und nachhaltiges Handeln unausweichlich sind, auch im Luxusurlaub. •

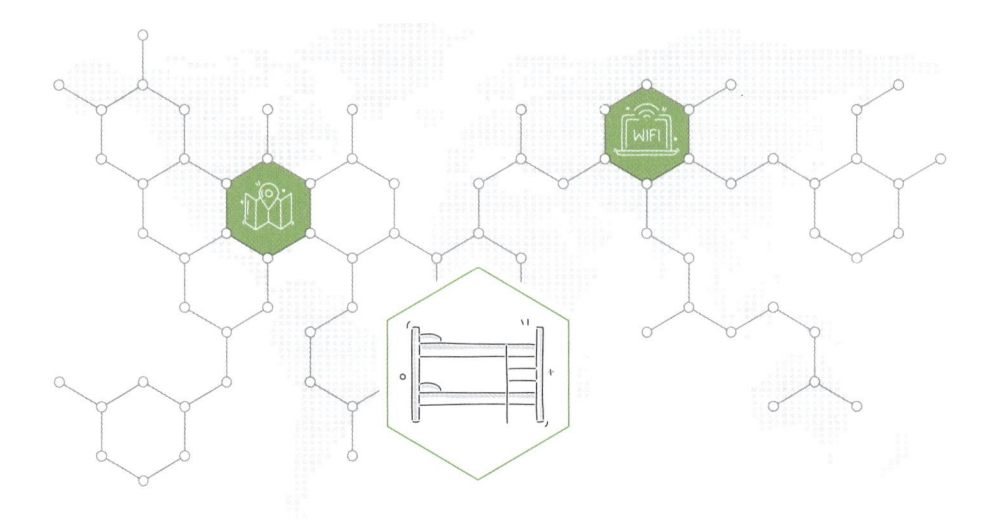

Strategieansatz von Nachhaltigkeit

Wie nachhaltig kann ein Budgetprodukt sein?

von Anika Hüttemann

1 Einleitung

Wer auf Städtereisen nach günstigen Übernachtungsmöglichkeiten sucht, wird heute fündiger denn je. Budgethotels haben sich fest am Markt etabliert. In der Regel locken sie mit attraktiven Preisen in zentraler Lage. Die Einrichtung ist standardisiert und funktional, wobei einige der Ketten mit modernen Designkonzepten aufwarten. „Modernes Ambiente ohne Schnickschnack zum kleinen Preis", so lautet die Erfolgsformel der Budgethotels (Reisner 2014). Dabei wird auf hohen Personaleinsatz verzichtet und das gastronomische Angebot häufig auf Frühstück und durchgehend verfügbare Snackautomaten begrenzt (Deutsches Institut für Service Qualität [DISQ] 2022). Budgethotels sind längst zum Erfolgskonzept geworden und die Nachfrage nach den preisgünstigen sowie modernen Übernachtungsangeboten in Citylage wächst weiter.

Neben dem Trend nach günstigen Unterkünften entwickelt sich ein weiterer auf dem Reisemarkt: der Trend zum nachhaltigen Reisen. In einer Umfrage durch Booking.com gaben 78 % der Befragten an, für das Jahr 2023 mindestens einmal eine nachhaltige Unterkunft buchen zu wollen (Liu 2022). Aktuell zeigt sich wiederum eine Verhaltenslücke. Häufig besteht zwar der Wunsch nach nachhaltigem Reisen, jedoch gibt es noch eine große Diskrepanz zwischen Motivation und Umsetzung (BMUV 2019b).

Für Budgethotels besteht die Chance, sowohl die Hotelgäste zu gewinnen, die ein preisgünstiges Angebot suchen, als auch die, die sich eine nachhaltig geführte Unterkunft wünschen, indem sie entsprechende Maßnahmen ergreifen. Grundlegend stellt sich dabei die Frage, inwieweit bei einem Budgetprodukt Nachhaltigkeit umgesetzt werden kann. Im Folgenden wird dieser Frage nachgegangen. Anhand von Best-Practice-Beispielen werden Strategieansätze und Maßnahmen ausgewählter Budgethotelketten in Deutschland vorgestellt.

2 Begriffsklärung

2.1 Begriff der Nachhaltigkeit

„Nachhaltige Entwicklung ist Entwicklung, welche die Bedürfnisse der Gegenwart befriedigt, ohne zu riskieren, dass künftige Generationen ihre eigenen Bedürfnisse nicht mehr befriedigen können." (Weltkommission für Umwelt und Entwicklung der Vereinten Nationen 1987, S. 46) Im Zusammenhang mit dem Begriff der ‚Nachhaltigkeit' hat sich das Verständnis des Dreisäulenmodells etabliert, das durch den Abschlussbericht der Enquete-Kommission des Deutschen Bundestags beschrieben wurde (Deutscher Bundestag 1998). Das Modell besteht aus den Säulen der ökologischen, der ökonomischen und der sozialen Nachhaltigkeit.

Ökologische Nachhaltigkeit

Der Begriff der ‚ökologischen Nachhaltigkeit' beschreibt den Erhalt einer intakten Natur und Umwelt, die zukünftigen Generationen gleichsam zur Verfügung steht. Dies beinhaltet den Schutz von intakten Ökosystemen, Tieren, Pflanzen und natürlichen Lebensräumen. Vorhandene Ressourcen werden so genutzt, dass sie sich regenerieren können und kein Schaden entsteht. Der ökologischen Dimension wird eine besondere Bedeutung beigemessen, da natürliche Ressourcen nur bedingt ersetzt werden können und eine intakte Natur die Grundlage für Leben und Handeln darstellt (Stomporowski/Laux 2019, S. 25).

Ökonomische Nachhaltigkeit
Die ökonomische Nachhaltigkeit bezieht sich auf das wirtschaftliche Handeln und auf eine Ertragsorientierung, die auf Langfristigkeit beruht. Die Grundvoraussetzung dafür ist ein verantwortungsvoller und schonender Umgang mit vorhandenen Ressourcen, sodass sie für zukünftiges Wirtschaften zur Verfügung stehen können. Somit gehen ökonomische und ökologische Nachhaltigkeitsziele häufig miteinander einher. In Abgrenzung zur ökonomischen Nachhaltigkeit steht ein wirtschaftliches Handeln, das sich vorwiegend an kurzfristigen Gewinnen orientiert und auf ein grenzenloses Wirtschaftswachstum setzt (Bauer 2008).

Soziale Nachhaltigkeit
Die soziale Nachhaltigkeit lässt sich in zwei Dimensionen unterteilen. Die erste Dimension betrifft die Chancengleichheit von Menschen innerhalb einzelner Gesellschaften. Dazu gehört die Gleichstellung von Menschen unterschiedlichen Geschlechts, unterschiedlicher ethnischer Herkunft und körperlichen und geistigen Einschränkungen. Die zweite Dimension betrifft die Verteilungsgerechtigkeit zwischen den Staaten auf globaler Ebene. Dazu gehört die Chancengleichheit zwischen Industrie- sowie Schwellen- und Entwicklungsländern in Bezug auf Zugang zu Bildung und Ressourcen (Bauer 2008).

2.2 Begriff der Budgethotellerie

Der Begriff ‚Budgethotel' ist nicht eindeutig definiert. Im allgemeinen Verständnis bezieht sich das Wort auf Hotels ab einer Größe von fünfzig Zimmern im Null- bis Dreisternesegment, die großen Hotelketten angehören. Budgethotels weisen in der Regel einen hohen Standardisierungsgrad auf und sind in ihren Leistungen auf das Wesentliche beschränkt, um dadurch günstige Preise für ein Massenpublikum zu gewährleisten (Ruetz/Marvel 2011, S. 100). In Deutschland haben sich seit Anfang der 2000er Jahre Budgethotels am Markt etabliert. Zu Zeiten der Wirtschaftskrise im Jahr 2009 erlebte die Budgethotellerie einen zusätzlichen Aufschwung, als Unternehmen vermehrt die kostengünstige Variante für ihre Geschäftsreisenden buchten. Mittlerweile sind zahlreiche Anbieter hinzugekommen und die Budgethotellerie verzeichnet im Vergleich zum Gesamtmarkt der deutschen Hotellerie ein überdurchschnittliches Wachstum (Behre 2019). In Deutschland sind beispielsweise Marken wie ibis Hotels, B&B Hotels, Motel One, a&o Hotels und Hostels, Holiday Inn Express, Moxy oder Meininger Hotels vertreten.

3 Nachhaltigkeit als neues Erfolgskriterium

Das Thema Nachhaltigkeit und die Sorge um klimatische Veränderungen erreichen immer häufiger das gesellschaftliche Bewusstsein. Das spiegelt sich auch auf politischer Ebene wider. Durch die Einführung der EU-Richtlinie zur Corporate Social Responsibility (CSR) in Deutschland im Jahr 2017 durch das CSR-Richtlinie-Umsetzungsgesetz, besteht seither eine CSR-Berichtspflicht. Unternehmen ab einer Größe von 500 Mitarbeitenden, die über ein bestimmtes Umsatz- oder Bilanzvolumen verfügen oder am Kapitalmarkt aktiv sind, sind seither verpflichtet, ihre Aktivitäten zu Umweltthemen, Sozial- und Arbeitnehmerbelangen offenzulegen (Bundesministerium für Arbeit und Soziales [BMAS] o.J.c). Seither veröffentlichen sämtliche Unternehmen ihre CSR-Berichte und damit ihren Beitrag zur nachhaltigen Entwicklung, was wiederum zu einem gesteigerten Bewusstsein in der Gesellschaft führt und gleichzeitig einen positiven Wettbewerb zwischen Unternehmen fördert.

Auch auf dem Reisemarkt gewinnt das Thema Nachhaltigkeit an Popularität. So führte die Online-Reiseplattform Booking.com im Jahr 2021 eine Kennzeichnung und Filterkategorie für nachhaltige Unterkünfte ein. Dadurch werden nachhaltige Angebote verstärkt sichtbar gemacht und gleichzeitig Anreize für Anbieter geschaffen, sich durch eine nachhaltigere Ausrichtung für diese Kennzeichnung zu qualifizieren (Booking.com 2021a). Auch die Plattform TripAdvisor hat ein Siegel entwickelt, um nachhaltige Unterkünfte auf ihren Seiten sichtbar zu machen (Tripadvisor o.J.). Damit werden Anreize geschaffen, die das Angebot an nachhaltigen Unterkünften weiterwachsen lassen.

Auf der Nachfrageseite gaben 76 % der deutschen Reisenden in einer Studie von Booking.com aus dem Jahr 2021 an, nachhaltiges

Reisen als wichtig zu empfinden (Booking.com 2021b). Auch im Bereich Geschäftsreisen wird Nachhaltigkeit zum Auswahlkriterium. In der Studie des Deutschen Reiseverbands ‚Chefsache Business Travel 2022' gaben 56 % der Unternehmen ab 250 Mitarbeitenden an, bei ihren Buchungen die Einhaltung von ökologischen und sozialen Standards zu berücksichtigen (Deutscher Reiseverband [DRV] 2022). Die Buchung von nachhaltigen Unterkünften im Geschäftsbereich kann sich positiv auf das Image und den CSR-Bericht des Unternehmens auswirken.

4 Strategieansätze in der Budgethotellerie

Das Konzept der Budgethotellerie basiert darauf, möglichst kosteneffizient zu wirtschaften, um günstige Preise für ein breites Publikum anbieten zu können. Deshalb wirkt die Idee von Nachhaltigkeitskonzepten für dieses Segment zunächst widersprüchlich. Bei genauerer Betrachtung lässt sich allerdings feststellen, dass Nachhaltigkeit und Wirtschaftlichkeit keineswegs in einem Zielkonflikt zueinanderstehen. Eine Vielzahl von Maßnahmen ist mit einer effizienten Ressourcennutzung verbunden, die wiederum zu Kostensenkungen führt.

Ökologische Handlungsebene
Der Deutsche Hotel- und Gaststättenverband (DEHOGA) hat im Jahr 2016 mit der ‚DEHOGA-Umweltbroschüre' einen Handlungsleitfaden für die Hotellerie und Gastronomie herausgegeben. Darin werden zahlreiche Beispiele dahingehend aufgezeigt, wie sich durch einen nachhaltigen Umgang mit Ressourcen wie Energie und Wasser Kosten einsparen und CO_2-Emissionen reduzieren lassen. Auch durch ein verbessertes Abfallmanagement lassen sich Gebühren einsparen. Idealerweise geschieht das durch die Vermeidung von Abfall. Aber auch durch eine konsequente Mülltrennung können kostenverursachende Restmüllmengen reduziert werden (DEHOGA 2016, S. 25 f.).

Eine weitere Maßnahme ist die Nutzung von günstigem Ökostrom. Durch die Verwendung von LED-Leuchtmitteln sowie energieeffizienten elektronischen Geräten lassen sich langfristig Energieverbrauch und Kosten senken (Stomporowski/Laux 2019, S. 78f.). Darüber hinaus kann Gästen ein Angebot zur freiwilligen Klimakompensation bereitgestellt werden, beispielsweise mittels eines Online-CO_2-Rechners (Stomporowski/Laux 2019, S. 122f.).

Ökonomische Handlungsebene
Wie bereits aufgezeigt, gehen ökologische und ökonomische Maßnahmen zur Nachhaltigkeit häufig miteinander einher. Hauptmerkmal der ökonomischen Nachhaltigkeit ist die Ausrichtung auf eine Art des Wirtschaftens, die langfristig bestehen kann. So sind beispielsweise im Bereich des nachhaltigen Bauens höhere Investitionen sinnvoll, um langfristig Kosten einzusparen und Ressourcen zu schonen. Die umfassende Dämmung von Gebäuden birgt ein erhebliches Einsparpotenzial an Energiekosten (Stomporowski/Laux 2019, S. 75f.). Auch für eine nachträgliche Dämmung stehen mittlerweile kostengünstige, natürliche Materialien wie Zellulose, Holzfaser oder Seegras zur Verfügung (Verbraucherzentrale Brandenburg e.V. 2022). Begrünte Dächer und unversiegelte Flächen unterstützen den Erhalt der Biodiversität. Eine von Anfang an barrierefreie Bauweise wird einer ansteigenden Nachfrage aufgrund des demografischen Wandels gerecht und ist außerdem kostengünstiger als nachträgliche Umbaumaßnahmen (Stomporowski/Laux 2019, S. 75f.).

Soziale Handlungsebene
Für das Gastgewerbe ist der Fachkräftemangel eine besondere Herausforderung. Ausbildungszahlen sind rückläufig. Gründe dafür sind unattraktive Arbeitszeiten, eine geringe Vergütung, der demografische Wandel und der Wunsch nach einem Studium. Im schlimmsten Fall führt dies dazu, dass Häuser vermehrt Ruhetage einlegen oder sogar schließen müssen (Stomporowski/Laux 2019, S. 21). Um dem entgegenzuwirken, bedarf es neben einer fairen Bezahlung eines Umgangs mit Mitarbeitenden, der auf gegenseitigem Respekt, Toleranz und Vertrauen basiert und dadurch die Grundlage für Motivation, Entwicklung und Bindung zum Unternehmen bildet. Die Unternehmen können auch Menschen eine Chance zur Entwicklung bieten, die Schwierigkeiten haben, einen Arbeitsplatz zu finden. Dazu zählen Personen mit Beeinträchtigungen, Menschen mit geringen Sprachkenntnissen, Quereinsteigerinnen und Quereinsteiger sowie ältere Arbeitnehmende (Stomporowski/Laux 2019, S. 138): Eine weitere Möglichkeit für die Umsetzung sozialer Nachhaltigkeit ist das Fördern und Unter-

stützen von sozialen Projekten. Gäste können einbezogen werden, indem sie beispielsweise bei der Buchung die Möglichkeit haben, einen kleinen Beitrag zu spenden.

5 Nachhaltigkeit in der Budgethotellerie: Best Practices

5.1 a&o Hotels und Hostels

„Die Generation Z wird nicht zuschauen und warten, bis 2045 oder 2050 CO_2-freie Produkte am Markt sind – wir brauchen heute und morgen Antworten" so Oliver Winter, CEO der a&o Hotels und Hostels (Tourismuspresse 2021). Die a&o Hotels and Hostels Holding GmbH wurde im Jahr 2000 in Berlin gegründet und bietet eine Kombination aus Hotel und Hostel im Budgetsegment. Aktuell bilden die a&o Hotels und Hostels mit 40 Häusern in 24 europäischen Städten die größte privat geführte Hostelkette Europas (a&o Hostels o.J.a). Zurzeit sind alle Häuser mit dem Gütesiegel ‚GreenSign' zertifiziert. „Unser Ziel ist es, bis 2025 die erste europäische Hostelkette zu sein, die CO_2 net zero ist" (a&o Hostels o.J.b).

Gemäß einer Erhebung durch den DEHOGA aus dem Jahr 2014 beträgt die durchschnittliche CO2-Emission im Null- bis Zweisternesegment rund 24,7 kg pro Gast und Übernachtung (DEHOGA 2016, S. 5). Die a&o Hotels und Hostels geben an, aktuell 5,9 kg CO_2 pro Übernachtung zu verbrauchen. Dabei ergreifen sie Maßnahmen auf ökologischer und ökonomischer Ebene, wie das Einsparen von Wasser durch Sparduschköpfe und duale Toilettenspülungen. Das Unternehmen nutzt 100 % Ökostrom und einige Häuser erfüllen bereits die höchste Energieeffizienzklasse. Sie vermeiden Abfall und Verpackungsmüll durch Mülltrennung sowie den Verzicht auf Plastikverpackungen beim Frühstück. Seit 2007 werden biologisch abbaubare Reinigungsmittel verwendet. Beim Frühstück werden vegane und vegetarische Alternativen angeboten. Seit 2018 werden in In-House-Gewächshäusern Kräuter selbst angebaut. Als Maßnahme gegen das Insektensterben wurde 2009 damit begonnen, die Häuser mit Blumenwiesen auszustatten (a&o Hostels o.J.b).

Die a&o Hotels und Hostels bieten in vielen Häusern mehrere barrierefreie und rollstuhlfreundliche Zimmer an. Nach dem Motto ‚everyone can travel' soll das Angebot bei Modernisierungsarbeiten weiter ausgebaut werden (a&o Hostels o.J.c). Auf sozialer Ebene engagieren sich das Unternehmen bereits seit 2004 mit einer Betreuung der SOS-Kinderdorf-Stiftung. Außerdem setzen sie sich mit Partnerschaften und als Sponsor in diversen Sportvereinen auf lokaler und nationaler Ebene ein (a&o Hostels o.J.d).

5.2 Motel One

Motel One wurde im Jahr 2000 in Deutschland gegründet und verfügt aktuell über 85 Hotels in 12 Ländern. Das Unternehmen positioniert sich als „Begründer und Vorreiter des Budget Design Konzepts" (Motel One o.J.a). In ihrer jungen Laufbahn wurde die Hotelkette bisher 47-mal in diversen Kategorien ausgezeichnet. (Motel One o.J.b). Im Jahr 2022 wurde sie in einer Studie zum Nachhaltigkeits-Champion gekürt und wird demnach von Verbraucherinnen und Verbrauchern als besonders nachhaltig eingestuft (Service Value 2022). Motel One hat ein eigenes Nachhaltigkeitsprogramm mit dem Namen ‚One Planet. One Future.' entwickelt, das sich an den Nachhaltigkeitszielen der UN orientiert (Motel One o.J.c).

Innerhalb von 5 Jahren konnten die CO_2-Emissionen pro Übernachtung um 47 % reduziert werden. Die Firmenflotte wird sukzessive auf E-Antrieb umgestellt. Dem Personal werden nachhaltige Mobilitätslösungen durch Zuschüsse zum öffentlichen Personennahverkehr und durch Job-Bikes angeboten (Motel One o.J.c, S. 4). Seit 2020 werden alle Häuser mit 100 % Ökostrom betrieben. Durch Maßnahmen wie die Installation von LED-Beleuchtung und Wärmeschutzverglasung wird der Energieverbrauch reduziert und durch Energieaudits regelmäßig kontrolliert. Außerdem ist ein Ausbau der E-Ladestationen geplant. Bis Ende 2022 sollen an fünfzig Standorten mindestens zwei Ladesäulen zur Verfügung stehen (Motel One o.J.c, S. 5).

Weitere Maßnahmen auf ökologischer und ökonomischer Ebene sind:

- Reduktion des Wasserverbrauchs durch wassersparende Dusch- und Waschtischarmaturen sowie WC-Spülkästen mit Zweitastenkombination (Motel One o.J.c, S. 6).

- Frühstücksangebot mit großer Auswahl an Bio- und Fairtrade-Produkten sowie vegetarischen und veganen Varianten von Wurst, Feta, Gouda und Joghurt (Motel One o.J.c, S. 7).

- Abschaffung von Plastikmüllsäcken, 75 % Lebensmittel ohne Einzelverpackungen, 100 % mikroplastikfreie, organische Kosmetik in Bädern (Motel One o.J.c, S. 8).

- My-Service-Option – Gäste haben die Möglichkeit, auf Zimmerreinigung zu verzichten (Motel One o.J.c, S. 8).

Auch auf sozialer Ebene zeigt sich das Unternehmen engagiert. Im Jahr 2021 verzeichnete Motel One eine Frauenquote von 53 % in Führungspositionen und eine Belegschaft mit Mitarbeitenden aus 75 Nationen in Deutschland (Motel One o.J.c, S. 11). Das Unternehmen wurde von Focus in Kooperation mit Kununu mehrfach als ‚Top Nationaler Arbeitgeber' ausgezeichnet, ist Träger des HR Excellence Awards (Motel One o.J.a) und wurde bereits mehrmals aus 160 000 Unternehmen in Deutschland als ‚Leading Employer' zu den besten 1 % der Arbeitgeber gewählt (Motel One o.J.d). Mit der im Jahr 2018 gegründeten Stiftung ‚One Foundation' werden weltweit Bildungsprojekte gefördert und initiiert. Dazu gehören der Bau von drei Schulen und einem Kindergarten in Malawi, der Bau von Zeltschulen für Geflüchtete in Syrien und im Libanon sowie die Förderung der Stiftung Brotzeit an Schulen in Berlin (Motel One o.J.c, S. 13).

5.3 B&B HOTELS

Die B&B HOTELS wurden im Jahr 1990 in Frankreich gegründet. Aktuell gibt es über 600 Hotels in folgenden 14 Ländern: Österreich, Belgien, Brasilien, Tschechische Republik, Frankreich, Deutschland, Ungarn, Italien, Niederlande, Polen, Portugal, Slowenien, Spanien und Schweiz. Im Durchschnitt eröffnet ein zusätzliches neues Hotel pro Woche (B&B Hotels o.J.). Ein solches Wachstum kann nur in einer Einheit mit einer umfassenden Nachhaltigkeitsstrategie erfolgreich umgesetzt werden. Nachhaltigkeit wiederum muss glaubwürdig, transparent und kundenzentriert gestaltet sein. „Wir setzen deshalb auf renommierte Gütesiegel und anerkannte Zertifizierungen", berichtet Richard Seusing, Chief Financial Officer Central & Northern Europe. „Eine Zertifizierung findet im Schulterschluss mit unseren B&B Hotelmanagern statt, die eng in den Prozess mit eingebunden werden. Ein nachhaltiges Hotel funktioniert nur in Zusammenarbeit auf allen Ebenen", ist Richard Seusing überzeugt. André Haschker, Geschäftsführer der Best Value Management GmbH und Hotelmanager der B&B HOTELS Wetzlar, Marburg und

Gießen ist überzeugt: „Bei aktuell 158 Hotels in Deutschland sind wir vor Ort mit unseren Teams das entscheidende Bindeglied im CSR-Kontext: Wir sorgen auf operativer Ebene vor Ort dafür, die Maßnahmen der B&B HOTELS umzusetzen, und sind dabei als Gastgeber der Kommunikator gegenüber den Kunden und Gästen."

Für die B&B HOTELS ist Nachhaltigkeit der Wegweiser in eine erfolgreiche Zukunft. Gemeinsam mit dem führenden europäischen Zertifizierungsunternehmen SOCOTEC Group wurde bereits eine vom GSTC validierte CSR-Zertifizierung eingeführt (Richard Seusing 2022). Um den CO_2-Fußabdruck pro Übernachtung und Gast zu verringern, hat B&B HOTELS zahlreiche Maßnahmen umgesetzt. Deutschlandweit wird 100 % Ökostrom genutzt. Die ersten Ladestationen für Elektroautos werden bis Ende 2022 auf hoteleigenen Parkplätzen in Betrieb genommen. Ebenfalls wird die Dienstwagenflotte sukzessive auf E-Fahrzeuge umgestellt. Gäste erhalten schon jetzt in vielen Hotels im Verkaufsprozess mit dem ‚Green-Button-Konzept' die Möglichkeit, auf Zimmerreinigungen während ihres Aufenthalts zu verzichten, gleichzeitig spenden B&B-HOTELS-Kundinnen und -Kunden einen kleinen Betrag der eingesparten Zimmerreinigung für wohltätige Zwecke. Weitere Ziele und Maßnahmen sind die stetige Reduzierung von Verpackungsmüll sowie die Erweiterung nachhaltiger und biofokussierter Frühstücksangebote und einer ressourcenschonenden Zimmerausstattung. Bereits umgesetzt wurden z. B. die Abschaffung von Einmalplastik, wassersparende Armaturen und die Nutzung von LED sowie die Entwicklung von nachhaltigen Baustandards für zukünftige Bauprojekte (Richard Seusing 2022). Weitere umfangreiche Maßnahmen sind für das Jahr 2023 in Planung.

Teil des Budgetkonzepts von B&B HOTELS ist es, sich auf das Wesentliche zu fokussieren. Dabei sind der Energieverbrauch sowie die produzierten Abfallmengen deutlich niedriger als bei konkurrierenden Hotelkonzepten mit Spa Bereichen, Restaurants und Konferenzräumen. „Nachhaltigkeit und Budgethotellerie passen sehr gut zusammen", meint Richard Seusing, „Nachhaltigkeit bedeutet auch, auf Unnötiges bewusst zu verzichten, das ist die Idee eines kundenzentrierten Budget-Hotellerie-Produkts." Auch im Bereich Chancen- und Geschlechtergleichheit sind die B&B HOTELS aktiv. Empathie, Integrität und Inklusion gehören zu den gelebten Unternehmenswerten. Im Jahr 2022 wurde ein länderübergreifender B&B-HOTELS-Ethikausschuss gegründet, der sich mit Fragen der sozialen Verantwortung von Unternehmen befasst und die CSR-Strategie konsequent umsetzt. Der Anteil von Frauen in Führungspositionen wird sukzessive erhöht. Für Mitarbeitende werden unter dem Motto ‚well-being at work' regelmäßig Weiterbildungs- und Teambuilding-Maßnahmen angeboten, um Talente zu fördern und den Austausch innerhalb der Teams sowie zwischen Mitarbeitenden und Managementebene zu stärken (Richard Seusing 2022).

5.4 ibis Hotels

Die ibis Hotels mit den Marken ibis, ibis styles und ibis budget gehören zum französischen Unternehmen Accor (ibis Accor o.J.). Im Jahr 2016 wählten Verbraucherinnen und Verbraucher beim ‚DEUTSCHLAND TEST' die Marke ibis zum Branchensieger bei den Budgethotels für nachhaltiges Engagement (Accor 2017). Viele der deutschen ibis Hotels sind nach dem Umweltmanagementsystem ISO14001 zertifiziert (DEHOGA o.J.b, S. 5). Mit ‚Planet21' hat das Unternehmen Accor ein eigenes Nachhaltigkeitskonzept für alle zugehörigen Hotels entwickelt. Demnach werden Erträge, die durch Einsparungen von Wasser und Energie entstehen, für das Pflanzen von Bäumen verwendet. Laut Accor wird dadurch jede Minute ein Baum gepflanzt. In den ibis Hotels werden ökologische Hygiene- und Reinigungsprodukte verwendet. Auch im Bereich Lebensmittel verpflichten sich die ibis-Marken, die Verschwendung von Lebensmitteln zu reduzieren sowie gesunde und ausgewogene Speisen aus teils hoteleigenen Gärten anzubieten (ibis Accor o.J.).

Auf vielen Dächern der Berliner ibis Hotels kann durch eigene Bienenstöcke Honig vom Dachgarten zum Frühstück angeboten werden. Einige Hoteldächer sind außerdem mit Gemüse- und Kräuterbeeten ausgestattet, deren Produkte sich auch in der Hotelküche wiederfinden (Accor 2019).

Einmal im Jahr feiert die Accor-Gruppe den ‚Planet 21 Day'. An diesem Tag engagieren sich weltweit zugehörige Hotels mit nachhaltigen Projekten und Veranstaltungen (Accor 2016). Auch Mitarbeitende der ibis Hotels engagieren sich beispielsweise durch Blutspendeaktionen oder durch die Unterstützung der Ausgabe von Lebensmitteln an Bedürftige (Accor 2019).

6 Fazit

Die vorangegangenen Beispiele zeigen, dass sich die Budgethotellerie aktuell im Wandel befindet. Nachhaltigkeitskonzepte werden in die Unternehmensstrategie integriert und vielfältige Maßnahmen werden bereits umgesetzt. Die Vereinigung von Budgethotellerie und Nachhaltigkeit ist kein Widerspruch, sondern eine vorteilhafte Allianz. Durch den verantwortungsvollen Einsatz von Ressourcen wie Wasser und Energie lassen sich Kosten einsparen. Eine energieeffiziente Bauweise trägt zusätzlich zur dauerhaften Senkung von Energiekosten bei. Erhöhte Aufwendungen für Bio- und Fairtrade-Produkte können dadurch wieder aufgefangen werden. Auch Gäste können miteinbezogen werden, beispielsweise durch den Verzicht auf die tägliche Zimmerreinigung oder durch Kompensations- und Spendenangebote. Ein Arbeitsumfeld, das auf Fairness und Respekt basiert sowie für Chancen- und Geschlechtergleichheit und soziales Engagement steht, kann für motivierte Mitarbeitende, langfristige Arbeitsverhältnisse und eine positive Gästebindung sorgen. •

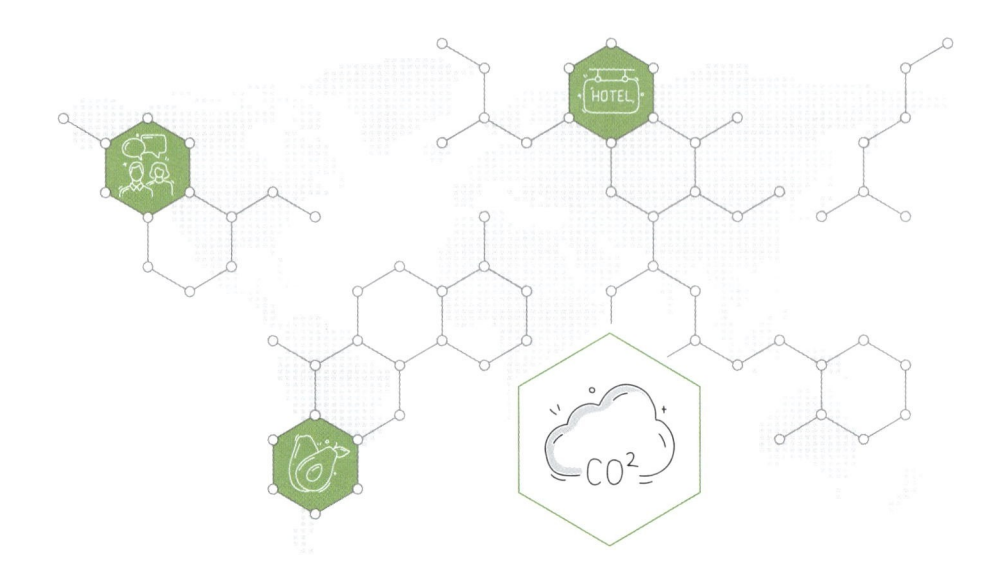

Der ökologische Fußabdruck und Klimaneutralität

Erfolgreicher Nachhaltigkeitsweg oder Greenwashing

von Emely Fischer

1 Einleitung

„Wenn die gesamte Weltbevölkerung nach dem Lebensstandard sowie Ressourcenverbrauch der USA leben würde, benötigte sie insgesamt fünf Erden." (Statista Research Departement 2022)

Deswegen beschäftigt sich die Gesellschaft mittlerweile weltweit mit dem Thema der ökologischen Einsparungen. Auch Unternehmen stellen sich immer mehr die Frage, wie sie ihre internen Abläufe und ihre allgemeine Unternehmenskultur nachhaltiger gestalten und verbessern können. Da diese Anforderungen fortan nicht nur gesetzlich vorgeschrieben sind, sondern auch einer steigenden Nachfrage der Endkundinnen und -kunden unterliegen, ist es essenziell, diese in die Unternehmensstruktur zu implementieren.

In nahezu jedem wirtschaftlichen kundenorientierten Betrieb ist neben dem Faktor der Gewinnmaximierung das nachhaltige Wirtschaften eine erfolgsentscheidende Größe (Statista Research Departement 2022). Neben der Mode-, Lebensmittel- und Automobilbranche hat auch die Tourismusbranche die Verantwortung, den umweltbewussten Kundinnen und Kunden Produkte zu präsentieren, bei denen sie ihren ökologischen Fußabdruck möglichst verringern oder Kompensationsprojekte unterstützen können, aber gleichzeitig auf essenzielle Bestandteile ihrer touristischen Produkte nicht verzichten müssen.

Um die nachhaltige Ausrichtung eines Unternehmens ermitteln zu können, wird beispielsweise der ökologische Fußabdruck herangezogen, welcher die Klimaneutralität oder sogar -positivität eines Unternehmens auszeichnet. Die Frage, ob die Erreichung dieser ‚Auszeichnungen der Klimaneutralität' tatsächlich ein geeigneter Nachhaltigkeitsweg ist, sodass Unternehmen einen Beitrag zum Klimaschutz leisten können, oder ob es sich dabei lediglich um ‚Greenwashing' handelt, soll im Folgenden adressiert werden.

2 Warum Unternehmen nachhaltig werden müssen

2.1 Wandelnde Kundennachfrage

In Deutschland hat die Nachhaltigkeit an Bedeutung gewonnen und ist zu einem entscheidenden Kriterium bei einer Kaufentscheidung geworden. Durch das Handeln der Deutschen wird deutlich, dass sich auch durch die Krise der Coronapandemie das Bewusstsein gegenüber der Umwelt nicht verringert hat. Es sagen 16 % der Deutschen sogar, dass das Umweltbewusstsein eine noch größere Bedeutung bekommen hat (BUMV 2022, S. 10).

Bedeutsam sind hierbei allerdings auch die soziodemografischen Merkmale, die einen klaren Unterschied im bewussten Handeln zeigen. Dabei wurde beispielsweise deutlich, dass Männer 1,2 Tonnen mehr an CO_2 erzeugen als Frauen, die einen CO_2-Fußabdruck von 5,7 Tonnen haben. Ebenfalls ergeben sich Schwankungen innerhalb der Altersklassen. Die sparsamsten sind demnach die 30- bis 39-Jährigen. Dort ergibt sich ein Mittelwert von 5,7 CO_2-Tonnen. Den größten CO_2-Fußabdruck hat die Altersgruppe der 70- bis 79-Jährigen mit 7,0 Tonnen. Auch die verschiedenen Umweltbewusstseinstypen haben unterschiedliche Fußabdrücke. Die ‚Konsequenten' sind die sparsamsten mit 5,0 Tonnen CO_2

und die ‚Ablehnenden' haben den größten Verbrauch mit 7,9 Tonnen. Eine große Chance bietet die Erkenntnis, dass die ‚Unentschlossenen' mehr verbrauchen als die ‚Skeptischen', was bedeutet, dass viele Menschen, die noch von der nachhaltigen Lebensweise überzeugt werden müssen, ein großes Einsparungspotenzial bieten (BUMV 2022, S. 68).

Im Gastgewerbe ist eine steigende Zahl von Gästen zu verzeichnen, die bereit sind, für umweltfreundlichere Unterkünfte höhere Preise zu bezahlen. Dies trifft auf rund 26 Millionen Menschen in Deutschland zu; außerdem steht für 72 % der deutschen Bevölkerung bereits fest, dass sie in den nächsten Jahren eine nachhaltige Unterkunft buchen möchten (Graefe 2022a).

2.2 EU-Klimagesetz

Neben dem Kriterium, wettbewerbsfähig zu bleiben und damit den Bedürfnissen der Kundinnen und Kunden nachzukommen, gibt es noch ein weiteres Kriterium, das Unternehmen sogar gesetzlich dazu verpflichtet, nachhaltig zu wirtschaften.

Auch die EU hat sich den Klimaschutz als einen politischen Schwerpunkt gesetzt. Die wesentlichen Eckpunkte umfassen, dass durch den Klimawandel verursachte negative Auswirkungen begrenzt werden müssen. Ein klar definiertes Ziel ist es, die globale Erwärmung „deutlich unter zwei Grad Celsius und möglichst unter 1,5 Grad Celsius gegenüber dem vorindustriellen Niveau zu beschränken". Außerdem soll bis 2050 auf alle Treibhausgasemissionen verzichtet werden, alle nicht verzichtbaren Restemissionen müssen durch Kompensationsprozesse ausgeglichen werden. Ebenso soll Europa eine allumfassende Klimaneutralität erreichen (BMUV o.J.b). Für diese EU-weite nachhaltige Entwicklung wurden zwei explizite Abkommen geschlossen.

Zum einen wurde der ‚Europäischer Grüner Deal' als neues Schlüsselprojekt der EU-Kommission initiiert. Dieser soll eine Konzeption sein, die Europa zum ersten klimaneutralen Kontinent entwickeln soll. Die entsprechenden Maßnahmen belaufen sich auf acht Kernbereiche: Klima, Energie, Landwirtschaft, Industrie, Umwelt und Ozeane, Verkehr, Finanzen und regionale Entwicklung sowie Forschung und Innovation. In allen Bereichen wurden explizite Zielstellungen erarbeitet, um Wirtschaft und Gesellschaft umzustrukturieren. Diese Ziele sind in ‚Punkteplänen' festgehalten, die frei zugänglich im Internet verfügbar sind. Darin sind wesentliche zeitliche Etappen in der Umsetzung ersichtlich. Die Emissionen sollen im Jahr 2030 im Vergleich zum Jahr 1990 um 65 % reduziert sein (Europäische Kommission o.J.).

Das zweite Abkommen bildet das Europäische Klimagesetz, das als Bestandteil des ‚Europäischer Grüner Deal' am 04.03.2020 zum ersten Mal als Vorschlag vorgelegt wurde. Dabei werden die Punkte des ‚Europäischer Grüner Deal' in der EU gesetzlich verpflichtend. Es soll nicht nur eine Aufforderung zum Handeln, sondern auch ein festgeschriebener Wegweiser sein, der Planungssicherheit bietet und den Unternehmen, Bürgerinnen und Bürgern sowie Behörden zur Verfügung gestellt wird. Die ausformulierten Ziele des ‚Europäischer Grüner Deal' sind innerhalb eines Gesetzes festgehalten, was auch zum Ausdruck bringen soll, dass Wandel hinsichtlich der Klimaneutralität etwas Unabdingbares und Unumkehrbares ist. Auf diesem langen Weg des Umschwungs sollen die Unternehmen und Investorinnen sowie Investoren aber begleitet werden, weswegen auch hier eine langfristige Planbarkeit für diese festgehalten wurde (Europäische Kommission o.J.).

Um diese allumfassenden Zielsetzungen erreichen zu können und somit eine gewisse Verpflichtung entstehen zu lassen, ist für Unternehmen fortan nach der Richtlinie 2014/95/EU ein ‚Nachhaltigkeitsreporting' obligatorisch. Darin sollen die Unternehmen ihre nachhaltige Orientierung offenlegen und verifizieren (Schulze-Quester o.J., S. 3).

3 Wie Unternehmen nachhaltig werden können

3.1 Ökologischer Fußabdruck

Die Frage, ob und wie Unternehmen die geforderten Leitlinien umsetzen können, wird nachfolgend geklärt. Ein zentrales Instrument hierfür ist der CO_2-Fußabdruck. Dieser ist laut ISO 14067 „die Bilanz der Treibhausgasemissionen entlang des gesamtem Lebenszyklus eines Produkts in einer definierten Anwendung und bezogen auf eine definierte Nutzeinheit" (Lewandowski et al. 2021, S. 17).

Es kann somit ein einzelnes Produkt anhand des Fußabdrucks von Beginn der Ressourcenbeschaffung bis hin zur Entsorgung bewertet werden. Ebenso können CO_2-Fußabdrücke für gesamte Unternehmen berechnet werden, indem die Produktionsphasen beurteilt werden. Allerdings können die CO_2-Emissionen eines gesamten Unternehmens nur nachhaltig gesenkt werden, wenn auch die einzelnen Produkte einen geringeren Fußabdruck aufweisen. Ein weiterer positiver Effekt ist dabei, dass damit die Kaufentscheidungen der Kundinnen und Kunden direkt beeinflusst werden und somit auch beim persönlichen Fußabdruck der Endkundschaft Einsparungen verzeichnet werden können (Lewandowski et al. 2021, S. 17f.).

Doch wie wird ein CO_2-Fußabdruck berechnet? Es existieren verschiedene Anbieter, die CO_2-Rechner entwickelt und visualisiert haben. Einer davon ist Naturefund, ein gemeinnütziger Verein, der eng mit der Initiative Transparente Zivilgesellschaft zusammenarbeitet. Naturefund wurde mehrmals mit internationalen Preisen ausgezeichnet und hat es sich zur Aufgabe gemacht, neben dem entwickelten CO_2-Rechner Kompensationsprojekte zu initiieren. Naturefund erwirbt gezielt Wälder, um diese dann wieder aufzuforsten. Der CO_2-Fußabdruck-Rechner von Naturefund ist benutzerfreundlich und zeigt den CO_2-Ausstoß in den Kategorien Auto, Flugzeug, Wohnen und Nahrung auf. Der Ausgleich wird den Konsumierenden mit einem Klick angeboten und motiviert sie zu einem umweltbewussteren Umgang mit dem CO_2-Fußabdruck. Alle Daten basieren auf Berechnungen von nationalen oder internationalen Institutionen, beispielsweise des BUMV, des UBAs, der Gesellschaft für Konsumforschung und des United Framework for Climate Change Convention (Naturefund e.V. o.J.).

Im Gastgewerbe gibt es verschiedene Dienstleister, die für die Erstellung eines CO_2-Fußabdrucks beauftragt werden können. Dazu zählt zum Beispiel Viabono. Dieses Unternehmen zeichnet umwelt- und klimafreundliche Gastgeber aus. Unter anderem berechnet Viabono den CO_2-Fußabdruck. Dabei wird für die Unternehmen in der anschließenden Zertifizierung aufgeschlüsselt, wie hoch die Emissionen pro Gast und Übernachtung sind. Auch die gesamten CO_2-Emissionen eines Hauses werden aufgeführt. Außerdem werden die Emissionswerte in die verschiedenen Bereiche des Gastgewerbes (Mobilität, F & B, Print, Reinigung/Wäsche, Sonstiges) aufgegliedert. Anschließend wird das Unternehmen in eine der sechs Effizienzklassen (A bis F) eingeteilt und wird so mit Wettbewerbern vergleichbar. Die Viabono-Zertifizierung bekommen nur diejenigen Betriebe, die eine Einordnung in der besten Effizienzklasse A erhalten haben (Viabono o.J.).

In Zusammenarbeit von Viabono und den Klima-Hotels wurde ebenfalls der CO_2-Fußabdruck des Creativhotel Luise zertifiziert. Dieses hat einen CO_2-Fußabdruck von 11,44 kg pro Übernachtung, insgesamt belaufen sich die Emissionen auf 232,37 Tonnen. Damit erreicht das Creativhotel Luise aus Erlangen die Klimaeffizienzklasse B (Klima-Hotels o.J.).

3.2 Scope-Werte

Die Frage, wo diese Emissionen auch in der vor- und nachgelagerten Wertschöpfungskette eingespart werden können, soll im Folgenden geklärt werden. Wesentlich ist, dass Emissionen in Unternehmen in verschiedenen Emissionskategorien, sogenannten Scopes, auftreten können. Im Greenhouse Gas Protocol (GHG Protocol) des World Business Council for Sustainable Development (WBCSD) und des World Resources Institute (WRI) wurden zunächst die ersten beiden Scopes definiert und mit Scope 3 wurde eine Erweiterung vorgenommen. Die Scopes sollen dazu beitragen, die Abgrenzung von direkten und indirekten Emissionen zu erleichtern sowie die Transparenz zu verbessern und den eigentlichen Nutzen von Klimapolitik in den Geschäftszielen zu erhöhen. Dafür wurden drei Bereiche definiert, die die Treibhausgasbilanzierung und -berichterstattung vereinfachen sollen. Unternehmen müssen mindestens Scope 1 und 2 getrennt aufweisen und darüber berichten (WBCSD/WRI 2004, S. 25).

> **Scope 1:** Umfasst direkte Treibhausgasemissionen, die aus unternehmenseigenen bzw. vom Unternehmen kontrollierten Quellen entstehen, beispielsweise aus den eigenen Fahrzeugen, chemischen Produktionen oder Verbrennungen (WBCSD/WRI 2004, S. 25).

> **Scope 2:** Sind indirekte Emissionen, die aus der Erzeugung von eingekauftem Strom entstehen, der dann im Unternehmen verbraucht werden. Physisch gesehen entstehen Scope-2-Emissionen also in der Anlage, in der der Strom erzeugt wird (WBCSD/WRI 2004, S. 25).

> **Scope 3:** Sind ebenfalls indirekte Emissionen, allerdings die, die innerhalb der Wertschöpfungskette entstehen. Um die Unterscheidbarkeit zu den Scope-2-Emissionen zu vereinfachen, hat die US Environmental Protection Agency (EPA) die Scope-3-Emissionen als „das Ergebnis von Aktivitäten aus Anlagen, die nicht im Besitz ihres Unternehmens sind oder von ihm kontrolliert werden, aber ihr Unternehmen diese Aktivitäten innerhalb der eigenen Wertschöpfungskette unmittelbar beeinflusst" (EPA 2022) bezeichnet. Die Scope-3-Emissionen bilden eine optionale Berichtskategorie ab. Sie sind eine Folge der Aktivitäten des Unternehmens, stammen aber nicht aus den unternehmenseigenen Quellen. Sie sind der vor- und nachgelagerten Wertschöpfungsstufe zuzuordnen (WBCSD/WRI 2004, S. 25).

Die Scope-3-Emissionen stellen die größte Emissionsquelle für Unternehmen dar und bieten damit auch die größten Reduzierungspotenziale. Anhand des hohen Scope-3-Emissionen-Anteils können die unternehmerischen Emissionen und die jeweilige Auswirkung auf die gesamte Wertschöpfungskette besser verstanden werden. Das ermöglicht wiederum, dass die Konzentration darauf gelegt werden kann, wo die größte Wirkung bei Emissionsminderungen erzielt werden kann. Dadurch kann eine Vielzahl von treibhausgasemissionsbezogenen Geschäftszielen erreicht werden (WBCSD/WRI 2011, S. 5f.).

Damit lässt sich sagen, dass mit den Scope-3-Emissionen, die sich im Hotel beispielsweise auf die Produktion von Roh- und Hilfsstoffen, auf Entsorgungsleistungen oder auf Geschäftsreisen der Mitarbeitenden belaufen, der größte Hebel der Nachhaltigkeit bedient werden kann. Dieser Bereich der Emissionen beläuft sich auf über 80 % der gesamten Wertschöpfungsketten-Emissionen (myclimate 2020).

3.3 Emissionen im Gastgewerbe

Um Emissionen zu reduzieren, müssen Unternehmen sich bewusst machen, in welchen Bereichen und in welcher Art ihnen Einsparungen möglich sind. Im Gastgewerbe sind vor allem Aspekte der nachhaltigen Speisen und des nachhaltigen Übernachtens zu betrachten. Um eine notwendige Einsparung besser erkennen zu können, hat Global Nature Fund innerhalb eines vom Bundesministerium für Umwelt, Naturschutz, nukleare Sicherheit und Verbraucherschutz und dem UBA geförderten Projekts die ‚Umweltkosten' einer Reise ermittelt. Umweltkosten sind versteckte bzw. nicht ausgewiesene Kosten, die beim unüberlegten günstigen Kaufen entstehen und missachtet werden, weil jemand anderes dafür aufkommen muss. Die errechneten Kosten beziehen sich auf eine Dienstreise in einem durchschnittlichen deutschen Hotel bzw. dem in diesem Zusammenhang abgestatteten Restaurantbesuch (Global Nature Fund 2020, S. 3).

Beginnend bei einer Lüftungsanlage vor Ort entstehen pro Restaurantbesuch 7 Cent und pro Hotelbesuch 67 Cent, für die Beleuchtung fallen weitere 21 Cent pro Hotelübernachtung und 7 Cent pro Restaurantbesuch an. Außerdem entstehen Umweltkosten für die Wassernutzung beim Händewaschen und im Rahmen der Toilettenspülung. Inbegriffen sind das Duschen und das Aufbereiten des Abwassers. Daraus ergeben sich 0,3 Cent für das Restaurant und 4 Cent für das

Hotel. Für den Energieverbrauch der Klimaanlagen, Heizungen und Warmwasseraufbereiter entstehen im Hotel 1,25 Euro Umweltkosten und im Restaurant 25 Cent. Durch das Waschen, Trocknen und Bügeln von Bettwäsche sowie Handtüchern werden in Hotels 53 Cent Umweltkosten berechnet. In Bezug auf die anderen Umweltkosten nimmt das Housekeeping mit 10 Cent im Hotel und 1,5 Cent einen relativ geringen Anteil ein. Die höchsten Umweltkosten entstehen beim Faktor Abfall. Im Hotel produziert ein Gast durchschnittlich pro Tag 1,38 Kilogramm, sodass 3,20 Euro Umweltkosten entstehen. Bei einem Restaurantgast handelt es sich um etwa 7 Gramm Abfall und somit um 2 Cent an Umweltkosten (Global Nature Fund 2020, S. 18ff.).

Eine nicht direkt beeinflussbare Größe des Gastgewerbes ist die der Anreise, allerdings kann auch hier eine indirekte Lenkung, beispielsweise bei der Buchung, erreicht werden. Die An- und Abreise mit den gewählten Verkehrsmitteln zum Restaurant oder Hotel beansprucht in den meisten Fällen mehr Umweltkosten als der eigentliche Aufenthalt vor Ort. Dabei gibt es große Schwankungen, die Umweltkosten reichen von 0 Euro, wenn der Gast zu Fuß anreist, bis zu 911 Euro, die einem Flug für eine Person von München nach Mexiko entsprechen (Global Nature Fund 2020, S. 19).

3.4 Einsparungen und Kompensationen

Um Emissionen zu vermeiden, sind sowohl die verschiedenen Scope-Werte als auch die Umweltkosten, die in einem Gastgewerbe entstehen, zu erläutern. Das Ziel von Unternehmen sollte es dabei sein, eine fortschrittliche Entwicklung der Nachhaltigkeit zu implementieren, um dann als klimaneutral angesehen zu werden. Für diesen Status erfordert es laut dem Bundesdeutschen Arbeitskreis für Umweltbewusstes Management e. V [B.A.U.M. e. V.] (2021), dem Netzwerk für nachhaltiges Wirtschaften, und seiner Initiative Wirtschaft pro Klima zwei Stufen. Zunächst muss ein ‚klimabewusstes Unternehmen' geschaffen werden, indem eine CO_2-Bilanz erstellt wird sowie Reduktionsmaßnahmen festgelegt werden. Anschließend ist es notwendig, Teile der unvermeidbaren CO_2-Emissionen, sprich die von Scope 1 und 2, zu kompensieren. In der zweiten Stufe fallen zusätzlich weitere Maßnahmen an, sodass ein ‚im Wesentlichen klimaneutrales Unternehmen' entwickelt werden kann. Dazu müssen alle CO_2-Emissionen reduziert und kompensiert werden sowie eine qualifizierte Klimastrategie erarbeitet werden, welche stufenweise Klimaziele setzt, die regelmäßig verifiziert werden. (Wirtschaft pro Klima o.J.).

Es geht um die Frage, ob diese Emissionen wirklich notwendig sind. Bei einigen Prozessen muss diese Frage bejaht werden, weswegen es sogenannte Kompensationsprojekte gibt. So können Unternehmen ihren geringen, aber notwendigen CO_2-Verbrauch durch Projekte an unterschiedlichen Standorten ausgleichen. Dabei gilt der Grundsatz, dass es für das Klima nicht relevant ist, wo Emissionen eingespart oder ausgestoßen werden.

Innerhalb der unternehmerischen Entscheidungen sollte aber vorrangig Vermeiden und Reduzieren angestrebt werden. Erst im Nachhinein bzw. noch zusätzlich sollten nicht vermeidbare CO_2-Emissionen kompensiert werden. Zum Kompensieren können sogenannte Emissionszertifikate für ein bestimmtes Klimaschutzprojekt, meist in Schwellen- und Entwicklungsländern, erworben werden. Bedeutsam ist dabei, dass die jeweiligen Projekte ohne die Erlöse durch die erworbenen Zertifikate nicht durchgeführt worden wären. Mit solch einem Zertifikat wird die Menge der verbrauchten Emissionen in Klimaprojekten ausgeglichen. Beispiele dafür sind die Aufforstung brachliegender Flächen sowie Renaturierungen von Mooren oder die Förderung von erneuerbaren Energien.

Auch die Klima-Hotels sind ein Anbieter eines Kompensationsprojekts. Es handelt sich dabei um einen mit Goldstandard zertifizierten Klimahotel-Wald in Panama. Damit werden die unvermeidbaren Restemissionen plus 10 % kompensiert. Klimahotels legen ebenfalls auf soziale und ökologische Nachhaltigkeit Wert. Das bringt mit sich, dass durch ihr Kompensationsprojekt auch Lebensraum für gefährdete Tierarten geschaffen wird. Außerdem entstehen Arbeitsplätze, Schulungen und Weiterbildungen für die lokale Bevölkerung (Klima-Hotels o.J.).

Es wird von der ‚freiwilligen Kompensation' gesprochen, die jedoch nicht als Berechtigung für unüberlegten Konsum (‚Ablasshandel') fungieren soll. Zuerst sollte immer nach persönlichen Einsparungen und Verzichtsmöglichkeiten geschaut werden und nach diesen Maßnahmen besteht die zusätzliche Möglichkeit der freiwilligen Kompensation (UBA 2018, S. 8ff.).

4 Wie Unternehmen mit einer Nachhaltigkeitsstrategie erfolgreich werden können

Es sollte nicht die Frage gestellt werden, ob gehandelt werden soll, sondern wie jedes einzelne Unternehmen einen größtmöglichen Beitrag zu einem umweltbewussteren Leben leisten kann. Fraglich ist, ob die Endkundinnen und -kunden auf die nachhaltigen Versprechen von Unternehmen vertrauen können. Zudem ist zu fragen, ob Unternehmen tatsächlich klimaneutral werden wollen und dafür ihre Emissionen innerhalb einer Klimastrategie stetig zu senken versuchen.

Dazu kann abschließend gesagt werden, dass es mittlerweile durch gesetzliche Verpflichtungen kaum Möglichkeiten gibt, Zahlen und Daten eines Unternehmens zu kaschieren, um eine nachhaltige Unternehmensführung vorzutäuschen. Die Unternehmen werden durch einen verpflichtenden Nachhaltigkeitsreport überprüft und gleichzeitig dazu motiviert, sich innerhalb des Wettbewerbs gegenseitig zu übertrumpfen. Zahlreiche Unternehmen werden klimaneutral. Die Unternehmen, die sich dann auf lange Sicht auf dem Markt durchsetzen können, werden diejenigen sein, die die nachhaltigen Strukturen implementieren und diese auch auf authentische und glaubwürdige Art nach außen vermitteln und repräsentieren. Dazu muss ein fortlaufender Prozess im Unternehmen etabliert werden, der auf folgenden Schritten beruht: Berechnung, Vermeidung, Reduktion und Kompensation. Nur so kann ein klimaneutrales Unternehmen sowohl etwas für die Umwelt tun als auch gesetzliche Bestimmungen befolgen und sich gesellschaftlich im Wettbewerb durchsetzen. Anhand eines unkomplizierten Zwei-Stufen-Maßnahmenplans können Unternehmen Nachhaltigkeit implementieren.

Datenerhebung: Der erste Schritt ist dabei stets, zu analysieren, welchen Verbrauch ein Unternehmen hat und in welchen Bereichen welche Menge an Emissionen auftritt.

CO_2-Bilanz erstellen: Der zweite Schritt ist ein fortschreitendes Analysieren der gesammelten Daten, indem eine Bilanz des Unternehmens erstellt wird, mit der ermittelt werden kann, in welchem Bereich die größten und bestmöglichen Einsparungspotenziale bestehen.

Das Gastgewerbe gehört zu den Branchen, die es den Menschen ermöglichen, eine unvergessliche und erholsame Zeit außerhalb ihres oft hektischen Lebens genießen zu können. Durch klimaneutrale Unternehmen im Gastgewerbe, die stetig versuchen, ihren CO_2-Fußabdruck zu optimieren, wird somit auch in der sorglosen Urlaubszeit ein Weg hin zur nachhaltigen Lebensweise für Endkundinnen und -kunden geschaffen.

Gastgewerbe haben ebenso eine bedeutende Verantwortung gegenüber der Gesellschaft und der Umwelt und sollten anhand der Verringerung des CO_2-Fußabdrucks und der damit angestrebten Klimaneutralität keine grüne Identität vortäuschen, sondern selbst für sich die Notwendigkeit erkennen, etwas gegen den fortschreitenden Klimawandel zu unternehmen. Die Kennzahlen einer nachhaltigen Unternehmensführung sollten unternehmensintern als Anreiz genutzt werden, sich stetig zu verbessern und somit einen erfolgreichen Nachhaltigkeitsweg einzuschlagen. Nur dann kann eine exponenziell wachsende Wirtschaft im Einklang mit der Umwelt sein. •

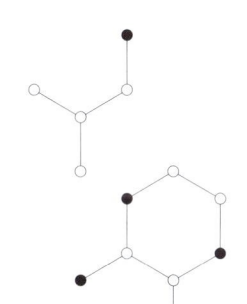

NACHHALTIGKEIT ALS ZUKUNFTSWEISENDES GESCHÄFTSMODELL IM GASTGEWERBE

Elektromobilität

Chancen und Herausforderungen der Umsetzung

von Maximilian Koydl

1 Was bedeutet Elektromobilität für das Gastgewerbe?

1.1 Status quo der Elektromobilität in Deutschland

In den letzten fünf Jahren hat die Elektromobilität in Deutschland zunehmend an Bedeutung gewonnen. Allein die öffentlichen Ladepunkte für Elektrofahrzeuge haben sich seit 2017 von 6668 auf 61086 im Juli 2022 vervielfacht (Bundesnetzagentur 2022). Dass dies nur der Anfang ist, zeigt eine Prognose von 2019. Hierbei wurde der Neubedarf an Ladestationen für Elektroautos in deutschen Großstädten für die Jahre von 2019 bis 2025 berechnet. Die Prognosen für das aktuelle Jahr 2022 ergaben für Berlin etwa 48 000, für Hamburg etwa 24 000 und für München etwa 19 000 benötigte Ladestationen. Die Summe der Neubedarfe dieser drei Großstädte – 91 000 Ladestationen – übertrifft bereits die oben genannte aktuelle Anzahl an Ladepunkten. Für 2025 wird für alle drei Großstädte zusammen ein Neubedarf an Ladestationen von etwa 171 500 erwartet (Horváth & Partners 2019).

Hinzu kommt die starke Entwicklung der Anzahl an zugelassenen Elektroautos mit ausschließlich elektrischer Energiequelle, auch ‚Battery Electric Vehicle' (BEV) genannt. Im Jahr 2012 waren es noch circa 4500 E-Autos und 2019 fuhren bereits rund 83 000 dieser E-Fahrzeuge auf Deutschlands Straßen. Bis April 2022 waren es etwa 687 000 BEV (Kraftfahrt-Bundesamt 2022).

Dass die Bereitschaft der DACH-Region zum Umstieg auf die E-Mobilität noch steigen wird, zeigt ein Schweizer Umfrageergebnis aus dem August 2021, wobei 1001 Personen ab einem Alter von 18 Jahren folgende Frage gestellt wurde:

‚Wie wahrscheinlich ist es, dass Sie sich in Zukunft ein Elektroauto anschaffen?' Bei der Befragung wurden sowohl Angaben zu Kauf- als auch zu Leasingvorhaben gewertet.

Es waren 58 % der Befragten dem Thema Elektromobilität gegenüber positiv eingestellt und gaben an, dass sie sich ‚sehr wahrscheinlich' irgendwann ein E-Auto zulegen würden. Einige von diesen konkretisierten dieses Vorhaben sogar auf die nächsten drei bis vier Jahre. ‚Wahrscheinlich nie' war die Antwort von 31 % der Umfrageteilnehmenden (Touring Club Schweiz 2021).

1.2 Relevanz von Elektromobilität im Gastgewerbe

Im Jahr 2018 wurden 50 Expertinnen und Experten befragt, die jeweils mindestens seit 2 Jahren im Gebiet der Elektromobilität arbeiteten. Ihnen wurde folgende Frage gestellt:

‚Wie bewerten Sie die aktuelle Infrastruktur der folgenden Ladestationen für Elektroautos in Deutschland an Hotels?' Insgesamt 84 % entschieden sich für eine ‚neutrale', ‚eher schlechte' und ‚sehr schlechte' Bewertung bezüglich der Infrastruktur. Lediglich 14 % beurteilten die ausgebaute Ladeinfrastruktur an Hotels als ‚eher gut' und niemand als ‚sehr gut' (Statista 2018). Bis April 2022 befanden sich zudem 7,1 % der Ladestationen in Stationstypen des Gastgewerbes. Untergliedert wurde hierbei nach den Stationstypen Restaurants (1,7 %) und Hotels (5,4 %; Chargemap SAS 2022).

Vor allem Kleinstädte, die intensiv durch touristische Aktivitäten geformt sind, profitieren von einer elektromobilen Durchdringung. Die dortigen infrastrukturellen Bedingungen befriedigen in den meisten Fällen nicht den erforderten touristischen Bedarf. Zusätzlich sind in diesen Destinationen vordergründig Ruhe, Entspannung und Krafttanken die

Ziele der Touristinnen und Touristen. Demgegenüber stehen jedoch hohe Emissionen durch Lärm und Schadstoffe, die durch die weit vertretenen Fahrzeuge mit Verbrennungsmotoren verursacht werden. Auch die Bewohnerinnen und Bewohner vor Ort werden zunehmend negativ vom touristischen Verkehr beeinflusst. Die umliegenden Ökosysteme und Lebensräume sind ebenfalls von diesen nachteiligen Wirkungen betroffen (Ebert 2016, S. 123f.).

Ladesäulen in Hotels und Restaurants gelten als zusätzliche Servicedienstleistung. Durch Elektromobilität entsteht so für Hotel- und Restaurantgäste ein attraktiverer Aufenthalt. All diese genannten Aspekte führen zu der Annahme, dass Elektromobilität nicht nur ganzheitlich in Deutschland, sondern speziell in Branchen wie dem Gastgewerbe hohe Entwicklungs- und Innovationspotenziale verspricht (John 2020, S. 7).

Die Hotels der Zukunft reifen zu „neuen Zentren der Mobilität" heran (Behre 2015, S. 9).

2 Chancen und Vorteile von Elektromobilität im Gastgewerbe

2.1 Intelligentes Ausnutzen eines wachsenden Marktes

Durch das weltweite Wachstum in der Tourismusbranche (Statista/ITB Berlin 2022) ergeben sich hier besondere Möglichkeiten, die durch die Branche als Chance genutzt werden sollten. Einige dieser entstandenen und in Zukunft entstehenden Chancen und Vorteile werden in diesem Abschnitt betrachtet.

Beim Branchenwachstum ist davon auszugehen, dass die Möglichkeiten der Fortbewegung in Destinationen ebenfalls steigt. Sowohl der öffentliche Nahverkehr als auch das private Auto, Fahrräder und Sharing- sowie Mietangebote der letzten beiden Transportlösungen werden die Hauptakteure beim Thema Mobilität in Destinationen darstellen. Nur durch ein Verkehrskonzept, das alle diese Lösungen einbindet und elektrifiziert, können die Anforderungen an eine touristische Destination in Zukunft bedient werden (Ebert 2016, S. 110).

Die Implementierung von Elektromobilität in Verkehrskonzepte dieser touristischen Hotspots kann dazu führen, dass Anbieter von technologischen Produkten, wie sämtlichen E-Fahrzeugen, ein Auseinandersetzen der Nutzerinnen und Nutzer (Touristinnen und Touristen) mit dem Thema Elektromobilität erzeugen. Ein Ziel kann es sein, die

Begeisterung dieser Nutzerinnen und Nutzer für das Thema zu entfachen und im besten Fall eine Eingliederung von Elektromobilität in das eigene Verhalten zu bewirken (Ebert 2016, S. 110). Steigende Investitionen und die Unterstützung des geplanten Ausbaus im Bereich Elektromobilität in Deutschland sind zwei der möglichen positiven Folgen (Ebert 2016, S. 118; John 2020, S. 7). Gesellschaftspolitisch können durch den Ausbau von elektromobilen Lösungen in den Destinationen und speziell der Hotellerie, je nach Art und Region, nahezu alle Zielgruppen an die Elektromobilität herangeführt werden (Ebert 2016, S. 111).

Wird die zuvor angesprochene ökologische Sicht in den touristischen Regionen betrachtet, kann festgestellt werden, dass sowohl durch die Einsparung des Kohlenstoffdioxid-Ausstoßes von Elektrofahrzeugen als auch durch die Vermeidung zusätzlicher Schadstoff- und Lärmemissionen die Chance auf eine positive Verkehrswende besteht (Ebert 2016, S. 112).

2.2 Zielgruppenbedürfnisse regeln den Prozess

Die Implementierung der Mobilitätslösungen in die Destinationen kann beispielsweise durch Vermietung von Elektrofahrzeugen geschehen. Nicht nur die Begeisterung der einzelnen Zielgruppen ist das Ziel des Heranführens an die Elektromobilität. Auch Hindernisse und Probleme der Nutzerinnen und Nutzer können so entdeckt und analysiert werden. Die Folgen dieser Methode sind direkte Verbesserungen und Anpassungen des Elektrokonzepts hinsichtlich der Bedürfnisse der Touristinnen und Touristen in der jeweiligen Destination. Zudem können Ansprüche der Hotel- und Restaurantgäste identifiziert und in ein nachhaltiges, intermodales Verkehrskonzept der Zukunft überführt werden (Ebert 2016, S. 118).

Ein 1,5-jähriges Projekt in Garmisch-Partenkirchen lieferte Ergebnisse hinsichtlich der zukünftigen Rahmenbedingungen solcher Vermietungen von Elektrofahrzeugen. Diese Resultate stützen sich auf die zuvor erwähnten Analysen der Bedürfnisse von Gästen und Touristinnen sowie Touristen der Destination. Eine der Bedingungen besagt, dass die Elektromobilität nur dann erfolgreich die jeweilige Destination prägen kann, wenn sie als Unterstützung der bestehenden Nachhaltigkeitskette fungiert. Auch die Einbettung der elektromobilen Lösungen in die vorhandenen infrastrukturellen Gegebenheiten wie Fahrrad- und Wanderwege sowie Fern- und Nahverkehr sind zu beachten. Weiter sollen Entfernungen zu den beliebtesten Tourismusattraktionen die durchschnittliche Reichweite der Elektrofahrzeuge nicht ausschöpfen. Zum Projektzeitpunkt waren dies etwa 130 Kilometer (Ebert 2016, S. 118).

Nach einer aktuellen Studie liegt die durchschnittliche Reichweite von E-Autos weltweit im Jahr 2022 bei rund 500 Kilometern. Bis 2025 wird mit etwa 784 Kilometern im Durchschnitt gerechnet. Der Aspekt der Reichweite von Elektrofahrzeugen wird demnach aller Voraussicht nach zukünftig an Bedeutung verlieren (Horváth & Partners 2020). Eine weitere Rahmenbedingung fordert, dass nicht nur ein Zusatznutzen für die Autovermietung entsteht, sondern auch ein Mehrwert für die Gesellschaft und alle weiteren Beteiligten vorliegt.

Bei den ausgewählten Angebotstypen der Autovermietung, die lediglich die exekutive Rolle einnahmen, stellten sich folgende Kriterien als am attraktivsten bei den Touristinnen und Touristen heraus:

- Geringe Mietpreise
- Guter Ausbau und Nutzbarkeit der Ladeinfrastruktur in der Destination
- Vergünstigungen bei touristischen Freizeitangeboten (Attraktionen, Parkplätze etc.)
- Individuelle Routenvorschläge und Informationen bezüglich praktischer Touren für Elektrofahrzeuge (Reichweite, Ladeinfrastruktur)
- Adaption von Routen und Ladestationen an die Verortung von touristischen Hotspots
- Verständlicher Buchungsablauf
- Möglichkeit der Buchung über den jeweiligen Reiseveranstalter oder das Hotel (Ebert 2016, S. 119)

Durch diese Art der Implementierung von Elektromobilität in das Gastgewerbe entsteht ein hoher Imagegewinn der Hotels bei den Gästen (Camphausen 2015, S. 13).

3 Was ist bei der Umsetzung der Integration von Elektromobilität in das Gastgewerbe zu beachten?

3.1 Umsetzung mit Barrieren

Die Umsetzung von elektrifizierten Mobilitätslösungen stellt die beteiligten Schlüsselpartner, zum Beispiel den Staat, die Gesellschaft, die Destination und die Umwelt, vor besondere Herausforderungen. Zum einen spielt die im ersten Abschnitt dieses Themas erwähnte Ladeinfrastruktur eine Rolle. Zum aktuellen Zeitpunkt deckt diese den Bedarf nicht. Für ein weiteres Wachstum des Elektromobilitätsmarktes ist davon auszugehen, dass ein passendes Verhältnis von Elektrofahrzeugen und Ladestationen in Deutschland vorliegen sollte. Des Weiteren führt die Lage einiger Destinationen zur Beeinträchtigung des Ausbaus der Elektromobilität in diesen Regionen. Bergige, kaum infrastrukturell erschlossene Destinationen können ein Hindernis darstellen. Fehlende Elektrizität und schwer zugängige touristische Sehenswürdigkeiten machen die Anfahrt mit herkömmlichen Antrieben, wie dem Verbrennungsmotor, mitunter leichter. Hier könnte je nach Region die Entwicklung und Vermarktung von elektromobilen Zweirädern den gewünschten Erfolg mit sich bringen. Ein bedeutsamer Faktor im Vorantreiben der Elektromobilität ist die Entwicklung eines ganzheitlichen Systems, das zusätzliche Ressourcen verlangt, jedoch unabdingbar ist. Zu einem nachhaltigen Antriebskonzept durch Elektromobilität gehört vor allem nachhaltig produzierter Strom. Dieser kann zum Beispiel aus regenerativen Energien bestehen und leistet so gleichzeitig einen positiven Beitrag zur Energiewende (Ebert 2016, S. 110).

3.2 Rechtliche Folgen und Pflichten

Eine umfangreiche Hürde, besonders für die Hotellerie, stellt das Gesetz dar. Beim Verkauf von Strom an einen Endkonsumierenden, wie den Hotelgast, fallen Pflichten und Regelungen an, die das jeweilige Hotel zu befolgen hat.

Ist ein Hotel der Betreiber einer Ladestation, handelt es sich hierbei nicht um einen Stromanbieter. Laut § 3 Nr. 25 des Energiewirtschaftsgesetzes (EnWG) trifft die Bezeichnung ‚Letztverbraucher' auf das Hotel zu. Sobald das Hotel eine Ladesäule für Gäste ab 3,7 Kilowatt zur Verfügung stellt, gilt eine Anzeigepflicht bei der Bundesnetzagentur. Der Aufbau der Infrastruktur für alternative Kraftstoffe oder auch ‚Alternative Fuels Infrastructure Directive' (AFID) ist zudem in der Richtlinie 2014/94/EU des Europäischen Parlaments festgeschrieben und ist seit 01.04.2019 verpflichtend in Deutschland umzusetzen.

Der darin beschriebene Artikel 10 schreibt folgende Kriterien für berechnete Preise von Betreibern öffentlich zugänglicher Ladesäulen vor:

- Angemessen
- Einfach
- Eindeutig
- Vergleichbar
- Transparent
- Nicht diskriminierend

In Deutschland sind zudem, je nach Art der Ladepunkte, das Mess- und Eichgesetz (MessEG), die Preisangabenverordnung (PAngV) sowie die Ladesäulenverordnung I und II (LSV I und II) zu befolgen (John 2020, S. 7). Handelt es sich um öffentliche Ladepunkte, die für alle zugänglich und nutzbar sind, gelten die folgenden Anforderungen:

- LSV I und II
- MessEG
- PAngV

Handelt es sich um abgeschlossene Ladepunkte, die ausschließlich für Hotel- oder Restaurantgäste vorgesehen sind, sind folgende Pflichten zu beachten:

- MessEG
- PAngV (wenn für die Ladung eine Abrechnung im Hotel oder Restaurant erfolgt)

Die Abrechnung kann über unterschiedliche Varianten erfolgen. Eine Vereinfachung dieses Prozesses bieten Software-Anbieter am Markt, die die Abrechnung der geladenen Strommenge über die Hotelrechnung einrichten. Beliebte Anbieter hierbei sind Wirelane oder Mobility House (John 2020, S. 7).

4 Wie kann Elektromobilität die Zukunft im Gastgewerbe konkret beeinflussen?

4.1 Geschäftsmodelle und Best Practices

Der wachsende Markt der Elektromobilität und das damit verbundene gestiegene Interesse der Zielgruppen lassen einen neuen Urlaubs- und Tourismustyp entstehen:

Hoteltyp – E-Mobilität

Hotels und Gastronomiebetriebe bieten ihren Gästen eine jeweils passende Art von Elektrofahrzeugen zur Nutzung an. Dies können E-Autos, E-Bikes oder auch Transportfahrräder mit elektrischem Antrieb sein. Geladen werden kann vor dem Hotel und mitunter kann über eine App gebucht werden. Diese Buchungssysteme und E-Fahrzeuge werden durch verschiedene Kooperationspartner gestellt (Behre 2015, S. 9).

4.1.1 Das Tauschgeschäft von Greenstorm

Einer dieser Kooperationspartner ist Greenstorm. Das österreichische Unternehmen versorgt Hotels durch eine Art Tauschgeschäft mit Elektrofahrzeugen. Dies können Modelle von Tesla, KTM, Corratec und Ghost sein. Zudem liefert Greenstorm den Hotels die passenden Ladestationen. Im Gegenzug erhält das Unternehmen Hotelgutscheine des jeweiligen Hotels für leerstehende Zimmerkapazitäten. Das Geschäftsmodell von Greenstorm entspricht also einem Tausch von nicht verkauften Hotelzimmern gegen Elektromobilität für Gäste. Die Hotelgutscheine werden von Greenstorm selbst über Plattformen wie We-are.travel und Vente privée vermarktet. Das österreichische Unternehmen hatte 2019 bereits 1100 Hotelpartner in der DACH-Region sowie in Italien, Slowenien und Kroatien.

Für Hoteliers, die mit Greenstorm kooperieren, entstehen keine Kosten im laufenden Betrieb. Die Vermietung der Fahrzeuge steht unter keinen Voraussetzungen der Häufigkeit. Die Service- und Stromkosten werden von Greenstorm übernommen. Zusätzliche Vorteile für kooperierende Hotels bieten sich in der gesteigerten Auslastung von Zimmerkapazitäten der Nebensaison, da der Zeitraum des Zurverfügungstellens der Zimmer den Entscheidungen der Hoteliers obliegt. Im Jahr 2019 gingen beispielsweise rund 12 500 E-Bikes durch Greenstorm an die Hotellerie. Ein Viersternehotel zum Beispiel konnte zu dem Zeitpunkt 20 Zimmernächte gegen ein E-Bike tauschen. Die Laufzeit der Fahrzeuge beträgt im Durchschnitt eine Saison. Im Anschluss gehen die Fahrzeuge wieder zurück zu Greenstorm und gelangen durch den Verkauf in den Fachhandel oder direkt zu Privatpersonen (Eck 2019, S. 26).

4.1.2 Der Seecontainer als Geschäftsmodell von GP Joule Connect

Ein weiteres Best-Practice-Beispiel findet im ARBOREA Marina Resort Neustadt seinen Platz.

Der Kooperationspartner ist GP Joule Connect. Das deutsche Unternehmen hat ein ‚Connect-Mobility-Center' vor dem Hotel gebaut. Teile dieses Mobility-Centers bestehen aus einem Seecontainer. Bis zu acht E-Bikes können in diesem Container mithilfe von Solarpanels, die auf dem Dach des Seecontainers installiert wurden, mit 100 % Sonnenenergie, und somit klimaneutral, geladen werden. GP Joule Connect bietet eine Komplettlösung an, in der folgende Elemente inkludiert sind:

- Buchungssoftware und Installation
- Inbetriebnahme der Seecontainer
- Logistik
- Reparaturen von Containern und E-Bikes
- E-Autos und E-Transporter buchbar

Der Seecontainer kann sowohl gemietet als auch geleast werden und kann für eine Laufzeit von 12 bis 48 Monaten genutzt werden. Die Kosten (Stand 2019) pro Container belaufen sich auf einmalig 2000 Euro für die Installation und 2000 Euro pro Monat. Laut GP Joule Connect beginnt die Rentabilität der Seecontainer ab einer Auslastung von 60 % (Heigert 2019, S. 20).

Der DEHOGA Schleswig-Flensburg ist ebenfalls eine Kooperation mit dem Mobilitätsunternehmen GP Joule Connect eingegangen. Das Ziel des Verbands ist es, „[...] eine Infrastruktur für Elektromobilität in unserem Kreisgebiet [...]" zu „[...] etablieren" (ebenda). Es sollen Elektromobilitätscontainer und Ladestationen für E-Autos ausgebaut werden, vor allem bei den Mitgliedern des betreffenden Verbands. Zusätzlich im Gespräch einiger gastgewerblicher Unternehmen ist das dauerhafte Zurverfügungstellen von E-Autos und E-Bikes für ihre Auszubildenden (ebenda).

4.2 Ansicht eines Experten von Wirelane zum Thema Elektromobilität im Gastgewerbe

In diesem Kapitel werden aktuelle Zustände und zukünftige Maßnahmen und Möglichkeiten der Umsetzung dargestellt. Die Ausführungen und Ansichten stammen aus einem Interview mit dem Experten Hakan Ardic vom Oktober 2022. Herr Ardic ist Tourismus- und Mobility-Experte und begleitet das Unternehmen Wirelane seit 2019 als Vice President Hospitality & Mobility. Er ist seit über 20 Jahren im Tourismus tätig und ist fasziniert vom Thema Nachhaltigkeit. Auf die Frage, ob Elektromobilität für ihn die Zukunft der Mobilität sei, antwortete er: „Ja, ist sie. Ausgegebenes Ziel der Bundesregierung ist, die CO_2-Emissionen bis 2030 um 55 % zu reduzieren, und die Mobilität ist Teil der Lösung."

4.2.1 Die Transformation in ein neues Zeitalter der Mobilität

Bezogen auf den Ausbau der Ladeinfrastruktur in Deutschland seien die Ziele der Bundesregierung nicht mit den aktuellen Maßnahmen vereinbar, so Ardic. Bis 2030 sollen laut Bundesregierung 15 Millionen Elektroautos auf Deutschlands Straßen fahren. Mit einer Million öffentlicher Ladepunkte, die bis dahin erreicht werden soll, sieht es bisher schlecht aus. Mindestens 2000 neue Ladepunkte sind dafür wöchentlich nötig. Gezielte und stärkere Förderungen aus Sicht des Staates sind bedeutsam, um die Mobilitätswende bis 2030 realisierbar zu machen. Elektromobilität ist ebenso bereichs- und artenübergreifend von Relevanz. Eine Art der Normalität entsteht. E-Mobilität ist nicht mehr aus dem Mobilitätsgedanken der Zukunft wegzudenken. Etwa 5,5 Millionen Autos in Deutschland sind Leasing-Fahrzeuge von Unternehmen. Diese haben im Schnitt eine Laufzeit von etwa drei Jahren. Der Großteil der Unternehmen wird mit dem kommenden Zykluswechsel auf Fahrzeuge mit elektrischem Antrieb umsteigen, da die Kriterien Umwelt, Soziales und Unternehmensführung (Environmental Social Governance – ESG) die Unternehmen dazu leiten werden. Hakan Ardic beschreibt das Reisen mit dem Elektroauto als „[…] ein ganz anderes und entspanntes Fahrgefühl". Hinzu komme, dass die Nutzenden eines Elektroautos mithilfe der Navigationssoftware des Fahrzeugs von Grund auf ihre Route besser planen, um je nach Reichweite des Fahrzeugs vorgesehene Pausen gleichzeitig als Ladepausen zu nutzen. Wenn er sich vor Antritt der Reise einen Plan über Pausen und die ausgebaute Ladeinfrastruktur in der jeweiligen Region mache, komme er erholter am Ziel an, berichtete Ardic. Er würde etwa alle 400 Kilometer eine Pause von rund 25 Minuten einlegen.

Die am Anfang benannte Zukunft der Mobilität beschrieb der Vizepräsident von Wirelane als „[…] ein neues Zeitalter der Mobilität […]". Da aktuell die indirekten CO_2-Emissionen zu 20 % durch den Verkehr verursacht würden und der Straßenverkehr 95 % dieses Anteils trage, sei eine Mobilitätswende zur positiven Beeinflussung des Klimas und der Nachhaltigkeit notwendig. Infolgedessen würden ab 2025 alle großen Hersteller der Automobilindustrie nahezu ausschließlich auf diese Antriebstechnik setzen.

4.2.2 E-Ladesäulen sind das neue WLAN der Hotellerie

Die letzten fünf Jahre waren besonders von einem Wandel des touristischen Denkens geprägt. Insbesondere das Thema Nachhaltigkeit trat stärker in den Vordergrund und wird es zunehmend mehr.

Hotels, die sich dazu entscheiden, Ladesäulen in ihre Infrastruktur zu integrieren, würden sich, laut Ardic, gleichzeitig für neue Anreize im Wettbewerb entscheiden. Elektromobilität treffe den Need der Gäste und den Zeitgeist. Zudem fungiere sie als Symbol der Nachhaltigkeit in der Außenwahrnehmung des jeweiligen Hotels. Gäste würden Elektromobilität mit einem abgas- und lärmemissionsreduzierten oder sogar -freien Unternehmen verbinden. Es ergebe sich also ein weiterer Punkt in der Steigerung der Attraktivität des jeweiligen Hotels bei der Auswahl der nächsten Urlaubsbuchung der Gäste. Ein Hotel ohne Lademöglichkeit für Elektrofahrzeuge besitze hingegen in Zukunft einen deutlichen Nachteil gegenüber der Konkurrenz. „Für die Hotellerie gilt, E-Ladesäulen sind das neue WLAN." Wer das Attraktivitätskriterium des ‚neuen WLAN' nicht bedienen könne, werde zukünftig bei der Wahl des Hotels durch die Gäste herausgefiltert und so würden selbst hervorragende Standorte und Servicequalitäten anderer Hotels hinter die Notwendigkeit einer Lademöglichkeit gestellt. Eine andere positive Seite der Elektromobilität im Gastgewerbe sei die des Imagegewinns als Arbeitgeber. Potenzielle Mitarbeitende seien ebenso interessiert an einem steigenden Nachhaltigkeitsgedanken der arbeitgebenden Gastbetriebe wie die Gäste selbst.

Laut dem Experten sei die beste Variante der Umsetzung von Elektromobilität im eigenen Hotelbetrieb die der ganzheitlichen Umsetzung, also ein Anbieter, der dem Hotel die komplette Infrastruktur bezüglich E-Mobilität stellt und ihm bei Fragen zur Seite steht. Bei der Frage des Erwerbs dieser Infrastruktur rate der Wirelane-Spezialist den meisten Hotelbetrieben entweder zum Kauf oder zum Leasing-Modell.

Schlussendlich sagte Hakan Ardic: „Die Elektromobilität ist im Alltag angekommen. Ich fahre selbst elektrisch und da steht die Reise und das Ziel im Vordergrund. Die Elektromobilität und ihre Lösungen werden erwartet." Er sprach also davon, dass die meisten Nutzerinnen und Nutzer von Elektrofahrzeugen für diese Art der mobilen Zukunft bereit seien und sie die Elektromobilität bereits in ihren Alltag integrieren wollten. Laut Ardic sei dies bereits jetzt möglich. Es erfordere jedoch für die Zukunft ein Anziehen der staatlichen Maßnahmen und Förderungen. •

NACHHALTIGKEIT ALS ZUKUNFTSWEISENDES GESCHÄFTSMODELL IM GASTGEWERBE

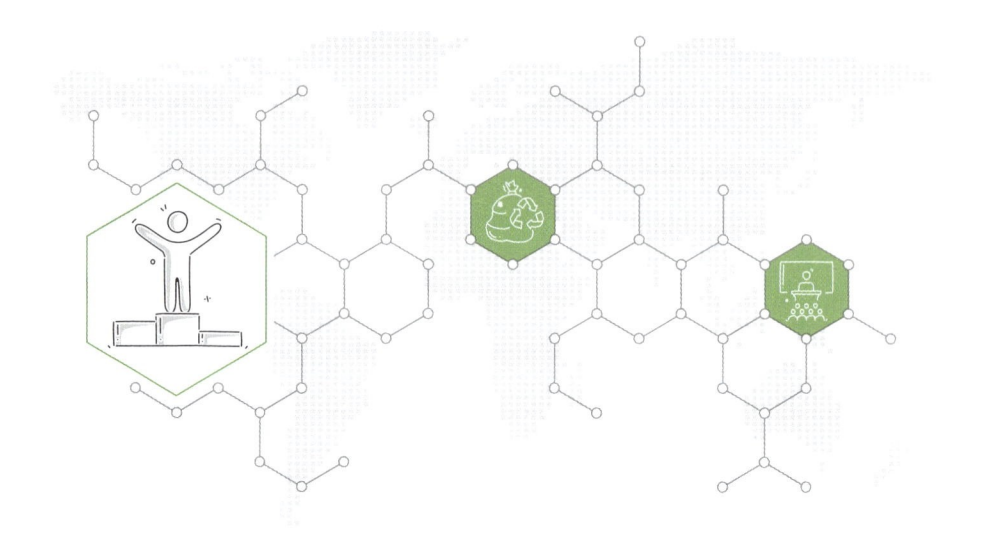

Nachhaltigkeit im Veranstaltungsmanagement
Ein Wegweiser und Konzeptansätze zur erfolgreichen Umsetzung

von Tristan Schulte-Limbeck

1 Einleitung

Die Herausforderung Klimawandel und die damit einhergehenden Gefahren, Risiken und Auswirkungen für die Zukunft werden von Wissenschaftlerinnen und Wissenschaftlern als lebensbedrohend prognostiziert. Aufgrund dessen kommt dem Bereich Nachhaltigkeit bereits jetzt und in den kommenden Jahren eine essenzielle Bedeutung zu. Der wissenschaftliche Beirat der Bundesregierung spricht von einer großen Entwicklung. Bei dieser Transformation ist die Veranstaltungsbranche doppelt gefordert. Einerseits verursachen Veranstaltungen große Umweltbelastungen, während sie andererseits eine bedeutende Rolle für die Gestaltung dieses Transformationsprozesses einnehmen können. Die Nachhaltigkeit muss als ein umfassender Ansatz im Veranstaltungsmanagement gesehen werden und während Planung,

Umsetzung, Dokumentation und Weiterentwicklung berücksichtigt werden. Ein Kernaspekt dabei sollte die aktive Beteiligung der individuellen Akteurinnen und Akteure wie der Mitarbeitenden, Zulieferer, Dienstleister und Teilnehmenden im Vorfeld sowie im Nachgang der Veranstaltung sein (Große Ophoff 2017, S. 763).

Um die Nachhaltigkeit zu berücksichtigen, muss hinsichtlich ökologischer, ökonomischer und sozialer Aspekte bedacht werden, welche Folgen sich für die Zukunft ergeben. Für eine vollumfassende Berücksichtigung der Nachhaltigkeit werden mittlerweile mehrere Checklisten, Leitfäden oder Konzepte für die Kreierung einer nachhaltigen Veranstaltung angeboten. Die dabei zu bedenkenden Handlungsfelder im Rahmen der Veranstaltungsorganisation sind Mobilität, Veranstaltungsort, Teilnehmende und deren Unterbringung, Energie und Klima, Beschaffung von Produkten und Dienstleistungen, Catering, Abfallmanagement, Umgang mit Wasser, Organisation, Kommunikation und Evaluation, soziale Aspekte wie Barrierefreiheit sowie Gender-Mainstreaming (BMUV 2020, S. 6f.).

2 Organisation einer nachhaltigen Veranstaltung

Jegliche Art von Veranstaltung braucht ein gut durchdachtes Konzept, das sowohl die Grundelemente des Veranstaltungsmanagements als auch die Ziele der nachhaltigen Entwicklung frühzeitig berücksichtigt. Dafür wird in den folgenden Abschnitten die Gestaltung der Phasen einer Veranstaltung erläutert.

2.1 Planungsphase

Um eine Veranstaltung durchführen zu können, müssen zu Beginn deren Ziele und Schwerpunkte vom Veranstaltungsteam definiert werden. Diese sollten mit den Stakeholderinnen und Stakeholdern abgestimmt sein. Im Sinne der Partizipation sollten die Interessen der Mitwirkenden und Teilnehmenden berücksichtigt werden (Holzbaur 2016, S. 7). Darüber hinaus wird über fundamentale Eckdaten wie Ort, Zeit, Größe und Dauer der Veranstaltung entschieden. Dies sind wesentliche Entscheidungen in Bezug auf die sozialen und ökologischen Nachhaltigkeitsaspekte. Hierbei sollte ein möglichst geringer

Reiseaufwand für die Partizipierenden der Veranstaltung im Fokus stehen (BMUV 2020, S. 10). Zudem sollte eine gendersensible Sprache verwendet werden und die Barrierefreiheit hinsichtlich der Zielgruppen sollte mit entsprechendem Bedarf an Unterstützung bedacht werden (GIZ 2018, S. 2).

Resultierend aus diesen Entscheidungen wird sich zeigen, ob die geplante Veranstaltung eine Großveranstaltung wird. Im Zuge dessen sollte die Nutzung eines Umweltmanagementsystems, zum Beispiel das ‚Eco Management and Audit Scheme', in Betracht gezogen werden. Diese Systeme helfen den Veranstaltenden mittels standardisierter Verfahren, ihre Umweltauswirkungen zu erfassen, im Überblick zu behalten und zu steuern (EMAS o.J.).

2.2 Konkretisierungsphase

Während der Konkretisierungsphase erfolgen eine genaue Ausgestaltung und die Umsetzung der Projektplanung. Die essenzielle Aufgabe besteht darin, Angebote zu den eingegrenzten Anforderungen einzuholen und auszuwählen, welches Angebot die gesetzten Ansprüche am besten erfüllt. Darunter fallen Entscheidungen zur

- Auswahl der Veranstaltungsräume
- Festlegung des Programms
- Art der Werbung und Kommunikation
- sowie zum Personaleinsatz (BMUV 2020, S. 11).

Eine weitere Handlung in dieser Phase ist das Definieren von Nachhaltigkeitskriterien für das Ausschreiben von Produkten sowie Dienstleistungen und bei der Vergabe von Aufträgen an Veranstaltungsagenturen, Dienstleistungsunternehmen und Lieferanten. Damit können die Veranstaltungsausführenden entscheiden, welche Aufträge unter Betrachtung der Nachhaltigkeitsinitiativen vergeben werden sollen.

2.3 Durchführungsphase

Die Durchführungsphase lässt sich in Anlauf-, Aktiv- und Nachlaufphase der Veranstaltung unterteilen. Während der Anlaufphase erfolgen die erforderlichen Aufbauarbeiten und die Maßnahmen zum geplanten

Hochlaufen der Veranstaltung werden umgesetzt. Dabei bestehen direkte Auswirkungen auf die natürliche und kulturelle Umwelt (Holzbaur 2022, S. 8).

Die Aktivphase beschreibt den eigentlichen Ablauf der gesamten Veranstaltung. Die in den vorherigen Phasen organisierten Maßnahmen und Projekte werden nun umgesetzt und es zeigt sich, ob das Projekt gut geplant wurde und die getroffenen Entscheidungen die richtigen waren. Auszuführende Maßnahmen, die hierbei die Nachhaltigkeit beeinflussen, sind das Heizen und Kühlen des Veranstaltungsorts, die Regulierung der Beleuchtung sowie das Informieren der Teilnehmenden zu umweltverträglichem Verhalten (BMUV 2020, S. 12).

Zum Schluss des Events folgt die Nachlaufphase. Diese umfasst alle Aktivitäten, die nach dem offiziellen Ende der Veranstaltung kommen, wie den Abbau und Abtransport sowie die Erfassung der Verbräuche, Aufwände und Belastungen und die Reflexion des Besucherverhaltens (Holzbaur 2022, S. 8).

2.4 Nachbereitungsphase

In der Nachbereitungsphase wird anhand der ermittelten Daten, des Abschlusses der Finanzen, des Einholens und Auswertens von Rückmeldungen und der Dokumentation des Gesamtprojekts die Umsetzung und Folgen der Maßnahmen analysiert, um auszuwerten, inwiefern diese durchgeführten Maßnahmen wirksam waren (Holzbaur 2016, S. 68). Des Weiteren lässt sich Verbesserungspotenzial für kommende Veranstaltungen ableiten. Mithilfe von Kennzahlen kann die Klimawirkung der Veranstaltung ermittelt werden, was die Möglichkeit bietet, passende Kompensationen zu leisten. Zudem sollte vor allem bei größeren Veranstaltungen durch Kommunikation nach außen für nachhaltige Veranstaltungen geworben werden (BMUV 2020, S. 13).

3 Handlungsfelder von nachhaltigen Veranstaltungen

Energie sparen, regionale Produkte fördern, Bio-Catering oder Klimakompensationen leisten – es besteht eine Vielzahl an Möglichkeiten, als Veranstalter nachhaltig zu handeln und gesellschaftlich aktiv zu werden. Das Ziel sollte es dabei sein, möglichst wenig Spuren in der Umwelt zu hinterlassen und im Idealfall noch einen ökologischen, ökonomischen sowie sozialen Mehrwert für Gesellschaft und Natur zu schaffen (Mentz/Reiter 2017, S. 101). Dieses Ziel sollte der Veranstalter nicht nur verkörpern, sondern es auch den relevanten Akteurinnen und Akteuren der Veranstaltung, wie den Mitarbeitenden, Zulieferern, Dienstleistern und Teilnehmenden, vermitteln, sodass eine einheitliche Wahrnehmung von den zu erreichenden Nachhaltigkeitsaspekten entsteht und durch die Veranstaltung nach außen getragen wird (Große Ophoff 2017, S. 769).

In den folgenden Abschnitten werden konkrete Handlungsfelder thematisiert, die die Bausteine einer Veranstaltung im Detail betreffen. Es werden mögliche Zielsetzungen für die einzelnen Handlungsfelder erläutert und Maßnahmen aufgezeigt, die zu einer nachhaltigen Veranstaltungsorganisation beitragen können (BMUV 2020, S. 14).

3.1 Mobilität

In der Regel entsteht die Hauptbelastung der Umwelt bei Veranstaltungen durch die An- und Abreise der Teilnehmenden. Hinzu kommen Emissionen durch den Transport der Veranstaltungsmitwirkenden und -teilnehmenden vor Ort. Aufgrund dessen sind laut BMUV die beiden Hauptziele für das Handlungsfeld Mobilität:

- „Vermeidung und Reduzierung der verkehrsinduzierten Umweltbelastungen"

- „Klimaneutralstellung der veranstaltungsbedingten Reisetätigkeiten mit hochwertigen Gutschriften" (BMUV 2020, S. 17)

Maßnahmen zur Erfüllung dieser Ziele sind unter anderem die Auswahl des Veranstaltungsortes. Dieser sollte für Teilnehmende und Mitwirkende möglichst verkehrsgünstig gelegen sein, damit nicht notwendige Wege vermieden werden können. Des Weiteren sollte vor der Veranstaltung über umweltfreundliche Anreisemöglichkeiten per öffentlichen Personennahverkehr (ÖPNV) informiert werden. Im Zuge dessen bietet sich die Bereitstellung von Kombinationstickets für

Veranstaltung und Nutzung des ÖPNV über den Zeitraum des Events an. Hierbei sollte auch die Veranstaltungszeit bedacht werden, sodass die An- und Abreise mit öffentlichen Verkehrsmitteln problemlos möglich ist (Große Ophoff 2017, S. 763). Durch technologischen Fortschritt bestehen weitere Alternativen für nachhaltiges Agieren im Bereich der Mobilität. Darunter fallen bei organisierten Shuttle- oder Taxifahrten die umweltbewussten Mobilitätsanbieter, wie E-Autos, Wasserstoff-Taxis oder Fahrrad-Rikschas. Darüber hinaus sollte über die mögliche Nutzung von Leihfahrrädern oder E-Scootern und die damit verbundenen technischen Voraussetzungen zur Nutzung vor Ort frühzeitig informiert werden (GIZ 2018, S. 5f.).

3.2 Energie und Klima

Beim Handlungsfeld ‚Energie und Klima' geht es darum, den Energieverbrauch weitgehend einzudämmen, die Energieeffizienz zu steigern und die Treibhausgasemissionen möglichst zu verringern. Jedoch umfasst es auch den Energieverbrauch anderer Handlungsfelder wie ‚Mobilität' oder ‚Veranstaltungsort und Unterbringung der Teilnehmenden'. Oftmals sind dem Veranstalter dort Grenzen gesetzt, da bestehende Konferenzgebäude, Messegelände oder Hotels nicht baulich verändert werden können beziehungsweise der Energieeinsatz der Hotels nicht beeinflusst werden kann (BMUV 2020, S. 23).

Um diese Zielsetzung zu erreichen und energiesparend zu handeln, bieten sich laut dem Konzept für Mindeststandards bei nachhaltigen Veranstaltungen der Deutschen Gesellschaft für Internationale Zusammenarbeit (GIZ) folgende Maßnahmen an:

- Energieoptimiertes Heizen und Kühlen, das beinhaltet, nicht über 20 °C zu heizen. Bei Kühlung sollte die Innentemperatur nicht mehr als 6 °C unter der Außentemperatur liegen.

- Elektronische Geräte bei Nichtnutzung ausschalten oder in den Energiesparmodus wechseln.

- Bei Veranstaltungen mit mehr als 100 Personen müssen die veranstaltungsbedingten CO_2-Emissionen berechnet werden und die Kosten zur Kompensation müssen in die Budgetplanung einkalkuliert werden (GIZ 2018, S. 6f.).

3.3 Beschaffung von Produkten und Dienstleistungen

Bei einer nachhaltigen Beschaffung von Produkten und Dienstleistungen haben Veranstalter zwei Hauptaufgaben. Auf der einen Seite sollte geprüft werden, ob eine Neuanschaffung von Produkten für die erfolgreiche Umsetzung der Veranstaltung dringend nötig ist. Darüber hinaus sollte genau bedacht werden, in welcher Anzahl Neuanschaffungen benötigt werden, um so eine Verschwendung von Produkten oder Gütern zu vermeiden.

Auf der anderen Seite sollten weitgehend nachhaltig zertifizierte Produkte für die Veranstaltung beschafft werden. Durch diese gezielte Nachfrage werden zum einen nachhaltige Produkte und Dienstleistungen am Markt gestärkt und resultierend daraus Innovationen und nachhaltige Alternativen gefördert. Zum anderen haben die angeschafften nachhaltig zertifizierten Produkte weniger negative Auswirkungen durch Herstellung und Transport auf Umwelt und Klima (BMUV 2020, S. 29).

3.4 Catering

Das Anbieten von Getränken und Speisen gehört zu den meisten Veranstaltungen dazu. In der Veranstaltungsorganisation werden unter dem Handlungsfeld ‚Catering' die Verpflegung der Teilnehmenden, die Beschaffung der Lebensmittel und das damit verbundene Transportaufkommen berücksichtigt (BMUV 2020, S. 33).

Das Ziel des Handlungsfelds ‚Catering' ist es, eine gesunde, umweltfreundliche Ernährung auf der Veranstaltung anzubieten. Bevorzugt mithilfe von regionalen Produkten aus der Saison sollen Umweltauswirkungen minimiert werden und gleichzeitig ein hochwertiges Gericht zur Verfügung stehen. Die Planung der Essensmengen sollte an die benötigte Menge angepasst sein, sodass wenige Nahrungsmittel entsorgt werden müssen. Falls dennoch Reste verbleiben, sollten diese nach Möglichkeit für Bedürftige gespendet werden, beispielsweise bei Projekten wie der ‚Tafel'. Für die Auswahl der Lebensmittel sollte beim Catering Wert auf Bioqualität und fair gehandelte Produkte gelegt werden. Unter Betrachtung von sozialen Aspekten sollte das Catering vegetarische, vegane und halāl Gerichte anbieten (Große Ophoff 2017, S. 772).

Zudem sollten alle Gerichte beschriftet werden und mögliche Unverträglichkeiten sowie Allergien sollten klar erkennbar sein. Eine Verwendung von Mehrweggeschirr, Mehrwegbesteck und Gläsern gehört mittlerweile zum Standard, um unnötige Plastikabfälle zu vermeiden. Weitere Alternativen zu Einweggeschirr reichen von Leihgeschirr bis zu kompostierbaren oder essbaren Verpackungen. Bei der Abfalltrennung sollte stets in Küchenabfälle und altes Speiseöl aus Fritteusen oder Ähnlichem getrennt werden (GIZ 2018, S. 7f.).

3.5 Abfallmanagement

Im Handlungsfeld des ‚Abfallmanagements' wird auf die Begrenzung und Reduzierung der Abfallmengen geachtet. Durch die Reduktion von Abfällen und das korrekte Trennen der Abfälle werden wertvolle Ressourcen geschützt und die Kreislaufwirtschaft wird gefördert. Für Veranstaltungen gilt beim Abfallmanagement laut BMUV folgender Grundsatz:

[1] Vermeiden
[2] Wiederverwenden
[3] Verwerten
[4] Beseitigen (BMUV 2020, S. 36ff.)

Dies bedeutet, dass Müllvermeidung oberste Priorität hat. Dennoch sind Entsorgung und fachgerechte Trennung erforderlich, um so Eventlocation und Umwelt vor einer Verschmutzung zu schützen. Hierzu müssen an mehreren Stellen des Veranstaltungsorts strategisch gut platziert Abfall- und Wertstoffbehälter zur Verfügung stehen. Zu beachten ist, dass die Behälter nie überfüllt sind und häufig geleert werden. So kann vermieden werden, dass Besucherinnen und Besucher ihren Müll liegen lassen oder neben die vorgesehenen Behälter werfen. Die Häufigkeit der Behälterentleerung ist von Faktoren wie der Besucherfrequenz, der Art der Veranstaltung, den Ansprüchen an Sauberkeit und dem Verhalten des Publikums abhängig. Neben einer guten Prognose sind Aufmerksamkeit und Flexibilität bedeutende Eigenschaften, die für ein erfolgreiches nachhaltiges Abfallmanagement einzuplanen sind (Holzbaur 2016, S. 241f.).

3.6 Umgang mit Wasser

Beim Umgang mit Wasser ist zu unterscheiden, ob die Veranstaltung in einem Gebäude oder im Freien stattfindet und ob sanitäre Anlagen ortsfest vorhanden sind oder nicht. Falls nicht genügend sanitäre Anlagen für die einzelnen Besuchergruppen zur Verfügung stehen, müssen frühzeitig entsprechende Maßnahmen eingeleitet werden. Dementsprechend müssen aus Sicht der sozialen Nachhaltigkeit allen Besucherinnen und Besuchern fachgerechte sanitäre Anlagen angeboten werden, zum Beispiel Wickelräume, Damen- und Herrentoiletten, behindertengerechte WCs und Reinigungsmöglichkeiten (Holzbaur 2016, S. 240).

Ergänzend dazu ist das Anbringen von Schildern an sanitären Anlagen mit Hinweis auf ein wassersparendes Verhalten der Besucherinnen und Besucher ein bedeutsamer Bestandteil der Maßnahmen zur Förderung der ökologischen Nachhaltigkeit auf einer Veranstaltung, denn oberstes Ziel dieses Handlungsfelds ist der Schutz der Ressource Wasser. Eine weitere Maßnahme im Umgang mit Wasser ist das Vermitteln einer sparsamen Wassernutzung der Mitarbeitenden der Veranstaltung. Besonders in Küche und Kantine kann dies mithilfe von wassersparenden Geräten bewirkt werden (BMUV 2020, S. 38).

3.7 Kommunikation

Ein gezieltes, geplantes Veranstaltungsmanagement ist Basis für eine gelungene und umweltgerechte Veranstaltung. Ziel ist eine detailreiche Kommunikation der ergriffenen Maßnahmen zu den einzelnen Handlungsfeldern, um Kundinnen und Kunden das Konzept einer nachhaltigen Veranstaltung zu vermitteln (Große Ophoff 2017, S. 772).

Demnach gibt es drei zentrale Aufgaben im Bereich der Kommunikation einer nachhaltigen Veranstaltung:

Kommunikation über Nachhaltigkeit
Hierbei müssen Nachhaltigkeitswirkung und Maßnahmen zur nachhaltigen Entwicklung gegenüber den Besucherinnen und Besuchern, Kundinnen und Kunden sowie Stakeholderinnen und Stakeholdern offen kommuniziert werden, da diese meist nicht direkt erkennbar sind.

Kommunikation für die Nachhaltigkeit
Dabei werden den Mitwirkenden und Teilnehmenden verständliche Infomaterialien vor und nach dem Event zugesendet, um Vorfreude und Reflexion der Veranstaltung anzuregen.

Nachhaltigkeitskommunikation
Bei der Nachhaltigkeitskommunikation wird in Form einer Nachhaltigkeitsberichterstattung über nachhaltigkeitsbezogene Leistungen, Aktivitäten und Auswirkungen informiert. Im Vordergrund steht, dass andere Veranstaltende von den Erfahrungen profitieren und daraus lernen können (Holzbaur 2020b, S. 36f.).

3.8 Veranstaltungsort und Unterbringung der Teilnehmenden

Ziele für das Handlungsfeld ‚Veranstaltungsort und Unterbringung der Teilnehmenden' lassen sich aus den Zielen der angrenzenden Handlungsfelder ableiten. Bei der Auswahl des Hotels und des Veranstaltungsorts spielen Aspekte des Abfallmanagements, der Mobilität, der Beschaffung sowie des Wasser- und Energieverbrauchs eine bedeutende Rolle (BMUV 2020, S. 20f.). Besonders sei dabei auf die Aspekte der Mobilität hingewiesen, da in einem Szenarienvergleich zu Emissionstreibern bei Veranstaltungen die Mobilität der Teilnehmenden 60 % der Emissionen einer Veranstaltung verursacht (Mentz/Reiter 2022, S. 103f.).

Des Weiteren sollten Hotels und Locations unter Nutzung eines Umweltmanagementsystems ausgewählt werden, da so relevante Informationen zur Nachhaltigkeit der Betreibenden dargestellt werden und eine gefilterte Suche nach Nachhaltigkeitsaspekten vorgenommen werden kann. Dabei kann unter anderem berücksichtigt werden, ob Hotels mit dem Europäischen Umweltzeichen gekennzeichnet sind oder andere Nachhaltigkeitszertifizierungen besitzen (BMUV 2020, S. 21).

4 Fazit

Meine Sicht als dual Studierender ist, dass Nachhaltigkeit in allen Bereichen unserer Gesellschaft zunehmend an Bedeutung gewinnt, was unter den aktuellen Begebenheiten und bei den angestrebten Klimazielen auch dringend notwendig ist. Vor allem Veranstaltungen kreieren Erinnerungen und sorgen für eine gute Wahrnehmung von bestimmten Themen innerhalb der Bevölkerung. Wenn die Veranstaltenden den Handlungsbereich der Kommunikation weiter fördern, kann dies dazu führen, dass das Bewusstsein für nachhaltiges Handeln der

Bevölkerung in allen Komponenten des Alltags zunimmt. So kann bei Großveranstaltungen, aber auch bei alltäglichen Meetings Aufklärungsarbeit für nachhaltiges Denken geleistet werden. Jedoch müssen die Veranstaltenden dafür die Aufgabe des nachhaltigen Veranstaltungsmanagements in allen Handlungsfeldern ernst nehmen und beachten. Um dies erfolgreich umzusetzen, empfehlen sich die Checklisten der deutschen Gesellschaft für Internationale Zusammenarbeit (GIZ) oder die Checklisten des Bundesministerium für Umwelt, Naturschutz, nukleare Sicherheit und Verbraucherschutz (BUMV) für die Gestaltung einer nachhaltigen Veranstaltung. Diese verdeutlichen vollumfänglich sowie zielgerichtet, wie die erfolgreiche Konzeptionierung einer nachhaltig entwickelten Veranstaltung aussehen und ablaufen könnte. •

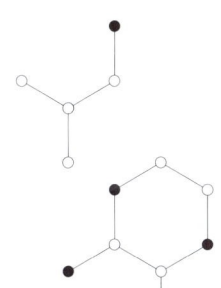

NACHHALTIGKEIT ALS ZUKUNFTSWEISENDES GESCHÄFTSMODELL IM GASTGEWERBE

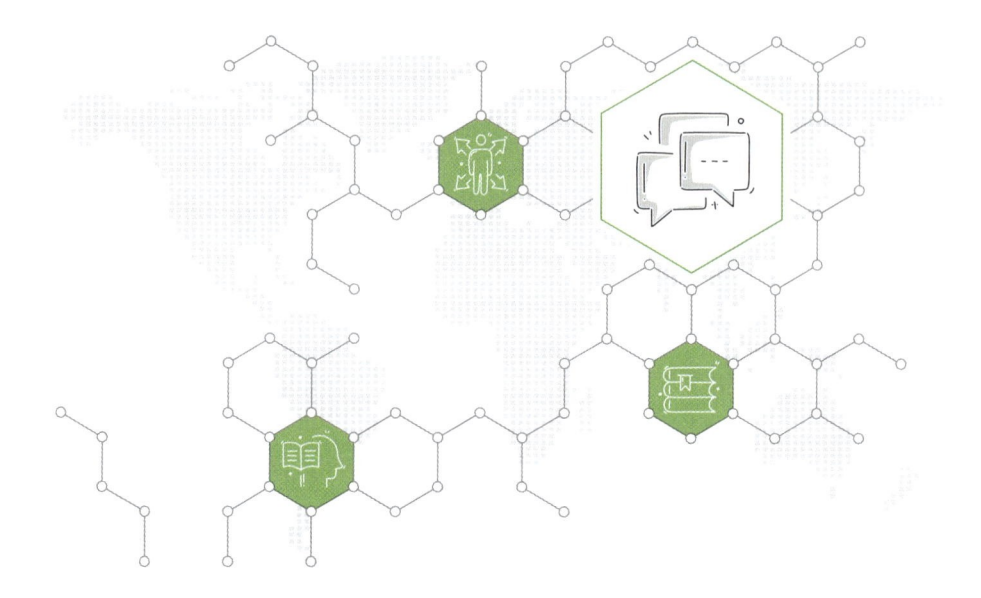

Die Nachhaltigkeits-berichterstattung

Ein zentrales Kommunikationsinstrument zur Umsetzung der neuen Corporate-Social-Responsibility-Directive

von Sarah Derdula

1 Einleitung

„[Die] sichtbar werdenden Folgen der Klimakrise, Verluste von Biodiversität, durch Zoonosen ausgelöste Krankheiten wie Covid-19, massive soziale Ungleichheiten und eine verstärkte Konzentration von Privatvermögen" (Schwager 2022, S. 157) sind Symptome des wirtschaftlichen und gesellschaftlichen Ungleichgewichts. Um diesen Symptomen entgegenzuwirken, ist nachhaltiges Handeln notwendig. Ob im Privatleben oder auf der Arbeit, alle sollten Maßnahmen ergreifen, um nachhaltiges Agieren voranzutreiben.

Durch politischen wie auch gesellschaftlichen Druck sind Unternehmen in den letzten fünf Jahren zunehmend aufgefordert, nachhaltiger zu wirtschaften. Nachhaltigkeit spielt für Unternehmen eine zentrale Rolle durch ihre Verantwortung der Gesellschaft gegenüber, aber auch, um wettbewerbsfähig zu bleiben. Unternehmen werben immer häufiger mit ihrem nachhaltigen Engagement, da dieses für Konsumierende zunehmend ein Kriterium der Kaufentscheidung ist. Weil umgesetzte Maßnahmen im Interesse der Öffentlichkeit liegen, sollten diese transparent nach außen kommuniziert werden. Ein Instrument für vertrauensvollere Informationen ist die Nachhaltigkeitsberichterstattung.

2 Nachhaltigkeitsberichterstattung

2.1 Gesetzliche Grundlage – Neue Corporate-Social-Responsibility-Directive

Nachhaltigkeit auf EU-Ebene wird durch den Aktionsplan zur Finanzierung nachhaltigen Wachstums in Form des Green Deal und des Green Recovery Plan gefördert. „Europa soll nachhaltiger, wettbewerbsfähiger und grüner – und bis 2050 klimaneutral – werden." (Schwager 2022, S. 122) Mit diesem Ziel soll die Transformation hin zu einer nachhaltigen Wirtschaftsweise vorangehen. Neben dem Green Deal und dem Green Recovery Plan gibt es seit 2017 auf nationaler Ebene die Corporate-Social-Responsibility(CSR)-Richtlinien zur Förderung der Nachhaltigkeit.

Um Unternehmen ihre gesellschaftliche Verantwortung bewusst zu machen, veranlasste die EU erstmalig 1995 die Environmental-Management-and-Audit-Scheme(EMAS)-Verordnung. Sie ist der Vorgänger der heutigen CSR-Richtlinien und verpflichtete erstmalig zur transparenten Umweltberichterstattung (Schwager 2022, S. 123). Die EMAS-Verordnung wurde auf EU-Ebene 2014 durch die CSR-Berichtspflicht ‚Non-Financial Reporting Directive' abgelöst. Diese legt eine Berichtspflicht für kapitalmarktorientierte Unternehmen, Kreditinstitute, Finanzdienstleistungsinstitute und Versicherungsunternehmen mit mehr als 500 Beschäftigten fest (Bundesgesetzblatt 2017). Im Jahr 2017 wurde diese auf nationaler Ebene durch das ‚Gesetz zur Stärkung der nichtfinanziellen Berichterstattung der Unternehmen in ihren Lage- und Konzernberichten' (CSR-Richtlinien-Umsetzungsgesetz) umgesetzt. In § 289b Handelsgesetzbuch ist die Bestimmung dargelegt, welche Unternehmen zur Berichterstattung verpflichtet und welche davon befreit sind. Die offenzulegenden Inhalte sind in § 289c Handelsgesetzbuch festgehalten und umfassen beispielsweise Umweltbelange, Arbeitnehmerbelange oder Sozialbelange (Schmitz 2021, S. 115).

Die bisher gültigen CSR-Richtlinien werden mit der ‚Corporate Sustainability Reporting Directive' (CSRD) abgelöst. Am 21. April 2021 wurde dieser Entwurf der EU veröffentlicht und muss bis zum Ende des Jahres 2022 in nationales Recht übernommen werden (Schwager 2022, S. 124).

In den CSRD-Richtlinien sind folgende Änderungen:

- Die Berichtspflicht wird auf Unternehmen mit mehr als 250 Beschäftigten, mit einer Bilanzsumme von über 20 Millionen Euro oder mit einem Gewinn von über 40 Millionen Euro ausgeweitet (BMAS o.J.b).

- Inhaber- und familiengeführte Unternehmen fallen unter die Berichtspflicht (Schwager 2022, S. 124).

- Einführung verbindlicher Berichtsstandards (ESRS) für Vergleichbarkeit (Schwager 2022, S. 124).

- Darstellung der Finanzkennzahlen gemäß der Taxonomieverordnung (Schwager 2022, S. 124).

- Der Nachhaltigkeitsbericht muss Teil des Lageberichts sein und in einer maschinenlesbaren Form vorliegen (digital Tagging; BMAS o.J.a).

- Es besteht die Pflicht einer externen Prüfung.

Die CSRD-Richtlinien sollen ab dem 01.01.2024 für das Geschäftsjahr 2023 gelten. Wie die genaue Umsetzung aussieht, steht im Herbst 2022 noch nicht fest.

2.2 Nachhaltigkeitsberichterstattung als Teil der Unternehmenskommunikation

Die externe Unternehmenskommunikation lässt sich in finanzielle und nicht finanzielle Informationen unterteilen. Zu den finanziellen Informationen zählt beispielsweise der Geschäftsbericht, zu den nicht finanziellen Informationen gehört der Nachhaltigkeitsbericht. Letzterer beinhaltet Aussagen über das ökonomische, ökologische und soziale Engagement eines Unternehmens. Darüber hinaus dient er der Reflexion von Nachhaltigkeitsleistungen und -strategien. Zusätzlich können geplante Ziele und Maßnahmen dargestellt werden. Durch einen Nachhaltigkeitsbericht steigt die Glaubwürdigkeit des Unternehmens und er verstärkt das Vertrauen von Kundinnen und Kunden, Mitarbeitenden und der Öffentlichkeit (Schmitz 2021, S. 114).

Nachhaltigkeitsberichte können extern als Kommunikationsmittel für Stakeholderinnen sowie Stakeholder und die Gesellschaft genutzt werden (Schwager 2022, S. 159).

3 Corporate Social Responsibility

3.1 Definition

Corporate Social Responsibility, abgekürzt CSR, ist die „Implementierung nachhaltiger Maßnahmen und die Übernahme von Verantwortung im Geschäftsverlauf als auch entlang der eigenen Wirtschaftskette" (Schmitz 2021, S. 1). Sie stellt die Verbindung zwischen der alltäglichen Geschäftstätigkeit und den Interessen am Allgemeinwohl her. Dadurch fördert sie soziales und ökologisches Engagement von Unternehmen. Durch politische Anordnungen, den wachsenden gesellschaftlichen Druck und die Verknappung von Ressourcen steigt die Bedeutung von Nachhaltigkeit in der Unternehmenspraxis (Schmitz 2021, S. 2). Die Notwendigkeit von Nachhaltigkeit im Unternehmensalltag entsteht häufig durch Druck der Konkurrenz. Nachhaltige Maßnahmen werden erforderlich, um „wettbewerbsfähig zu bleiben und sich von Markt und Konkurrenz abzusetzen" (Schmitz 2021, S. 2).

Die ISO 26000 als Leitfaden zur Umsetzung gesellschaftlicher Verantwortung ergänzt die Definition von CSR um die Aspekte der Berücksichtigung der Erwartungen von Stakeholderinnen und Stakeholdern sowie des Einhaltens von Recht und internationalen Verhaltensstandards (Schneider/Schmidpeter 2015, S. 27). Die ISO 26000 besteht aus sieben Prinzipien und sieben Kernpunkten.

Corporate Social Responsibility und Nachhaltigkeit basieren auf den drei Säulen Ökologie, Ökonomie und Soziales. Auf Unternehmensebene sind beide Ansätze direkt miteinander verbunden (Schneider/Schmidpeter 2015, S. 28). Die Ausgestaltung von nachhaltigen

PRINZIPIEN	KERNPUNKTE
Rechenschaftspflicht	Organisationsführung
Transparenz	Menschenrecht
Ethisches Verhalten	Arbeitspraktiken
Achtung der Interessen der Anspruchsgruppen	Umwelt
Achtung der Rechtsstaatlichkeit	Faire Betriebs- und Geschäftspraktiken
Achtung internationaler Verhaltensstandards	Konsumentenbelange
Achtung der Menschenrechte	Regionale Einbindung und Entwicklung des Umfelds

Abb. 1: Prinzipien und Kernpunkt ISO 26000 (Schneider/Schmidpeter 2015, S. 27)

Maßnahmen sollte sowohl nach innen als auch nach außen gerichtet erfolgen und die Interessen unterschiedlicher Stakeholderinnen und Stakeholder vereinen.

3.2 Auswirkungen auf die Wertschöpfungskette

Politische Rahmenbedingungen und gesellschaftlicher Druck zwingen Unternehmen, zunehmend nachhaltiger zu wirtschaften. Dies hat zur Folge, dass über die Umsetzung von Nachhaltigkeitsmaßnahmen transparent entlang der Wertschöpfungskette berichtet werden muss. Ein Instrument zur Hilfestellung ist der Deutsche Nachhaltigkeitskodex (DNK). Dieser weist 20 Kriterien auf, die für eine gesetzeskonforme Berichterstattung herangezogen werden können. Als Beispiel kann das Kriterium vier genannt werden, das gezielt Maßnahmen der vor- und nachgelagerten Wertschöpfungskette für die Nachhaltigkeitsberichterstattung aufgreift. Geprüft wird, inwiefern das Unternehmen einen Beitrag zur nachhaltigen Wertschöpfung leistet, und es wird aufgezeigt, welche Nachhaltigkeitskriterien dem zugrunde liegen (Schwager 2022, S. 143). Eine weitere Auswirkung ist die zunehmende Erfordernis von Investorinnen und Investoren, Nachhaltigkeitsaspekte in das Risikomanagement zu integrieren.

Diese resultiert unter anderem daraus, dass Finanzinstitute eine Verpflichtung haben, transparent über ihre Geldströme und die Nachhaltigkeit ihrer Anlagen zu berichten (Schwager 2022, S. 127).

Von zentraler Bedeutung ist das 2021 in Kraft getretene Lieferkettensorgfaltspflichtgesetz (LKSG) als ein Kernelement der sozialen Nachhaltigkeit. Mit dem LKSG wird das Ziel verfolgt, grundlegende Menschenrechte zu verbessern und insbesondere das Verbot von Kinderarbeit durchzusetzen. Das grundlegende Prinzip ist die Achtung der Menschenrechte (unter anderem Verbot von Kinderarbeit, Verbot der Ungleichbehandlung in Beschäftigung) entlang globaler Wertschöpfungsketten. Dadurch sollen Unternehmen grundsätzlich Tätigkeiten vermeiden, die im Rahmen ihrer Geschäftstätigkeit direkte negative Implikationen auf die Menschenrechte haben. Die Verantwortung zur Achtung der Menschenrechte gilt für Unternehmen unabhängig von ihrer Größe, dem Sektor, dem operativen Umfeld, dem Eigentumsverhältnis und der Unternehmensstruktur. Das LKSG betrifft Unternehmen, deren Standort in Deutschland ist und die über 3000 Mitarbeitende haben (Bundesministerium für wirtschaftliche Zusammenarbeit und Entwicklung [BMZ] 2022). Ab 2023 gilt es auch für Unternehmen mit 1000 Mitarbeitenden. Zu den konkreten Pflichten gehören (BMAS o.J.b):

- Durchführen einer Risikoanalyse und Etablierung eines Risikomanagements
- Aufstellung einer Menschenrechtsstrategie durch das Unternehmen
- Eingliederung von Präventionsmaßnahmen
- Sofortiges Einschreiten bei auftretenden Rechtsverstößen
- Dokumentations- und Berichtspflicht

4 Berichterstattung

4.1 Anforderungen und Chancen

Neben den gesetzlichen Anforderungen gibt es weitere „Transformations und Transparenzanforderungen" (Schwager 2022, S. 130). Die bedeutendsten hierunter sind das Sorgfaltspflichtgesetz, auch ‚Lieferkettengesetz' genannt, sowie Anforderungen der Task Force on Climate-related Financial Disclosure (TCFD).

Chancen der standardisierten Nachhaltigkeitsberichterstattung sind die Verminderung von fehlerhaften Bewertungen sowie die Förderung des Wettbewerbs und somit eine Angrenzung am Markt. Bereits nachhaltig etablierte Unternehmen erhalten dadurch einen Wettbewerbsvorteil (Schmitz 2021, S. 118).

Durch die Nachhaltigkeitsberichterstattung können Unternehmen ein positives Image aufbauen, das zum Unternehmenserfolg beitragen kann. Das Konsumverhalten von Kundinnen und Kunden kann durch ein nachhaltiges Image beeinflusst und die Kundenbeziehung kann dadurch gestärkt werden. Dieses positive Image kann intern die Mitarbeiterzufriedenheit und -motivation stärken (Brugger 2010, S. 26).

Externe Nachhaltigkeitskommunikation von Unternehmen erfordert die „unternehmensinterne inhaltliche Auseinandersetzung mit ökologischen Fragestellungen" (Brugger 2010, S. 39) und fördert damit die Sensibilisierung innerhalb des Unternehmens; intern dient diese als Reflexion (Brugger 2010, S. 29).

4.2 Berichterstattung gemäß Deutschem Nachhaltigkeitskodex

Seit 2011 existiert der DNK, der Leitlinien für eine „verbindliche und transparente Darstellung von Nachhaltigkeitsleistungen" (Schmitz 2021, S. 118) vorgibt und damit für Einheitlichkeit und Vergleichbarkeit in der Nachhaltigkeitsberichterstattung sorgt (Schmitz 2021, S. 119). Er knüpft an die bestehenden Standards wie die der Global Reporting Initiative (GRI) oder der European Federation of Financial Analysts Societies (EFFAS) an. Anwendbar ist er für Unternehmen jeder Rechtsform und zusätzlich für Organisationen, Stiftungen, Gewerkschaften oder Universitäten. Die Berichterstattung erfolgt durch eine Entsprechungserklärung gemäß dem Comply-or-Explain-Ansatz. Die Entsprechungserklärung ist ein Bericht über die Erfüllung (Comply) der Kriterien oder eine Erklärung über das Nichterfüllen (Explain). Zusätzlich kann innerhalb der Erklärung auf Informationen aus anderen Berichten verwiesen werden (Schmitz 2021, S. 118f.). Einmal veröffentlicht ist die Entsprechungserklärung in der DNK-Datenbank für alle einsehbar. Nach der Veröffentlichung kann die Entsprechungserklärung von einer dritten Partei geprüft werden, damit die Wirksamkeit und die Verlässlichkeit erhöht werden.

Der Weg zur Erstellung der Entsprechungserklärung gemäß DNK lässt sich in folgende fünf Schritte gliedern:

[1] Erstellung oder Nutzung des Nachhaltigkeitsteams/Verantwortlichen
[2] gewählte Indikatoren bearbeiten und bewerten
[3] Vorbereitung der Entsprechungserklärung

[4] Erstellung der Entsprechungserklärung und Beantragung der Prüfung
[5] Sinnvolle Nutzung der Entsprechungserklärung

Einem Unternehmen steht die Auswahl der Indikatoren frei, diese müssen allerdings nach den Anforderungen des DNK erfüllt werden. Ob als Erweiterung branchenspezifische Indikatoren der Global Reporting Initiative (GRI) oder der European Federation of Financial Analysts Societies (EFFAS) gewählt werden, ist ebenfalls dem Unternehmen überlassen. Dies sollte in Abhängigkeit vom Berichtsstandard und von den ausgewählten Zielgruppen festgelegt werden (Schmitz 2021, S. 119). Nachfolgende Abbildung gibt einen Überblick über die Kriterien des DNK.

Deutscher Nachhaltigkeitskodex	**Nachhaltigkeitskonzept**	**Strategie**	1.	Strategische Analyse und Maßnahmen
			2.	Wesentlichkeit
			3.	Ziele
			4.	Tiefe der Wertschöpfungskette
		Prozessmanagement	5.	Verantwortung
			6.	Regeln und Prozesse
			7.	Kontrolle
			8.	Anreizsysteme
			9.	Beteiligung von Anspruchsgruppen
			10.	Innovations- und Prozessmanagement
	Nachhaltigkeitsaspekt	**Umwelt**	11.	Inanspruchnahme natürlicher Ressourcen
			12.	Ressourcenmanagement
			13.	Klimarelevante Emissionen
		Gesellschaft	14.	Arbeitnehmerrechte
			15.	Chancengerechtigkeit
			16.	Qualifizierung
			17.	Menschenrechte
			18.	Gemeinwesen
			19.	Politische Einflussnahme
			20.	Gesetzes- und richtlinienkonformes Verhalten

Abb. 2: Kriterien des Deutschen Nachhaltigkeitskodex (Schmitz 2021, S. 121)

Der DNK besteht aus 20 Kriterien, die entweder dem Nachhaltigkeitskonzept oder dem Nachhaltigkeitsaspekt untergeordnet sind. Zu den allgemeinen Angaben gehören grundsätzliche Berichtsparameter, wesentliche Annahmen und Schätzungen, angewendete Definitionen und in Darstellung des Geschäftsfeldes. Die Beschreibung der Indikatoren erfolgt in Form eines Textes, der nicht länger als notwendig sein sollte. Der Richtwert liegt hier bei 500 bis 2000 Zeichen je Kriterium. Der Bericht kann auf Deutsch oder Englisch erstellt werden (Schmitz 2021, S. 121).

4.3 Berichterstattung gemäß Global Reporting Initiative

Die GRI ist ein international anerkanntes Rahmenwerk für die Nachhaltigkeitsberichterstattung. Diese und der DNK decken alle von der EU geforderten Aspekte der Nachhaltigkeitsberichte ab. Die GRI ist in mehrere Module aufgeteilt:

- GRI 101 – Prinzipien der Berichterstattung
- GRI 102 – General Disclosures
- GRI 103 – Informationen zum Managementansatz

Diese ersten drei Module bilden die Basis durch Grundsätze, allgemeine Informationen zum Unternehmen, Strategien und die festgelegten Managementansätze zu den wesentlichen Themen. Es existieren im GRI drei wesentliche Themen:

- GRI 200 – Wirtschaft
- GRI 300 – Umwelt
- GRI 400 – Soziales

Diese Module beinhalten jeweils spezifische Indikatoren und umfassen insgesamt 35 Themen für Unternehmen (unter anderem Umwelt- und Sozialbelange; Schwager 2022, S. 126).

Die GRI-konforme Berichterstellung erfordert die Durchführung einer Wesentlichkeitsanalyse, um die relevanten Handlungsfelder der Nachhaltigkeitsdimensionen der Unternehmung zu ermitteln. Anhand der Wesentlichkeitsanalyse werden alle 35 Themen unter Einbezug von Stakeholderinnen sowie Stakeholdern danach bewertet, inwieweit das Unternehmen hierauf positive oder negative Auswirkungen hat und ob oder welche Erwartungen die Stakeholderinnen und Stakeholder an das Unternehmen haben (Schwager 2022, S. 126). Anders als beim DNK werden bei der GRI die Interessen der Stakeholderinnen und Stakeholder einbezogen.

5 Fazit

Durch die steigende Notwendigkeit von nachhaltigem Handeln und die gesetzlichen Forderungen werden ca. 16 000 Unternehmen in Deutschland in naher Zukunft von einer Berichtspflicht betroffen sein (Schwager 2022, S. 123). Um die neue CSR-Direktive umzusetzen, werden Nachhaltigkeitsberichte und dafür benötigte Standards immer relevanter. Durch Berichtsstandards wie den DNK oder die GRI wird Unternehmen ein gut umsetzbarer Rahmen gegeben. In der Nachhaltigkeitsdiskussion und -kommunikation ist der Nachhaltigkeitsbericht das zentrale Kommunikationsinstrument nach außen. Es empfiehlt sich, insofern die benötigten Ressourcen von Unternehmen vorhanden sind, auch freiwillig einen Nachhaltigkeitsbericht zu erstellen.

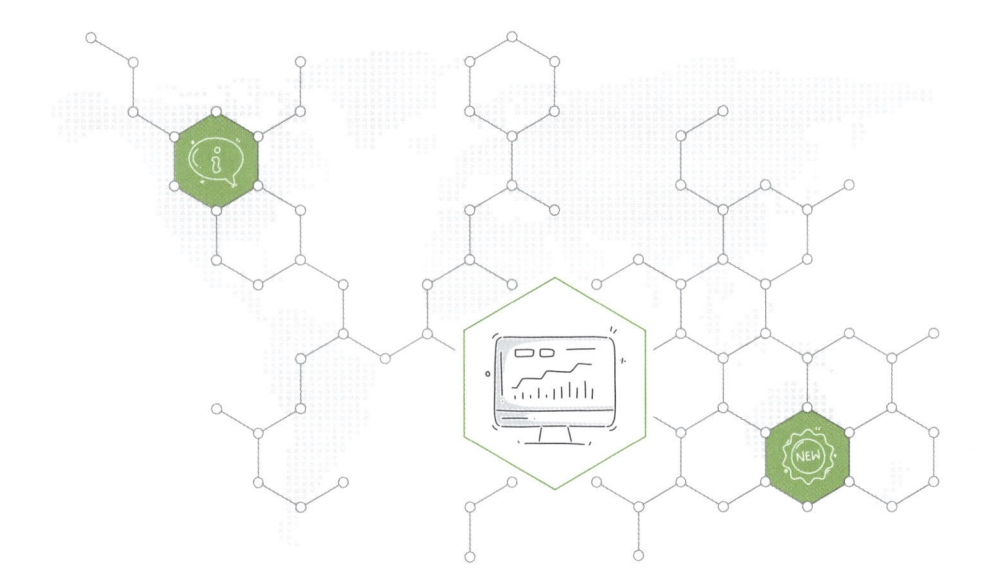

Nachhaltige Kommunikation für das Gastgewerbe

von Jan Kronenberger

1 „Man kann nicht nicht kommunizieren" (Paul Watzlawick)

Kommunikation, ob passiv oder aktiv, ob intern oder extern, ist für jeden Menschen, für jedes Unternehmen sinnstiftend und führt automatisch zu Beurteilungen und Bewertungen. Einem klassischen Public-Relations-Grundsatz folgend lautet die Konsequenz aus dem omnipräsenten Narrativ: Wenn wir immer und in jedem Augenblick kommunizieren, dann nutzen wir diesen Fakt und bauen ihn positiv in unser Geschäftsmodell ein. Im Folgenden soll erläutert werden, wo Kommunikation im Gastgewerbe hierzulande häufig angesetzt hat, wie sie in vielen Fällen aktuell aufgestellt ist und was geschehen muss, damit sie nachhaltig erfolgreicher wird und bleibt.

Schon traditionell beschäftigt sich das Gastgewerbe mit Marketing. Dabei lag der Fokus in der Vergangenheit auf der Säule Werbung. Seit den 1960er Jahren bildeten Anzeigen, kleinere lokale Imagekampagnen sowie vereinzelte Messeauftritte einen klassischen Mix zur Wahrnehmungs- sowie Umsatzsteigerung. Eine erste Strategieerweiterung ging mit der zunehmenden Bedeutung des Internets einher und stellte das Gastgewerbe vor eine Herausforderung, der es bis heute nicht gewachsen zu sein scheint.

2 Social Media als kritisches Spannungsfeld für Kommunikation

Mit der aufkommenden Onlinewerbung und den sozialen Medien wurde die potenzielle Bandbreite für Werbemaßnahmen größer, kreativer, jedoch gleichzeitig offener für direktes Feedback. In vielen Fällen wird versucht, diese direkte Feedbackkultur zu umgehen, indem eher reaktiv-passive Kommunikationskanäle genutzt werden. Dies ist eine Erklärung dafür, dass viele Gastronominnen und Gastronomen Tripadvisor als Marketingoption sehen und dies die Speerspitze digitaler Präsenz darstellt.

Die Website, heute immer noch bedeutend als Anker und Hafen einer ganzheitlichen Kommunikationsstrategie, ist daneben eine Pflicht, um Kundinnen und Kunden mit Informationen zu versorgen. Die Potenziale, die ein moderner Auftritt als Brand-Building-Kanal bietet, werden aber in den seltensten Fällen ausgeschöpft.

Gleiches gilt für die drei relevantesten Kanäle auf Social Media: Facebook, Instagram und TikTok werden bis heute zu oft als reine Informationsplattformen genutzt, die nebenbei und halbtags betreut werden. Selbst in größeren Häusern und Unternehmen basieren Social-Media-Strategien auf singulären Botschaften und dem Gedanken geschönter Kommunikation, die aus den Werbegazetten der 1980er und 1990er Jahre stammt.

3 Corona als Beschleuniger für nachhaltiges Marketing und Public Relations

Durch die Coronapandemie musste das Gastgewerbe eine der größten, wenn nicht die größte, Herausforderung der Geschichte meistern und noch immer sind mittelfristige Auswirkungen nicht final abschätzbar. Die veränderten Rahmenbedingungen jedoch führten, nach einem kurzen Absinken, zu einer rapiden Steigerung von Anfragen rund um Pressearbeit und Kommunikation. Auf einmal reichte ein reines Reagieren auf Anfragen nicht mehr aus. Marketing und Kommunikation mussten von einer Vielzahl von Unternehmen neu gedacht und so umgesetzt werden, wie es die Public-Relations-Expertinnen und -Experten schon lange wünschten. Dazu gehörte neben einem neu kalkulierten Budget auch die Erkenntnis, dass proaktive Kommunikation und Marketing zwar miteinander verzahnt sind, aber im besten Fall nie denselben Key-Performance-Indikatoren (KPIs) folgen sollten. Marketing konnte in vielen Unternehmen des Gastgewerbes zu Social-Media-Marketing transformiert werden. Anzeigen, Google-Kampagnen oder Printformate konnten so (und können es nach wie vor) durch vergleichbare, leicht messbare KPIs ersetzt und neu platziert werden. Mit Reichweite, Response, Churn-Rates, Click-Raten, Interaktionen und Follower-Zahlen sind hier nur einige Werte genannt, die gekoppelt mit Kampagnen Kundinnen und Kunden gewinnen oder aber binden können.

Die Chance, die Marketing, beschleunigt durch Corona, erhielt, ist für das Gastgewerbe signifikant. Durch die Bespielung von sozialen Medien gewinnen Marken Gesichter – und das individuell und persönlich. Untersuchungen, unter anderem des Deutschen Fachjournalisten-Verbands, belegen, dass Social-Media-Marketing damit die Möglichkeit eröffnet, durch einen Blick hinter die Kulissen emotionale Werte zu schaffen, die durch Anzeigen- oder Suchmaschinenkampagnen nicht hätten erreicht werden können. Zudem bietet Social-Media-Marketing eine große Beteiligungsmöglichkeit für Mitarbeitende der Unternehmen. Durch kostenfreie oder zumindest günstige Trainings können Teams den Umgang mit Social Media erlernen und werden so zu Multiplikatoren sowie Sprecherinnen und Sprechern der Unternehmen. Darüber hinaus bieten Social-Media- und interne Kommunikationsschulungen die Zusatzfunktion, als Teamevent gestaltet werden zu können, und schaffen Bewusstsein für das Meistern von kritischen Situationen.

Diese, so ist es beispielsweise aus der Automotive-Branche bekannt, führen in der Regel zu höheren Zufriedenheitsraten in Gesprächen mit Sales oder dem Customer-Support. Übertragen auf das Gastgewerbe heißt das: Ein Training im Bereich der Kommunikation hat einen direkten Einfluss und damit einen messbaren Return on Investment für Food-and-Beverage-, Booking- oder Sales-Teams bis hin zum Empfang eines Hotels. An dieser Stelle sollen vier relevante Faktoren für den Erfolg auf Social Media erläutert werden, die aus meiner Sicht für langfristigen Erfolg unerlässlich sind. Zudem muss sich jedes Unternehmen fragen, welcher Kanal in den sozialen Medien der Fokuskanal werden soll. Im Folgenden wird eine klare Empfehlung und Einordnung gegeben.

3.1 Instagram

Schafft Vertrauen und Kundenbindung und sollte heutzutage in den allermeisten Fällen der gewählte Kanal sein.

3.2 Facebook

Dient als Website-Ergänzung und sollte lediglich als Informationsplattform gesehen werden, die Inhalte von Instagram spiegelt, aber einen geringen Business-Mehrwert bietet (es sei denn, das Zielpublikum ist aktuell zwischen 40 und 60 Jahre alt, bewegt sich also genau zwischen den Silver-Surferinnen und -Surfern und den jüngeren Generationen).

3.3 YouTube

Unterschätzt, weil es eine hohe Reichweite bietet. Der Nutzen hier liegt klar auf der Erstellung kurzer HD-Clipformate, die parallel zu Instagram genutzt werden können. Eine spannende Option für größere Player auf dem Markt, beispielsweise Hotelketten, um neue Zielgruppen zu erschließen oder mit Influencerinnen und Influencern Kampagnen zu starten, bei denen Bild und Ton in Einklang stehen sollen und bei denen der Werbe- und Buchungseffekt im Fokus steht und den Image-Impact übersteigt.

3.4 TikTok

Das Medium der Wahl für junge und dynamische Food-Marken mit einem deutlichen Fokus auf Millennials. Ein Beispiel wäre die französische BigMamma Group, die mit ihrer italienischen Systemgastronomie hierzulande aktuell in Berlin und München aktiv ist. Hier sind alle drei relevanten Kriterien für TikTok erfüllt: junges, urbanes Zielpublikum mit Affinität für Instagram, gestyltes Food-Konzept, mehr als ein Restaurant für höhere Interaktionsraten und Kundengewinnung durch Sharing der Posts und Beiträge.

3.5 LinkedIn

Schon lange nicht mehr nur Vertriebs- und Netzwerkkanal. LinkedIn hat das Potenzial, ein neues Facebook zu werden. Wichtig: Kommunikation in Englisch und deutscher Sprache gleichzeitig in einem Post. Einsatz von zwei bis drei Multiplikatoren im Unternehmen. Ein unerlässlicher Kanal für Kongresshotels, Hotels mit Businessfokus und mit künftig zunehmend internationalem Austausch in Chats oder auch Live-Formaten.

3.6 Twitter
Sollte nicht genutzt werden, es sei denn, es ist ein Multiplikator mit genug Reichweite im Unternehmen aktiv (Beispiel: der TV-Koch als Gesicht der Hotelmarke). Nach dieser Einschätzung folgen nun die vier Kriterien, die für alle oben genannten Kanäle gelten.

4 Die vier Kriterien für erfolgreiches Social-Media-Marketing

4.1 Sei du selbst
Laut einer Analyse der Marketingseite omt sind Influencerinnen und Influencer vor allem dann erfolgreich, wenn sie passgenau ausgewählt werden. Passgenauigkeit und Fokus auf Nischen und spezielle Vertikale ist also unerlässlich für den Aufbau von Expertise und Vertrauen. Diese beiden Werte sind die relevantesten Komponenten für Bookings und Engagement auf Basis von Social-Media-Aktivitäten. Folgend dieser Erkenntnis ist es fast schon selbsterklärend, dass soziale Medien immer etwas Persönlichkeit benötigen, um erfolgreich zu sein. Bei Businesskanälen wie LinkedIn geschieht dies über die teilende und postende Person. Bei den klassischen Kanälen, wie Instagram, bedarf es hingegen eines Redaktionsplans, der Eindrücke des Unternehmens transportiert. Ein Blick in die Töpfe der Küche, ein Reel oder Video von einer Hotelmesse oder aber Schwerpunktmonate, die Einblicke in die Abteilungen des Unternehmens liefern, sind nur einige Beispiele. Im Fall von Hotels führt dies am Ende zu einer stärkeren Bindung mit den Gästen. ‚Willkommen bei Freunden und Bekannten' ist so mehr als nur eine Floskel und im Sinne der Nachhaltigkeit sind wiederkehrende Begegnungen mit Barkeeperinnen und -keepern, dem Roomservice-Team sowie anderen Kolleginnen und Kollegen eine geeignete Option.

4.2 Kombiniere deine persönliche Art mit Werten deines Unternehmens

Eine Chance für Nachhaltigkeit par excellence. Jeder Social-Media-Manager, jede Social-Media-Managerin und jedes Unternehmen hat die Möglichkeit, die eigenen Werte durch soziale Medien zu transportieren; ungefiltert und mit direkter Interaktionsoption mit potenziellen Gästen, Kundinnen und Kunden. So können nachhaltige Rezepte geteilt werden, die Diversität des Teams kann in den Fokus gerückt werden oder Aktionstage für soziales oder nachhaltiges Engagement können kommuniziert werden. Jedes Unternehmen hat dabei die Chance, eigene Unique Selling-Propositions herauszuarbeiten und diese durch Storytelling zu gestalten. Wer hier die Presseabteilung einbezieht, hat sogar die Möglichkeit, zwei Content-Fliegen mit einer Klappe zu schlagen.

4.3 Einfach mal machen

Im Vergleich zur Pressearbeit und zum Anzeigen-Marketing lebt Social Media mehr vom Testen. Statt AB-Tests gilt es hier, Kampagnen zu starten, die gänzlich andere Schwerpunkte setzen. Diese können beispielsweise darauf abzielen, Umsätze zu generieren und zu erhöhen oder Aufmerksamkeit umzulenken beziehungsweise auszusteuern.

Im ersten Fall geht es um Positionierungen auf dem Markt, die Verbreitung von Specials oder Aktionszeiträumen, die Verkündung neuer Angebote oder Ähnliches. Kampagnen sollten hier vom Ziel her aufgebaut sein und gut dokumentiert werden, um Learnings sichtbar und vergleichbar zu machen. Im zweiten Fall soll versucht werden, mit Social-Media-Content Aufmerksamkeit auf einen starken Bereich des Unternehmens zu lenken. Hierbei wird eine Unique Selling-Proposition gestärkt. Es kann hier aber auch der Fokus auf Bereiche eines Unternehmens gelegt werden, die nicht die gewünschte Aufmerksamkeit erhalten. Diese können eine versteckte Hotelbar, ein zu gering gebuchtes Lunch-Angebot oder ein neu etablierter Spa-Bereich sein.

Unabhängig davon, welche Herangehensweise gewünscht wird: Persönlichkeit steht über Perfektion. Es sollte also keine Scheu bestehen, die Mitarbeitenden zu interviewen, zu lachen oder zu lächeln, selbst im Bild zu sein oder nicht immer den perfekten Schnitt zu wählen. Sollte eine Strategie nicht weiterverfolgt werden, gilt hier: dies ruhig kommunizieren und keine Angst haben, auch Fehler in der Kommunikation einzugestehen. Ehrlichkeit währt am längsten und schafft mehr Bindung als landläufig angenommen.

4.4 Im Austausch mit anderen bleiben

Social Media ist kein To-do für nebenbei. Wer die Arbeit mit den sozialen Medien beherrschen will, muss lernen, mit Menschen zu kommunizieren, Antwortzeiten für etwaige Fragen beachten sowie im Umgang mit Konflikten und Krisen geschult sein. Zudem bedarf es einer echten Social-Media-Abteilung oder zumindest einer oder eines Beauftragten, um eine verlässliche Schnittstelle zu Service, Sales, PR, Booking, Food and Beverage oder allen anderen potenziell betroffenen Abteilungen eines Unternehmens sein zu können. Social Media braucht also den Austausch mit Kolleginnen und Kollegen sowie den Fans und Followern des Kanals.

5 Social Media als Königin

Social Media ersetzt nicht jeden klassischen Marketingkanal. Allerdings ist Arbeit mit und auf sozialen Medien die Königsdisziplin, wenn es um nachhaltige Kommunikation geht.

Warum ist das so? Marketing war schon immer eine reaktionäre Kommunikationsform. Werbefilme oder Anzeigen folgen demzufolge Trends und versuchen diese mit dem Ziel, Umsätze zu generieren, aufzugreifen. Einige jüngere Beispiele (bewusst aus dem nachhaltigen Umfeld) dafür sind unter anderem die vegetarischen Kampagnen von Rügenwalder oder Burger King sowie die neue Farbgebung im Branding bei McDonald's oder der Deutschen Bahn. Gegenteilige Beispiele, bei denen klassische Print-, Online- oder Broadcasting-Werbung Trends setzt, gibt es hingegen keine.

Der Grund hierfür liegt im Fokus auf den Umsatz und wird durch die Kostenintensität entsprechender Kampagnen untermauert. In den meisten Fällen führt klassisches Marketing heutzutage eher zu einer Verteidigung von Marktpositionierungen sowie zur Vermeidung von Angreifbarkeit und Kritik oder es geschieht im Einklang oder Umfeld von Produkteinführungen. Es stellt sich aber die Frage, was an einer Kommunikationsform nachhaltig ist, die per se nicht langfristig steuerbar und somit bei steigenden Kosten und kritischen, aufgeklärten Kundinnen und Kunden schwer planbar ist.

Die Antwort: wenig bis gar nichts, vor allem gekoppelt mit einem Blick auf Kosten vs. Ertrag. Social Media hingegen hat, bei Beachtung der oben genannten Aspekte, die Möglichkeit, neue Trends zu setzen und nicht nur die Köpfe, sondern vor allem auch die Herzen der Menschen zu erreichen. Nachhaltigkeit kann hier nicht nur als Imagebildung, sondern als echte DNA des Betriebs gespielt werden. Mitarbeitende werden zu Influencerinnen und Influencern, Markenbotschafterinnen und Markenbotschaftern sowie zu Schnittstellen für die eigenen Unique Selling-Propositions.

6 Pressearbeit und Public Relations als König

Social Media ist eine persönliche Kommunikationsform, weil Individualität mit Markenbotschaften verknüpft wird und Umsätze über Emotionen erreicht werden, nicht etwa durch Verfremdung und Verallgemeinerung. Was in den letzten Jahren bei den sozialen Medien immer mehr Eingang in die Unternehmenskulturen und -strukturen gefunden hat, ist im Bereich der Pressearbeit und Public Relations noch nicht abschließend geschehen. Dies hat viele Gründe. Ich möchte an dieser Stelle drei der relevantesten Faktoren beleuchten.

6.1 Messbarkeit und Key-Performance-Indikatoren

Wer an Kommunikation und nachhaltige erfolgreiche Maßnahmen denkt, muss zeitgleich über messbare Werte reden. Welche Erfolgsfaktoren gibt es für Pressearbeit und wie sieht diese im Vergleich zu Marketing aus? Zunächst bleibt es faktisch eine Herausforderung, Pressearbeit so zu messen, dass die Erfolge mit Marketingkampagnen in Relation zu setzen sind. Der Anzeigenäquivalenzwert ist hierbei noch eine der bekanntesten Kennzahlen. Er gibt an, was eine bestimmte Veröffentlichung in etwa gekostet hätte, wenn statt der redaktionellen Einbindung in einen Artikel eine Werbeanzeige in vergleichbarer Größe geschaltet worden wäre. Allerdings werden hierdurch weder Interaktionen noch Klicks und Kauf- bzw. Buchungsentscheidungen abgedeckt, geschweige denn von dem relevanten Faktor Branding.

Eine andere Kennzahl ist die quantitative Veröffentlichungshöhe, oft sortiert nach sogenannten Tier-Klassifizierungen, nach denen aufgegliedert werden kann, welche Verlage, Zeitschriften oder Zeitungen besondere Relevanz für das individuelle Unternehmen haben. Diese Herangehensweise ist insbesondere für Agenturen bedeutsam, bietet sie doch einen geeigneten Showcase und eine Grundlage für Retainer- und Vertragsbudgets. Allerdings ist diese Kennzahl nur unter zwei Voraussetzungen hilfreich: Sie verlangt eine Zuarbeit des Unternehmens entsprechend der aktuellen übergeordneten strategischen Ziele. Hiernach kann eine Veröffentlichung in einem klassischen Tier-1-Medium, wie der Frankfurter Allgemeinen Zeitung (FAZ), weniger oder mehr Relevanz haben als ein Artikel in einer lokalen Tageszeitung oder in einem Fachmagazin. So kann es zum Beispiel in Zeiten von zunehmender Bedeutung von Nachhaltigkeit und Personalgewinnung (War for Talents) zielführender sein, drei kleine Online-Magazine im Human-Resources- und Recruiter-Umfeld zu generieren, als ein Interview im Handelsblatt. Von Bedeutung ist auch, dass Pressearbeit und Kommunikation immer mit Tonalität verknüpft sind. Die Bedeutung wird dadurch klar, dass alle Medien-Monitoring-Tools (etwa Cision, Meltwater) schon im Basispaket darstellen, wie positiv oder negativ die Berichterstattung für das Unternehmen ist. Nachhaltig erfolgreiche Agenturen versuchen diese Tonalität der Berichte für ihre Kundinnen und Kunden zu optimieren, indem sie ein persönliches Verhältnis zu Redaktionen und Medienhäusern aufbauen und diese verlässlich mit Artikeln und Angeboten versorgen. Hier bietet sich eine Chance für Unternehmen.

6.2 Kontaktaufnahme und Pflege

Ergänzend zu der Key-Performance-Indicator-Messung und -Auswertung sind die Kontaktverwaltung sowie der Aufbau und die Pflege selbiger der vielleicht bedeutsamste Baustein nachhaltig erfolgreicher Kommunikation. Aktuellen Zahlen zufolge erhalten einzelne Redakteurinnen und Redakteure pro Tag zwischen 15 und 50 Pressemeldungen. Selbst wenn der Grundregel gefolgt wird, nur relevante Themen als Meldung zu verarbeiten, sinkt und steigt die Erfolgsaussicht mit einem Kontakt zur Redaktion. Aus eigener Erfahrung als Journalist kann ich zusammenfassend schreiben: Die Bearbeitung einer Pressemeldung, inklusive interner Vorstellung bei der Redaktionskonferenz, Schreibarbeit und Absprache mit Layout sowie Einpflege in die Systeme des Mediums nimmt rund vier Stunden in Anspruch. Die Auswahl ist also die größte Hürde und hier ist eine potenzielle Ablehnung in der Schlusskonferenz oder aber der Fakt, dass viele freie Autorinnen und Autoren noch mehr auf erschienene Beiträge angewiesen sind, noch nicht inkludiert. Der Aufwand und die Erfolgsaussicht werden vor allem durch Vertrauen verringert. Dieses

Vertrauen basiert aber auf stetiger Pflege, regelmäßigem Austausch, Offenheit sowie der Versorgung mit verlässlichen Fakten und gewünschtem Zusatzmaterial, wie Bilder oder Grafiken. Am Ende bleibt, dass sich dieses Engagement lohnt. Auch hier ist das Unternehmen im Vorteil gegenüber Agenturen und kann mehr Output erzeugen, der sowohl Vertrauen als auch Sales generieren kann.

6.3 Umgang mit Redaktionen und Medienhäusern

Wer mit Medien kommuniziert, sollte dies offen tun und aufklärerisch tätig sein. Das bedarf einer Medienplanung und einer gesamtheitlichen Unternehmensstrategie, die auf einem nachhaltigen Wachstum basierend Ziele für Quartale und Jahre definieren sollten. Auf dieser Basis lassen sich Presseverteiler erstellen und Medien ansteuern. Die Redaktion ist hierbei als Partner des Unternehmens zu sehen. Am Ende steht also eine Win-Win-Situation, da die Journalistin oder der Journalist einen zeitlichen Vorteil im Arbeitsalltag, spannende Geschichten und verlässliche Quellen erhält. Das Unternehmen gewinnt mediale positive Aufmerksamkeit zur Imagebildung, die ungleich mehr Vertrauen schafft als klassisches Marketing, da sie aus Sicht der Lesenden glaubwürdiger wirkt.

7 Nachhaltigkeit – in der Kommunikation gekommen, um zu bleiben

Es bedarf mindestens mehrerer Wochen und entsprechend einer Vielzahl von Artikeln, Fachbeiträgen oder -vorträgen, um alle Facetten von Pressearbeit und Kommunikation so zu betrachten, dass alle Vorteile, aber auch alle Risiken aufgezeigt werden können oder konnten. Von Bedeutung ist aber, zu verstehen, dass Nachhaltigkeit kein Trend ist. Sie ist fundamentaler Herzschlag, Grundpfeiler unserer aktuellen und künftigen Gesellschaft sowie Voraussetzung für eine sorgenfreie Zukunft. Was für Nachhaltigkeit gilt, gilt genauso für Marketing und Kommunikation. Nachhaltigkeit ist per definitionem als Entwicklung zu begreifen, die Bedürfnisse der Gegenwart so befriedigt, dass die Möglichkeiten zukünftiger Generationen nicht eingeschränkt werden. Übertragen auf Kommunikation bedeutet dies, Botschaften des

Unternehmens so zu transportieren, dass sie möglichst unverfälscht Adressatinnen sowie Adressaten erreichen und auf Basis von individuellen Strategien das Fortbestehen sowie das Wachstum eines Betriebs ermöglichen. Zwei der geeignetsten Wege hierzu sind Social Media und Pressearbeit. Die beiden Kommunikationskanäle eint die individuelle und vielfältige Möglichkeit, Vertrauen zu schaffen, Herz und Seele zu erreichen und am Ende in den Köpfen der Menschen hängen zu bleiben. Mehr als klassische Werbung sind beide Wege der Kommunikation proaktiv, zukunftsfähig und wandelbar sowie mit geringeren Budgets umzusetzen. Agenturen haben hier oft das Nachsehen, denn wer den Herzschlag eines Unternehmens begreift und täglich lebt, kann auch authentisch kommunizieren. Mit erfolgreicher Öffentlichkeits- und Social-Media-Arbeit wird nicht nur der Vertrieb gesteigert, sondern es wird sich mittelfristig auch ein Einfluss auf Mitarbeitergewinnung, Ratings oder andere Faktoren abzeichnen – ein Vorteil, der zwar schwerer messbar ist als der von Anzeigen, aber ungleich bedeutender. Gerade das Gastgewerbe muss schon heute beginnen, die zukünftigen Kundinnen und Kunden zu erreichen, und es muss bestehende binden sowie auf etwaige Krisen schnell reagieren können. Redaktionen schätzen den persönlichen Austausch, Followerinnen und Follower exklusiven Content, der Zeitgeist definiert und hinter Fassaden blickt. All diese Voraussetzungen erfüllt das Gastgewerbe. Wer möchte, dass mit allen Sinnen genossen werden kann, muss es lediglich schaffen, dass ebenso mit allen Sinnen kommuniziert wird. •

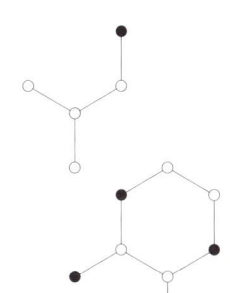

NACHHALTIGKEIT ALS ZUKUNFTSWEISENDES GESCHÄFTSMODELL IM GASTGEWERBE

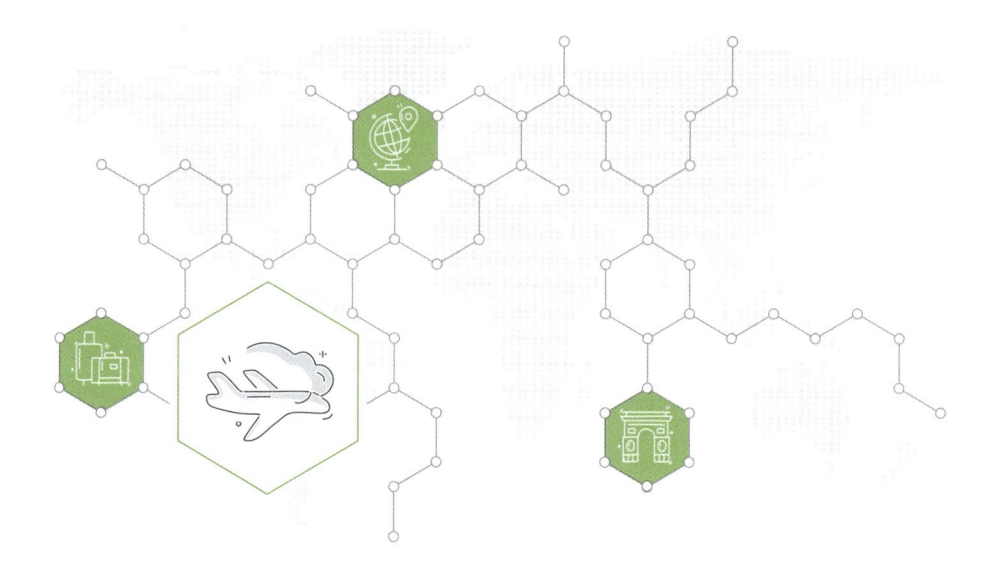

Nachhaltigkeit und Reiseverhalten

Ist Nachhaltigkeit ein Entscheidungskriterium für die Produkt-/Konsumwahl von Gästen?

von Ann-Kathrin Jägle

1 Warum ist es überhaupt wichtig, nachhaltig zu reisen?

„Nachhaltiges Reisen ist eine Einrichtung, die den gegenwärtigen und künftigen wirtschaftlichen, sozialen und ökologischen Auswirkungen voll berücksichtigt, um den Bedürfnissen der Industrie und der Umwelt und der gastgebenden Gemeinschaft gerecht zu werden." (Martin 2021)

Die Definition eines nachhaltigen Reiseverhaltens zeigt die drei Dimensionen der Nachhaltigkeit auf.

Mehr als die Hälfte der Bevölkerung in Deutschland hat bereits ein Bewusstsein für die Relevanz von Nachhaltigkeit entwickelt (UBA 2022b). Jedoch besitzt die Urlaubsreise weiterhin einen Ausnahmecharakter, daher wird das im Alltag etablierte Nachhaltigkeitsbewusstsein teilweise vergessen. Trotzdem ist es aufgrund der zunehmenden

Klimaproblematik auch während der Erholungszeit der Urlauberin und des Urlaubers unumgänglich, ein ökologisches und sozial verträgliches Verhalten zu besitzen. Das UBA hat 2021 analysiert, welche Negativfolgen auf die Umwelt während einer Urlaubsreise auftreten. Dabei wird zwischen Ab- und Anreise, der Beherbergung, der Gastronomie und Freizeitaktivitäten vor Ort sowie der Reisevor- und -nachbereitung differenziert. Insbesondere bei der An- und Abreise kommt es zu einem hohen Energieverbrauch und einem erhöhten Ausstoß an Treibhausgasen. Während bei der Beherbergung der Flächenverbrauch bzw. die Flächenversiegelung das Primärproblem darstellt, wird bei den Freizeitaktivitäten die Biodiversität der Destination gefährdet. Die geringste ökologische Auswirkung hat die Reisevor- und -nachbereitung. Die genannten Negativfolgen haben wiederum unterschiedliche Gesundheitsrisiken für die Reisende und den Reisenden sowie für die ansässige Bevölkerung (UBA 2021a).

Die Tourismusindustrie gehört zu den von natürlichen Ressourcen abhängigsten Branchen (Augsbach 2020, S. 24):

„Das Meer ist eine Lebensader für den Tourismus: Es ist unsere Verantwortung, es zu schützen." (Wave of Change o.J.)

Nur wenn eine intakte Umwelt sichergestellt wird, kann die Attraktivität der Destination und der dort ansässigen Leistungsträgerinnen und Leistungsträger erhalten bleiben und der wirtschaftliche Erfolg kann gewährleistet werden (Marquardt 2020, S. 135). Obwohl bereits einige der touristischen Anbieter aktiv ihrer gesellschaftlichen Verantwortung nachkommen und Maßnahmen ergreifen, um die negativen Auswirkungen von touristischen Aktivitäten zu verhindern bzw. zu kompensieren, steht auch die Reisende und der Reisende selbst in der Verantwortung, nachhaltig zu agieren.

Wird ökologisch nachhaltig gehandelt, werden natürliche Ressourcen geschützt und der CO_2-Ausstoß wird minimiert. Dies kann erreicht werden, indem beispielsweise auf Alternativen zum Flugzeug zurückgegriffen wird oder der CO_2 Ausstoß kompensiert wird (UBA 2021b). Auch vor Ort kann der Ressourcenverbrauch minimiert werden, indem beispielsweise auf die tägliche Zimmerreinigung verzichtet wird (Betterspace 2021) oder ein aktiver Beitrag zu der Reduzierung des Food-Wastings in den Unterkünften geleistet wird (Too Good To Go 2019).

Auf diese Weise kommt die Reisende oder der Reisende nicht nur ihrer oder seiner persönlichen Verantwortung nach, sondern sorgt eigenständig dafür, dass die Attraktivität der Destination beibehalten und die Möglichkeit geschaffen wird, erneut das Reiseziel aufzusuchen und langfristig ein gleichbleibendes oder verbessertes Reiseerlebnis vor Ort zu erhalten.

Parallel kann auch ein Beitrag zu der sozialen Nachhaltigkeit geleistet werden. Tourismus ist einer der stärksten Wirtschaftssektoren der Welt und kann zu einer nachhaltigen Entwicklung in der Zieldestination beitragen (BMZ 2022). Das Ziel des nachhaltigen Tourismus ist es, die ökonomische Situation der einheimischen Bevölkerung zu verbessern und gleichzeitig die Erhaltung der kulturellen Identität zu gewährleisten.

Personen, die ein nachhaltiges Reiseverhalten besitzen, tragen dazu bei, dass dieses Ziel erreicht und auf diese Weise die Destination authentisch erlebt wird sowie dem Trend nach Individualität entsprochen wird (Balaš/Strasdas 2019, S. 22).

2 Ist-Analyse

2.1 Wie nachhaltig ist das aktuelle Reiseverhalten der deutschen Bevölkerung wirklich?

Zwei Drittel der deutschen Bevölkerung haben das Thema Nachhaltigkeit in ihren Alltag integriert. Obwohl 56 % der deutschen Bevölkerung ökologische, ökonomische und soziale Nachhaltigkeit auch bei Urlaubsreisen als relevant empfinden, ist bezüglich des ressourcenschonenden Reiseverhaltens noch immer eine geringe Motivation zu erkennen. Beispielsweise wurden 2018 durchschnittlich nur 4 % der bei Flugreisen ausgestoßenen CO_2-Emissionen kompensiert. Im Rahmen der Reiseanalyse 2019 des BMUV wurden fünf Indikatoren entwickelt, um den Nachhaltigkeitsgrad bei Urlaubsreisen zu messen. Zunächst wurden die zurückgelegte Distanz und die Verkehrsleistung erfasst, anschließend die Anzahl der Reisetage, wobei an dieser Stelle auch der Typ der Unterkunft beachtet wurde. Zudem wurde die Nutzungshäufigkeit einer CO_2-Kompensationsmöglichkeit festgehalten und es wurde analysiert, inwiefern von Angeboten mit Umweltzeichen oder anderen Nachhaltigkeitszertifikaten Gebrauch gemacht wurde. Außerdem wurde die Relevanz des Nachhaltigkeitsaspekts bei der Reiseauswahl bewertet. Abschließend wurde die allgemeine Relevanz bezüglich eines nachhaltigen Reiseverhaltens in der Bevölkerung Deutschlands begutachtet. Die Ergebnisse legen dar, dass zwar der Wunsch nach nachhaltigen Reiseerlebnissen vorhanden ist, dieser in der Realität jedoch meist noch nicht umgesetzt wird. Zunächst kann festgehalten werden, dass zwar der Trend, weit entfernte Zieldestinationen zu besuchen, durch die Covid-19-Pandemie kurzzeitig unterbrochen wurde, ungeachtet der Gesundheitskrise jedoch stetig zunimmt. So lag die zurückgelegte Strecke bei Urlaubsreisen ab fünf Tagen 2003 bei 93,6 Milliarden Kilometern, 2019 bereits bei 122 Milliarden Kilometern. Die Anzahl der Urlaubstage, die an dem Zielort verbracht werden, nimmt jedoch nur geringfügig zu: Die Zahl der Urlaubstage bei Urlaubsreisen ab fünf Tagen verändert sich seit 2003 kaum und schwankt stets zwischen 846 und 875. Eine Relativierung des erhöhten CO_2-Ausstoßes, bedingt durch die langen Flugreisen bei einer nur geringen Zunahme an verbrachten Urlaubstagen in der Zielregion, ist daher nicht vorhanden. In diesem Zusammenhang kann gesagt werden, dass eine CO_2-Kompensation insbesondere bei längeren Reisen kaum stattfindet und nur von 2 % der befragten Personen getätigt wird. Auch auf Umweltzeichen achten während der Urlaubsreise nur 6 bis 8 % der Bevölkerung (Bundesministerium für Umwelt, Naturschutz, nukleare Sicherheit und Verbraucherschutz 2019c, S. 5ff.).

Bei der Buchung selbst stellt der Nachhaltigkeitsaspekt für 4 bis 8 % der Gäste den ausschlaggebenden Buchungsgrund dar. Hierbei ist jedoch zu beachten, dass für 23 % der deutschen Bevölkerung die Nachhaltigkeit des Angebots zumindest ein Aspekt unter mehreren ist. Das BMUV konnte einen leichten Zuwachs diesbezüglich erkennen; dies ist mit den zunehmenden öffentlichen Diskussionen bezüglich Ressourceneffizienz zu erklären. Der Einfluss von Nachhaltigkeit auf die Reiseentscheidung ist daher bisher eher als gering zu bewerten (Schmücker 2019, S. 5ff.). Weshalb es trotz der erhöhten Motivation nach einer nachhaltigen Lebensweise ein immer noch geringes nachhaltiges Reiseverhalten gibt, wird im folgenden Abschnitt detailliert erläutert.

2.2 Welche Störfaktoren sind vorhanden?

Der Wunsch, sich auch im Urlaub nachhaltig zu verhalten, ist bereits bei mehr als 50 % der in Deutschland lebenden Menschen verankert. Die Reiseanalyse 2019 des BMUV hat ergeben, dass 50 bis 60 % der Bevölkerung in Deutschland der Aussage ‚ich würde meine Urlaubsreise gerne nachhaltiger gestalten' zustimmen (BMUV 2019a). Auch das bayerische Zentrum für Tourismus konnte feststellen, dass mehr als 50 % der befragten Personen ihre Urlaubreise gerne nachhaltig gestalten würden (Dallmus 2021). Des Weiteren sind die Nachfrage nach Naturreisen und der Wunsch nach lokalen Erfahrungen und Individualität der Reise insbesondere aufgrund der Covid-19-Pandemie stark gestiegen (Kirig o.J.).

Es stellt sich jedoch die Frage, weshalb die Motivation, nachhaltig zu verreisen, noch immer gering ist. Es bestehen verschiedene Erklärungsansätze für die Diskrepanz zwischen der positiven Einstellung bezüglich Nachhaltigkeit und dem tatsächlichen Verhalten. Demnach ist festzuhalten, dass Urlaubsreisen eine Art von Ausnahmecharakter besitzen. Als die ‚schönste Zeit des Jahres' erlaubt sich die Urlauberin oder der Urlauber eine Auszeit von ihrem bzw. seinem Alltag und somit auch von der Disziplin bezüglich Nachhaltigkeit. Es stehen Faktoren wie Risiko und Freude im Mittelpunkt der Reise, Vernunftargumente werden temporär ignoriert (Schmücker 2019, S. 8).

„Im Allgemeinen macht man nicht eine Urlaubsreise, weil man nachhaltig ist, sondern obwohl man nachhaltig und umweltorientiert ist." (Schmücker 2019, S. 8)

Ein weiterer Hauptgrund dafür, dass sich Personen gegen ein nachhaltiges Angebot entscheiden, ist die Angst vor zusätzlich entstehenden Kosten bzw. Opportunitätskosten, da mit nachhaltigen Angeboten häufig ein höherer Preis verbunden wird (BMUV 2019c, S. 8). Auch sind die Unübersichtlichkeit bezüglich der verschiedenen Labels und deren Glaubwürdigkeit bzw. die fehlende einheitliche Kennzeichnung als Buchungshürden zu nennen (Bayerisches Zentrum für Tourismus 2019). Insgesamt gibt es europaweit mehr als fünfzig Umweltzertifikate und Umweltsiegel für touristische Angebote (DEHOGA Bundesverband o.J.b). Daraus kann abgeleitet werden, dass eine transparente Erläuterung der verschiedenen Siegel und eine Offenlegung der Kriterien für die Verbraucherin und den Verbraucher fehlt. Die Befürchtung, kein passendes Angebot zu finden und somit Abstriche bezüglich des Urlaubs machen zu müssen, ist als letzter Grund dafür zu nennen, dass die Wahl der Urlauberin oder des Urlaubers häufig auf die weniger nachhaltigen Reisealternativen fällt (Bayerisches Zentrum für Tourismus 2019).

Die Hauptgründe bei einer Reiseentscheidung sind nach wie vor:

- Preis
- Zieldestination
- verfügbare Flugverbindungen (Institut für Tourismuswirtschaft 2016, S. 19).

Im nachfolgenden Abschnitt wird analysiert, inwiefern nachhaltige Alternativen bereits angeboten werden und wie diese gestaltet werden.

2.3 Welche nachhaltigen Angebote gibt es bereits?

Zunächst ist zwischen den unterschiedlichen touristischen Angeboten zu differenzieren. Es existiert bereits eine Vielzahl an nachhaltig zertifizierten Destinationen, Beherbergungen, Reiseveranstaltern bzw. -mittlern sowie Verkehrsmitteln und anderen Leistungsträgern vor Ort. Zudem steht häufig ein Programm für eine CO_2-Kompensation für die Nutzerin und den Nutzer zur Verfügung. Im nachfolgenden Abschnitt werden verschiedene Angebote von nachhaltigen Destinationen, Beherbergungen und Reiseveranstaltern kurz vorgestellt.

2.3.1 Destinationen

Im Rahmen des 2016 durchgeführten Bundeswettbewerbs ‚Nachhaltige Tourismusdestinationen in Deutschland', bei dem das BMUV zusammen mit dem Deutschen Tourismusverband (DTV) besonders nachhaltige Destinationen gekürt hat, wurde aufgezeigt, inwiefern Reiseziele ressourcenschonend und sozial verträglich gestaltet werden können und zudem zu einer nachhaltigen ökonomischen Entwicklung in der Destination beitragen. Ziel war es, Vorbilder für Destinationen zu schaffen, um einen nachhaltigeren und zukunftsfähigen Tourismus in Deutschland sicherzustellen. Bei der Ermittlung der nachhaltigsten Destination Deutschlands wurden verschiedene Kriterien angewendet und geprüft. Es konnten sich alle Tourismusorte, Städte, kleineren Reisegebiete, klassische Tourismusregionen und Großstädte bewerben. Bei deren Bewertung wurde der Kriterienkatalog des DTV-Praxisleitfadens angewendet (weiterführende Informationen unter: https://www.deutschertourismusverband.de/fileadmin/Mediendatenbank/Dateien/leitfaden_nachhaltigkeit_160308.pdf). Dabei wurden alle drei Dimensionen der Nachhaltigkeit überprüft und es wurde analysiert, inwieweit ein sogenanntes Leuchtturmangebot besteht. Es gab 27 Bewerber, aus denen die Reisedestination Schwäbisch Alb als Sieger hervorging. Die Destination zeichnet sich durch ihr ganzheitliches regionales Bewusstsein aus, außerdem wurden bereits mehr als 200 gemeinsame Nachhaltigkeitsprojekte mit Partnern in der Region erfolgreich abgeschlossen. Beispielhaft ist hierbei die aktive Besucherlenkung mittels Nudges, um die Naturreservate der Destination zu bewahren. Die Region achtet insbesondere darauf, dass die Themen Nachhaltigkeit und Qualität miteinander verbunden werden. Durch den Wettbewerb konnte festgestellt werden, dass es bereits zahlreiche nachhaltige Destinationen gibt, parallel jedoch auch, dass diese noch nicht ausreichend wahrgenommen werden, da keine transparente Vermarktung des Produkts stattfindet.

„Ein stimmiges Angebot, das den Nerv der Gäste trifft, ist der größte Erfolgsfaktor. Zentral ist auch die Kommunikation. Das Angebot kann noch so gut sein, wenn es nicht bekannt ist, bringt es nichts" (Institut für Tourismuswirtschaft 2016, S. 46).

2.3.2 Beherbergungen

Obwohl die genaue Anzahl der nachhaltigen Unterkünfte in Deutschland nicht bekannt ist, gibt es bereits eine Vielzahl an Unterkünften, die sich aktiv für mehr Nachhaltigkeit in ihrem unternehmerischen Handeln einsetzen. Beispielhaft hierfür ist das Green City Hotel Vauban zu nennen. Die Beherbergung in Freiburg im Breisgau zeichnet sich dadurch aus, dass das Green Business gelebt wird. Dies bedeutet konkret, dass 90 % der Produkte und Lieferanten aus der Region kommen. Auf Einwegplastik wird fast vollständig verzichtet (Green Pearls o.J.). Zudem wird der Fokus auf Inklusion gelegt (G+J Medien o.J.).

Anders als bei den Destinationen ist der hauptsächliche Grund für die fehlende Motivation, eine nachhaltige Unterkunft zu buchen, nicht das fehlende Marketing, sondern vielmehr die fehlende Bereitschaft, einen höheren Preis für eine nachhaltige Übernachtung zu bezahlen. So gaben 21 % der Befragten an, nicht bereit zu sein, einen Aufpreis zu bezahlen. Demgegenüber stehen 40 %, die einen gering höheren Preis bezahlen würden. (Graefe 2022b)

2.3.3 Nachhaltige Reiseveranstalter

Die großen Reiseveranstalterbetriebe TUI (o.J.) und DER Touristik haben sich bereits dem Nachhaltigkeitsthema angenommen (DER Touristik o.J.). Jedoch gibt es auch einige kleinere Reiseveranstalter, die auf Nachhaltigkeit spezialisiert sind und sich unter anderem dadurch gegen Wettbewerber erfolgreich durchgesetzt haben. Beispielhaft kann hier Gebeco genannt werden. Gebeco Reisen ist Deutschlands größter nachhaltig zertifizierter Reiseveranstalter und bietet ressourcenschonende sowie sozialverträgliche Erlebnisreisen an. Neben sozialen Projekten in den Zieldestinationen achtet Gebeco insbesondere auf das Erhalten der natürlichen Ressourcen vor Ort und motiviert aktiv seine Gäste, sich für eine nachhaltige Reise zu entscheiden und verschiedene Möglichkeiten wie das Kompensieren von Flugreisen zu nutzen (Gebeco o.J.). Während es bereits einige Reiseveranstalter gibt, die sich auf nachhaltige Reisen spezialisiert haben, und einige große Reiseveranstalter dies bereits aktiv anbieten, ist der wesentliche Grund für die geringe Anzahl an gebuchten nachhaltigen Reisen, dass vielen Gästen die Reiseveranstalter unbekannt sind. Die 2019 erschienene Studie von Alexander Kunst zu dem Thema „Welche Anbieter für nachhaltige Reisen kennen Sie, wenn auch nur dem Namen nach?", hat ergeben, dass unter den befragten Personen durchschnittlich 60 % keinen der aufgelisteten nachhaltigen Reiseveranstalter kannten (Kunst 2019).

3 Wie können Produkte an Bekanntheit gewinnen, damit die Motivation steigt, nachhaltiger zu reisen?

Im ersten Abschnitt wurde deutlich, dass Angebote von nachhaltigen Reisen bereits vorhanden sind, jedoch weiterhin ein Nischenprodukt darstellen und nur vereinzelt gebucht werden. Als eines der Haupthindernisse wurde der geringe Bekanntheitswert der Angebote genannt. Um dieses Problem zu überwinden, gilt es, eine bessere Auffindbarkeit der Produkte zu schaffen (Teufer/Weber 2016, S. 45). Hierfür können Onlinebuchungsplattformen genutzt werden. Neben großen Online-Travel-Agencys (OTA) wie booking.com gibt es bereits eine Vielzahl an unterschiedlichen Buchungsplattformen und Verbänden, die sich speziell auf das Angebot von nachhaltigen Reisen bzw. Beherbergungen fokussiert haben. Nachhaltige Reisen werden beispielsweise von dem Branchenverband forum anders reisen e. V. angeboten. Auf der Website sind sowohl Unterkünfte individuell als auch Reisepakete buchbar. Das forum anders reisen besteht aktuell aus 130 Mitgliedern. Die gemeinsame Philosophie lautet, Reiseerlebnisse zu bieten, die Ressourcen in der jeweiligen Destination effizient nutzen sowie fremde Kulturen wertschätzen und respektieren. Im Fokus steht zudem die Förderung einer nachhaltig ökonomischen Entwicklung in den Zielländern. Ziel des Verbands ist die Bekanntheitssteigerung von nachhaltigen Angeboten, damit nachhaltiges Reisen für einen größeren Teil der Bevölkerung ermöglicht wird. Um in den Verband aufgenommen zu werden, sind bestimmte Kriterien zu erfüllen. Hierfür hat das forum anders reisen einen Kriterienkatalog entworfen, der die Maßstäbe für eine umwelt- und sozialverträgliche Reise enthält. Dabei werden alle drei Säulen der Nachhaltigkeit – die ökonomische, die ökologische und die soziale Dimension – beachtet. Zudem verpflichten sich alle Mitglieder zu der Corporate Social Responsibility (CSR) im Tourismus. Jährlich wird ein

CSR-Bericht angefertigt, in dem die Nachhaltigkeit des Unternehmens festgehalten wird. Dieser wird von einem externen und unabhängigen Zertifikatsrat geprüft. (Forum Anders Reisen e. V. o.J.)

Auf nachhaltige Unterkünfte hat sich beispielsweise die OTA bookitgreen fokussiert. Hauptsächlich werden Reisen im deutschsprachigen Raum sowie in Portugal, Spanien, Frankreich und Italien angeboten. Anhand von 15 Nachhaltigkeitskriterien, unter anderem zählt das Verwenden regionaler und biologischer Lebensmittel sowie die bewusste Vermeidung von Müll und das Verwenden von 100 % Ökostrom dazu, wird der Grad der vorhandenen Nachhaltigkeit überprüft. Je nachdem, wie viele Nachhaltigkeitskriterien erfüllt werden, erhält die geprüfte Unterkunft ein bis fünf grüne Blätter und die Reisende oder der Reisende bekommt auf diese Weise einen transparenten Überblick darüber, wie nachhaltig die ausgewählte Beherbergung ist (Bookitgreen o.J.).

Ähnlich gehen auch große OTAs wie booking.com bereits vor. Um auf den wachsenden Wunsch nach nachhaltigen Angeboten zu reagieren und diese sichtbar zu machen, werden nachhaltige Unterkünfte seit 2021 mit einem Koffer und einem grünen Blatt gekennzeichnet (Booking.com o.J.).

Bei den letzten beiden dargestellten Anbietern werden bereits Ansätze des Nudging sichtbar. Unter Nudges (aus dem engl. to nudge = sanft anstupsen) wird das sanfte, aber bewusste Steuern des menschlichen oder unternehmerischen Verhaltens verstanden (Thaler/Sunstein 2020, S. 13). Diese kleinen ‚Anstubser' werden als Hilfs- bzw. Anregungsmittel für eine gewünschte Änderung des Verhaltens beschrieben (Piasecki 2017). Das angestrebte Ziel ist es, dass die genudgte Person die beste Alternative sowohl für sich persönlich als auch für ihre Mitmenschen und die Umwelt wählt (Närvänen et al. 2020, S. 63).

Essenziell sind bei dem Gebrauch von Nudges drei Kernelemente:

- Transparenz
- Einschränkung der Optionsfreiheit
- Stets im Interesse der betroffenen Person (Thaler/Sunstein 2020, S. 14ff.).

Der genugten Person darf daher kein finanzieller oder sozialer Nachteil entstehen (Thorun et al. 2017, S. 23), entsprechend wird auch stets mit nicht monetären Anreizen gearbeitet (Thaler/Sunstein 2020, S. 309ff.).

Nudging wird bereits verstärkt in Beherbergungen oder in Zieldestinationen eingesetzt, um den Gast vor Ort hinsichtlich einer nachhaltigen Verhaltensweise zu sensibilisieren (Bremer Energie-Konsens o.J.a). Es gibt eine Vielzahl von Nudging-Werkzeugen, beispielhaft sind hierfür ‚Default' sowie ‚Informationen bereitstellen' und ‚soziale Norm' zu nennen. Bei Gebrauch des ersten Werkzeugs werden sogenannte Voreinstellungen vorgenommen (Vetter et al. 2020, S. 240ff.). In einem Restaurant können beispielsweise die nicht verzehrten Lebensmittel automatisch von dem Servicepersonal verpackt werden; der Gast muss sich aktiv dagegen aussprechen. Dies bedeutet zusätzlichen Aufwand, den der Mensch nach seinem natürlichen Naturell vermeiden möchte. Daher ist zu erwarten, dass eine höhere Anzahl an Gästen die Entscheidung trifft, die Voreinstellung nicht zu ändern und die Lebensmittel mitzunehmen (Bremer Energie-Konsens o.J.b). Bei dem zweiten Nudging-Werkzeug werden Informationen bezüglich eines Themas bereitgestellt. Beispielsweise wird auf den Hotelzimmern erläutert, wie viel Wasser ein Gast während seines Aufenthalts täglich verbraucht. Anschließend wird aufgezeigt, wie viele Gäste bereits auf den täglichen Handtuchwechsel verzichtet haben und wie viel Wasser dadurch gespart wurde. Der Gast passt sich diesem Verhalten an, da er naturgemäß der sozialen Norm entsprechen will (Närvänen et al. 2020, S. 66).

Bisher wurden noch keine Nudges bei der Buchung einer Reise implementiert. Sie können jedoch in Zukunft eine Möglichkeit darstellen, Gäste dazu zu motivieren, sich für ein nachhaltiges Angebot zu entscheiden.

4 Was können wir lernen – Best Practice: Iberostar Hotels & Resorts

Nachdem aufgezeigt wurde, wie touristische Produkte gestaltet werden können, damit die Motivation steigt, nachhaltige Angebote zu wählen, wird nun ein Best-Practice-Beispiel eines nachhaltigen Hotelprodukts dargestellt.

Die 1956 in Spanien gegründete Hotelkette Iberostar Hotels & Resorts, die Teil der Iberostar Group ist, hebt sich von ihren zahlreichen Mitbewerbern besonders durch ihr nachhaltiges Engagement ab und besitzt in der ökologischen Nachhaltigkeitsdimension Pionierstatus

(Iberostar o.J.a). Die Iberostar Group hat sich zum Ziel gesetzt, dass die 2018 gegründete Nachhaltigkeitsinitiative ‚Wave of Change' für zwei Drittel der Gäste der ausschlaggebende Buchungsgrund ist (Wave of Change o.J.a). Daher eignet sich der Konzern als Beispiel, um aufzuzeigen, inwiefern Nachhaltigkeit den ausschlaggebenden Buchungsgrund eines touristischen Angebots darstellen kann und somit nicht nur der gesellschaftlichen Verantwortung nachgekommen wird, sondern auch ein wirtschaftlicher Erfolg generiert wird.

Mittels der Initiative ‚Wave of Change' soll ein nachhaltiger Tourismus an den einzelnen Standorten des Konzerns erzielt werden:

„Wir streben danach, mit unserer ‚Wave of Change'-Bewegung führend im verantwortungsvollen Tourismus zu sein."

Konkret wird die Initiative von drei Säulen getragen:

- Durch den Verzicht auf Plastik soll eine Kreislaufwirtschaft geschaffen werden.
- Es soll ein verantwortungsvoller Konsum von Meeresfrüchten stattfinden.
- Die Erhaltung der Ökosysteme der Küsten soll aktiv gefördert und unterstützt werden.

Auf diese Weise wird ein verantwortungsvoller und nachhaltiger Tourismus geschaffen.

Seit 2020 wird auf den Einsatz von Einwegplastik in allen Iberostar-Hotels verzichtet und es wurde das Ziel gesetzt, bis 2025 abfallfrei zu wirtschaften, um 2030 klimaneutral zu arbeiten (Wave of Change o.J.a). Zusätzlich arbeitet die Iberostar Group mit verschiedenen Initiativen und Organisationen zusammen, beispielsweise mit der European Strategy for Plastics.

Ein weiterer Schwerpunkt wird auf eine nachhaltige Gestaltung der Lieferkette gelegt. Bis 2025 sollen alle Meeresfrüchte aus verantwortungsvollen Quellen bezogen werden, was bisher zu rund 50 % geschieht. Um weiterhin in attraktiven Destinationen wirtschaftlich tätig sein zu können und seiner sozialen Verantwortung nachzukommen, engagiert sich Iberostar für die Verbesserung bzw. Erhaltung der Ökosysteme der Ozeane. Iberostar hat sich als Ziel gesetzt, die Erhaltung und den Schutz der Ökosysteme mit profitablem Tourismus nachhaltig und effizient zu verbinden (Wave of Change o.J.a).

Auch die soziale Nachhaltigkeit ist dem Unternehmen wichtig, daher arbeitet Iberostar seit 2008 aktiv mit den United Nations International Children's Emergency Fund (UNICEF) sowie mit dem UNWTO Global Ethical Code for Tourism zusammen (Iberostar o.J.b). Damit die nachhaltige Orientierung des Hotelkonzerns von potenziellen Gästen wahrgenommen wird, bringt Iberostar die Urlauberin und den Urlauber an verschiedenen Touchpoints mit der Initiative in Berührung. Beispielhaft werden auf den Hotelzimmern und in den öffentlichen Bereichen Informationen bezüglich der Initiative bereitgestellt und anschaulich präsentiert. Auch kann das Logo der Initiative auf verschiedenen Produkten gefunden werden, beispielsweise auf den bereitgestellten Glaskaraffen auf den Hotelzimmern (Wave of Change o.J.a). Ziel ist es, die Bekanntheit der Initiative zu steigern, um schlussendlich zu erreichen, dass die Initiative den ausschlaggebenden Buchungsgrund darstellt. Damit dies geschieht, ist es sinnvoll, über den Einsatz von Nudges beim Buchungsprozess nachzudenken. Auf diese Weise wird der Gast nicht erst bei seinem Aufenthalt in einem Hotel Iberostars auf die Initiative aufmerksam, sondern bereits bei der Buchung.

5 Fazit

„Um langfristig wettbewerbsfähig zu sein, müssen wir die Aktivitäten [...] nicht nur auf das Geschäft und den Kunden, sondern auch die Menschen und den Planeten ausrichten." (Wave of Change o.J.b)

Dieses Zitat von Rodrigo Mocsardó zeigt die Relevanz des Ressourcenschutzes von Reisedestinationen sowie der Respektierung und Förderung der dortigen Kulturen auf. Jedoch reicht es nicht mehr aus, die unterschiedlichen Tourismusakteurinnen und -akteure in die Verantwortung zu nehmen, sondern auch die Reisenden selbst sind dazu verpflichtet ihrer Verantwortung bezüglich eines nachhaltigen Verhaltens nachzukommen. Es wurde in Kapitel 1 ‚Warum ist es wichtig, nachhaltig zu reisen?' aufgezeigt, dass ein nachhaltiges Reiseverhalten jeder und jedes Einzelnen notwendig ist, damit natürliche Ressourcen erhalten bleiben. Tourismusaktivitäten haben negative Auswirkungen auf die Umwelt. Um die Authentizität und damit auch die Attraktivität der jeweiligen Zieldestination zu erhalten, ist es essenziell, die dortige Kultur zu verstehen, zu respektieren und zu schützen.

Obwohl 56 % der Urlauberinnen und Urlauber aus Deutschland es bevorzugen würden, nachhaltig zu verreisen, ist das tatsächliche Reiseverhalten aktuell noch dazu konträr. Gäste sehen den Urlaub als eine Art Ausnahmezeit und verfolgen kein nachhaltiges Handeln. Als Hauptproblem wurde das Auffinden nachhaltiger Reiseangebote ausgemacht. Die fehlende Transparenz bzw. Unübersichtlichkeit der verschiedenen Angebote von nachhaltigen Reisen stellt für eine große Anzahl an Reisenden den Hauptgrund dar, auf das Buchen eines nachhaltigen Reiseangebots zu verzichten. Es kann daher festgehalten werden, dass die Vermarktung von nachhaltigen Reisen verbesserungswürdig ist, da bereits Angebote für nachhaltige Reisen vorhanden sind, diese jedoch oftmals unbekannt sind. Um die Bekanntheit zu steigern, können einerseits Websites genutzt werden, damit das Angebot transparent dargestellt wird. Andererseits ist es essenziell, über den Einsatz von Nudges bereits bei dem Buchungsprozess nachzudenken. Durch die Implementierung von Nudges in Destinationen vor Ort oder in Beherbergungen konnten bereits große Erfolge bezüglich der Steigerung eines nachhaltigen Verhaltens seitens des Gastes und des Unternehmens erzielt werden. Nudges sind beispielsweise das automatische Verpacken von nicht verzehrten Speisen im Restaurant oder der freiwillige Verzicht des Gastes auf den täglichen Handtuchwechsel während des Hotelaufenthalts. Es stellt sich daher die Frage, weshalb noch keine Nudges als Anreiz für die Buchung von nachhaltigen Reisen entwickelt worden sind. Durch diese wäre es möglich, das Buchungsverhalten der Reisenden langfristig zu ändern und eine Sensibilisierung hinsichtlich der Relevanz von nachhaltigem Reisen zu erzielen. Auf diese Weise kann ein effektiver Beitrag zu einem zukunftsfähigen Tourismus geleistet werden. •

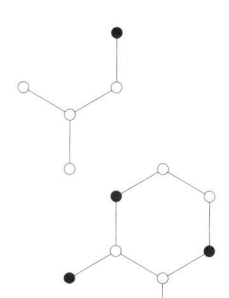

NACHHALTIGKEIT ALS ZUKUNFTSWEISENDES GESCHÄFTSMODELL IM GASTGEWERBE

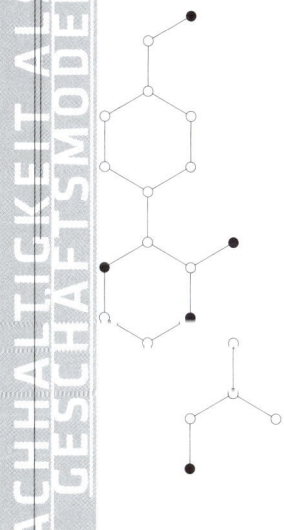

Literatur- und Quellverzeichnis

A

a&o Hostels (o.J.a): Über A&O, [online] https://www.aohostels.com/de/ueber-ao/ [abgerufen am 09.10.2022].

a&o Hostels (o.J.b): a&o green – Unser Beitrag zum Umweltschutz, [online] https://www.aohostels.com/de/green/ [abgerufen am 09.10.2022].

a&o Hostels (o.J.c): Barrierefreie A&O Hotels, [online] https://www.aohostels.com/de/barrierefreie-hostels/ [abgerufen am 09.10.2022].

a&o Hostels (o.J.d): A&O Sponsoring, [online] https://www.aohostels.com/de/ueber-ao/sponsoring/ [abgerufen am 09.10.2022].

Aachener Stiftung Kathy Beys (2015a): Lexikon der Nachhaltigkeit: Brundtland Bericht, 1987, [online] https://www.nachhaltigkeit.info/artikel/brundtland_report_563.htm [abgerufen am 28.11.2022].

Aachener Stiftung Kathy Beys (2015b): Lexikon der Nachhaltigkeit: Marrakesch Prozess, [online] https://www.nachhaltigkeit.info/artikel/marrakesch_prozess_1238.htm [abgerufen am 03.10.2022].

Accor (2016): PLANET 21 DAY: AccorHotels aus Nürnberg, Erlangen und Fürth unterstützen „Gesundes Schulfrühstück", [online] https://press.accor.com/continental-europe/planet-21-day-accorhotels-aus-nurnberg-erlangen-und-furth-unterstutzen-gesundes-schulfruhstuck/?lang=en [abgerufen am 09.10.2022].

Accor (2017): „Deutschland Test" Nachhaltigkeit: ibis ist Testsieger in der Budget-Hotellerie, [online] https://www.mynewsdesk.com/de/accor-central-europe/pressreleases/deutschland-test-nachhaltigkeit-ibis-ist-testsieger-in-der-budget-hotellerie-1802665 [abgerufen am 09.10.2022].

Accor (2019): Berliner ibis Hotels für Nachhaltigkeit, [online] https://www.lifepr.de/inaktiv/accor-hospitality-germany-gmbh/Berliner-ibis-Hotels-fuer-Nachhaltigkeit/boxid/748929 [abgerufen am 09.10.2022].

Ahrend, K. (2016): Geschäftsmodell Nachhaltigkeit – Ökologische und soziale Innovationen als unternehmerische Chance, Berlin: Gabler.

Ahrend, K. (Hrsg.) (2018): Mehr Public Value durch die Abpassung von Geschäftsmodellen, [online] https://www.econstor.eu/bitstream/10419/178627/1/Ahrend%20Public%20Governance%20Mai%202018.pdf [abgerufen am 11.12.2022].

Amicarelli, V./Aluculesei, A./Lagioia, G./Pamfilie, R./Bux, C. (2021): How to manage and minimize food waste in the hotel industry: An exploratory research, in: International Journal of Culture, Tourism and Hospitality Research, Jg. 16, Nr. 1, S. 152–167.

Ardic, H. (2022): Experteninterview, persönlich geführt durch Maximilian Koydl am 06.10.2022 zum Thema „Elektromobilität im Gastgewerbe". Hakan Ardic ist Vice President des Unternehmens Wirelane.

Auer, C./Borcherding, N./Möller, V. (2022): Zum Hintergrund des Nachhaltigkeitsmanagements, in: Freiberg, J./Bruckner, A. (Hrsg.), Corporate Sustainability – Kompass für die Nachhaltigkeitsberichterstattung, Freiburg: Haufe, S. 27–32.

Augsbach, G. (2020): Tourismus und Nachhaltigkeit – Die Zukunftsfähigkeit des Tourismus im 21. Jahrhundert, Wiesbaden: Gabler.

B&B Hotels (o.J.): Willkommen bei B&B Hotels – 668 Hotels, [online] https://www.hotel-bb.com/de/unternehmen/wer-sind-wir [abgerufen am 09.10.2022].

Bachmann-Graffunder, J. (2022): Experteninterview, persönlich geführt durch Nathalie Lubina am 04.10.2022 zum Thema „nachhaltige Führung". Janina Bachmann-Graffunder ist Direktorin des nhow Berlin.

Balaš, M./Strasdas, W. (2019): Nachhaltigkeit im Tourismus: Entwicklungen, Ansätze und Begriffserklärungen, [online] https://www.umweltbundesamt.de/sites/default/files/medien/1410/publikationen/2019-03-12_texte_22-2019_nachhaltigkeit-tourismus.pdf [abgerufen am 14.11.2022].

Bauer, S. (2008): Leitbild der Nachhaltigen Entwicklung, [online] https://www.bpb.de/shop/zeitschriften/izpb/8983/leitbild-der-nachhaltigen-entwicklung/ [abgerufen am 09.10.2022].

Baufachzeitung (2022): DGNB Zertifizierung – 6 wichtige Vorteile der Zertifizierung, [online] https://baufachzeitung.com/dgnb-zertifizierung/2022042814/ [abgerufen am 22.11.2022].

Bayer, M. (2022): Experteninterview, persönlich geführt durch Jonathan Specht am 22.09.2022 zum Thema „Soziale Verantwortung". Marc Bayer ist Commercial Director der Blycolin Textile Services GmbH.

Bedürftig, D. (2016): Generation Z hat ganz neue Erwartungen an die Arbeitswelt, [online] https://www.welt.de/wirtschaft/karriere/bildung/article152993066/Was-Generation-Z-vom-Berufsleben-erwartet.html [abgerufen am 24.05.2022].

Behre, M. (2015): Junge Hotels setzen auf Offenheit, in: Allgemeine Hotel- und Gastronomie-Zeitung, Nr. 35, S. 9.

Behre, M. (2019): Budget hat die Nase vorn, [online] https://www.ahgz.de/hoteldesign/news/budget-hat-die-nase-vorn-267654 [abgerufen am 09.10.2022].

Behre, M. (2022): So geht Hotel in grün, in: Allgemeine Hotel- und Gastronomie-Zeitung, Nr. 33/34, S. 28.

Belsch, S. (2015): Mitarbeiterbindung – So sichern Sie Ihre wertvollste Ressource, Hamburg: Igel Verlag.

Betterspace (2021): Energiemanagement – 12 geniale Tipps zu mehr Nachhaltigkeit und Umweltschutz im Hotel, [online] https://betterspace360.com/12-tipps-nachhaltigkeit-umweltschutz-hotel/ [abgerufen am 30.09.2022].

Bieker, T./Gminder, C./Hahn, T./Wagner, M. (2001): Unternehmerische Nachhaltigkeit umsetzen – Welchen Beitrag kann die Balanced Scorecard dazu leisten?, in: Ökologisches Wirtschaften, Jg. 6, Nr. 5, S. 28–29.

Bierer, K. (2021): Gesellschaftliche Veränderungen und was es für die Arbeit mit der Gen Z bedeutet, in: Rütten, M./Bierer, K. (Hrsg.), Future Talents – Personalgewinnung und Bindung von Praktikanten und Studierenden, Wiesbaden: Springer, S. 165–170.

Blycolin Textile Services (o.J.): Nachhaltiges Wäschemanagement, [online] https://www.blycolin.com/de/nachhaltigkeit [abgerufen am 30.09.2022].

BMUV (2017): Bundesministerium für Umwelt, Naturschutz, nukleare Sicherheit und Verbraucherschutz, [online] https://www.bmuv.de/themen/nachhaltigkeit-digitalisierung/nachhaltigkeit/strategie-und-umsetzung/nachhaltige-entwicklung-als-handlungsauftrag [abgerufen am 05.10.2022].

BMUV (2022): Bundesministerium für Umwelt, Naturschutz, nukleare Sicherheit und Verbraucherschutz, [online] https://www.bmuv.de/themen/nachhaltigkeit-digitalisierung/konsum-und-produkte/nachhaltiger-konsum [abgerufen am 07.10.2022].

Bocken, N. (2020): Kreislaufwirtschaft: Verlangsamung der Rohstoffströme und Erhöhung der Wertschöpfung, in: Eisenriedler, S. (Hrsg.), Kreislaufwirtschaft in der EU – Eine Zwischenbilanz, Wiesbaden: Gabler, S. 135–146.

Booking.com (2021a): Die Studie zu nachhaltigem Tourismus 2021 von Booking.com bekräftigt einen möglichen Wendepunkt für Industrie und Verbraucher, [online] https://news.booking.com/de/die-studie-zu-nachhaltigem-tourismus-2021-von-bookingcom-bekraeftigt-einen-moeglichen-wendepunkt-fuer-industrie-und-verbraucher/ [abgerufen am 27.09.2022].

Booking.com (2021b): Booking.com führt die erste Kennzeichnung für nachhaltiges Reisen ein, [online] https://news.booking.com/de/bookingcom-fuehrt-die-erste-kennzeichnung-fuer-nachhaltiges-reisen-ein---damit-ermoeglicht-die-online-reiseplattform-das-angebot-einer-groesseren-vielfalt-an-nachhaltigen-aufenthalten/ [abgerufen am 09.10.2022].

Booking.com (o.J.): Wir stellen vor: das Programm „Nachhaltig reisen", [online] https://partner.booking.com/de/travel-sustainable [abgerufen am 30.09.2022].

Bookitgreen (o.J.): Erkunde die nachhaltige Welt, [online] https://bookitgreen.com/de/ [abgerufen am 30.09.2022].

Bosshart, D./Gurzki, H./Hohn, D./Mei-Pochtler, A. (2019): Analyse des Phänomens Luxus, in: Conrady, C./Ruetz, D./Aeberhard, M. (Hrsg.), Grundlagen und neue Perspektiven des Luxustourismus, Wiesbaden: Gabler.

Bremer Energie-Konsens (o.J.a): Nudges, [online] https://green-nudging.de/nudges/ [abgerufen am 30.09.2022].

Bremer Energie-Konsens (o.J.b): Der Nudgingkatalog, [online] https://green-nudging.de/nudges/nudgekatalog/?kategorie=wasser&typ [abgerufen am 30.09.2022].

Brugger, F. (2010): Nachhaltigkeit in der Unternehmenskommunikation, Wiesbaden: Gabler.

Bühnert, C./Luppold, S. (Hrsg.) (2017): Praxishandbuch Kongress-, Tagungs- und Konferenzmanagement – Konzeption & Gestaltung, Werbung & PR, Organisation & Finanzierung, Wiesbaden: Gabler.

Bundesagentur für Arbeit (2020): Fluktuation – Anzahl der begonnenen und beendeten Beschäftigungsverhältnisse sowie der sozialversicherungspflichtigen Beschäftigten und Fluktuationskoeffizienten in Deutschland nach Wirtschaftszweigen im Jahr 2019, zitiert nach de.statista.com, [online] https://de.statista.com/statistik/daten/studie/664601/umfrage/fluktuation-der-sozialversicherungspflichtigen-beschaeftigung-in-deutschland-nach-wirtschaftszweigen/ [abgerufen am 14.09.2022].

Bundesagentur für Arbeit (2022a): Grundlagen: Definitionen – Kennzahlensteckbriefe, [online] https://statistik.arbeitsagentur.de/DE/Statischer-Content/Grundlagen/Definitionen/Generische-Publikationen/Kennzahlensteckbrief.pdf?__blob=publicationFile [abgerufen am 14.11.2022].

Bundesagentur für Arbeit (2022b): Berichte – Arbeitsmarkt kompakt – Fachkräftesituation im Tourismus, [online] https://statistik.arbeitsagentur.de/DE/Statischer-Content/Statistiken/Themen-im-Fokus/Berufe/Generische-Publikationen/AM-kompakt-Tourismus.pdf [abgerufen am 14.11.2022].

Bundesdeutscher Arbeitskreis für Umweltbewusstes Management e. V. (2021): B.A.U.M.-Definition zur Klimaneutralität von Unternehmen – Voraussetzungen zur Einstufung der Klimaneutralität von Unternehmen gemäß B.A.U.M.-Definition 2021, [online] https://www.wirtschaftproklima.de/klimaneutralitaet [abgerufen am 20.09.2022].

Bundesgesetzblatt (2017): Gesetz zur Stärkung der nichtfinanziellen Berichterstattung der Unternehmen in ihren Lage- und Konzernlageberichten (CSR-Richtlinie-Umsetzungsgesetz), [online] https://www.bmj.de/SharedDocs/Gesetzgebungsverfahren/Dokumente/BGBl_CSR-RiLi_UmsetzungsG.pdf;jsessionid=9E5445CC67852EAEBA114D7AF385E244.1_cid334?__blob=publicationFile&v=3 [abgerufen am 07.10.2022].

Bundesministerium für Arbeit und Soziales (o.J.a): Historie – Zur Geschichte von Corporate Social Responsibility (CSR), [online] https://www.csr-in-deutschland.de/DE/CSR-Allgemein/CSR-Grundlagen/Historie/historie.html [abgerufen am 09.10.2022].

Bundesministerium für Arbeit und Soziales (o.J.b): Aktivitäten der Bundesregierung, [online] https://www.csr-in-deutschland.de/DE/CSR-Allgemein/CSR-Politik/CSR-in-Deutschland/Aktivitaeten-der-Bundesregierung/aktivitaeten-der-bundesregierung.html [abgerufen am 07.10.2022].

Bundesministerium für Arbeit und Soziales (o.J.c): Sorgfaltspflichtgesetz, [online] https://www.bmas.de/DE/Service/Gesetze-und-Gesetzesvorhaben/gesetz-unternehmerische-sorgfaltspflichten-lieferketten.html [abgerufen am 07.10.2022].

Bundesministerium für Ernährung und Landwirtschaft (2022): Bio-Siegel, [online] https://www.bmel.de/DE/themen/landwirtschaft/oekologischer-landbau/bio-siegel.html [abgerufen am 09.10.2022].

Bundesministerium für Umwelt, Naturschutz, nukleare Sicherheit und Verbraucherschutz (2017): Nachhaltige Entwicklung als Handlungsauftrag, [online] https://www.bmuv.de/themen/nachhaltigkeit-digitalisierung/nachhaltigkeit/strategie-und-umsetzung/nachhaltige-entwicklung-als-handlungsauftrag [abgerufen am 05.10.2022].

Bundesministerium für Umwelt, Naturschutz und nukleare Sicherheit und Verbraucherschutz (2019a): Nationales Programm für nachhaltigen Konsum – Gesellschaftlicher Wandel durch einen nachhaltigen Lebensstil, [online] https://nachhaltigerkonsum.info/sites/default/files/medien/dokumente/nachhaltiger_konsum_broschuere_bf.pdf [abgerufen am 14.11.2022].

Bundesministerium für Umwelt, Naturschutz, nukleare Sicherheit und Verbraucherschutz (2019b): Befragung zeigt Lücke zwischen Einstellung und Buchungsverhalten beim nachhaltigen Reisen, [online] https://www.bmuv.de/pressemitteilung/befragungzeigt-luecke-zwischen-einstellung-und-buchungsverhalten-beim-nachhaltigen-reisen [abgerufen am 09.10.2022].

Bundesministerium für Umwelt, Naturschutz, nukleare Sicherheit und Verbraucherschutz (2019c): Nachhaltigkeit im Tourismus: Entwicklungen, Ansätze und Begriffsklärung, [online] https://www.umweltbundesamt.de/sites/default/files/medien/1410/publikationen/2019-03-12_texte_22-2019_nachhaltigkeit-tourismus.pdf [abgerufen am 06.10.2022].

Bundesministerium für Umwelt, Naturschutz und nukleare Sicherheit und Verbraucherschutz (2020): Leitfaden für die nachhaltige Organisation von Veranstaltungen, [online] https://www.bmu.de/download/leitfaden-fuer-die-nachhaltige-organisation-von-veranstaltungen/ [abgerufen am 07.10.2022].

Bundesministerium für Umwelt, Naturschutz, nukleare Sicherheit und Verbraucherschutz (2022a): Nachhaltiger Konsum, [online] https://www.bmuv.de/themen/nachhaltigkeit-digitalisierung/konsum-und-produkte/nachhaltiger-konsum [abgerufen am 07.10.2022].

Bundesministerium für Umwelt, Naturschutz, nukleare Sicherheit und Verbraucherschutz (2022b): Eckpunkte der Novellierung des Kreislaufwirtschaftsgesetzes (KrWG), [online] https://www.bmuv.de/themen/wasser-ressourcen-abfall/kreislaufwirtschaft/abfallpolitik/uebersicht-kreislaufwirtschaftsgesetz/eckpunkte-der-novellierung-des-kreislaufwirtschaftsgesetzes-krwg [abgerufen am 02.10.2022].

Bundesministerium für Umwelt, Naturschutz, nukleare Sicherheit und Verbraucherschutz (2022c): Umweltbewusstsein in Deutschland 2022 – Ergebnisse einer repräsentativen Bevölkerungsumfrage, [online] https://www.umweltbundesamt.de/sites/default/files/medien/479/publikationen/texte_20-2022_repraesentativumfrage_zum_umweltbewusstsein_und_umweltverhalten_im_jahr_2020.pdf [abgerufen am 14.11.2022].

Bundesministerium für Umwelt, Naturschutz, nukleare Sicherheit und Verbraucherschutz (o.J.a): Kreislaufwirtschaft, [online] https://www.bmuv.de/themen/wasser-ressourcen-abfall/kreislaufwirtschaft [abgerufen am 02.10.2022].

Bundesministerium für Umwelt, Naturschutz, nukleare Sicherheit und Verbraucherschutz (o.J.b): Klima- und Energiepolitik der Europäischen Union, [online] https://www.bmuv.de/themen/klimaschutz-anpassung/klimaschutz/eu-klimapolitik [abgerufen am 12.09.2022].

Bundesministerium für Umwelt, Naturschutz, nukleare Sicherheit und Verbraucherschutz/ Umweltbundesamt (2020): Umweltbewusstsein in Deutschland 2020 – Ergebnisse einer repräsentativen Bevölkerungsumfrage, [online] https://www.umweltbundesamt.de/sites/default/files/medien/479/publikationen/ubs_2020_0.pdf [abgerufen am 14.11.2022].

Bundesministerium für wirtschaftliche Zusammenarbeit und Entwicklung (2022): Fragen und Antworten zum Lieferkettensorgfaltspflichtgesetz, [online] https://www.bmz.de/resource/blob/60000/84f32c49acea03b883e1223c66b3e227/lieferkettengesetz-fragen-und-antworten-data.pdf [abgerufen am 12.10.2022].

Bundesministerium für wirtschaftliche Zusammenarbeit und Entwicklung (o.J.): Eine Chance für eine nachhaltige Entwicklung, [online] https://www.bmz.de/de/themen/tourismus [abgerufen am 27.09.2022].

Bundesnetzagentur (2022): Anzahl der öffentlichen Ladepunkte in Deutschland von Januar 2017 bis Juli 2022, zitiert nach de.statista.com, [online] https://de.statista.com/statistik/daten/studie/1190896/umfrage/ladesaeulen-in-deutschland/ [abgerufen am 05.10.2022].

Bungard, P. (2018): CSR und Geschäftsmodelle – Auf dem Weg zum zeitgemäßen Wirtschaften, in: Bungard, P. (Hrsg.), CSR und Geschäftsmodelle – auf dem Weg zum zeitgemäßen Wirtschaften, Berlin: Gabler, S. 15–42.

Busche-Studie (2022): Busche-Studie 2023, [online] https://www.busche-studie.de/ [abgerufen am 06.11.2022].

Butzer-Strothmann, K./Ahlers, F. (Hrsg.) (2020): Integrierte nachhaltige Unternehmensführung – Konzepte – Praxisbeispiele – Perspektiven, Berlin: Gabler.

Camphausen, H. (2015): E-Mobilität ist alltagstauglich, in: Allgemeine Hotel- und Gastronomie-Zeitung, Nr. 18, S. 13, [online] https://www-wiso-net-de.ezproxy.hwr-berlin.de/document/AHGZ_20150502312032?ZG_PORTAL=portal_ebsco [abgerufen am 05.10.2022].

Chargemap SAS (2022): Verteilung der Ladestationen für Elektrofahrzeuge in Deutschland nach Stationstyp, zitiert nach de.statista.com, [online] https://de.statista.com/statistik/daten/studie/460258/umfrage/ladestationen-fuer-elektroautos-in-deutschland-nach-stationstyp [abgerufen am 05.10.2022].

Conrady, C./Ruetz, D./Aeberhard, M. (Hrsg.) (2019): Grundlagen und neue Perspektiven des Luxustourismus, Wiesbaden: Gabler.

Czymmeck, F./Faßbender-Wynands, E. (2001): Die Bedeutung der Balanced Scorecard im Rahmen eines auf Kennzahlen basierenden Umwelt-Controlling, Arbeitsbericht Nr. 6, Universität Köln.

Dallmus, A. (2021): Wie ökologisch ist die Hotelbranche?, [online] https://www.br.de/radio/bayern1/inhalt/experten-tipps/umweltkommissar/nachhaltiger-tourismus-100.html [abgerufen am 20.09.2022].

Das Zertifizierungssystem | DGNB System (o.J.): DGNB System, [online] https://www.dgnb-system.de/de/system/index.php [abgerufen am 23.11.2022].

Deloitte (Hrsg.) (2022): The Deloitte Global 2022 Gen Z & Millennial Survey – Striving for balance, advocating for change.

DER Touristik (o.J.): Nachhaltigkeit, [online] https://www.dertouristik.com/nachhaltigkeit/ [abgerufen am 25.09.2022].

Deutsche Gesellschaft für Ernährung e.V. (2015): Weniger Fleisch auf dem Teller schont das Klima, [online] https://www.dge.de/presse/pm/weniger-fleisch-auf-dem-teller-schont-das-klima/ [abgerufen am 02.10.2022].

Deutsche Gesellschaft für Internationale Zusammenarbeit (2018): Nachhaltiges Veranstaltungsmanagement in der GIZ, Mindeststandards zum nachhaltigen Veranstaltungsmanagement der GIZ, [online] https://www.giz.de/de/downloads/Mindeststandards%20Nachhaltiges%20Veranstaltungsmanagement_final_PUR.pdf [abgerufen am 15.11.2022].

Deutsche Gesellschaft für Umwelterziehung (2022a): Veranstalter, Aufgaben und Ziele. Teilnahme, [online] http://www.umwelterziehung.de/projekte/GreenKey/index.html [abgerufen am 09.11.2022].

Deutsche Gesellschaft für Umwelterziehung (2022b): Liste der ausgezeichneten Einrichtungen, [online] http://www.umwelterziehung.de/projekte/GreenKey/mitglieder.html [abgerufen am 11.11.2022].

Deutsche Gesellschaft für Umwelterziehung (2022c): Kriterien, [online] http://www.umwelterziehung.de/projekte/GreenKey/kriterien.html [abgerufen am 19.11.2022].

Deutsche Industrie und Handelskammer (2021): Statistik Ausbildung 2020, [online] chrome-extension://efaidnbmnnnibpcajpcglclefindmkaj/viewer.html?pdfurl=https%3A%2F%2Fwww.dihk.de%2Fresource%2Fblob%2F4783-6%2Fddb56f26823aab09dbb3981afe04d6d3%2Fstatistik-ausbildung-2020-data.pdf&clen=496432&chunk=true [abgerufen am 23.01.2022].

Deutscher Bundestag (1998): Abschlussbericht der Enquete-Kommission „Schutz des Menschen und der Umwelt – Ziele und Rahmenbedingungen einer nachhaltig zukunftsverträglichen Entwicklung", [online] https://dserver.bundestag.de/btd/13/112/1311200.pdf [abgerufen am 15.11.2022].

Deutscher Hotel- und Gaststättenverband (o.J.a): Abfallentsorgung, [online] https://www.dehoga-berlin.de/beratung/service/energieumwelt/abfallentsorgung/ [abgerufen am 04.10.2022].

Deutscher Hotel- und Gaststättenverband (o.J.b): Überblick über die wichtigsten Zertifikate und Siegel für Umweltschutz und Nachhaltigkeit im Gastgewerbe, [online] https://www.dehogabw.de/fileadmin/Mediendatenbank_DE/Mediendatenbank_BW/07_INFORMIEREN/Nachrichten/Anhaenge/Wichtige_Umweltzertifizierungen_im_Gastgewerbe.pdf [abgerufen am 15.11.2022].

Deutscher Reiseverband e.V. (2022b): Studie zu Nachhaltigkeit auf Geschäftsreisen: Umweltschutz wird immer wichtiger, [online] https://www.chefsache-businesstravel.de/2022/08/04/studie-zu-nachhaltigkeit-auf-geschaeftsreisen-umweltschutz-wird-immer-wichtiger/ [abgerufen am 09.10.2022].

Deutsches Institut für Service Qualität (2022): Studie Budget-Hotels, [online] https://disq.de/2022/20220302-Budget-Hotels.html [abgerufen am 09.10.2022].

DGNB System (o.J.): Scandic Hotel Berlin Potsdamer Platz, [online] https://www.dgnb-system.de/de/projekte/scandic-hotel-berlin-potsdamer-platz [abgerufen am 20.01.2023].

Die Bundesregierung (2021a): Entlastung für die Industrie, [online] https://www.bundesregierung.de/breg-de/themen/klimaschutz/entlastung-fuer-unternehmen-1884488 [abgerufen am 01.10.2022].

Die Bundesregierung (2021b): Nachhaltigkeitsstrategie – Einweg-Plastik wird verboten, [online] https://www.bundesregierung.de/breg-de/themen/nachhaltigkeitspolitik/einwegplastik-wird-verboten-1763390 [abgerufen am 05.10.2022].

Die Bundesregierung (o.J.a): Globale Nachhaltigkeitsstrategie: Nachhaltigkeitsziele verständlich erklärt, [online] https://www.bundesregierung.de/breg-de/themen/nachhaltigkeitspolitik/nachhaltigkeitsziele-erklaert-232174 [abgerufen am 05.10.2022].

Die Bundesregierung (o.J.b): Mehrweg fürs Essen zum Mitnehmen, [online] https://www.bundesregierung.de/breg-de/themen/klimaschutz/mehrweg-fuers-essen-to-go-1840830 [abgerufen am 05.10.2022].

Doergé, E. (2021): Entwicklung eines Handlungsleitfadens zur Gestaltung einer Social Supply Chain, Bachelorarbeit, Tourismus, Hochschule für Wirtschaft und Recht Berlin.

Dworak, T./Schmölzer, A./Günther, W./Hoffmann, P./Bausch, T./Matauschek, C. (2020): Anpassung an den Klimawandel – Die Zukunft im Tourismus gestalten, [online] https://www.umweltbundesamt.de/sites/default/files/medien/3521/publikationen/uba_broschuere_barrierefrei_101_neu.pdf [abgerufen am 15.11.2022].

Dyllick, T./Hamschmidt, J. (2000): Wirksamkeit und Leistung von Umweltmanagementsystemen – Eine Untersuchung von ISO-14001-zertifizierten Unternehmen in der Schweiz, Zürich: vdf.

Earth Overshoot Day (o.J.): This Year – Earth Overshoot Day Fell on July 28, [online] https://www.overshootday.org/ [abgerufen am 30.9.2022].

Ebert, C. (2016): Erfahrungsbericht und Überblick zum Projekt e-GAP – Modellkommune Elektromobilität Garmisch-Partenkirchen – Elektromobilität im ländlich-touristischen Raum als Baustein für eine nachhaltige Entwicklung, in: Wappelhorst, S./Jacoby, C. (Hrsg.), Potenziale neuer Mobilitätsformen und -technologien für eine nachhaltige Raumentwicklung, Hannover: Verl. d. ARL, S. 107–125.

Eck, B. (2016): Neue Märkte erschließen, in: Allgemeine Hotel- und Gastronomie-Zeitung, Nr. 29, S. 38.

Eck, B. (2019): Mit leeren Hotelzimmern die Gäste mobil machen, in: Allgemeine Hotel- und Gastronomie-Zeitung, Nr. 20, S. 26.

Eisenriedler, S. (Hrsg.) (2020): Kreislaufwirtschaft in der EU – Eine Zwischenbilanz, Wiesbaden: Gabler.

Epstein, M. J./Roy, M. (1997): Environmental Management to Improve Corporate Profitability, in: Journal of Cost Management, Jg. 11, Nr. 6, S. 26–34.

Europäische Kommission (2008): Aktionsplan für Nachhaltigkeit in Produktion und Verbrauch und für eine nachhaltige Industriepolitik, [online] https://ec.europa.eu/commission/presscorner/api/files/document/print/de/memo_08_507/MEMO_08_507_DE.pdf [abgerufen am 15.11.2022].

Europäische Kommission (o.J.): Europäischer Grüner Deal – Erster klimaneutraler Kontinent werden, [online] https://ec.europa.eu/info/strategy/priorities-2019-2024/european-green-deal_de#Highlights [abgerufen am 12.09.2022].

Europäische Union (2021a): Europäischer Grüner Deal – Die Verwirklichung unserer Ziele, [online] https://ec.europa.eu/commission/presscorner/api/files/attachment/869811/EGD_brochure_DC.pdf.pdf [abgerufen am 15.11.2022].

Europäische Union (2021b): Wir rüsten unsere Wohnungen und Gebäude für eine grünere Zukunft, [online] https://op.europa.eu/de/publication-detail/-/publication/433334c1-00e6-11ec-8f47-01aa75ed71a1/language-de# [abgerufen am 15.11.2022].

Feess, E./Lackes, R./Siepermann, M./Steven, M./Thommen, J.-P./Kamps, U. (2018a): Effizienz, [online] https://wirtschaftslexikon.gabler.de/definition/effizienz-35160/version-258648 [abgerufen am 07.10.2022].

Figge, F./Hahn, T./Schaltegger, S./Wagner, M. (2002a): Sustainability Balanced Scorecard – Wertorientiertes Nachhaltigkeitsmanagement mit der Balanced Scorecard, [online] http://fox.leuphana.de/portal/files/1127098/Figge_Hahn_Schaltegger_Wagner_Sustainability_Balanced_Scorecard.pdf [abgerufen am 15.11.2022].

Figge, F./Hahn, T./Schaltegger, S./Wagner, M. (2002b): The Sustainability Balanced Scorecard – linking sustainability management to business strategy, in: Business Strategy and the Environment, Jg. 11, Nr. 5, S. 269–284.

Foodservice (2022): NGG Umfrage: 3.000 Euro für eine Fachkraft muss Minimum sein, [online] https://www.food-service.de/maerkte/news/ngg-umfrage-viele-gastro-beschaeftigte-wollen-nicht-lange-bleiben-53591 [abgerufen am 20.01.2023].

Forum Anders Reisen e.V. (o.J.): Der Verband, [online] https://forumandersreisen.de/ueber-uns/der-verband/ [abgerufen am 30.09.2022].

Foundation for Environmental Education (2022): Our Mission & History, [online] https://www.fee.global/our-mission-and-history [abgerufen am 09.11.2022].

Freiberg, J./Bruckner, A. (2022): Corporate Sustainability – Kompass für die Nachhaltigkeitsberichterstattung, Freiburg: Haufe.

G

G+J Medien (o.J.): Achtsame Unterkünfte: Nachhaltige Unterkünfte unter 100 Euro, [online] https://www.geo.de/reisen/reise-inspiration/green-city--hotel-vauban--freiburg_30114474-30165896.html [abgerufen am 22.09.2022].

Gallup (2022): Engagement Index Deutschland 2021, [online] https://www.gallup.com/de/engagement-index-deutschland.aspx [abgerufen am 09.10.2022].

Gastro-Marktplatz (2021a): Zero-Waste in der Gastronomie: Müllvermeidung im Gastro-Alltag, [online] https://gastro-marktplatz.de/food-trends/zero-waste-in-der-gastronomie/ [abgerufen am 09.10.2021].

Gastro-Marktplatz (2021b): Nose to Tail: Das Geheimnis der Second Cuts, [online] https://gastro-marktplatz.de/food-trends/nose-to-tail/ [abgerufen am 04.10.2022].

Gebeco (o.J.): Nachhaltigkeit, [online] https://www.gebeco.de/nachhaltigkeit [abgerufen am 06.10.2022].

Gebhard, M. (2019): Nachhaltig reisen, aber konventionell buchen – So halten es bewusste Konsumenten mit Nachhaltigkeit beim Reisen, [online] https://utopia.de/utopia-insights/studie-nachhaltig-reisen/ [abgerufen am 29.09.2022].

Geschmackstage Deutschland e.V. (2021): Regionale Lebensmittel in der Gastronomie – Kundenanreiz oder vergebliche Liebesmüh?, [online] https://www.regionalbewegung.de/fileadmin/user_upload/pdf/Bundestreffen_2021/14.10.2021_Foren_und_Vortraege/Broschuere_Regionale_Lebensmittel_in_der_Gastronomie_-_Kundenanreiz_oder_vergebliche_Liebesmueh.pdf [abgerufen am 15.11.2022].

Ghadiri, A. (2018): Konsistenz, [online] https://wirtschaftslexikon.gabler.de/definition/konsistenztheorie-54109/version-277163 [abgerufen am 07.10.2022].

Global Nature Fund (2020): All Inclusive? Die wahren Kosten des Reisens, [online] https://www.globalnature.org/34564/hiddenPages/Newsdetailseite/resindex.aspx?newsid=162212&newsrefid=34550&row=0&newsrefaddcoid=&nafrom=&nato= [abgerufen am 30.09.2022].

Global Sustainable Tourism Council (Hrsg.) (2016): GSTC Hotel Kriterien – Vorschläge für Leistungsindikatoren, [online] https://www.gstcouncil.org/wp-content/uploads/German-Deutsch-GSTC-Hotel_Industry_Criteria_with_hotel_indicators-Dec2016.pdf [abgerufen am 15.11.2022].

Global Sustainable Tourism Council (o.J.a): About the Global Sustainable Tourism Council (GSTC), [online] https://www.gstcouncil.org/about/ [abgerufen am 21.11.2022].

Global Sustainable Tourism Council (o.J.b): GSTC Criteria Overview, [online] https://www.gstcouncil.org/gstc-criteria/ [abgerufen am 21.11.2022].

Global Sustainable Tourism Council (o.J.c): Becoming Certified as a Sustainable Hotel/Accommodation, [online] https://www.gstcouncil.org/certification/become-certified-hotel/ [abgerufen am 21.11.2022].

Glocke, B. (2022): Nachhaltig mit der IHA, in: Allgemeine Hotel- und Gastronomie-Zeitung, Nr. 5/6, S. 26.

Gössling, S./Aeberhard, M./Meurer, J./Krause, M. (2019a): Luxusrelevanz ausgewählter Megatrends im Tourismus, in: Conrady, C./Ruetz, D./Aeberhard, M. (Hrsg.), Grundlagen und neue Perspektiven des Luxustourismus, Wiesbaden: Gabler, S. 223–252.

Gowin, D./Aeberhard, M./McDonald, B./Walter, M./Comino, S./Reimann, T./Krall, M./Caminada, A. (2019b): Case Studies und Best-Practice-Beispiele des Luxustourismus, in: Conrady, C./Ruetz, D./Aeberhard, M. (Hrsg.), Grundlagen und neue Perspektiven des Luxustourismus, Wiesbaden: Gabler, S. 289–331.

Graefe, L. (2022a): Statistiken zum nachhaltigen Reisen, zitiert nach de.statista.com, [online] https://de.statista.com/themen/3505/nachhaltiges-reisen/#topicHeader__wrapper [abgerufen am 18.09.2022].

Graefe, L. (2022b): Umfrage zum Aufpreis für nachhaltige Unterkünfte in Deutschland in 2019, zitiert nach de.statista.com, [online] https://de.statista.com/statistik/daten/studie/1098945/umfrage/umfrage-zum-aufpreis-fuer-nachhaltige-unterkuenfte/ [abgerufen am 25.09.2022].

GreenGlobe (2022a): The Global leader in Sustainable Tourism Certification, [online] https://www.greenglobe.com [abgerufen am 19.11.2022].

GreenGlobe (2022b): Green Globe International Standard for Sustainable Tourism, [online] https://www.greenglobe.com/criteria-indicators [abgerufen am 16.11.2022].

GreenGlobe (2022c): Certification Levels, [online] https://www.greenglobe.com/certification-levels [abgerufen am 15.11.2022].

Green Pearls (o.J.): Green City Hotel Vauban, [online] https://www.greenpearls.com/de/hotels/green-city-hotel-vauban-de/ [abgerufen am 22.09.2022].

GreenSign Institut GmbH (2022a): Deine Nachhaltigkeit ist unser Anliegen, [online] https://www.greensign.de [abgerufen am 24.11.2022].

GreenSign Institut GmbH (2022b): GreenSign Hotel, [online] https://www.greensign.de/zertifizierung/greensign-hotel/ [abgerufen am 24.11.2022].

Große Ophoff, M. (2017): Nachhaltiges Veranstaltungsmanagement – Ökologische Vorzeichen und Vorgaben für die Veranstaltungsbranche, in: Bühnert, C./Luppold, S. (Hrsg.), Praxishandbuch Kongress-, Tagungs- und Konferenzmanagement – Konzeption & Gestaltung, Werbung & PR, Organisation & Finanzierung, Wiesbaden: Gabler, S. 763–776.

Grothe, A./Teller, M. (2020): Gelebte Nachhaltigkeitskultur durch integrale Unternehmensführung, in: Butzer-Strothmann, K./Ahlers, F. (Hrsg.), Integrierte nachhaltige Unternehmensführung – Konzepte – Praxisbeispiele – Perspektiven, Berlin: Gabler, S. 69–88.

H

Haase, S./Lohaus, D./Rietz, C. (2013): Talente sind wählerisch – Was Arbeitgeber attraktiv macht, in: Wirtschaftspsychologie aktuell, Jg. 20, Nr. 3, S. 12–15.

Haberstock, P. (2019): ESG-Kriterien, [online] https://wirtschaftslexikon.gabler.de/definition/esg-kriterien-120056/version-369280 [abgerufen am 08.10.2022].

Hänssler, K. H. (Hrsg.) (2016): Management in der Hotellerie und Gastronomie – Betriebswirtschaftliche Grundlagen, 9. Aufl., Berlin/Boston: Walter de Gruyter GmbH.

Haffhus (o.J.): Unser Energiekonzept, [online] https://www.haffhus.de/energie/ [abgerufen am 01.10.2022].

Hamele, H. (2017): Formale CSR-Ansätze und Zertifizierungssysteme im Tourismus, in: Lund-Durlacher, D./Fifka, M. S./Reiser, D. (Hrsg.), CSR und Tourismus: Handlungs- und branchenspezifische Felder, Berlin: Springer.

Hans Böckler Stiftung (2002): Mitarbeiterzufriedenheit, [online] https://www.boeckler.de/pdf/p_arbp_054.pdf [abgerufen am 15.11.2022].

Haschker, A. (2022): Experteninterview, persönlich geführt durch Anika Hüttemann am 06.10.2022 zum Thema „Nachhaltigkeit in der Budgethotellerie". André Haschker ist Geschäftsführer der Best Value Management GmbH.

Haubner, R./Gauer-Süß, G./Krenzer-Bass, A. (2012): BlickWechsel – Nachhaltigkeit im Gastgewerbe – Bildungs- und Informationsmaterialien für die Aus- und Weiterbildung in der Gastronomie und Hotellerie, [online] https://documents.bizme.de/biz_Blickwechsel_Nachhaltigkeit_im_Gastgewerbe.pdf [abgerufen am 15.11.2022].

Haufe Online Redaktion (Hrsg.) (2021): Generation Z wünscht sich Arbeitgeber mit Werten, [online] https://www.haufe.de/personal/hr-management/studie-wuensche-und-beduerf-nisse-der-generation-z-im-job_80_547736.html [abgerufen am 24.05.2022].

Haufe Online Redaktion (2022): Nachhaltige Arbeitgeber sind attraktiver, [online] https://www.haufe.de/personal/hr-management/nachhaltige-arbeitgeber-sind-attraktiver_80_565082.html [abgerufen am 27.09.2022].

Hauff (1987): Brundtland Bericht, [online] https://www.nachhaltigkeit.info/artikel/brundtland_report_563.htm [abgerufen am 11.12.2022].

Hays (2022): Welche Anforderungen haben Sie in Ihrem Unternehmen an die Unternehmenskultur?, zitiert nach de.statista.com, [online] https://de.statista.com/statistik/daten/studie/1294643/umfrage/anforderungen-an-die-unternehmenskultur-in-der-dach-region/ [abgerufen am 09.10.2022].

Heigert, H. (2019): Hoteliers bauen E-Mobilität aus, in: Allgemeine Hotel- und Gastronomie-Zeitung, Nr. 3, S. 20.

Heimel, J./Momberg, M. (2021): Sustainable Finance – Nachhaltigkeitscontrolling zur Steuerung des sozialen und ökologischen Wirtschaftens von Unternehmen, in: Wellbrock, W./Ludin, D. (Hrsg.), Nachhaltiger Konsum – Best Practices aus Wissenschaft, Unternehmenspraxis, Gesellschaft, Verwaltung und Politik, Wiesbaden: Gabler, S. 83–106.

Herzberg, F./Mausner, B./Snyderman, B. (1999): The motivation to work, 3. Aufl., New Brunswick: Transaction.

Hövel, A. (2022): Normung im Überblick, in: Schwager, B. (Hrsg.), CSR und Nachhaltigkeitsstandards – Normung und Standards im Nachhaltigkeitskontext, Berlin: Gabler, S. 3–14.

Hollmann, S. (2013): Sustainable Leadership – Modellentwicklung, empirische Überprüfung und Gestaltungshinweise, Wiesbaden: Gabler.

Holzapfel, J. (2022): Experteninterview, geführt durch Michaela Rabe am 02.10.2022 zum Thema „Wertschöpfungskette". Jan-Berend Holzapfel ist Inhaber des Unternehmens J.T. Ronnefeldt KG.

Holzbaur, U. (2016): Events nachhaltig gestalten – Grundlagen und Leitfaden für die Konzeption von Nachhaltigen Events, Wiesbaden: Gabler.

Holzbaur, U. (2020a): Nachhaltige Entwicklung – Der Weg in eine lebenswerte Zukunft, Wiesbaden: Springer.

Holzbaur, U. (2020b): Nachhaltige Events – Erfolgreiche Veranstaltungen durch gesellschaftliche Verantwortung, 2. Aufl., Wiesbaden: Gabler.

Holzbaur, U. (2022): Nachhaltige Events, in: Knoll, T./Luppold, S. (Hrsg.): Praxis-Guide für Nachhaltigkeit in der Eventbranche, Wiesbaden: Gabler, S. 1–16.

Holzbaur, U./Luppold, S. (2017): CSR und Nachhaltigkeit bei Events, in: Lund-Durlacher, D./Fifka, M. S./Reiser, D. (Hrsg.): CSR und Tourismus – Handlungs- und branchenspezifische Felder, Berlin: Gabler, S. 289–301.

Horváth & Partners (2019): Prognostizierter Neubedarf an Ladestationen für Elektroautos in ausgewählten Großstädten in Deutschland in den Jahren 2019 bis 2025, zitiert nach de.statista.com, [online] https://de.statista.com/statistik/daten/studie/1076883/umfrage/prognostizierter-bedarf-an-ladestationen-fuer-elektrofahrzeugen-in-ausgewaehlten-grossstaedten [abgerufen am 05.10.2022].

Horváth & Partners (2020): Durchschnittliche Reichweite von Elektrofahrzeugen in Deutschland von 2017 bis 2025, zitiert nach de.statista.com, [online] https://de.statista.com/statistik/daten/studie/443614/umfrage/prognose-zur-reichweite-von-elektroautos [abgerufen am 05.10.2022].

Huf, S. (2020): Personalmanagement, Wiesbaden: Gabler.

Iberostar (o.J.a): History, [online] https://www.grupoiberostar.com/en/history/ [abgerufen am 29.09.2022].

Iberostar (o.J.b): CSR in der Iberostar Group, [online] https://www.iberostar.com/de/soziales-engagement/ [abgerufen am 29.09.2022].

Ibis Accor (o.J.): Mit Planet 21 setzen Accor positive Gastfreundschaft in die Tat um, [online] https://ibis.accor.com/sustainable-development/index.de.shtml [abgerufen am 09.10.2022].

Industrie- und Handelskammer (o.J.): Bewusste Auswahl von Lieferanten, Partnern und Produkten, [online] https://www.ihk.de/berlin/nachhaltige-wirtschaft/nh-themenfelder/nachhaltige-lieferantenauswahl-5242330 [abgerufen am 30.09.2022].

Instinctif Partners (2022): Nachhaltigkeitsbarometer 2022, [online] https://instinctif.com/de/studien/instinctif-partners-nachhaltigkeits-barometer-2022/ [abgerufen am 15.11.2022].

Institut für Demoskopie Allensbach (2020): Rund 8 Millionen Deutsche essen kein Fleisch, zitiert nach de.statista.com, [online] https://de.statista.com/infografik/24000/anzahl-der-vegetarier-und-veganer-in-deutschland/ [abgerufen am 06.10.2022].

Institut für Demoskopie Allensbach (2022): Anzahl der Personen in Deutschland, die bereit sind, für umweltfreundliche Produkte mehr zu zahlen, von 2018 bis 2022, zitiert nach de.statista.com, [online] https://de.statista.com/statistik/daten/studie/264571/umfrage/kaeufertypen-zahlungsbereitschaft-fuer-umweltfreundliche-produkte/ [abgerufen am 17.09.2022].

Institut für Tourismuswirtschaft (2016): Nachhaltige Tourismusangebote – Leitfaden zur erfolgreichen Entwicklung und Vermarktung nachhaltiger Angebote in Tourismusdestinationen, [online] https://www.responseandability.com/images/downloads/projektergebnisse/Leitfaden_Nachhaltige_Tourismusangebote.pdf/ [abgerufen am 25.09.2022].

International Federation for the Economy for the Common Good e.V. (o.J.a): Theoretische Basis, [online] https://web.ecogood.org/de/idee-vision/theoretische-basis/ [abgerufen am 01.10.2022].

International Federation for the Economy for the Common Good e.V. (o.J.b): Gemeinwohl-Bilanz, [online] https://web.ecogood.org/de/unsere-arbeit/gemeinwohl-bilanz/ [abgerufen am 01.10.2022].

Internationaler Gewerkschaftsbund (2022a): Arbeitnehmerrechte in der Gesetzgebung, [online] https://www.globalrightsindex.org/de/2022/countries/deu [abgerufen am 24.09.2022].

Internationaler Gewerkschaftsbund (2022b): Der Globale Rechtsindex des IGB 2022, [online] https://files.mutualcdn.com/ituc/files/2022-ITUC-Rights-Index-Exec-Summ-DE_2022-08-10-062853.pdf [abgerufen am 24.09.2022].

ISO (2017): ISO 20400-1:2017-04:, Sustainable procurement – Guidance, [online] https://www.iso.org/standard/63026.html [abgerufen am 15.11.2022].

J.T. Ronnefeldt KG (2019): Nachhaltigkeitsbericht 2018 – Natürlich aus Leidenschaft und Verantwortung, [online] https://www.ronnefeldt.com/userdata/filegallery/original/129_ansicht_ronnefeldt_nachhaltigkeitsbericht.pdf [abgerufen am 15.11.2022].

J.T. Ronnefeldt KG (o.J.): Nachhaltigkeit: Ein Grundprinzip bei Ronnefeldt, [online] https://www.ronnefeldt.com/teehaus/de/nachhaltigkeit/ [abgerufen am 03.10.2022].

Jacob, M. (2019): Digitalisierung und Nachhaltigkeit – Eine unternehmerische Perspektive, Wiesbaden: Springer.

JadAllah, R. (2018): An Exploration into How Design Can Better Align the Attributes of Luxury and Sustainabilty for 'High End' Hotel Guest Rooms, Doktorarbeit, Art, Design and Humanities, De Monfort University.

Jamal, Y./Rochnowski, S./JARO Institut für Nachhaltigkeit & Digitalisierung e.V. (2019): Leitfaden Nachhaltige Beschaffung, [online] https://jaro-institut.de/wp-content/uploads/2019/09/BME_Leitfaden_NachhaltigeBeschaffung2019_final.pdf [abgerufen am 15.11.2022].

John, J. (2020): Strom ist das neue W-Lan, in: Allgemeine Hotel- und Gastronomie-Zeitung, Nr. 7, S. 7.

Jung, H. (2017): Personalwirtschaft, 10. Aufl., Berlin/Boston: De Gruyter Oldenbourg.

Kaplan, R./Norton, D. (1997): Balanced Scorecard – Strategien erfolgreich umsetzen, Stuttgart: Schäffer-Poeschel.Keylens (2018): Konsumgenerationen 2018 – Premium- und Luxus-Studie, [online] https://keylens.com/studie-konsumgenerationen-2018-mit-fokus-auf-premium-und-luxus/ [abgerufen am 15.11.2022].

Keylens (2018): Konsumgenerationen 2018 – Premium- und Luxus-Studie, [online] https://keylens.com/studie-konsumgenerationen-2018-mit-fokus-auf-premium-und-luxus/ [abgerufen am 15.11.2022].

Klaffke, M. (2014): Millennials und Generation Z – Charakteristika der nachrückenden Arbeitnehmer-Generationen, in: Klaffke, Martin (Hrsg.): Generationen-Management – Konzepte, Instrumente, Good-Practice-Ansätze, Wiesbaden, S. 57–82.

Klaffke, M. (Hrsg.) (2014): Generationen-Management – Konzepte, Instrumente, Good-Practice-Ansätze, 2. Aufl., Wiesbaden: Springer Gabler.

Klein, D. (2022): Experteninterview, persönlich durchgeführt durch Vanessa Röhl am 06.10.2022 zum Thema „Energieversorgung". Dirk Klein ist Head of Sustainability & Digitalization des Hotel Haffhus.

Kleinfeld, A. (2022): ISO: 26000: Anleitung zu einem ganzheitlichen Management unternehmerischer Verantwortung, in: Schwager, B. (Hrsg.), CSR und Nachhaltigkeitsstandards – Normung und Standards im Nachhaltigkeitskontext, Berlin: Gabler, S. 33–54.

Knoll, T./ Luppold, S. (Hrsg.) (2022): Praxis-Guide für Nachhaltigkeit in der Eventbranche, Wiesbaden: Springer.

Kompetenzzentrum Nachhaltiger Konsum (2022): Kompetenzzentrum Nachhaltiger Konsum, [online] https://nachhaltigerkonsum.info/sites/default/files/medien/dokumente/co2fussabdruck_rechteck_rgb_0.jpg [abgerufen am 02.10.2022].

Kompetenzzentrum Tourismus des Bundes (2019): Beurteilung von Aussagen zum Thema Nachhaltigkeit im Tourismus in Deutschland im Jahr 2019, zitiert nach de.statista.com, [online] https://de.statista.com/statistik/daten/studie/1122717/umfrage/nachhaltigkeit-im-tourismus-in-deutschland/ [abgerufen am 17.09.2022].

Kraftfahrt-Bundesamt (2022): Anzahl der Elektroautos in Deutschland von 2012 bis 2022, zitiert nach de.statista.com, [online] https://de.statista.com/statistik/daten/studie/265995/umfrage/anzahl-der-elektroautos-in-deutschland [abgerufen am 05.10.2022].

Küberling, J./Beermann, M. (2015): Nachhaltiger Konsum – Wie Unternehmen Verantwortung für die Nutzung und Anwendung ihrer Produkte übernehmen können, in: Umwelt-Wirtschaftsforum, Jg. 23, Nr. 4, S. 307–314.

Kühne, M./Bosshart, D. (2014): Der nächste Luxus – Was uns in Zukunft lieb und teuer wird, [online] https://gdi.ch/my/download?attachment_id=2152&digital_partner_id=235956 [abgerufen am 01.10.2022].

Kunst, A. (2019): Umfrage zur Bekanntheit von Anbietern für nachhaltige Reisen nach Alter 2017, zitiert nach de.statista.com, [online] https://de.statista.com/statistik/daten/studie/680518/umfrage/umfrage-zur-bekanntheit-von-anbietern-fuer-nachhaltige-reisen-nach-alter/ [abgerufen am 25.09.2022].

L

Landsiedel, J. (2012): Stars ohne Sterne – Wahrer Luxus in der Hotellerie durch Reflexion individueller Ansprüche – Sinnhaftigkeit von verschiedenen Zertifizierungen und Klassifizierungen am Beispiel „Weissenhaus", Bachelorarbeit, Business Management, Hochschule Mittweida.

Laumer, S./Maier, C./Oehlhorn, C./Weinert, C./Weitzel, T./ Wirth, J./Pflügner, K. (2020): Generation Z – die Arbeitnehmer von morgen – Ausgewählte Ergebnisse der Recruiting Trends, Eschborn.

Leisentritt, F. (2022): Experteninterview, persönlich geführt durch Nathalie Lubina am 19.09.2022 zum Thema „Nachhaltige Führung". Florian Leisentritt ist Direktor des Gewandhaus Dresden – Autograph Collection.

Lenzen, E. (2021): Luxus und Nachhaltigkeit, in: UmweltDialog, Nr. 16, S. 6–11.

Lewandowski, S./Ullrich, A./Gronau, N. (2021): Normen zur Berechnung des CO_2-Fußabdrucks – Ein Vergleich von PAS 2050, GHG Protocol und ISO 14067, [online] https://library.gito.de/wp-content/uploads/2021/08/lewandowski-IM_2021_4.pdf [abgerufen am 15.09.2022].

Lin-Hi, N. (2021): Corporate Social Responsibility, [online] https://wirtschaftslexikon.gabler.de/definition/corporate-social-responsibility-51589/version-384768 [abgerufen am 08.10.2022].

Lippold, D. (2019): Führungskultur im Wandel – Klassische und moderne Führungsansätze im Zeitalter der Digitalisierung, Wiesbaden: Gabler.

Liu, S. (2022): Sind nachhaltige Unterkünfte für Reisende wichtig?, zitiert nach de.statista.com, [online] https://de.statista.com/infografik/28163/wie-wichtig-sind-nachhaltige-unterkuenfte-fuer-reisende/ [abgerufen am 09.10.2022].

Lohneis, M. (2021): Hackschnitzelheizung: Aufbau, Funktionsweise und Kosten, [online] https://www.heizungsbau.net/magazin/hackschnitzelheizung-20204515 [abgerufen am 03.10.2022].

Lund-Durlacher, D./Antonschmidt, H./Fritz, K. (2017): Nachhaltigkeit im gastronomischen Angebot: Ein Erklärungsmodell und Implementierungsansätze, in: Lund-Durlacher, D./Fifka, M. S./Reiser, D. (Hrsg.), CSR und Tourismus – Handlungs- und branchenspezifische Felder, Berlin: Springer, S. 199–214.

Lund-Durlacher, D./Fifka M. S./Reiser, D. (Hrsg.) (2017): CSR und Tourismus, Hamburg: Springer.

M

Marquardt, D. (2017): CSR, Tourismus und Entwicklungszusammenarbeit, in: Lund-Durlacher, D./Fifka, M. S./Reiser, D. (Hrsg.), CSR und Tourismus: Handlungs- und branchenspezifische Felder, Berlin: Springer, S. 161–177.

Marquardt, K. (2020): Nachhaltigkeit und Digitalisierung – Nachhaltiges und verantwortungsvolles Business im Kontext von Digitalisierung und Innovation, Wiesbaden: Gabler.

Martin, H. (2021): Nachhaltiges Reisen, [online] https://www.planet-wissen.de/gesellschaft/tourismus/nachhaltiges_reisen/index.html [abgerufen am 24.09.2022].

Maurer, T. (2020): Der Einfluss eines Betrieblichen Gesundheitsmanagements auf die Unternehmensperformance, Baden-Baden: Nomos.

Meffert, H./Kenning, P./Kirchgeorg, M. (Hrsg.) (2014): Sustainable Marketing Management, Wiesbaden: Springer.

Meifert, M. (2005): Mitarbeiterbindung – Eine empirische Analyse betrieblicher Weiterbildner in deutschen Großunternehmen, München: Hampp.

Mentz, L./Reiter, K. (2022): Berlin – für Begegnungen, die nachhaltig wirken, in: Knoll, T./Luppold, S. (Hrsg.), Praxis-Guide für Nachhaltigkeit in der Eventbranche, Wiesbaden: Gabler, S. 107–118.

Mory, L. (2014): Soziale Verantwortung nach innen, Wiesbaden: Springer.

Motel One (o.J.a): Company, [online] https://www.motel-one.com/de/corporate/company/ [abgerufen am 09.10.2022].

Motel One (o.J.b): Awards, [online] https://www.motel-one.com/de/corporate/awards/ [abgerufen am 09.10.2022].

Motel One (o.J.c): One Planet. One Future: ESG BEI MOTEL ONE, [online] https://www.motel-one.com/fileadmin/dam/2022/CSR/ESG_Report_Motel_One_DE.PDF [abgerufen am 15.11.2022].

Motel One (o.J.d): Motel One gehört mit der Auszeichnung als LEADING EMPLOYER 2022 zum TOP 1% aller Arbeitgebenden in Deutschland, [online] https://www.leading-employers.org/de/certified-companies/motelone/ [abgerufen am 09.10.2022].

myclimate (2019): CO2-Fußabdruck eines 4-Sterne Musterhotels, Vortragsdokumentation Stefan Baumeister, Geschäftsführer myclimate 2019.

Närvänen, E./Mesiranta, N./Mattila, M./Heikinen, A. (2020): A framework For Managing Food Waste, in: Närvänen, E./Mesiranta, N./Mattila, M./Heikinen, A. (Hrsg.), Food Waste Management – Solving the Wicked Problem, Cham: Palgrace Macmillan, S. 1–24.

Närvänen, E./Mesiranta, N./Mattila, M./Heikinen, A. (Hrsg.) (2020): Food Waste Management – Solving the Wicked Problem, Cham: Palgrace Macmillan.

Naturefund e.V. (o.J.): Startseite, [online] https://www.naturefund.de [abgerufen am 16.09.2022].

Naturfreunde International (2016): Nachhaltigkeit im Tourismus – Wegweiser durch den Labeldschungel, [online] https://www.nf-int.org/sites/default/files/infomaterial/downloads/2017-07/Labelguide_Dritte_Auflage_DE_2016.pdf [abgerufen am 15.11.2022].

Naturschutzbund Deutschland e.V. (o.J.): Regional ist eine gute Wahl – Von der Schwierigkeit regionale Lebensmittel zu erkennen, [online] https://www.nabu.de/umwelt-und-ressourcen/oekologisch-leben/essen-und-trinken/bio-fair-regional/labels/15596.html [abgerufen am 02.10.2022].

P

Pearce, D. (1997): Substitution und Nachhaltigkeit – Einige Überlegungen zu Georgescu-Roegen, in: Ecological Economics, Jg. 22, Nr. 3, S. 295–297.

Pearce, D./Barbier, E. (2000): Blueprint for a Sustainable Economy, London: Earthscan.

Pfannstiel, M./Mehlich, H. (Hrsg.) (2018): BGM – Ein Erfolgsfaktor für Unternehmen – Lösungen, Beispiele, Handlungsanleitungen, Wiesbaden: Springer.

Piasecki, S. (2017): Schubs mich nicht! Nudging als politisches Entscheidungsmittel, [online] https://www.bpb.de/lernen/digitale-bildung/werkstatt/258946/schubs-mich-nicht-nudging-als-politisches-gestaltungsmittel/ [abgerufen am 24.09.2022].

Pittner, M. (2014): Strategische Kommunikation für LOHAS – Nachhaltigkeitsorientierte Dialoggruppen im Lebensmitteleinzelhandel, Wiesbaden: Springer.

R

Ratjen, G./adelphi research/DEHOGA Arbeitskreis Umwelt (2016): Nachhaltiges Wirtschaften in Hotellerie und Gastronomie, [online] https://www.dehoga-bundesverband.de/fileadmin/Startseite/05_Themen/Energie/DEHOGA_Umweltbroschu__re_Oktober_2016.pdf [abgerufen am 15.11.2022].

reCup (o.J.): REBOWL – Nachhaltige Mehrwegschalen für die Gastronomie, [online] https://recup.de/mehrwegschalen/ [abgerufen am 09.10.2022].

Reisner, M. (2014): Bettentest: Sind billige Stadthotels Ihr Geld wert?, [online] https://www.focus.de/reisen/hotels/boom-der-budget-hotels-guenstig-muss-nicht-billig-sein_id_3689210.html [abgerufen am 09.10.2022].

Reuter, M. (2021): AIDA Cares Update zum Nachhaltigkeitsbericht 2019 für die Geschäftsjahre 2020/2021, [online] https://www.aida.de/v10/fileadmin/user_upload_v8/AIDA_Cares/Nachhaltigkeitsbericht/AIDA_Cares_GJ2019_Update_GJ_2020_2021.pdf [abgerufen am 15.11.2022].

Reuter, M./Waschek, S. (2019): AIDA Cares Nachhaltigkeitsbericht, [online] https://media.aida.de/fileadmin/user_upload/v4/Unternehmen/Nachhaltigkeit/Content-Bilder/2019/190711_AIDAcares2019_Gesamt_DE.pdf [abgerufen am 15.11.2022].

Rischke, F./Rischke, J. (2021): Fluktuationsmanagement – Praxishandbuch für Personaler und Führungskräfte, Stuttgart: Schäffer-Poeschel.

Rochnowski, S. (Hrsg.) (2022): Resiliente Personalsicherung im Gastgewerbe – Praxisnahe Beiträge zu innovativen Lösungsansätzen für die Personalkrise, Dortmund: Busche.

Rochnowski, S./Krüger, S. (2022): Studie zur Identifizierung von Maßnahmen zur Optimierung der Aus- und Weiterbildung zur Fachkräftegewinnung im Berliner Hotel- und Gastgewerbe, Senatsverwaltung für Bildung, Jugend und Familie (Hrsg.).

Rütten, M./Bierer, K. (Hrsg.) (2021): Future Talents – Personalgewinnung und Bindung von Praktikanten und Studierenden, Wiesbaden: Springer.

Ruetz, D./Marvel, M. (2011): Budget Hotels: Low Cost Concepts in the U.S., Europe and Asia, in: Buck, M./Conrady, R. (Hrsg.), Trends and Issues in Global Tourism 2011, Heidelberg: Springer, S. 99–125.

Sadoun, B. (2022): Entwicklung des Nachhaltigkeitsmanagements in Unternehmen, in: Freiberg, J./Bruckner, A. (Hrsg.), Corporate Sustainability – Kompass für die Nachhaltigkeitsberichterstattung, Freiburg: Haufe, S. 35–47.

Sakshi/Shashi/Cerchione, R./Bansal, H. (2019): Measuring the impact of sustainability policy and practices in tourism and hospitality industry, in: Business Strategy & the Environment, Jg. 29, Nr. 3, S. 1109–1126.

Sandals (o.J.): Nachhaltigkeit, [online] https://www.sandals.de/sandals-unterschied/nachhaltigkeit/ [abgerufen am 01.10.2022].

Sass, E. (2019): Mitarbeitermotivation, Mitarbeiterbindung, Wiesbaden: Springer.

Schaltegger, S./Burritt, R. (2000): Contemporary environmental accounting – Issues, concepts and practice, London: Routledge.

Schaltegger, S./Hasenmüller, P. (2005): Nachhaltiges Wirtschaften aus Sicht des „Business Case of Sustainability" – Ergebnispapier zum Fachdialog des Bundesumweltministeriums (BMU) am 17. November 2005, [online] https://www.bmuv.de/fileadmin/Daten_BMU/Download_PDF/Wirtschaft_und_Umwelt/fachdialog_nachhaltiges_wirtschaften.pdf [abgerufen am 07.10.2022].

Schierenbeck, A./Wawer, T./Baars, J./Gothe, T./Klostermann, S. (2022): Klimaneutrale Energieversorgung – Strategien für kleine und mittlere Unternehmen, [online] https://www.hs-osnabrueck.de/fileadmin/HSOS/Homepages/Zukunftsdiskurs-Umweltkommunikation/Weissbuch_Klimaneutrale_Energieversorgung_-_Strategien_fuer_KMU_Hochschule_Osnabrueck.pdf [abgerufen am 15.11.2022].

Schirmer, U./Woydt, S. (2016): Mitarbeiterführung, 3. Aufl., Berlin: Springer.

Schmitz, M. (Hrsg.) (2021): CRS im Mittelstand, Berlin: Springer.

Schneider, A./Schmidpeter, R. (Hrsg.) (2012): Corporate Social Responsibility – Verantwortungsvolle Unternehmensführung in Theorie und Praxis, 2. Aufl., Berlin: Gabler.

Schneider, A./Schmidpeter, R. (Hrsg.) (2015): Corporate Social Responsibility, 2. Aufl., Berlin: Springer.

Schrand, A./Grimmelsmann, A. (2020): Distributionspolitik, in: Hänssler, K. H. (Hrsg.), Management in der Hotellerie und Gastronomie – Betriebswirtschaftliche Grundlagen, 9. Aufl., Berlin/Boston: Walter de Gruyter GmbH, S. 293–314.

Schulze-Quester, M. (o.J.): Nachhaltigkeit: Whitepaper, [online] https://www.quentic.de/whitepaper/csr-berichtspflicht/?utm_source=bingads&utm_medium=cpc&campaign=DF_sea_nachhaltigkeit&adgroup=csr_berichtspflicht_plus&keyword=%2Bcsr%20%2Bberichtspflicht&matchtype=p&device=c&network=o&msclkid=52o79c02c5961c82cc5cfd4G050745f0 [abgerufen am 20.09.2022].

Schwager, B. (Hrsg.) (2022): CSR und Nachhaltigkeitsstandards – Normung und Standards im Nachhaltigkeitskontext, Berlin: Gabler.

Senn, J. (1986): Ökologieorientierte Unternehmensführung – Theoretische Grundlagen, empirische Fallanalysen und mögliche Basisstrategien, Frankfurt am Main: Lang.

Serageldin, I. (1996): Sustainability and the Wealth of Nations: First Steps in an Ongoing Journey, [online] https://policycommons.net/artifacts/1465421/sustainability-and-the-wealth-of-nations/2112130/ [abgerufen am 15.11.2022].

Service Value (2022): Unternehmen mit nachhaltigem Image, [online] https://www.mynewsdesk.com/de/servicevalue/pressreleases/unternehmen-mit-nachhaltigem-image-3176912 [abgerufen am 09.10.2022].

Seusing, R. (2022): Experteninterview, persönlich geführt durch Anika Hüttemann am 06.10.2022 zum Thema „Nachhaltigkeit in der Budgethotellerie". Richard Seusing ist Chief Financial Officer (CFO) Central & Northern Europe der B&B Hotels Germany GmbH.

Shakya, M. (2021): Nachhaltigkeit im Tourismus – Anspruch, Wirklichkeit und Umsetzungsmöglichkeiten, in: Wellbrock, W./Ludin, D. (Hrsg.), Nachhaltiger Konsum – Best Practices aus Wissenschaft, Unternehmenspraxis, Gesellschaft, Verwaltung und Politik, Wiesbaden: Springer, S. 853–870.

Spode, H./Gurzki, H./Woisetschläger, D./Aeberhard, M./Hagenow, S. (2019): Verhaltenswissenschaftliche Erklärungen des Luxuskonsums, in: Conrady, C./Ruetz, D./Aeberhard, M. (Hrsg.), Grundlagen und neue Perspektiven des Luxustourismus, Wiesbaden: Gabler, S. 57–105.

Spraul, K. (Hrsg.) (2019): Nachhaltigkeit und Digitalisierung – Wie digitale Innovationen zu den Sustainable Development Goals beitragen, 10. Bd., Baden-Baden: Nomos.

Spraul, K./Friedrich, C. (2019): Mit Digitalisierung zur Agenda 2030: Der Weg über digitale Innovationen, in: Spraul, K. (Hrsg.), Nachhaltigkeit und Digitalisierung – Wie digitale Innovationen zu den Sustainable Development Goals beitragen, 10. Bd., Baden-Baden: Nomos, S. 15–36.

Sprenger, R. (2012): Radikal führen, Frankfurt am Main: Campus.

Statista (2018): Wie bewerten Sie die aktuelle Infrastruktur der folgenden Ladestationen für Elektroautos in Deutschland an Hotels?, zitiert nach de.statista.com, [online] https://de.statista.com/prognosen/916510/expertenbefragung-zu-elektroauto-ladestationen-an-hotels [abgerufen am 05.10.2022].

Statista/ITB Berlin (2022): Umsatz im globalen Reise- und Tourismusmarkt vom Jahr 2017 bis zum Jahr 2026, zitiert nach de.statista.com, [online] https://de.statista.com/statistik/daten/studie/1303336/umfrage/umsatz-im-globalen-reise-und-tourismusmarkt [abgerufen am 05.10.2022].

Statista Research Departement (2022): CO_2-Fußabdruck und Klimabilanz, [online] https://de.statista.com/themen/8410/co2-fussabdruck/#topicHeader__wrapper [abgerufen am 12.09.2022].

Statistisches Bundesamt (2021): Tourismus in Deutschland bis 2021, zitiert nach de.statista.com, [online] https://de.statista.com/statistik/studie/id/6530/dokument/tourismus-in-deutschland/ [abgerufen am 29.9.2022].

Statistisches Bundesamt (2022a): Rangfolge der wichtigsten Handelspartner Deutschlands nach Wert der Importe im Jahr 2021 (in Milliarden Euro), zitiert nach de.statista.com, [online] https://de.statista.com/statistik/daten/studie/158445/umfrage/rangfolge-der-wichtigsten-handelspartner-deutschlands-nach-wert-der-importe/ [abgerufen am 24.09.2022].

Statistisches Bundesamt (2022b): Verbraucherpreisindex und Inflationsrate, [online] https://www.destatis.de/DE/Themen/Wirtschaft/Preise/Verbraucherpreisindex/_inhalt.html [abgerufen am 24.09.2022].

Steinert, C. (2014): Viele Defizite bei den Chefs, in: Harvard Business Manager, Nr. 10, S. 12–14.

Steinert, C./Büser, T. (2018): Spot-Leadership – Nachhaltige Führung in einer agilen Unternehmenswelt, Wiesbaden: Gabler.

Steltgens, S. (2021): ESG-Kennzahlen und Regulierung – ein Zwischenfazit, [online] https://www.ifb-group.com/blog/de/esg-kennzahlen-und-regulierung-ein-zwischenfazit/ [abgerufen am 09.10.2022].

Stock-Homburg, R./Groß, M. (2019): Personalmanagement, Wiesbaden: Springer.

Stock-Homburg, R./von Ahsen, A./Wagner, M. (2014): Nachhaltigkeit in der Unternehmens- und Mitarbeiterführung, in: Meffert, H./Kenning, P./Kirchgeorg, M. (Hrsg.), Sustainable Marketing Management, Wiesbaden: Springer, S. 289–312.

Stomporowski, S./Laux, B. (2019): Nachhaltig handeln im Hotel- und Gastgewerbe, München: UKV.

Taschner, A. (Hrsg.) (2013): Management Reporting, Wiesbaden: Springer.

Tausendpfund, M. (2018): Quantitative Methoden in der Politikwissenschaft – Eine Einführung, Wiesbaden: Springer.

Ternès, A. (2018): Betriebliches Gesundheitsmanagement und Start-ups – Eine wirkungsvolle Verbindung, in: Pfannstiel, M./Mehlich, H. (Hrsg.), BGM – Ein Erfolgsfaktor für Unternehmen – Lösungen, Beispiele, Handlungsanleitungen, Wiesbaden: Gabler, S. 1–18.

Tewes, S. (2020): Geschäftsmodelle neu denken, in: Tewes, S./Niestroj, B./Tewes, C. (Hrsg.), Geschäftsmodelle in die Zukunft denken – Erfolgsfaktoren für Branchen, Unternehmen und Veränderer, Wiesbaden: Gabler, S. 9–20.

Thaler, R./Sunstein, C. (2020): Nudge – Wie man kluge Entscheidungen anstößt, 16. Aufl., Berlin: Ullstein.

The United Nations Environment Programme (2021): Food system impacts on biodiversity loss, [online] https://www.unep.org/resources/publication/food-system-impacts-biodiversity-loss [abgerufen am 01.10.2022].

The United Nations Environment Programme (o.J.): 10YFP – 10 Year Framework of Programmes on Sustainable Consumption and Production Patterns, [online] https://www.unep.org/explore-topics/resource-efficiency/what-we-do/one-planet-network/10yfp-10-year-framework-programmes [abgerufen am 28.09.2022].

Thorun, C./Diels, J./Vetter, M./Reisch, L./Bernauer, M./Micklitz, H./Rosenow, J./Forster, D./Sunstein, C. (2017): Nudge-Ansätze beim nachhaltigen Konsum: Ermittlung und Entwicklung von Maßnahmen zum „Anstoßen" nachhaltiger Konsummuster, [online] https://www.umweltbundesamt.de/sites/default/files/medien/1410/publikationen/2017-08-22_texte_69-2017_nudgeansaetze_nach-konsum_0.pdf [abgerufen am 15.11.2022].

Thurm, R. (2022): Nachhaltigkeitsstandards – welchen Beitrag leisten sie derzeit zur Erzielung von tatsächlicher Nachhaltigkeit, in: Schwager, B. (Hrsg.), CSR und Nachhaltigkeitsstandards – Normung und Standards im Nachhaltigkeitskontext, Berlin: Gabler, S. 193–216.

Too Good To Go (2019): Hotels, [online] https://toogoodtogo.de/de/movement/businesses/hotels [abgerufen am 30.09.2022].

Too Good To Go (o.J.): Städte gegen Food Waste, [online] https://toogoodtogo.de/de/c/staedte-gegen-food-waste/die-initiative [abgerufen am 06.10.2022].

Touring Club Schweiz (2021): Wie wahrscheinlich ist es, dass Sie sich in Zukunft ein Elektroauto anschaffen?, zitiert nach de.statista.com, [online] https://de.statista.com/statistik/daten/studie/1107193/umfrage/umfrage-zur-wahrscheinlichkeit-der-anschaffung-eines-elektroautos-in-der-schweiz/ [abgerufen am 05.10.2022].

Tourismuspresse (2021): a&o Hostels Bilanz 2021: 3 Millionen Übernachtungen im 2. Corona-Jahr und über 15 Prozent Umsatzplus gegenüber 2020, [online] https://www.tourismuspresse.at/presseaussendung/TPT_20211220_TPT0002/ao-hostels-bilanz-2021-3-millionen-uebernachtungen-im-2-corona-jahr-und-ueber-15-prozent-umsatzplus-gegenueber-2020-bild [abgerufen am 09.10.2022].

Tripadvisor (o.J.): Öko-Spitzenreiter, [online] https://www.tripadvisor.de/GreenLeaders [abgerufen am 09.10.2022].

TUI (o.J.): Nachhaltigkeit – Wir schaffen nachhaltigere Urlaubsreisen für eine bessere Welt, [online] https://www.tuigroup.com/de-de/verantwortung/nachhaltigkeit [abgerufen am 25.09.2022].

TUI Deutschland GmbH (2022): Nachhaltiger reisen mit TUI, [online] https://www.tui.com/tui-nachhaltigkeit/ [abgerufen am 13.11.2022].

U

Umweltbundesamt (Hrsg.) (2018): Freiwillige – Kompensation: durch Klimaschutzprojekte, [online] https://www.umweltbundesamt.de/sites/default/files/medien/376/publikationen/ratgeber_freiwillige_co2_kompensation_final_internet.pdf [abgerufen am 15.11.2022].

Umweltbundesamt (2019): Nachhaltigkeit im Tourismus: Entwicklung, Ansätze und Begriffsklärungen.

Umweltbundesamt (2020): ISO 14001 – Umweltmanagementsystemnorm, [online] https://www.umweltbundesamt.de/themen/wirtschaft-konsum/wirtschaft-umwelt/umwelt-energiemanagement/iso-14001-umweltmanagementsystemnorm#inhalte-der-iso-14001 [abgerufen am 22.11.2022].

Umweltbundesamt (2021a): Nachhaltiger Tourismus, [online] https://www.umweltbundesamt.de/themen/wirtschaft-konsum/nachhaltiger-tourismus [abgerufen am 20.09.2022].

Umweltbundesamt (2021b): Urlaubsreisen, [online] https://www.umweltbundesamt.de/umwelttipps-fuer-den-alltag/garten-freizeit/urlaubsreisen [abgerufen am 27.09.2022].

Umweltbundesamt (2021c): Nachhaltiger Tourismus, [online] https://www.umweltbundesamt.de/themen/wirtschaft-konsum/nachhaltiger-tourismus#-umweltbelastungen-ermitteln-und-umweltauswirkungen-verringern [abgerufen am 25.09.2022].

Umweltbundesamt (2022a): Gesellschaft erfolgreich verändern, [online] https://www.umweltbundesamt.de/themen/nachhaltigkeit-strategien-internationales/gesellschaft-erfolgreich-veraendern [abgerufen am 20.09.2022].

Umweltbundesamt (2022b): Umweltbewusstsein in Deutschland, [online] https://www.umweltbundesamt.de/themen/nachhaltigkeit-strategien-internationales/umweltbewusstsein-in-deutschland [abgerufen am 25.09.2022].

UmweltDialog (2021): Früher zählte Tradition, heute Transparenz, in: UmweltDialog, Nr. 16, S. 12–15.

Umweltgutachterausschuss beim Bundesministerium für Umwelt, Naturschutz, nukleare Sicherheit und Verbraucherschutz (o.J.a): Über EMAS, [online] https://www.emas.de/was-ist-emas [abgerufen am 23.11.2022].

Umweltgutachterausschuss beim Bundesministerium für Umwelt, Naturschutz, nukleare Sicherheit und Verbraucherschutz (o.J.b): EMAS einordnen, [online] https://www.emas.de/emas-einordnen [abgerufen am 23.11.2022].

Umweltgutachterausschuss beim Bundesministerium für Umwelt, Naturschutz, nukleare Sicherheit und Verbraucherschutz (o.J.c): Vorteile, [online] https://www.emas.de/vorteile [abgerufen am 23.11.2022].

Unesco (o.J.): 10 Möglichkeiten Wasser zu sparen, [online] https://unescosustainable.travel/de/moeglichkeiten-wasser-sparen [abgerufen am 09.10.2022].

United Nations (o.J.a): Sustainability, [online] https://www.un.org/en/academic-impact/sustainability [abgerufen am 28.11.2022].

United Nations (o.J.b): 2030 Agenda, [online] https://sdgs.un.org/2030agenda [abgerufen am 30.09.2022].

United Nations (o.J.c): Sustainable Development Goals, [online] https://sdgs.un.org/goals [abgerufen am 30.09.2022].

United Nations (o.J.d): Global Sustainable Development Reports, [online] https://sdgs.un.org/gsdr/gsdr2023 [abgerufen am 05.10.2022].

United Nations Global Compact (o.J.): Initiative für nachhaltige und verantwortungsvolle Unternehmensführung, [online] https://www.globalcompact.de/ [abgerufen am 08.10.2022].

United States Environmental Protection Agency (2022): Scope 3 Inventory Guidance, [online] https://www.epa.gov/climateleadership/scope-3-inventory-guidance [abgerufen am 19.09.2022].

Veganz (2020a): Veganz Ernährungsstudie 2020, [online] https://veganz.de/blog/veganz-ernaehrungsstudie-2020/ [abgerufen am 02.10.2022].

Veganz (2020b): Umfrage zu Ernährungsweisen in ausgewählten europäischen Ländern, zitiert nach de.statista.com, [online] https://de.statista.com/statistik/daten/studie/748780/umfrage/anteil-der-vegetarier-veganer-in-laendern-europas/ [abgerufen am 06.10.2022].

Verbraucherzentrale Brandenburg e.V. (2022): Nachhaltig Bauen und Energiekosten sparen, [online] https://www.verbraucherzentrale-brandenburg.de/pressemeldungen/presse-bb/nachhaltig-bauen-und-energiekosten-sparen-69518 [abgerufen am 09.10.2022].

Verbraucherzentrale NRW e.V. (2019): Ganztiernutzung („Nose To Tail") – ein neuer Trend?, [online] https://www.verbraucherzentrale.nrw/wissen/lebensmittel/auswaehlen-zubereiten-aufbewahren/ganztiernutzung-nose-to-tail-ein-neuer-trend-22659 [abgerufen am 04.10.2022].

Verbraucherzentrale NRW e.V. (2022a): Regionale Lebensmittel – nicht immer aus der Region, [online] https://www.verbraucherzentrale.de/wissen/lebensmittel/kennzeichnung-

und-inhaltsstoffe/regionale-lebensmittel-nicht-immer-aus-der-region-11403 [abgerufen am 30.09.2022].

Verbraucherzentrale NRW e.V. (2022b): Klimaschutz beim Essen und Einkaufen, [online] https://www.verbraucherzentrale.de/wissen/lebensmittel/gesund-ernaehren/klimaschutz-beim-essen-und-einkaufen-10442 [abgerufen am 30.09.2022].

Vetter, M./Rauber, J./Münsch, M./Thorun, C. (2020): Green Nudging – Leitfaden zur Erarbeitung von Nudges, [online] https://green-nudging.de/wp-content/uploads/2020/06/Green-Nudging_Leitfaden.pdf [abgerufen am 15.11.2022].

Viabono (o.J.): Viabono-Zertifizierungen & Checks, [online] https://www.viabono.de/zertifizierung/viabono-zertifizierungen.html [abgerufen am 17.10.2022].

W

Wappelhorst, S./Jacoby, C. (Hrsg.) (2016): Potenziale neuer Mobilitätsformen und -technologien für eine nachhaltige Raumentwicklung, Hannover: Verl. d. ARL.

Wave of Change (o.J.a): Unser Auftrag – Führender Verantwortungsvoller Tourismus, [online] https://waveofchange.com/de/unser-auftrag/ [abgerufen am 27.09.2022].

Wave of Change (o.J.b): Unser Plan zum Erfolg, [online] https://waveofchange.com/de/strassenkarte/ [abgerufen am 24.09.2022].

Wellbrock, W./Ludin, D. (Hrsg.) (2021): Nachhaltiger Konsum – Best Practices aus Wissenschaft, Unternehmenspraxis, Gesellschaft, Verwaltung und Politik, Wiesbaden: Springer.

Weltkommission für Umwelt und Entwicklung der Vereinten Nationen (Hrsg.) (1987): Unsere gemeinsame Zukunft, [online] https://www.are.admin.ch/dam/are/de/dokumente/nachhaltige_entwicklung/dokumente/bericht/our_common_futurebrundtlandreport1987.pdf.download.pdf/our_common_futurebrundtlandreport1987.pdf [abgerufen am 15.11.2022].

Westermann, R. (2022): Neuer CEO Cuculic: „ESG gehört zur Firmenkultur", [online] https://www.ahgz.de/hotellerie/news/interview-neuer-bwh-ceo-cuculic-esg-gehoert-zur-firmenkultur-305679 [abgerufen am 09.10.2022].

Wirtschaft pro Klima (o.J.): B.A.U.M.-Definition zur Klimaneutralität von Unternehmen – Voraussetzungen zur Einstufung der Klimaneutralität von Unternehmen gemäß B.A.U.M.-Definition 2021, [online] https://www.wirtschaftproklima.de/klimaneutralitaet [abgerufen am 10.10.2022].

wmp consult I Wilke Maack GmbH (Hrsg.) (2022): „Die Gastro muss total umdenken", Ergebnisse der bundesweiten Beschäftigungsbefragung im Gastgewerbe 2022.

World Business Council for Sustainable Development/World Resources Institute (Hrsg.) (2004): The Greenhouse Gas Protocol – A Corporate Accounting and Reporting Standard – Revise Edition, [online] https://ghgprotocol.org/sites/default/files/standards/ghg-protocol-revised.pdf [abgerufen am 15.11.2022].

World Business Council for Sustainable Development/World Resources Institute (Hrsg.) (2011): Greenhouse Gas Protocol – Corporate Value Chain (Scope 3) Accounting and Reporting Standard, [online] https://ghgprotocol.org/sites/default/files/standards/Corporate-Value-Chain-Accounting-Reporing-Standard_041613_2.pdf [abgerufen am 15.11.2022].

World Wide Fund (2015): Das große Fressen – Wie unsere Ernährungsgewohnheiten den Planeten gefährden, [online] https://www.wwf.de/themen-projekte/landwirtschaft/ernaehrung-konsum/das-grosse-fressen [abgerufen am 01.10.2022].

World Wide Fund (2016): Nachhaltigkeit im Tourismus, [online] https://www.wwf.de/aktiv-werden/tipps-fuer-den-alltag/umweltvertraeglich-reisen/tourismus-und-klimawandel [abgerufen am 20.09.2022].

World Wide Fund (2020): Soja als Futtermittel, [online] https://www.wwf.de/themen-projekte/landwirtschaft/produkte-aus-der-landwirtschaft/soja/soja-als-futtermittel [abgerufen am 28.08.2022].

Zeisel, S. (2021): Lieferkettengesetz – Sorgfaltspflichten in der Supply Chain verstehen und umsetzen, Wiesbaden: Springer.

Zimmer, J. (2022): Wie das Gastgewerbe mit Nachhaltigkeit überzeugen kann, [online] https://www.ahgz.de/gastronomie/news/magazin-wie-das-gastgewerbe-mit-nachhaltigkeitskonzepten-ueberzeugen-kann-306519 [abgerufen am 09.10.2022].

Zukunftsinstitut (2019): Fachkräftesicherung im Tourismus: Resonanz als Erfolgsfaktor, [online] https://www.zukunftsinstitut.de/artikel/tourismus/resonanz-gegen-fachkraeftemangel-im-tourismus/ [abgerufen am 14.09.2022].

Zukunftsinstitut (o.J.a): Megatrend Neo-Ökologie, [online] https://www.zukunftsinstitut.de/dossier/megatrend-neo-oekologie/ [abgerufen am 23.09.2022].

Zukunftsinstitut (o.J.b): Verschiedene Trends und Trendkategorien, [online] https://www.zukunftsinstitut.de/artikel/trends-grundlagenwissen [abgerufen am 29.09.2022].

Autorenverzeichnis

Cleven, Hennes ▶ S. 36
Studierender des dualen Studiengangs BWL/Tourismus 2020
Ausbildungsbetrieb: Hotel NEPTUN – Rostock-Warnemünde
„Wir müssen im Kleinen anfangen, das große Ganze unserer einzigartigen Branche zu verändern, und zukunftsorientiert denken und handeln."

Derdula, Sarah ▶ S. 230
Studierende des dualen Studiengangs BWL/Tourismus 2020
Ausbildungsbetrieb: Kongresshotel Potsdam – Potsdam
„Nachhaltiges Wirtschaften sorgt für die Schonung der Destinationen und damit für einen langlebigen Tourismus."

Ehrke, Josefa ▶ S. 116
Studierende des dualen Studiengangs BWL/Tourismus 2020
Ausbildungsbetrieb: Hotel NEPTUN – Rostock-Warnemünde
„Ein Schritt in Richtung nachhaltiger Wirtschaftsleistung im Gastgewerbe und wir helfen nicht nur der Umwelt, sondern auch uns selbst und zukünftigen Generationen."

Fischer, Emely ▶ S. 194
Studierende des dualen Studiengangs BWL/Tourismus 2020
Ausbildungsbetrieb: Seenland Oder-Spree e. V. – Bad Saarow
„Ein rücksichtsvoller Umgang mit der Erde ist essenziell, auch auf Reisen. Dazu muss im Tourismus umgedacht werden, weg von Verschwendung und Verschmutzung, hin zu einer nachhaltigen Branche."

Hüttemann, Anika ▶ S. 182
Studierende des dualen Studiengangs BWL/Tourismus 2020
Ausbildungsbetrieb: Potsdam Marketing und Service GmbH – Potsdam
„Nachhaltigkeit beginnt bereits im Kleinen. Ausschlaggebend ist der Wille zur Veränderung. Wenn man den aktuellen Wandel der Welt betrachtet, findet sich der Wille von allein."

Jägle, Ann-Kathrin ▶ S. 164 und S. 252
Studierende des dualen Studiengangs BWL/Tourismus 2020
Ausbildungsbetrieb: Berlin Marriott Hotel – Berlin
„Kaum eine Branche ist so ressourcenabhängig wie der Tourismus. Um die Wirtschaftlichkeit der touristischen Unternehmen einer Destination zu erhalten, muss unsere Branche Nachhaltigkeit zu ihrer Priorität machen."

Koydl, Maximilian ▶ S. 206
Studierender des dualen Studiengangs BWL/Tourismus 2020
Ausbildungsbetrieb: Hapimag Resort Binz – Ostseebad Binz
„‚Arbeiten, wo andere Urlaub machen!' Oder bald vielleicht: ‚Urlaub machen, wo noch jemand arbeitet!' Nachhaltigkeit beginnt beim Personal. Ohne dieses gibt es auch keinen Tourismus mehr!"

Kronenberger, Jan ▶ S. 240
Projektpartner der HWR Berlin/kommunikative Begleitung der ITB 2023
Kommunikations- und PR-Berater – Köln
„Nachhaltigkeit gewinnt im Gastgewerbe zunehmend an Bedeutung. Gleiches gilt für Kommunikations- und Öffentlichkeitsarbeit, die vielseitiger, ganzheitlicher und langfristiger gedacht werden muss."

Lubina, Nathalie ▶ S. 84 und S. 164
Studierende des dualen Studiengangs BWL/Tourismus 2019
Ausbildungsbetrieb: Private Palace Hotels und Resorts – Ostseebad Binz
„Nie war es relevanter, behutsam mit Ressourcen umzugehen, als derzeit. Bereits der kleinste Schritt in eine nachhaltige Richtung kann ausschlaggebend für das langfristige Überleben eines Betriebes sein."

Mahlmeister, Chiara ▶ S. 174
Studierende des dualen Studiengangs BWL/Tourismus 2020
Ausbildungsbetrieb: Hotel Bristol Berlin – Berlin
„Nachhaltigkeit und Verzicht gehen im Tourismus keineswegs miteinander einher. Sowohl die Leistungsträger als auch deren Konsumenten sind dafür verantwortlich, die Branche nachhaltig und zukunftsfähig zu gestalten."

Müller, Sophie ▶ S. 60
Studierende des dualen Studiengangs BWL/International Tourism 2020
Ausbildungsbetrieb: Grün Berlin GmbH – Berlin
„Der Einkauf im Gastgewerbe ist unumgänglich. Umso wichtiger ist es, bestehende und neue Möglichkeiten für ressourcenschonenden Konsum umzusetzen."

Rabe, Michaela ▶ S. 140 und S. 164
Studierende des dualen Studiengangs BWL/Tourismus 2020
Ausbildungsbetrieb: Adina Apartment Hotel Berlin Mitte – Berlin
„Nachhaltigkeit und Gastgewerbe sind kein Kontrast, sondern eine zukunftsweisende Ergänzung, die nicht nur den Aufenthalt der Gäste auf ein neues Level hebt."

Radensleben, Lilly Marie ▶ S. 152
Studierende des dualen Studiengangs BWL/Tourismus 2020
Ausbildungsbetrieb: Berlin Marriott Hotel – Berlin
„Nachhaltigkeit im Tourismus mehr Beachtung zu schenken, ist der einzige Weg, um unseren nachfolgenden Generationen die Erkundung unseres Planeten zu ermöglichen."

Prof. Dr. Rochnowski, Sandra ▶ S. 96
Fachrichtungsleiterin des dualen Studiengangs BWL/Tourismus
Hochschule für Wirtschaft und Recht Berlin
„Jüngere Mitarbeitergenerationen prägen entscheidend das Zukunftsbild des Gastgewerbes. Sie werden Unternehmen nachhaltig umkrempeln durch neue Erwartungen an Führung, Aufgaben und Work-Life-Balance."

Röhl, Vanessa ▶ S. 48
Studierende des dualen Studiengangs BWL/Tourismus 2020
Ausbildungsbetrieb: Kongresshotel Potsdam – Potsdam
„Es ist Zeit, Verantwortung zu übernehmen und die Umwelt wertzuschätzen."

Rüdinger, Sonja ▶ S. 20
Studierende des dualen Studiengangs BWL/Tourismus 2020
Ausbildungsbetrieb: Sheraton Berlin Grand Hotel Esplanade – Berlin
„Die Thematik der Nachhaltigkeit ist aufgrund ihres Einflusses auf alle Bereiche und Ressourcen des Privat- und Arbeitslebens nicht immer greifbar und kann als einengend wahrgenommen werden."

Salehi, Sebastian Amin ▶ S. 108
Studierender des dualen Studiengangs BWL/International Tourism 2020
Ausbildungsbetrieb: Sheraton Berlin Grand Hotel Esplanade – Berlin
„Die Gestaltung einer Wirtschaft, die nicht ausschließlich auf Gewinn, sondern auf die ökonomische und soziale Lebensqualität der nächsten Generationen konzentriert ist, muss das Ziel sein."

Schulte-Limbeck, Tristan ▶ S. 218
Studierender des dualen Studiengangs BWL/Tourismus 2020
Ausbildungsbetrieb: TMB Tourismus-Marketing Brandenburg GmbH – Potsdam
„Events schaffen Erinnerungen. Es ist unsere Aufgabe, nachhaltige Veranstaltungen zu kreieren, um so noch viele weitere Erinnerungen kreieren zu können."

Specht, Jonathan ▶ S. 74
Studierender des dualen Studiengangs BWL/Tourismus 2020
Ausbildungsbetrieb: Mittelelf GmbH & Co. KG – Berlin
„Die Branche sollte behutsam und nachhaltig mit knappen Ressourcen umgehen. Darunter zählen sowohl Rohstoffe als auch Mitarbeiter."

Steiert, Emily ▶ S. 128
Studierende des dualen Studiengangs BWL/Tourismus 2020
Ausbildungsbetrieb: Hotel AMANO – Berlin
„Nachhaltigkeit bedeutet verzichten, wodurch sich viele in ihrer Freiheit eingeschränkt fühlen. Wir müssen uns jedoch bewusst werden, dass der Verzicht unsere zukünftige Freiheit bildet."

Studienjahrgang 2020 BWL/ Tourismus & Business Administration/International Tourism

Wenn über das Konzept Nachhaltigkeit im Tourismus gesprochen wird, ist die Ansicht vieler, dass Nachhaltigkeit und Tourismus nicht in einem Satz verwendet werden können. Als eine Begründung wird häufig angeführt, dass im Gastgewerbe eine hohe Lebensmittelverschwendung besteht und dass Reisen nie komplett nachhaltig sein können. Für unsere Generation ist der Aspekt des umweltbewussten Handelns wichtig. Wir möchten bewirken, dass die Welt auch in der Zukunft noch so erlebt und belebt werden kann, wie wir es heute können. Viele Bereiche in unserem Studium thematisieren die Relevanz von nachhaltigem Wirtschaften. Uns wird dadurch immer wieder vor Augen geführt, auf was wir achten sollten und wie wir Verbesserungen vornehmen können, wodurch wir gelehrt werden, immer mit offenen Augen unterwegs zu sein. Wir 18 dual Studierende beleuchten in unseren Beiträgen Aspekte der Nachhaltigkeit und deren Auswirkungen auf das Gastgewerbe und zeigen praxisnahe Handlungsempfehlungen für eine betriebliche Implementierung auf.

Hennes Cleven (hier nicht im Bild), Sarah Derdula, Josefa Ehrke, Emely Fischer, Anika Hüttemann, Ann-Kathrin Jägle, Maximilian Koydl, Jan Kronenberger, Nathalie Lubina, Chiara Mahlmeister, Sophie Müller (hier nicht im Bild), Michaela Rabe, Lilly Marie Radensleben, Prof. Dr. Sandra Rochnowski, Vanessa Röhl, Sonja Rüdinger, Sebastian Amin Salehi, Tristan Schulte-Limbeck, Jonathan Specht, Emily Steiert

Hochschule für
Wirtschaft und Recht Berlin
Berlin School of Economics and Law

Partner der HWR Berlin werden!

- Profitieren Sie als Unternehmen von den Vorteilen eines dualen Studiums.
- Sie haben die Auswahl der Studierenden selbst in der Hand – Sichern Sie sich den vielversprechendsten Nachwuchs für Ihr Unternehmen.
- Alle Infos und Ansprechpartner*innen finden Sie unter:
  hwr-berlin.de > Fachbereiche und Zentralinstitute > FB2 Duales Studium > Partner werden

5 Gründe für die Einstellung eines dual Studierenden

1. Übernahme der Studierenden als Fachkräfte
2. Hoher Mehrwert durch Flexibilität der Studierenden / flexible Einsetzbarkeit in unterschiedlichen Abteilungen
3. Direkte Anwendung von Erlerntem in der Praxis
4. Hohe Motivation der Studierenden, frischer Wind, neue Anregungen und Trends
5. Enge Zusammenarbeit mit der Hochschule – immer auf dem neusten Stand in der Forschung

**Ansprechpartnerin: Fachleiterin Prof. Dr. Sandra Rochnowski |
sandra.rochnowski@hwr-berlin.de | www.hwr-berlin.de**

Edles Design, exklusive Vielfalt.

Mit der Gourmet-Linie im edlen Facetten-Design bietet Staatl. Fachingen Mineralwasser-Genuss auf höchstem Niveau. Eine exklusive Vielfalt in den attraktiven Sorten MEDIUM, STILL und NATURELL – und diese in den Gastronomie-Gebinden 0,25l, 0,5l und 0,75l. Da bleiben beim Geschmack und den Einsatzmöglichkeiten keine Wünsche offen. Abgerundet wird das Angebot durch eine hochwertige Gastronomie-Ausstattung, die der Qualität der Gourmet-Linie in nichts nachsteht. Darüber hinaus wird die Marke kontinuierlich kommunikativ und durch individuelle Maßnahmen für die Hotellerie und Gastronomie unterstützt.

STAATL. FACHINGEN

Das Wasser. Seit 1742.